经济论丛

主 编　李自维　王　燕

西南财经大学出版社
Southwestern University of Finance & Economics Press

中国·成都

图书在版编目(CIP)数据

经济论丛/李自维,王燕主编.—成都:西南财经大学出版社,
2024.5
ISBN 978-7-5504-6203-8

Ⅰ.①经…　Ⅱ.①李…②王…　Ⅲ.①经济学—文集
Ⅳ.①F0-53

中国国家版本馆 CIP 数据核字(2024)第 103776 号

经济论丛

JINGJI LUNCONG

主　编　李自维　王　燕

策划编辑:李特军
责任编辑:李特军
责任校对:冯　雪
封面设计:张姗姗
责任印制:朱曼丽

出版发行	西南财经大学出版社(四川省成都市光华村街 55 号)
网　　址	http://cbs.swufe.edu.cn
电子邮件	bookcj@swufe.edu.cn
邮政编码	610074
电　　话	028-87353785
照　　排	四川胜翔数码印务设计有限公司
印　　刷	郫县犀浦印刷厂
成品尺寸	185 mm×260 mm
印　　张	30.25
字　　数	602 千字
版　　次	2024 年 5 月第 1 版
印　　次	2024 年 5 月第 1 次印刷
书　　号	ISBN 978-7-5504-6203-8
定　　价	98.00 元

前　言

文化兴国运兴，文化强民族强。新时代新征程，我们要坚持以习近平新时代中国特色社会主义思想为指导，深入学习贯彻习近平文化思想，以高度的文化自信推进各项工作，不断完善治理体系，全面提升文化治理效能。

重庆工商大学经济学院坚守"为党育人、为国育才"的初心使命，着力健全"三全育人"工作体制机制，坚定文化自信，大力推进学院治理体系和治理能力现代化，不断提升学院治理效能。学院聚焦国家重大战略，坚持理实结合，积极探索具有中国特色的经济理论，致力于培养服务国家经济发展战略和区域经济发展、能"扎根中国"的复合型经济人才，努力办好人民满意的教育。2021年学院获评重庆市首批新时代高校党建"双创"标杆院系，获批重庆市经济学拔尖人才培养示范基地。

多年来，学院持续推动习近平新时代中国特色社会主义思想进学术、进学科、进读本，紧密围绕习近平经济思想，探索形成

"五进"德才相济的中国特色经济学人才培养模式，成功申报重庆市教委人文社会科学研究项目"以文化自信提升治理效能研究"，坚定用党的创新理论武装师生头脑，积极把学院党建优势转化为治理效能，把党建及人才培养成效转化为育人成效和科研成果。

习近平总书记在党的二十大报告中强调，广大青年要坚定不移听党话、跟党走，怀抱梦想又脚踏实地，敢想敢为又善作善成，立志做有理想、敢担当、能吃苦、肯奋斗的新时代好青年，让青春在全面建设社会主义现代化国家的火热实践中绽放绚丽之花。身为新时代青年的经济学子，要勇于接受使命与担当，增强文化自信，努力做新时代具有远大理想和坚定信念的爱国者，做新时代具有过硬本领和高尚品格的接班人，努力做维护人民利益的忠实践行者。

呈现在读者面前的这本书，是学院学生在老师的指导下，以习近平经济思想为引领，积极发挥经济理论研究优势，坚持理实结合，以中国实践为导向的研究成果。本书分为建党百年成就、中国经济改革、数字经济发展创新、三农与乡村振兴、社会调查研究五个部分，内容涵盖党的思想探究、区域经济、三农问题、电商经济、数字金融、财税改革、创业创新、收入分配和法律法规完善等多个方面，从理论的角度为社会经济发展贡献绵薄之力。

为了这本书能够高质量问世，每位作者在查阅大量资料的基础上，融入自己的相关研究及教育教学实践过程中的感悟和总结，抱着极大的热情进行了论文的撰写。学校李国军副校长、李敬副校长从遴选到定稿始终全程关注，参与论文审稿工作的黄志亮教授、宋瑛教授、唐路元教授、杨海丽博士等从提送、修改到评选优秀，始终认真对待，一丝不苟。

本书是重庆市经济学拔尖人才培养示范基地人才培养模式创新的阶段性成果。我们将继续秉持"敬道养正、励学修远"的学院院训，贯彻和谐、开放、包容、客观的学术宗旨，致力于为青年学子提供高质量的交流分享平台。我们将坚定文化自信，不断增强治理效能，不负使命，努力奋斗。

李自维

2023 年 10 月

目　录

第一篇　建党百年成就

第二篇　中国经济改革

第三篇　数字经济发展创新

第四篇　三农与乡村振兴

第五篇　社会调查研究

第一篇
建党百年成就

中国共产党成立百年来 "以人民为中心" 的发展思想研究

张雅婷①

摘　要："以人民为中心"的发展思想既是马克思主义的重要理论立场，也是中国共产党的行动指南，其生成有其深刻的理论和实践基础，它根源于马克思主义的群众史观，得益于党历届领导人的继承和发展。纵观中国共产党百年奋斗历程，其"以人民为中心"的发展思想内涵丰富、特征明显，对于新时代深化共产党执政理念、实现中华民族伟大复兴的中国梦具有重要的指导意义。

关键词：以人民为中心；中国共产党；思想演进；新时代价值

中国共产党成立以来，"以人民为中心"的发展思想在与中国具体实际相结合的过程中不断散发出强大的生命力，成为历届领导人一以贯之的思想和治国理政的重要法宝。在中国共产党百年风雨历程里，其都是紧紧依靠人民才取得了如此灿烂的成绩。"以人民为中心"的发展思想随着时代的变化而被赋予新的内涵，并不断推动着中国共产党蓬勃发展。

一、"以人民为中心"的发展思想的生成基础

"以人民为中心"的发展思想不是偶然出现的，它与马克思主义的群众史观一脉相承，是党和国家在实践中一步一步确立起来的。

（一）理论基础：马克思主义群众史观的继承和发展

马克思从未有过关于"以人民为中心"的发展思想的直接阐释，但在他的众多著作中都能彰显出他对人民群众的重视。马克思群众史观认为，人类社会的全部内容都

---

①　张雅婷，重庆工商大学马克思主义学院，2020 级马克思主义基本原理硕士研究生。

是与人民群众联系起来的，正是人民群众创造了我们现在所拥有的一切；同时，历史的发展也是与人民群众密切相关的，正是人民群众推动了人类社会的发展，正是人民群众才使社会形态发生变化。马克思的一生都在关注人的需要、谋求人的发展、追求人的解放，他希望建立一个美好的社会，在那里每个人都能成为自己的主人。

（二）实践基础：历届领导人百年探索的深刻总结

历届领导人在百年实践中始终坚持以人民为根本。毛泽东在总结中国革命、建设经验的基础上，提出了"为人民服务"的思想，确立了我们党的根本宗旨；邓小平在推进改革开放的进程中，时刻关注人民群众的生活状况，并提出经济建设也应该以满足人民利益为目的；江泽民强调人民群众的利益具有至高无上性，强调中国共产党的初心应该坚如磐石，时刻将"人民至上"作为自己的行为准则；胡锦涛强调"以人为本"，人民群众有自己的需求、欲望，"以人为本"是指顺应人心，积极回应人民群众的新要求、新期待，同时，每个人生来都有基本的权利，我们必须从人民立场出发，不能损害人民的基本权利；习近平在总结历届领导人实践经验的基础上实现了人学发展史上的重大飞跃。

二、"以人民为中心"的发展思想的演进过程

回顾我们党的百年历程，我们不难发现，"以人民为中心"的发展思想并不是无根之木，而是在实践中不断演进的。

（一）毛泽东："为人民服务"的人民立场

毛泽东立足于马克思群众史观，提出了"为人民服务"的观点，并将"为人民服务"运用于中国的革命和建设。为了改变中国的社会面貌，将受封建制度压迫的人民解放出来，解决人民的生存问题，以毛泽东同志为核心的党的第一代中央领导集体紧紧围绕着"为人民服务"的宗旨进行艰辛探索，主要表现在以下三个方面。

第一，依靠群众力量，解决革命问题。毛泽东指出，中国革命有一股强大的力量源泉，那就是广大人民群众，如果将这种力量运用到战争中去，那必然会为我们革命注入不竭动力。毛泽东强调，如果我们的战争得到人民群众的拥护，就赢得了战争的主动权，"因为革命战争是群众的战争"[1]。第二，保障人民利益，改善人民生活。毛泽东将"为人民服务"思想贯彻到实践中，在革命和建设的过程中始终把人民群众的利益放在首位，他通过减租减息、赈济灾荒等，改善人民的生活条件；通过改造传统文艺，让其"为人民服务"，来提高人民的生活质量；更是要求广大共产党员要"关心党和群众比关心个人为重，关心他人比关心自己为重"[2]。第三，维护人民群众权利，

建立人民民主专政国家。新中国成立后，我国的政权发生了变化，腐朽落后的封建专制制度被废除，适合我国发展要求的国体、政体被确立了起来，这些政权都是建立在"为人民服务"基础之上的，人民群众的基本权利得到了保障，拥有了更多的政治话语权，这标志着"为人民服务"的宗旨越来越制度化。

（二）邓小平："以提高人民生活水平为根本出发点"的人民立场

以邓小平为核心的党的第二代中央领导集体，为解决人民温饱问题，积极探索符合中国实际的社会主义建设道路。邓小平始终将人民是否满意作为判断社会主义事业成败的标准，并紧紧围绕着"提高人民生活水平"的工作尺度进行了艰辛探索，主要表现在以下两个方面。

第一，维护人民群众利益，坚持人民尺度衡量标准。改革开放以来，我国的发展取得了重大突破，为更好地保障人民群众的利益，深化对"人民"的认识，以邓小平为核心的党的第二代中央集体，将"人民"作为重要的尺度，以"人民"的利益是否真正得到满足为重要的参考点，以此来判断改革的成效。在探索的过程中，始终心系人民，将人民利益放在首位。他多次向党员干部们强调，要解决人民群众的急切需要，离开了人民，我们党的各项工作就不能顺利开展下去，我们要致力于提高人民生活水平，让人民可以享受社会主义建设的成果，让人民对社会主义建设充满信心，以使我们的社会主义事业得以长期发展下去。第二，改善人民生活状况，谋求共同富裕。邓小平在实践的基础上深化了对社会主义的认识，并对社会主义的最终目标提出了要求，即"最终达到共同富裕"[3]。目标是带领广大人民群众脱贫致富，过上幸福的生活；同时，在解决人民物质生活的同时，也要满足人民对精神生活的向往，不能一味地图经济增长，而忽视人民的精神需求。

（三）江泽民："始终代表最广大人民根本利益"的人民立场

随着改革开放的推进，以江泽民同志为核心的第三代中央领导集体，对国内外的发展状况进行了深入的分析，并提出了"三个代表"重要思想。为了解决我们党的建设问题，以江泽民同志为核心的第三代中央领导集体紧紧围绕着"最广大人民的根本利益"进行了艰辛探索，主要表现在以下两个方面。

第一，坚持立党为公、执政为民。始终坚持为人民服务的思想是中国共产党诞生之日起就一以贯之的，同时，广大中国共产党人并不只是将为人民服务作为口号，而是在实践中一步一步践行，在平时工作生活中，秉持"克己奉公"的理念，将每一分光和热都奉献给人民；同时，中国共产党所有的路线、方针和政策都是服务于人民的，充分体现了我国治国理政中的人文情怀。第二，坚持人民利益高于一切。江泽民指出，"党的一切工作必须以广大人民的根本利益为最高标准"[4]。我们党经历百年历程，依旧散发着蓬勃生机，最重要的秘诀就是将人民的利益放在最高位置，为人民群众办实事。

（四）胡锦涛："以人为本"的人民立场

在改革开放持续推进的过程中，以胡锦涛同志为总书记的党中央面临的主要任务是实现怎么样的发展。胡锦涛在总结各领导人经验的基础上，明确提出发展要"以人为本"。为更好地解决我国在发展中遇到的问题，以胡锦涛同志为总书记的党中央紧紧围绕着"以人为本"思想进行了艰辛探索，主要表现在以下三个方面。

第一，坚持"权为民所用"。在实践中不断提高为人民服务的本领。胡锦涛在会见"人民满意的公务员"报告团成员时的讲话中曾对广大公务人员提出要求，即"要正确行使手中的权力，始终做勤政为民、廉洁自律的好公仆"[5]。第二，坚持"情为民所系"。全体党员干部要心系百姓，听民声、解民忧，与人民群众保持密切联系，做到"真心"感召群众、"热心"服务群众、"公心"取信群众。第三，坚持"利为民所谋"。胡锦涛指出，"我们党的全部任务和责任就是为人民谋利益"[6]，在处理人民群众的事情上，不应该有大小之分，只要与人民群众利益有关的事情都是大事情，都是必须放在心上的事情。

三、"以人民为中心"的发展思想的主要内容和基本特征

进入新时代，以习近平同志为核心的党中央提出了"以人民为中心"的发展思想。其内容体现在发展的各个方面，现主要从问题导向、制度导向、实践导向、目标导向四个方面进行阐述。

（一）"以人民为中心"的发展思想的主要内容

1. 问题导向：解决人民需求

新时代我国的主要矛盾已经转变为"人民日益增长的美好生活需要和不平衡不充分的发展之间的矛盾"[7]，人们不仅追求更高层次的物质生活，而且也渴望有一个更加安全、正义、公平的社会。我国要满足人民需求，需要做到：第一，满足人民物质生活条件。现阶段我国出现消费外流的情况，海外购物、代购等现象已经屡见不鲜，深入推进供给侧结构性改革已成为必然，必须深入了解供需现状，找到供给侧的突破口；必须加快创新驱动脚步，促进产品的提质增优，实现供需体系的优化升级；必须扭转资源浪费现象，将重污染企业、闲置企业淘汰。第二，维护社会公平正义。经济的发展可以提高我们的生活质量，由于我国各地区发展差异较大，所以出现了一些有失公平的现象，但这能通过社会的不断进步得到解决。现阶段需要解决分好"蛋糕"的问

题,保证让每个人都能享受到"吃蛋糕"的喜悦,如果没有将"蛋糕"分好,人民群众就会有意见,所以我们必须通过一系列制度、政策、措施的制定和实施,营造一个良好的社会环境,使每个人都可以享受同样的权利,拥有平等的机会,在为社会贡献力量的同时实现自我价值。

2. 制度导向:维护人民权利

我们要使人民的权利得到有效保证,必须健全相关制度:第一,充分发挥人大代表的纽带作用,采取多种方式拓宽联系的渠道;同时,与人民群众相关的民生工作,必须积极开展监督工作,解决人民群众真正所期盼、所关心的问题,增强人民的幸福感。第二,始终坚持中国共产党是执政党,各民主党派是参政党,有效避免一党制和多党制存在的弊端,更广泛地保障人民群众的利益,与"以人民为中心"的发展思想高度契合。民族区域自治制度的建立,可以更好地保障少数民族的权利。各个民族自治区域可以根据本地区民族的特色、风俗习惯,采取有助于本地区发展的措施,提升少数民族的生活条件。因此,我们必须坚持我国的根本政治制度和基本政治制度不动摇,用制度保障人民利益,将保障人民权利、增进人民福祉落到实处。

3. 实践导向:贯彻群众路线

群众路线是我们党的重要的工作路线。在面对我国发展过程中出现的各种挫折时,我们可以从群众的意见中吸取智慧,因此,我们必须坚决贯彻群众路线。第一,与人民群众保持血肉联系。党员干部在实际工作中,要善于与人民群众进行面对面沟通、面对面接触,深入了解人民生活状况,增进与人民的感情,提高与人民打交道的能力,与人民同呼吸、共命运。中国共产党成立以来,群众路线一直都是推动我党发展进步的重要法宝。如果与人民群众相脱离,中国共产党将失去永葆青春的源泉,面临着巨大危险。但是,在现实生活中,依旧有些党员干部出现背离群众路线的现象,对群众的疾苦漠不关心、在群众面前搞形式主义,严重损害了党的形象,严重违背了党的宗旨。第二,落实群众工作。在具体工作中,我们必须将群众工作落到实处,主动"倾听人民群众的意见,接受人民群众的监督"[8],同时,在工作中要提高化解矛盾的能力,与人民群众发生冲突时,要学会站在人民群众的立场进行思考,用科学有效的方法,化解与人民群众的矛盾,增强与人民群众的关系。我们只有始终密切联系群众、依靠群众、开展群众工作,才能推动党的各项事业不断发展,使党永葆活力和战斗力。

4. 目标导向:谋求共同富裕

"消除贫困、改善民生、逐步实现共同富裕,是社会主义的本质要求。"[9]每个人都能享受更高的物质生活条件是我们的共同期盼,也是中国共产党一直都在履行的使命。为保证这个使命的高质量完成,我们必须做到:第一,要坚决打赢脱贫攻坚战,率领广大人民走向共同富裕道路。想要如期全面建成小康社会，必须解决贫困问题，这是我们实现共同富裕路上的障碍，只有贫困问题解决了，我们的愿望才能得到实现。想要使人民脱离贫困的现状，我们就必须要对贫困地区进行考察，分析其贫困原因，实施精准扶贫，将扶贫政策与当地的特色结合起来，因地适宜地开展扶贫工作，提高扶贫质量。同时，我们应加大对扶贫地区人民的关怀，解决好与他们紧密联系的民生问题，例如教育、就业、医疗卫生等，通过贫困地区人民的不懈努力，在国家政策扶持以及社会合力帮助下，使脱贫的路上"一个都不掉队"，使贫困地区的人民彻底摘掉贫困的帽子。第二，必须贯彻落实"新发展理念"。为了解决共同富裕路上的发展问题，提高发展的质量，我们必须走新发展道路。"创新发展注重的是解决发展动力问题"[10]，我们要转变以前的经济发展方式，加大对资源的开发和保护，以创新促进发展，为人民群众提供更优质的产品；"协调发展注重的是解决发展不平衡问题"[11]，我们要纵观发展大局，将维护落后地区、贫困地区、偏远地区、西部地区的利益放在突出位置，致力于缩小大、中、小城镇之间的发展差距，实现区域协调发展；"绿色发展注重的是解决人与自然和谐问题"[12]，我们在发展经济的时候，也要将环境因素结合起来，在发展的过程中做到尊重规律、保护环境，为人民提供更舒适、更健康的生活环境；"开放发展注重的是解决发展内外联动问题"[13]，我们必须积极融入经济全球化潮流中，坚持对外开放，在不断地开放发展中解决我国的发展矛盾，当前，我国已经进入改革深水区，只有通过开放合作，共同打造一个互利共赢的格局，才能解决我们发展中遇到的瓶颈问题；"共享发展注重的是解决社会公平正义问题"[14]，让每个人都能共享发展成果是我们党一直努力的方向，在追求个人全面发展的过程中，一个平等的社会氛围更是我们每个人所向往的，同时，共建才能共享，我们每个人都要积极地参与进去，奉献自己的一份力量。

（二）"以人民为中心"的发展思想的基本特征

"以人民为中心"的发展思想，虽然随着我国社会的发展而被赋予了新的特征，但是它的本质含义从未变过，随着新时期的到来，它又有了新的特征，主要表现为创新性、科学性、世界性等。

1. 创新性

"以人民为中心"的发展思想的产生，除了是对马克思群众史观、历届领导人民本思想的继承之外，最鲜明的一个特点就是创新性。进入新时代，习近平在尊重社会发展的客观规律、深刻分析国内外发展态势的基础上，创造性地提出了"以人民为中心"的思想体系，在经济、政治、文化、社会、生态等诸多方面都体现出了对"以人民为中心"的发展思想的创新。随着中国特色社会主义的深入发展，我们不能墨守成规、因循守旧，不能一味地沿着前人的足迹发展，更不能完全抛弃以前的理论体系，必须在原有科学体系的基础上，与中国的实际相结合，更好地为人民服务。

2. 科学性

"以人民为中心"的发展思想是我国发展过程中长期坚持的、必不可少的思想，它具有显著的科学性。第一，坚持以科学的理论为指导。马克思主义理论从未过时，至今仍散发出强大的生命力，马克思主义理论作为党和国家的指导思想，必须长期坚持。"以人民为中心"的发展思想也一样，必须以马克思主义作为自己的指导思想。第二，坚持从实际出发。"以人民为中心"的发展思想并不是我们主观臆想出来的，而是在总结国情世情变化、总结历届领导人经验的基础上一步一步确定起来的。第三，符合客观规律。将人民放在中心位置是党和国家治国理政的重要法宝，实践经验告诉我们，"以人民为中心"的发展思想坚持科学的理论指导、坚持从实际出发、尊重客观规律，具有与时俱进的理论品质。

3. 世界性

在"以人民为中心"的发展思想中，人民是指所有人民，而不仅仅指中国人民，我们不仅要改善中国人民的生活状况，带领中国人民过上理想中的生活，也要提高全世界人民的生活质量，带领他们过上幸福的生活。习近平总书记结合当前世界发展大势，创造性地提出了人类命运共同体理念，表达了全世界共同发展的美好愿望。虽然每个民族有不同的风俗习惯、政治政策，但是我们都有一个共同愿望，即追求幸福美好的生活。中国的发展与世界的发展是密不可分的，中国梦的实现也与世界息息相关，新时代，我们会继续将中国的发展与世界的发展结合起来，实现我们共同的美好愿望。

四、"以人民为中心"的发展思想在新时代中国社会发展中的重大意义

建党百年来"以人民为中心"的发展思想始终贯穿于党和国家工作的各个方面，实践表明，其不仅没有过时，反而在我国探索建设社会主义现代化国家的过程中散发出独特的思想魅力，引领中国特色社会主义事业走向灿烂的明天。

（一）理论意义

"以人民为中心"的发展思想实现了理论的重大飞跃，其与马克思唯物史观的人民立场高度契合，推动了马克思主义在中国的发展；同时，其强调的人民观，把对人的重视推向了新高度。

1. 有助于推动马克思人学思想的研究

学习马克思人学思想是我们新时代的必修课。它引导我们思考：经济上如何更好保障人民利益、实现发展成果人民共享；政治上如何推进依法治国、保障人民当家作主；文化上如何建设社会主义文化，提高人民素质；社会上如何保障和改善民生、维护社会公平正义；生态上如何建设美丽中国、实现人与自然和谐共生。所以，新时代我国进行经济、政治、文化、社会、生态建设都需要加强对马克思人学思想的研究，并在社会主义建设的过程中不断创新。

2. 深化了中国共产党执政理念

中国共产党历经百年，跨过了一个又一个艰难险阻，至今依旧长盛不衰、蓬勃发展，深受人民的爱戴与拥护，最重要的一条经验就是始终与人民保持着血肉联系。面对突如其来的新冠肺炎疫情，每个中国人都措手不及，但在以习近平同志为核心的党中央的坚强领导下，党中央始终将人民生命安全放在第一位，保护人民群众的生命安全，将人民的生命放在重中之重，为拯救患者不惜一切代价，这种人民至上的精神，把社会主义制度的优越性显示得淋漓尽致，并深化了党的执政理念。

（二）实践意义

中国共产党百年探索表明，"以人民为中心"的发展思想不是一成不变的，而是随着社会的发展而不断赋予新内涵，并在不断发展的过程中适应我国的国情，为我们解决现实问题提供了方法论指导。

1. 为推动中国特色社会主义伟大实践提供了方法论指导

"以人民为中心"的发展思想说明进行社会主义伟大事业的主体和客体都是"人民"，这种主客体的统一使我们更加确定了"人民"的重要性，为我们进行中国特色社会主义伟大实践提供了重要指导，即始终把"人民"放在首位。实践证明，在推进中国特色社会主义伟大事业的过程中，始终把人民利益放在首位、重视人的主体地位、尊重人民首创精神是我们夺取中国特色社会主义建设伟大胜利的根本遵循。

2. 为中华民族伟大复兴的中国梦的实现提供了价值指引

"中国梦归根到底是人民的梦，必须紧紧依靠人民来实现。"[15]中国梦不是单靠一个人就能实现的，它需要我们中国人共同奋斗，同时，它的实现是与人自由而全面的发展密切联系在一起的，包含着人民对国家繁荣发展的殷切期待、对美好未来的执着追求。新时代坚持"以人民为中心"的发展思想，可以凝聚起每一个中华儿女为实现中国梦奉献的力量，进而可以最大限度地运用人民的智慧争取中国梦的早日实现。

参考文献

［1］毛泽东. 毛泽东选集：第 1 卷［M］. 北京：人民出版社，1991：136.

［2］毛泽东. 毛泽东选集：第 2 卷［M］. 北京：人民出版社，1991：361.

［3］邓小平. 邓小平文选：第 3 卷［M］. 北京：人民出版社，1993：373.

［4］江泽民. 江泽民文选：第 3 卷［M］. 北京：人民出版社，2006：280.

［5］胡锦涛. 胡锦涛文选：第 1 卷［M］. 北京：人民出版社，2016：283-284

［6］胡锦涛. 胡锦涛文选：第 1 卷［M］. 北京：人民出版社，2016：431.

［7］习近平. 习近平谈治国理政［M］. 3 版. 北京：外文出版社，2020：8.

［8］姜卫平. 中国共产党的群众路线：革命理论、决策方式、治理模式、民主形式［J］. 世界社会主义研究，2019，4（5）：20-25，93.

［9］习近平. 习近平谈治国理政：第 2 卷［M］. 北京：外文出版社，2017：83.

［10］习近平. 习近平谈治国理政：第 2 卷［M］. 北京：外文出版社，2017：198.

［11］习近平. 习近平谈治国理政：第 2 卷［M］. 北京：外文出版社，2017：198.

［12］习近平. 习近平谈治国理政：第 2 卷［M］. 北京：外文出版社，2017：198.

［13］习近平. 习近平谈治国理政：第 2 卷［M］. 北京：外文出版社，2017：199.

［14］习近平. 习近平谈治国理政：第 2 卷［M］. 北京：外文出版社，2017：199.

［15］习近平. 习近平谈治国理政：第 1 卷［M］. 北京：外文出版社，2014：40.

中国共产党小康社会的理论渊源、奋进历程和时代价值

赵小琴

摘 要：小康社会理论来源于我国古代、近代的小康社会思想以及马克思主义社会发展阶段理论。小康社会由百姓向往的生活状态发展为治国的一种社会模式，中国共产党把小康社会由理想愿景付诸社会实践。中国共产党人在百年的奋斗实践中，实现了"建构小康社会"→"建立小康社会"→"建设小康社会"→"建成小康社会"→"全面建成小康社会"→"决胜建成小康社会"的飞跃并取得全面建成小康社会的胜利。全面建成小康社会的实现具有重要价值，是马克思主义中国化的创新发展，为中国梦的实现奠定坚实的社会基础，也为世界减贫治贫贡献了中国力量。总结中国共产党小康社会"百年奋斗"的历程和经验，对于开启社会主义现代化强国建设新实践具有重要意义。

关键词：中国共产党；小康社会；百年奋进；现代化强国

引言

2021 年 7 月 1 日，习近平总书记代表党和人民在天安门城楼上向世界庄严宣告："我们实现了第一个百年奋斗目标，在中华大地上全面建成了小康社会，历史性地解决了绝对贫困问题，正在意气风发向着全面建成社会主义现代化强国的第二个百年奋斗目标迈进。"[①] 党自成立之日起，就把为人民谋解放、谋幸福的目标担在肩上，贯穿始终，在革命、建设、改革的历史进程中团结带领人民一步一步从水深火热的生活中走出来，改善生活，并逐步迈向幸福安康的小康社会。这一过程实质就是中国共产党为

---

① 习近平. 在庆祝中国共产党成立 100 周年大会上的讲话［N］. 人民日报，2021-7-2（1）.

实现小康社会的百年奋斗历史过程。总结全面建成小康社会的百年奋进的历史经验，对全面建成社会主义现代化强国，实现中国梦具有重要的时代价值。

当前学界对建设小康社会的历程、经验、成就、路径、启示等方面进行了大量的研究。关于小康社会的发展历程，顾海良[①]论述了邓小平对小康社会的提出与实践、党的十五大到党的十七大的谋划、党的十八大以来的推进以及党的十八届五中全会的纲领部署几个阶段小康社会的发展；杨丽，王中凝[②]以革命与建设、改革与发展、党的十八大后决胜全面建成小康社会三个时期阐述了党的小康社会思想；齐卫平[③]阐述了小康社会建设的奋斗历程和时代使命；蒲实，黄文浩[④]从小康社会建设的成就与经验进行了探讨；刘洪森，李昊天[⑤]研究了小康话语的演进历程与逻辑价值；燕连福，李晓利[⑥]详细总结了党百年贫困治理的经历与成就经验；李春[⑦]论述了我国小康社会思想的形成历程和现实启示。本文主要从小康思想的理论渊源以及中国共产党为小康社会建构和奋斗的历史进程来阐述，并从中国共产党人实现小康社会百年奋斗进程中总结历史经验及其对我们建设现代化强国的时代价值。

一、中国共产党小康社会理论渊源

中国共产党人坚持最高纲领和最低纲领的辩证统一，党的二大提出了最低纲领建设目标，也称为共同理想，即实现民族独立和国家富强，为了实现最低纲领的目标，中国共产党人先后提出了"三步走"战略和"两个一百年"的奋斗目标。其中，到建党一百周年时，实现全面建成小康社会，继而开启现代化强国的建设实践，即到中华人民共和国成立一百周年之际，实现现代化强国的目标。小康社会目标的实现是建设现代化强国目标的基础，而"小康社会"是中国古代老百姓向往的生活状态，是中国近代民族资产阶级追求的治国理想，也是马克思主义创始人构建人类美好社会共产主义第一阶段必经的社会阶段。

① 顾海良. 全面建成小康社会的战略进程与决胜纲领 [J]. 思想理论教育导刊，2015（12）：13-18.

② 杨丽，王中凝. 中国共产党小康社会思想的百年历史演进和实践发展 [J]. 科学社会主义，2020（5）：82-89.

③ 齐卫平. 全面建成小康社会的奋斗历程和开启新征程的时代使命 [J]. 江汉论坛，2020（7）：5-10.

④ 蒲实，黄文浩. 中国现代化进程中的小康社会：历程、成就与经验 [J]. 行政管理改革，2020（9）：30-38.

⑤ 刘洪森，李昊天. 中国共产党"小康"话语百年演进的历程、逻辑与价值 [J]. 思想理论教育，2021（4）：42-48.

⑥ 燕连福，李晓利. 从"饥寒交迫"到"全面小康"：中国共产党百年贫困治理的历程与经验 [J]. 南京大学学报（哲学·人文科学·社会科学），2021，58（3）：16-24.

⑦ 李春. 全面建成小康社会思想的形成历程及现实启示 [J]. 山东社会科学，2020（6）：167-171.

（一）中国古代向往的社会目标

1. 小康作为百姓向往的生活状态

小康自古以来是一个蕴含中国特色的概念，它源于中国传统文化，流传于人们的日常生活和语言习俗之中，是我国传统的社会理想，是中国人一直孜孜以求的美好梦想。作为百姓向往的生活状态，小康一词最早出现在《诗经·大雅·民劳》中："民亦劳止，汔可小康"①，其意为百姓终日劳作不止，渴望稍微得到安康。这里的小康是休息和安宁的意思，表达的是与"汔可小愒""汔可小休"等相似的意思和诉求，反映了西周时期统治者的执政能力和执政水平不足导致民不聊生的状况，它折射出劳动人民对安康生活和相对宽裕生活状态的向往。《诗经》作为我国第一部诗歌总集，收集的多为民间广为流传的反映现实的作品，针砭时弊地反映了我国古代普通百姓对安康生活的情感态度与远景向往。

在中国古代，普通百姓深受封建统治阶级的压迫和奴役，基本的物质生活得不到保障，精神饱受长期折磨。长此以往，广大劳动人民开始厌恶和否定现实的社会生活，对安定殷实的社会生活产生了无尽期望，他们不奢望达到荣华富贵的境界，但渴求过上温饱有余而富裕不足的小康生活。因而，中国古代的小康思想拥有广泛的社会基础和深厚的文化内涵，它为人们的美好愿望勾画了蓝图，是古代百姓一直追求的理想社会生活。

2. 小康作为统治者治国的社会理想

小康在我国经历了由关注百姓的生活状态上升到治国理想的发展历程，并与"大同社会"一样成为一种社会发展模式。《礼记·礼运》中这样描述，"今大道既隐，天下为家。大人世及以为礼，城郭沟池以为固，礼仪以为纪，以正君臣，以笃父子，以睦兄弟，以和夫妇，以设制度，以立田里……是谓小康"②，其意为在经济上表现为财产和劳动私有，在政治上通过阶级礼制维持世袭统治，在伦理上实行等级规范制和家庭赡养制，从而形成良好的社会规范和秩序，使得家庭关系和睦及社会关系和谐的社会就是小康社会。虽然小康社会与"大道之行也，天下为公……是故谋闭而不兴，盗窃乱贼而不作，故外户而不闭"③ 的大同社会相比有所不及，但小康是古代老百姓相对现实而言，可以接近的、可实现的生活状态，也是实现美好的大同社会必经的一个社会阶段。

古代的小康社会理想蕴含着小康和大同两个概念，小康是古人在现实中的追求，

---

① 佚名. 诗经 [M]. 李青，译. 北京：北京联合出版社，2015：135.
② 戴圣. 礼记 [M]. 刘小沙，译. 北京：北京联合出版社，2015：54.
③ 戴圣. 礼记 [M]. 刘小沙，译. 北京：北京联合出版社，2015：52.

大同是他们理想中的期盼。孔子把小康从关注百姓的生活状态转变为对社会秩序和社会模式的建构，小康由此从人们向往的理想生活状态发展成为统治者治国的一种理想社会模式。在我国两千多年的封建社会发展过程中，天下为公的大同社会最终没能实现，百姓安居乐业、国家稳定发展的小康状态总体来说也未能建成，但小康作为一种为政的理想一直延续在我国封建社会之中。

（二）中国近代的小康社会思想

1. 康有为"大同愿景"中的小康社会

到了近代社会，中国人民饱受多重压迫和剥削，生活在水深火热之中。在关于民族危亡和国家存亡的时刻，资产阶级改良派思想家康有为极力主张维新变法，企图通过改良的方式为中国发展指出一条康庄大道。康有为以儒家经典《礼记》中的传统小康思想为基础，吸收《春秋公羊传》中公羊三世学说的社会进化思想，借鉴19世纪末20世纪初西方资本主义早期思想，独创性地将人类社会发展阶段概括为"据乱世""升平世""太平世"三段历程。康有为在《春秋董氏学》中指出："乱世者，文教未明也；升平者，渐有文教，小康也；太平者，大同之世，远近大小如一，文教全备也。"[①]他领导的维新运动，就是要通过改良的社会变革实践来实现社会秩序和社会模式的建构，使当时的中国由积贫积弱走向康有为理想中的"小康社会"。变法失败后，他在1902年著的《大同书》中描绘了一个"无邦国，无帝王，人人平等，天下为公"的大同图景，表现出他对大同社会的期许与赞美。然而，资产阶级改良派把变革的希望寄托于封建统治者，使康有为的"大同愿景"到头来也只是一场空想，"小康社会"也无法落实，但他的"小康社会"和"大同愿景"却体现了当时中国的先进知识分子为改写国家命运做出的不懈努力，为后来孙中山、毛泽东等革命者领导的社会革命提供了经验教训，为我们今天决胜全面小康社会也提供了一定的参考。

2. 孙中山"天下为公"中的小康社会

孙中山是民主主义革命的先行者，他提出了包括民族主义、民权主义和民生主义的"三民主义"思想，认为民生是国家发展和建设的首要和根本，因此十分注重人民的利益和发展。孙中山主张在"三民主义"基础上实现"天下为公"的小康社会，最终实现"世界大同"的美好社会。他指出，大同世界的实现是建立在人民安居乐业的小康社会基础之上的，而这些都是民生主义的体现，"要全国人民都可以得安乐……才是真正的民生主义，就是孔子所希望的大同世界。"[②]孙中山虽然没有具体描述他理想中的小康社会是什么样的，但他初步指出了实现小康社会的途径和方法，就是要兴办

---

① 康有为. 春秋董氏学：第2卷［M］. 北京：中华书局，1990：77.

② 孙中山. 孙中山全集：第9卷［M］. 北京：中华书局，1986：394.

实业，走经济发展和工业现代化之路。然而，由于资产阶级共和方案在中国行不通，孙中山的小康社会也没有在中国真正付诸实践，但他提出的实现小康社会的途径和方法对于探索全面建设小康社会仍然具有重要的启示作用。

（三）马克思主义社会发展理论中蕴含的小康社会思想

虽然在马克思恩格斯的文本中没有直接提及"小康""富裕"等词，但在他们关于社会发展的理论中蕴含着丰富的"小康"和"富裕"的社会思想，在他们对资本关系导致工人阶级贫困生活的深刻批判中，显露出对劳动人民衣食住行和生活状况的关注。马克思恩格斯从唯物史观角度阐述了改变无产阶级贫困状况建立未来美好社会的历史必然性，并在建构未来社会发展的不同阶段中描绘了"小康社会"阶段发展状况，为我国全面建成小康社会和分步骤地实现社会主义现代化强国的目标提供了有益启示和理论借鉴。在《哥达纲领批判》一文中，马克思把社会发展阶段划分为共产主义社会第一阶段和高级阶段。"在资本主义社会和共产主义社会之间，有一个从前者变为后者的革命转变时期。同这个时期相适应的也有一个政治上的过渡时期。"[①] 马克思认为，"在共产主义社会高级阶段，……生产力也增长起来，而集体财富的一切源泉都充分涌流"[②]，在共产主义的第一阶段——社会主义社会是一个生产力相对比较发达，物质财富相对比较丰富，社会制度比较完善，人民思想觉悟比较高，社会各方面都比较和谐的发展阶段。马克思对共产主义第一阶段的描述也分几个阶段实现，其中，他认为经过了过渡阶段之后，会有个比较好的发展阶段。这个一切发展都比较好的阶段也就是充满了现代"小康社会"思想的阶段，这个比较好的阶段，承认和允许各种矛盾的存在，因为在历经资本主义"阵痛"产生出来的共产主义第一阶段的前期矛盾是不可避免的，只有在高级阶段才能完全实现按需分配[③]，这个比较好的阶段就是高级阶段的前期准备阶段，这个比较好的阶段包含小康社会阶段和现代化强国阶段，这些都是共产主义第一阶段的初级目标，第一阶段初级目标的实现，是进入共产主义社会第一阶段以及高级阶段的坚实基础。马克思主义的社会发展理论为中国共产党的小康社会目标提供了理论基础和行动指南。

---

① 马克思，恩格斯. 马克思恩格斯选集：第3卷［M］. 北京：人民出版社，1995：314.

② 马克思，恩格斯. 马克思恩格斯选集：第3卷［M］. 北京：人民出版社，1995：305.

③ 王南湜. 社会主义：从理想性到现实性［J］. 马克思主义与现实，2009（3）：138-148.

二、中国共产党小康社会百年奋进历程

在漫长的历史进程中，我国历朝历代的思想家们都曾对小康社会做过许多设计，赋予小康思想不同的理论内涵，但由于各种制度理念的缺陷与其自身具有的历史局限性，它们在客观上并没有找到实现小康社会的正确路径，这些理论和方案都在历史的进程中宣告失败了。中国几千年小康的愿望一直没有实现，大同社会也只停留在人们对美好社会向往的愿景层面。马克思主义在中国传播以后，我国的小康社会思想有了科学理论的指导，由此中国共产党将千年的小康梦想真正地付诸当代中国实践，这一实践的进程体现为中国共产党团结带领中国人民为实现小康社会进行的百年奋斗的历史过程。

（一）"建构小康社会"——从传统小康向现代小康的过渡

党在成立之初便意识到，要改变中国近代以来积贫积弱的现状，解救身处水深火热之中的人民，让人民过上好日子，必须建构一种新的社会。毛泽东在探索中国社会发展道路时继承了中华传统文化中的社会理想，又充分地将马克思主义社会发展思想与中国的现实国情相结合，在新民主主义革命理论中，毛泽东多次提到了"大同"的概念，蕴含着"小康"的必经社会阶段。在《论人民民主专政》中他这样写道："经过人民共和国到达社会主义和共产主义，到达阶级的消灭和世界的大同……唯一的路是经过工人阶级领导的人民共和国。"[①] 毛泽东把消灭阶级与世界的大同联系起来，认为只有依靠工人阶级的领导，打破现有的阶级剥削和阶级压迫，建立各革命阶级联合专政的社会主义社会，才可以走向更加理想的社会，走向世界的大同。毛泽东运用马克思主义理论指导建构中国的小康道路，成功地实现了第一步，完成了民主革命的任务，建立了中华人民共和国，为人民过上小康生活奠定了社会基础。新中国成立后，毛泽东又创造性地初步提出了建设"四个现代化"的发展目标，为后继者探索中国的小康之路和实现人民的美好生活提供了更多可能。

毛泽东思想中蕴含的传统小康社会构想是中国共产党人在探索小康社会道路上的重要环节，它在不断与马克思主义的结合过程中实现了传统小康向现代小康发展的过渡。毛泽东是马克思主义中国化事业的伟大贡献者，为了融合中西方思维方式的差异和适应普通百姓的文化水平，毛泽东非常注重运用人民群众喜闻乐见的语言形式，用精简的文字表达出马克思博大精深的道理，从而使马克思主义深入人心，为后来邓小

---

① 毛泽东，毛泽东选集：第 4 卷 ［M］. 北京：人民出版社，1991：1471.

平提出"小康""小康社会"等中国式概念提供了直接经验参考。以毛泽东为代表的中国共产党人对小康社会的建构和初步探索为中国共产党人进一步探索小康社会提供了弥足珍贵的经验和启示。

（二）"建立小康社会"——从解决温饱到小康水平的发展

在吸取中外正反两方面的经验和教训后，中国共产党人在探索建设中国特色社会主义社会的道路中摸索前进。为了推动中国社会建设的继续发展，邓小平批判地继承了以往小康社会的经验，在不断发展变化的实践中探索适合中国社会发展的"小康之路"。

1. 邓小平小康社会思想的初步形成

20 世纪 70 年代末到 80 年代初，是初步形成邓小平小康社会思想的时期。在这个时期，"中国式现代化"与"小康"一词是紧密联系在一起的。1978—1979 年，邓小平频繁出访，在考察日本、新加坡、美国时身临其境地感受到我国发展水平与世界现代化进程的差距，对现代化概念有了全新的认识。1979 年 3 月，邓小平在会见日本代表团时第一次提出了"中国式的四个现代化"的概念，又在两天之后的中共中央政治局会议上重新表述为"中国式现代化"。1979 年 12 月，邓小平在会见日本首相大平正芳时，首次用"小康之家""小康的状态"等概念来描述四个现代化，并指出："我们要实现的四个现代化，是中国式的四个现代化。我们的四个现代化的概念，不是像你们那样的现代化概念，而是小康之家。"[①] 1981 年 4 月，邓小平又提出了"小康社会"这一新概念，并在这次谈话中提出了"十年翻一番，两个十年翻两番"[②]的小康社会建设的经济指标，初步形成了分"两步走"的构想，在此之后邓小平的多次谈话中都提到了我们要建立和达到的小康社会的目标。

2. 邓小平小康社会思想的继续发展

从党的十二大到党的十三大，邓小平围绕着"什么是小康社会，怎样建立小康社会"等基本问题进行了更加深入的思考，继续深化发展小康社会思想。逐步形成了较为完整的思想体系，这一时期还将此前提出的"两步走"战略构想确立为"三步走"的发展战略，从而明确了不同阶段小康社会建设的目标和方向。1987 年 4 月，邓小平在会见西班牙政府副首相格拉时第一次比较系统地表述了我国社会发展到 21 世纪实行三步走的构想，他指出：我们原定的目标是，第一步在 80 年代翻一番，达到人均收入 500 美元。第二步是到 20 世纪末，再翻一番，人均收入达到 1 000 美元。我们制定的目标更重要的还是第三步，在下世纪用 30 年到 50 年再翻两番，大体上达到人均收入

---

① 邓小平. 邓小平文选：第 2 卷 ［M］. 北京：人民出版社，1993：311.

② 冷溶，汪作铃. 邓小平思想年谱 ［M］. 北京：中英文献出版社，1998：87.

4 000美元。① 邓小平的上述"三步走"战略设想在随后召开的党的十三大中得到了系统论述，党的十三大在文件中正式确立了"三步走"的我国现代化发展战略，"三步走"战略的提出，体现出我党开始从理论层面的探索走向实践层面，并且具有可操作性和具体目标性。

3. 邓小平小康社会思想走向成熟

从党的十三大到十五大召开前夕，是邓小平小康社会思想由构想走向实践从而逐渐成熟的阶段，这一时期我国改革开放和现代化建设取得了喜人的成就。1987年，我国提前3年完成了第一步战略目标，实现了国民生产总值翻一番；到1990年，我国的国民生产总值按不变价格计算比1980年增长了1.36倍。1992年年初，邓小平在南方谈话中就当时国内争论不休的市场和社会主义的关系问题做出了辩证的解释。他指出："计划经济不等于社会主义，资本主义也有计划，市场经济不等于资本主义，社会主义也有市场。计划和市场都是经济手段。"② 从而使人们对"计划"和"市场"这两种经济手段不属于社会制度范畴有了正确的认识，为我国小康社会建设进一步解放了思想，为实行社会主义市场经济体制打破了思维局限。1995年，我国又提前实现了国民生产总值翻两番的目标，提前完成了"三步走"战略的前两步目标，充分证明了邓小平小康社会思想的科学性和可行性。

邓小平的小康社会思想借鉴了毛泽东等中国共产党人实现马克思主义中国化的经验成果，吸收了马克思主义社会发展理论的丰富内涵，他提出"小康"这一极具中国传统特色又内含"现代化""社会主义"等西方发展思维的科学概念，成功地把当代中国社会发展的短期目标以广大人民喜闻乐见的形式传递给大家，赢得中国亿万人民的支持和信赖，凝聚起全国人民的智慧与创造力，最大限度地推动了我国社会主义的发展和人民小康生活的来临，对推动我国现代化的发展进程做出了重大贡献，为我国小康社会由"建立小康"到总体向全面的深化奠定了深厚的基础。

（三）"全面建设小康社会"——从总体小康向全面小康迈进

得益于邓小平关于小康社会的战略设计，经过中国共产党带领人民多年的奋斗，进行社会主义建设和实践，到21世纪之初，我国顺利实现了人民生活达到总体小康水平的目标，初步解决了我国十多亿人口的温饱问题，为党和国家进一步开启全面小康的历程准备了物质条件，打下了群众基础。

中国共产党和国家在继承邓小平的小康社会发展成果的基础上，推动小康社会与时俱进地向"全面建设小康社会"迈进。1997年9月，党的十五大第一次提出了"建

① 邓小平. 邓小平文选：第3卷 [M]. 北京：人民出版社，1993：226.
② 邓小平. 邓小平文选：第3卷 [M]. 北京：人民出版社，1993：373.

设小康社会"这一概念，并根据我国发展的新变化重新确定了新"三步走"战略计划。新"三步走"计划是我党对新世纪以后开启的现代化建设的进一步细化和具体化，也是对邓小平提出的"三步走"发展战略的丰富和发展，为新世纪的到来规划了具体的目标，提供了理论上的准备。2000年10月，党中央在党的十五届五中全会上首次提出了"全面建设小康社会"的概念，并为实现更加宽裕的小康生活做出了相应的部署以满足人民群众更高的物质需求。2002年11月，党的十六大明确表示我国人民生活水平总体达到了小康水平，实现了党在十三大提出的"三步走"战略的第一步、第二步，同时，党中央也深刻地认识到，我国在20世纪末实现的总体小康是"低水平、不全面、发展很不平衡"①的小康社会，而我们党要继续建设的是一个高水平、更加全面、更加平衡的人民更加向往的小康社会，还需要全党全国各族人民付出长期艰辛的努力。党的十六大在经济、政治、文化方面对全面小康建设提出了相应的发展指标，并把社会更加和谐纳入小康建设的主要内容，开始形成了较为系统的全面小康建设阶段。

（四）"全面建成小康社会"——从"三位一体"到"四位一体"的深化

党的十六大以后，在科学发展观的指导下全党人民继续深化全面建设小康社会的目标要求和具体任务。2004年9月，党的十六届四中全会提出了要构建社会主义和谐社会，由此开创了从"三位一体"到"四位一体"的全面小康建设。2007年10月，党的十七大又从经济、政治、文化、社会和生态五个领域全面规划了小康社会建设的新要求，充实了全面小康的理论内容及理论高度。党的十七大还将小康建设目标中的"总量"翻番调整为"人均"翻番，既鲜明地体现了我们党以人为本和共建共享的执政理念，又体现了小康建设成果应惠及每个人的全面性，更加深化和殷实了小康社会目标。2012年11月，党的十八大正式提出了"全面建成小康社会"这一全新的战略规划，指出到中国共产党成立一百周年时要实现全面建成小康社会这一第一个百年奋斗目标，从而把全面建成小康社会置于实现中国梦的伟大战略之中。

（五）"决胜建成小康社会"——从全面建成向决胜冲刺收官的飞跃

随着中国特色社会主义进入新时代，站在中华民族伟大复兴的战略高度，党中央重新规划我国社会发展的进程，提出了一系列新思想、新论断和新举措，使全面小康的内涵体系愈加丰富，建设任务不断深化拓展，开启了决胜全面小康社会的历史新征程。2014年6月，习近平在第六届部长级会议上表示："中国已经进入全面建成小康社会的决定性阶段。实现这个目标是实现中华民族伟大复兴中国梦的关键一步。"② 这从"两个百年"的新高度揭示了"建成小康社会"的新历史方位，并从实现中国梦的目

① 江泽民. 江泽民文选：第3卷［M］. 北京：人民出版社，2006：542.
② 习近平. 弘扬丝路精神 深化中阿合作［N］. 人民日报，2014-6-6（01）.

标进行新的阶段规划，为我们正确认识小康社会的发展阶段和实现全面建成小康的现实意义奠定了思想前提。2015年年初，习近平从"两个百年"的新高度进行了"四个全面"战略布局，并将"全面建成小康社会"这一奋斗目标融入其中，并赋予全面建成小康社会战略统领作用以牵动其他目标的发展。2017年10月，党的十九大以决胜全面建成小康社会为主题，依据中国国情的实际变化，科学地判断我国社会主要矛盾已经发生改变，在此基础上，提出了"全面建成小康社会"的基本方略，进而把党的十五大提出的新"三步走"战略安排的第三步进一步细化：以2035年为界分两步走，实现了我国现代化建设阶段理论的延伸和拓展。经过长期的奋斗，2021年2月15日，习近平在全国脱贫攻坚总结表彰大会上表示："我国脱贫攻坚战取得了全面胜利，现行标准下9 899万农村贫困人口全部脱贫，区域性整体贫困得到解决。"① 脱贫攻坚取得的伟大胜利，为我国决胜全面建成小康社会做出了关键性贡献，也意味着在全面建成小康社会的伟大战略上实现了关键的一步。2021年7月1日，习近平总书记在庆祝中国共产党成立100周年大会上宣告："我们实现了第一个百年奋斗目标，在中华大地上全面建成了小康社会。"② 这一庄严宣告表明，在建党百年之际，中国共产党人成功在中华大地上实现了从"全面建设小康社会"到"全面建成小康社会"的历史性飞跃，创造了人类史上彪炳史册的发展奇迹。

三、中国共产党小康社会百年奋进的时代意义

"百年奋进"是中国共产党自成立以来为实现"两个百年"奋斗目标，团结带领人民披荆斩棘、栉风沐雨、不断奋斗进取的历程。"百年奋进"具有承前启后，连接"两个百年"奋斗目标的进程。习近平在庆祝中国共产党成立100周年大会上对全面建成了小康社会"第一个百年"奋斗目标的总结，同时又是站在新的历史方位对新时代党团结带领人民开启"第二个百年"奋斗目标指明了方向，对实现中华民族伟大复兴的中国梦具有重要的时代价值。

（一）实现马克思主义中国化的创新发展

马克思主义认为，社会发展的最终目标立足于实现人的自由而全面发展，中国共产党自成立之初，就为实现人民解放、为人民谋幸福作为初心和使命，经过一百年的奋斗，实现了人民的解放，带领人民实现了全面建成小康社会，正在意气风发向着全面建成社会主义现代化强国的第二个百年奋斗目标迈进，中国共产党致力于"两个百

---

① 习近平. 在全国脱贫攻坚总结表彰大会上的讲话［N］. 人民日报，2021-2-26 (2).
② 习近平. 在庆祝中国共产党成立100周年大会上的讲话［N］. 人民日报，2021-7-2 (1).

年"的奋斗都是坚持以马克思主义为指导，自始至终站在广大人民根本利益的基础上，以实现人的全面发展作为价值目标和追求，经革命、建设和改革各个阶段，将马克思主义理论与中国实际相结合的奋斗过程。在革命阶段，党团结带领中国人民为创造自己的美好生活进行了长期艰辛奋斗取得了中国革命的胜利，建立了新中国，为摆脱贫困、建设小康社会创造了根本政治条件；新中国成立后，党团结带领人民进行社会主义建设，重整山河，为改善人民生活、建设小康社会打下了坚实基础；改革开放以来，党团结带领人民发展经济，着力解放和发展社会生产力，着力保障和改善民生，取得了全面建成小康的伟大成就。在马克思主义理论的指导下，"第一个百年"的奋斗目标已经取得辉煌的成就，中国共产党将为实现"第二个百年"奋斗目标而进行理论与实践的创新发展。

"两个一百年"的奋斗目标是马克思主义社会发展理论与中国社会实践相结合的产物，是符合中国社会各阶段生产力水平和发展阶段的国情；在理论上进一步丰富和发展了马克思主义社会发展阶段理论，也进一步拓展了对我国社会主义发展规律、建设规律的认识，深化了中国共产党人对执政规律的认识；在实践中引领党和人民一路披荆斩棘，成功推动了中国社会的建设与社会各方面的发展。"两个百年"的社会建设将会成为马克思主义社会发展阶段理论中国化的创新发展，极大程度地丰富和发展了马克思主义中国化的理论宝库。

（二）为中国梦的实现奠定坚实的社会基础

全面建成小康社会为"第二个百年"奋斗目标增强信心，也为实现中国梦取得阶段性胜利。中国梦是决胜全面小康之后的发展任务，是中华民族追求理想社会的延伸和拓展。全面建成小康社会与实现中国梦两者在阶段上是前后承接的，在本质上是一脉相承的，皆致力于实现中华民族伟大复兴的战略目标，实现近代以来中国共产党的最低纲领。因此，决胜全面小康是中国梦新的起点，小康社会全面建成后，党的战略方针以及人民的期盼将指向中国梦，中国梦将成为引领新时代新发展的具体性的奋斗目标，"第二个百年"奋斗目标实现的进程，与决胜全面小康社会阶段打下的基础密不可分。

"第一个百年"奋斗目标是"第二个百年"奋斗目标基础和信心，只有全面建成小康社会取得了决定性的成果，我们才能朝着中国梦的方向稳步前进。小康社会的全面建成意味着我国经济实力不断增强、社会物质财富不断丰富、相关制度日益完善，人民群众在实现小康的过程中的获得感和幸福感不断增强，同时，对我党的信心和执政能力的信任不断增强，这些是党和国家开启下一段征程的可靠保证和坚实基础。决胜全面小康有质有量的成就为中国梦的实现奠定了良好的开局，为社会主义建设的新征程打下了坚实的基础，使得国家有基础、人民有信心、社会有动力进一步推进中国梦的实现。

（三）为世界减贫治贫贡献中国力量

摆脱贫困一直是困扰全球发展和治理的突出难题。摆脱贫困就是如何发展和治理的问题，是当今世界各国都无法回避的话题。中国作为世界上人口最多的发展中国家，积极致力于建成惠及全国十几亿人口的全面小康社会，首要的问题就是要实现贫困人口的脱贫问题，中国用几十年的时间使几亿人口脱离贫困，这在世界上没有先例。"纵览古今、环顾全球，没有哪一个国家能在这么短的时间内实现几亿人脱贫。"[①] 中国推进的小康社会建设是与脱贫减贫同步进行的，习近平指出："改革开放以来，按照现行贫困标准计算，我国 7.7 亿农村贫困人口摆脱贫困；按照世界银行国际贫困标准，我国减贫人口占同期全球减贫人口 70% 以上。特别是在全球贫困状况依然严峻、一些国家贫富分化加剧的背景下，我国提前 10 年实现《联合国 2030 年可持续发展议程》减贫目标，赢得国际社会广泛赞誉。"[②] 脱贫治贫取得成功，为实现全面建成小康社会目标任务做出了关键性贡献，成功实现了中国人民的脱贫致富和全面发展，增强了我国的综合国力和国际竞争力，为开启第二个百年奋斗目标打下扎实基础。中国取得的成就和建设的经验必将影响世界，为推动世界减贫事业和人类文明进步贡献中国力量。

中国的发展也是世界的发展，中国向前发展一小步，世界进程就有可能向前迈进一大步。中国决胜全面小康这一奋斗目标的如期实现，为发展中国家实现经济转型和消除贫困提供了可借鉴的成功模式，对世界各国的经济增长做出了重要贡献，同时各个国家也可以搭上中国发展的"顺风车"，为推动本国的发展带来了机遇。中国小康社会的实现，除了对世界经济领域的贡献，更重要的还在于中国发展模式的创新对于发展中国家提供了中国模式，中国减贫治贫的经验为全球治理贡献了经验和智慧，这些经验、智慧和模式不只是促进了中国社会的向好发展，它对于全球的发展都是一笔独一无二的具有乘法效应的宝贵财富，为世界的发展贡献了中国力量和智慧。

四、结语

行百里者半九十，建设小康社会和建设现代化强国是中国共产党"百年奋进"的不同阶段奋斗目标，我们要在全面建成小康社会实践中不断总结经验，敢于直面问题并精准施策，在解决各种疑难杂症中为开启现代化强国的建设提供历史经验。"两个一

---

① 习近平. 在全国脱贫攻坚总结表彰大会上的讲话 [N]. 人民日报, 2021-2-26 (2).
② 习近平. 在全国脱贫攻坚总结表彰大会上的讲话 [N]. 人民日报, 2021-2-26 (2).

百年"的奋斗目标是历史赋予的使命,中国共产党人要勇敢承担起时代的使命,在实践探索中持续不断地开创新局面,全面建成小康社会。在此基础上,中国共产党将继续带领全国各族人民坚定不移地沿着中国特色社会主义道路前进,在新的历史时期深入推进社会发展各方面举措,开启中国特色社会主义现代化强国建设的伟大新篇章,朝着下一个百年奋斗目标奋勇前进。

参考文献

[1] 习近平. 在庆祝中国共产党成立 100 周年大会上的讲话 [N]. 人民日报,2021-7-2 (1).

[2] 顾海良. 全面建成小康社会的战略进程与决胜纲领 [J]. 思想理论教育导刊,2015 (12):13-18.

[3] 杨丽,王中凝. 中国共产党小康社会思想的百年历史演进和实践发展 [J]. 科学社会主义,2020 (5):82-89.

[4] 齐卫平. 全面建成小康社会的奋斗历程和开启新征程的时代使命 [J]. 江汉论坛,2020 (7):5-10.

[5] 蒲实,黄文浩. 中国现代化进程中的小康社会:历程、成就与经验 [J]. 行政管理改革,2020 (9):30-38.

[6] 刘洪森,李昊天. 中国共产党"小康"话语百年演进的历程、逻辑与价值 [J]. 思想理论教育,2021 (4):42-48.

[7] 燕连福,李晓利. 从"饥寒交迫"到"全面小康":中国共产党百年贫困治理的历程与经验 [J]. 南京大学学报 (哲学·人文科学·社会科学),2021,58 (3):16-24.

[8] 李春. 全面建成小康社会思想的形成历程及现实启示 [J]. 山东社会科学,2020 (6):167-171.

[9] 佚名. 诗经 [M]. 李青,译. 北京:北京联合出版社,2015.

[10] 戴圣. 礼记 [M]. 刘小沙,译. 北京:北京联合出版社,2015.

[11] 康有为. 春秋董氏学:第 2 卷 [M]. 北京:中华书局,1990.

[12] 孙中山. 孙中山全集:第 9 卷 [M]. 北京:中华书局,1986:394.

[13] 马克思,恩格斯. 马克思恩格斯选集:第 3 卷 [M]. 北京:人民出版社,1995.

[14] 王南湜. 社会主义:从理想性到现实性 [J]. 马克思主义与现实,2009 (3):138-148.

［15］毛泽东. 毛泽东选集：第 4 卷［M］. 北京：人民出版社，1991.

［16］邓小平. 邓小平文选：第 2 卷［M］. 北京：人民出版社，1993.

［17］邓小平. 邓小平思想年谱［M］. 北京：中英文献出版社，1998.

［18］邓小平. 邓小平文选：第 3 卷［M］. 北京：人民出版社，1993.

［19］江泽民. 江泽民文选：第 3 卷［M］. 北京：人民出版社，2006.

［20］习近平. 弘扬丝路精神 深化中阿合作［N］. 人民日报，2014-6-6（1）.

［21］习近平. 在全国脱贫攻坚总结表彰大会上的讲话［N］. 人民日报，2021-2-26（2）.

关于中国共产党成立百年来中国经济增长的反思

黄秋妍[①]

摘　要： 中国共产党成立一百年以来，中国取得了举世瞩目的成就。首先，本文梳理了中国取得的伟大成就。其次，本文从经济增长方面入手，整理出了解释它的三种具有代表性的学术观点，包括比较优势、政府竞争以及市场化改革。再次，本文结合现有观点，提出了还可以从经济增长的低起点，要素生产率的提高以及中央政府的领导等方面对成功经验进行说明。最后，本文认为在中国高速发展期间也伴随着诸多弊端，所以现如今可以放慢增长速度，着重实现中国的高质量发展。

关键词： 百年；伟大成就；成功经验；高质量发展

一、背景

在栉风沐雨中，中国共产党已经历经了一百年的岁月，带领中国取得了举世瞩目的成就。其中，最值得一提的是，我国仅仅用几十年的时间便取得了发达国家用几百年才能取得的工业成就，社会生产水平明显提高，综合国力显著增强。

从世界范围来看，目前，中国已经成为世界经济增长的重要一极，GDP 总量跃居世界第二。并且，中国参加了如亚太组织、世界贸易组织等国际经济组织，建立了自由贸易区，便利了地区间的货物流通和经济往来，促进了中国和世界各国的经济交流，进一步加快了世界经济增长的速度。尤其是改革开放 40 多年来，我国经济对世界经济的年均贡献率高达 18%，近几年来更是达到了 30% 左右。从国内经济上来看，在改革开放的 40 多年间，我国的经济增长速度显著高于其他国家，年均增长速度达到 9.5%，

[①] 黄秋妍，重庆工商大学经济学院，2018 级经济学专业本科生。

创造了"中国奇迹"。并且，一直存在争议的人均经济水平也有明显的提高，与高收入国家水平的差距在不断缩小。从人们生活上来看，不断发展的国内经济，提高了城乡居民的收入水平；健全的医疗保健体系，改善了城乡（特别是农村）的医疗卫生状况；精准扶贫的全面实施，解决了尚未脱贫人口的温饱问题。总之，如今我国人民生活总体上已经达到了小康水平。

在了解了中国取得的伟大成就之后，本文将主要从经济增长这方面对建党一百年来的中国做一个重新的认识，着重探讨促使中国经济增长的原因，并在此基础上为我国未来应该如何实现高质量稳定发展提出意见和建议。

二、学术观点

（一）发挥比较优势和后发优势，而不是盲目赶超

对于中国经济增长原因的探讨，林毅夫在其书《解读中国经济》中完美地解释了中国经济增长和现存的问题，其中最重要的观点是：应该根据一个国家或地区的比较优势来制定经济发展战略，盲目追赶发达国家技术的赶超战略已经被证明是错误的。建党一百年以来我国经济取得了巨大的发展，作者认为最重要的原因是我国选择了双轨制等稳步推进的路径，选对了具有比较优势的产业。实际上，双轨制在改革开始的时候不被西方看好，而被西方看好的苏联和东欧的休克疗法则最终失败。

中国在1978年之前经济发展绩效不佳，主要是因为当时推行的是重工业优先发展的赶超战略。要知道，在一个一穷二白的国家搞工业，就得在宏观上扭曲价格信号，在行政上计划配置资源，在微观上剥夺企业自主权，把资源都集中起来，全部投入重工业部门。事实证明，这样的效果并不是很好。

1978年之后中国经济取得的奇迹般的增长，一部分原因在于发展中国家在现代化过程中的后发优势，即依靠从发达国家引进先进技术和经验，发展中国家可以在较短时间内用较低成本实现自身的技术创新，从而带来效率的提高，增加资本回报率，促进产业升级和经济增长。不过现在中国经济进入了减速增质的阶段，其原因是中国的技术水平相对于发达国家而言，不再是以前那么落后，甚至在很多方面处于世界领先位置。因此，我们现如今没有那么多可引进的技术和后发优势，就必须靠高成本的试错和自主研发。也就是说，中国如今发展的目标应该从怎样提升产业产品技术落实到怎样提升要素禀赋结构上去。

（二）形成地方政府竞争机制，刺激经济增长

对于中国经济增长的解释，张五常在《中国的经济制度》一书中提出的"地方政

府竞争"模型,是作者认为较有说服力的解释之一。

"地方政府竞争"模型,是从政府内部关系衍生出的经济增长模式,它包括市县级政府高度经济自主权、上下级政府的承包关系与地方政府间的竞争关系。事实上,"地方政府竞争模型"就是以县为单位的全国几千个"政府公司"在比拼经济发展的经济格局。各个市县好比一个个商业机构,全国几千个这样的商业机构激烈竞争,加之县际竞争与官员权位紧密结合,对干部形成了强有力的激励,经济当然会充满勃勃生机。

中国共产党成立一百年来,特别是改革开放以来,由于国际经济的繁荣和国内的改革红利,地方政府之间的良性竞争助力了过去中国经济的高速发展。一方面,地方政府竞争促进了制度的创新,并且极大地加快了制度改革在国内地方政府间传递的速度。另一方面,几千个地方政府"企业"在国际资本市场上积极地招商引资,在繁荣时期获得了大量的资源。但是在中国经济发展到一定时期,资本变得非常谨慎,加上中国在国际经济体系中的位置已渐渐变化,不再是低成本的盆地,所以这个时期的政府很难引入大量的外资。进一步来讲,招商引资虽然看似谁都能做,但是地方政府慢慢发现,相对于靠人力,终究还是要靠制度等软实力才会持久。

(三)市场化改革,建立市场经济体制

什么是市场化?它是指建立国家调节的市场经济体制,并由此形成统一的市场运行机制和市场体系。自 1979 年 11 月邓小平同志首次提出"社会主义也可以搞市场经济"的观点以来,我国便拉开了从计划经济向市场经济体制转变的序幕。转眼四十多年,市场化改革走到今天,其突破,其深入,其完善,已成为我国经济发展方式转变之根本。而发展方式转变之根本,是实现经济高速增长之根本。这也是张维迎等一众学者认为,市场化改革对中国经济高速增长的贡献巨大的原因所在。

众所周知,40 多年前的中国是计划经济体制,政府可以调动社会资源。但是,那时候的我们并没有实现高速增长,反而收入水平极低,是世界上排名靠后的国家。但是在实施改革开放之后,我们从计划经济体制转向市场经济体制,才取得长达 40 多年的快速发展。有学者指出,"讲中国特色不能离开市场化方向,在市场化方面我们和全世界潮流的走向一致。任何偏离市场经济方向,或者只想搞半个市场经济的想法,都偏离了改革轨道。中国只能走市场化这条路。"

当然,市场不是万能的,并不能解决一切问题,它发挥作用必须依据一定的规范和条件。而市场经济由于政府管控、信息不透明等因素,容易出现"市场失灵"的情况,但这不是因为市场没用,而是太多因素制约了市场经济发挥调控职能。因此,我们要做的不是去怀疑市场经济的好与坏,而是解决影响市场正常调配资源的那些掣肘难题，比如垄断、公用产品提供过度等经济问题和层出不穷的道德问题，一步步完善我国的市场化改革体制。

三、个人观点

对于中国共产党成立一百年来中国经济增长的解释，国内国外的学术界已经有了诸多观点，可以说，每位学者也都有着自己的见解，其中也不乏相似之处。实际上，中国是一个超级大国，影响其增长的因素有很多，它们相互交织、共同影响，绝对不是一两点就可以概括完的。基于此，加之笔者自己的观点，本文补充整理了以下几点关于中国经济高速增长的原因。

（一）增长的低起点

中国共产党建立初期，中国经济的起点非常低，但这确实也是一个优势。基于后发优势的观点，一国的人均 GDP 越低，工资水平越低，劳动力成本越低，它的竞争力越高，利润率越高，继而 GDP 增长得越快。但是，我们也知道，一个国家随着人均GDP 越来越高，劳动力成本越来越高，劳动力的竞争力就越来越小。当它的工资水平达到发达国家水平时，它的劳动力成本优势就消失殆尽。那时，即便它是像发达国家一样在技术创新上长期引领世界，它也不可能再长期保持百分之六七甚至两位数的年增长率。进一步来说，如果发达国家哪一年有百分之四的增长率，那就一定会被当作增长奇迹了。

（二）资本增长、劳动力增长、全要素生产率的提高

资本增长、劳动力增长与全要素生产率提高，为中国经济的增长提供了强有力的动力。首先是资本增长方面。我国深厚的储蓄文化与传统，再加上改革开放以来中产阶级的形成、劳动力转移、结构转型等因素，极大地提高了资本的积累速度。其次是劳动力增长方面。它一方面来自人口数量的增长，另一方面来自人力资本（知识文化水平）的提升。最后是全要素生产率的提高。一是来自制度红利，朝着市场化体制的改革使得资源配置效率得到显著提高；二是劳动力转移带来的产业结构调整与升级；三是资本市场的快速发展提高了资源配置效率；四是开放带来了需求扩张与技术转移红利，充分发挥了众所周知的比较优势与后发优势。

（三）中央政府的战略领导

针对中国的特殊国情，中央逐渐建立了长期战略与短期政策相结合的国家发展管理职能，比如打造长期发展战略愿景，制定中期发展规划与产业政策，实施短期宏观

调控、市场干预与渐进式改革等。这标志着中国的国家经济职能大大超越了西方过去的"守夜人"和被动式宏观调控者的角色定位。毋庸置疑，在产业政策、短期宏观调控及市场干预等具体操作层面，我国存在着诸多亟待解决的问题，但也应看到，中国过去一百多年的正确的战略目标。从翻两番、建设小康社会到全面建设小康社会，其明确性、坚定性与连续性大家有目共睹，这些战略目标的落实与实现程度更令世人震惊，可以说已经超越世界上任何政体形式的任何国家。

当然，我们必须承认，虽然在改革开放前的 30 年，我国的经济并没有取得令人满意的成就，但不可否认的是，这几十年的发展也对后 40 年的经济高速增长提供了统一市场的规模优势以及政府主导的制度优势。

四、如何实现高质量发展

现在，我国已经取得了令世人震惊的成绩，2019 年中国 GDP 进一步逼近美国，等于排名第三到第五名三个国家的 GDP 总和，可见中国这些年的发展之迅猛。然而，这些成绩的大部分都是粗放式经济发展带来的。粗放式的发展让我们国家在经济上取得了飞越性进步的同时也有着明显的弊端，其中，最糟糕的是给环境带来了巨大的伤害。所以，当我们国家经济水平上了一个台阶之后，我国必须要转变发展方式，转变发展观念，不能再以牺牲环境为前提去发展经济。这也是高质量发展的意义所在，即在保护环境的前提下发展好经济。只有进行产业的转型升级，推动改革，发展高质量经济，才能让国家的经济保持持续健康地发展。因此，我们可以从以下几方面入手，实现中国的高质量发展。

第一，推动产业结构转型，实现产业结构优化。中国经济增长类型过去主要是数量扩张型，过度依赖自然资源和人口红利。而现在，人口红利消失，中国逐渐进入老龄化社会，依靠人口红利的策略已不见成效，我们必须要进行产业结构的调整和转型。其中，最重要的是推动过度依赖自然资源和低效的产能出清，进而保持一个更有效率、更有竞争力的产业结构，特别是形成具有高科技含量的产业集群。

第二，扩大对外开放，发挥国际竞争优势。事实证明，开放是中国经济发展的重要经验，没有开放就没有中国的今天，闭关锁国永远成就不了伟大的国家。在国际贸易中，我国应发挥好自身的比较优势，占据有利地位。一方面，我国要提高全要素生产率，提高国内产品的国际竞争力；另一方面，我国要形成自主创新机制，稳定大宗商品价格，以稳固我国的国际市场地位。最后，我国要适应现代化进程，使产品更加适应国际市场的需要，实现由"中国制造"向"中国创造"的转变。

第三，提高劳动力素质，促成高质量发展。中国是一个人口大国，庞大的劳动力供给是我们的一项优势，但如果劳动力素质迟迟没有提高，中国要实现高质量的发展会非常难。我们经常讨论中等收入陷阱，当然其中有很多原因，但一个最重要的原因是劳动力素质不能够适应高质量发展的要求。事实上，劳动力素质的提高是全要素生产率提高的重要基础，没有全要素生产力的提高，何来未来经济的高质量发展？而要提高劳动力素质，最重要也是最基础的一项是完善我国的教育机制，特别是各所高校，应培养出具有创新精神的未来经济建设者。

第四，缩小收入差距，实现收入分配合理化。改革开放以来，经济快速发展的同时也带来了不少的副作用——致使我国存在收入分配不均问题。中国的基尼系数从改革开放时的 0.288 到 2000 年增加到了 0.45，超过了联合国 0.4 的警戒线，这十分不利于我国的高质量发展。所以，我们应该推进公共财政，促进社会的公平正义；推进政府体制改革，严厉惩罚"权钱交易"行为；提高劳动报酬在初次分配中的比重，实现分配公平等。

五、结语

毫无疑问，中国经济增长的原因是复杂的，它是一道多选题而非单选题。但，毋庸置疑的是，改革开放这一伟大政策的提出是促成我国经济高速发展的决定性因素。综合本文观点，不论是后发优势的客观存在、地方政府竞争机制的刺激、市场化改革的整体带入，还是增长的低起点、三大要素的提高、中央政府的正确领导等，它们都共同成就了这一百年来中国经济的高速增长，创造出一个又一个中国奇迹。

而现在，我国已经由高速增长阶段过渡到高质量发展阶段，它是实现经济可持续发展的必然要求，也是我们必须接纳和重视的一个阶段。因此，我们国家如果要跨过中等收入陷阱，迈入高等收入国家，就必须进行经济发展方式的改革，放弃粗放式的发展，摸索适合我们国家的高质量发展方式。

参考文献

［1］林毅夫. 改革开放 40 年中国经济增长创造世界奇迹［J］. 智慧中国，2018，(10)：6-9.

［2］林毅夫. 解读中国经济［M］. 北京：北京大学出版社，2018.

［3］张五常. 中国的经济制度［M］. 北京：中信出版社，2009.

［4］阮敬，刘雅楠. 共享理念视角下发展成果测度及其动因分析［J］. 统计与信息论坛，2019，34（7）：35-43.

［5］周宇. 论中国高速经济增长的动因：基于国际比较视角的分析［J］. 世界经济研究，2019，（11）：15-23，134.

［6］周黎安. 中国地方官员的晋升锦标赛模式研究［J］. 经济研究，2007（7）：36-50.

［7］肖周燕. 中国高质量发展的动因分析：基于经济和社会发展视角［J］. 软科学，2019，33（4）：1-5.

［8］谢攀，龚敏. 中国高质量供给体系：技术动因、制约因素与实现途径［J］. 中国高校社会科学，2020（4）：90-97，159.

［9］郭路，魏杨. 中国经济增长之路分析［J］. 经济与管理评论，2019，35，（6）：49-56.

［10］蔡昱，龚刚. "看不见的手"与中国增长奇迹：激励机制还是资源配置机制？［J］. 现代财经（天津财经大学学报），2020，40（2）：3-14.

［11］陈太明. 改革开放与中国增长奇迹：效应评估、贡献测算与机理研究［J］. 当代经济管理，2020，42（12）：1-7.

［12］刘伟，蔡志洲. 经济周期与长期经济增长：中国的经验和特点（1978—2018）［J］. 经济学动态，2019，（7）：20-36.

［13］唐志军，姜军，庞景景，等. 理解中国经济增长：奇迹还是常态：来自权力结构变迁的视角［J］. 湖北经济学院学报，2016，14（6）：5-19.

［14］李佐军. 应用"三大发动机"等动力解释"中国增长奇迹"［J］. 经济纵横，2016（1）：27-30.

［15］李治兵. 中国经济发展奇迹研究综述：基于成就、原因、可持续性的分析［J］. 改革与战略，2018，34（6）：46-53.

［16］韦森. 中国经济高速增长原因再反思［J］. 探索与争鸣，2015（1）：58-63.

［17］张尔俊，马立平. 中国增长奇迹原因的实证探析［J］. 云南财经大学学报，2014，30（3）：27-31.

脱贫攻坚与全面建成小康社会成就与经验

朱 镠蓉①

摘　要： 中国共产党成立百年来，就一直带领人民不断与贫困作斗争，脱贫攻坚取得了伟大成就，探索出了符合中国国情的农村扶贫开发道路，历史性地解决了一直困扰中华民族千百年的绝对贫困问题，也在全世界贫困治理中书写了伟大历史传奇，同时在精准扶贫过程中积累了大量的宝贵经验，为接下来的农村改革打下坚实的基础，并寻找出巩固脱贫成果的有效路径，进一步推进中华民族伟大复兴。

关键词： 脱贫攻坚；伟大成就；宝贵经验

一、把握脱贫攻坚与全面建成小康社会的时代背景

决胜脱贫攻坚对于全面建成小康社会具有重大意义，本文将从价值导向、摆脱贫困的历史视野、破解社会主要矛盾三个主要方面层层梳理、逐步深入分析我国脱贫攻坚战与全面建成小康社会的时代背景。

（一）以人民为中心的价值导向

中国共产党是以马克思主义为指导思想的无产阶级政党，中国共产党经历了多重曲折之后，最终带领全国人民取得革命的胜利，把当时备受屈辱和压迫的旧中国建设变成了越来越强大的社会主义新中国，而中国人民的生活水平也从温饱都无法满足转变成全面小康。中华民族是一个命运共同体，脱贫攻坚与全面建成小康社会的主体是全国人民，我们不能让一个人从队伍里掉队，要坚持中华民族一家亲，因此全国人民更加认同中国共产党，认同中国特色社会主义制度，使全国民族团结起来一起为下一个百年奋斗目标努力。

"决胜全面建成小康社会，决战脱贫攻坚"是我们党奋斗的目标。习近平总书记曾

---

①　朱镠蓉，重庆工商大学马克思主义学院，2020 马克思主义基本原理硕士研究生。

强调："人民对美好生活的向往，就是我们的奋斗目标。"[1]所以全体人民都能感受到以习近平主席为核心的党中央的真情实意，人民至上，以人为本的真挚情怀。中国经过长期努力，打赢了脱贫攻坚战，在全面建成小康社会的过程中，满足贫困地区与贫困群众的需求，维护了他们的利益，发展了当地的生活水平，确实做到了实事求是，不愧于精准两个字。

（二）摆脱贫困的历史视野

从古至今，贫困问题一直伴随着人类的发展，全世界大多数国家和地区都会受到贫困的影响，很多国家和地区都有绝对贫困和相对贫困，中国作为最大的发展中国家也会受到贫困的困扰。中国吸取了很多马克思主义关于反贫困的经典思想并运用到精准扶贫中，比如马克思、恩格斯和列宁的反贫困理论，其中包括导致人民贫困的原因及解决方案。中国古代的传统思想，例如仁爱、扶危济困的思想，使得中国共产党人更深层次地理解与认识贫困和反贫困，为中国的农村扶贫工作提供了基本的思想原则，指出了根本路径和方向，推动着中国共产党的贫困治理事业取得重大成就。

新中国成立以来，中国共产党始终把人民放在心上，实现人民幸福，全面推进了农村土地制度改革，让三亿多没有土地的农民实现"耕者有其田"。改革开放以来，人民的生活逐渐实现温饱，并迈向全面小康社会，追求共同富裕，然而中国的扶贫攻坚路，虽漫长而曲折，但中国共产党一直没有放弃，不断调整消除贫困战略从而适应每一阶段的国情，有计划、有组织地扶贫，一步一个脚印消除绝对贫困，最终领导人民决胜脱贫攻坚战，团结并带领全体中国人民改善生活，特别是改善深陷贫困的劳苦群众的生活。消除贫困符合当今的时代潮流，因为世界各国要想获得长期的稳定发展，使经济得到快速提升，每个国家都有责任、有义务消除贫困。

（三）破解了社会主要矛盾

如今，我国社会主要矛盾已经发生的转变，现在已经转变为人民日益增长的美好生活需要与不平衡不充分的发展之间的矛盾。我们追求的美好生活也不再是简单地满足基本生存的需求，而是追求更高层次的精神文明的需求。我国从追求经济的高速发展转变高质量发展，更好地满足了人民日益增长的需要，但社会上出现的个人主义、享乐主义等异化思潮加剧了发展的不平衡，人民开始期盼更好的生活环境、教育环境以及医疗卫生条件。这次决胜脱贫攻坚战将贫困县全部摘帽，贫困人口全部脱贫，为未来推进乡村振兴提供了发展方向。决胜脱贫攻坚和全面建成小康社会都为新时代中国特色社会主义的发展增添了色彩，为实现第二个百年奋斗目标打下了坚实的基础。

二、脱贫攻坚与全面建成小康社会的伟大成就

我国脱贫攻坚战在收官之年，正好遇上这次新冠肺炎疫情暴发，使得精准扶贫挑战变大、任务变重、责任更重，然而中国却给出了一份消除贫困的优异成绩，使得脱贫攻坚完美收官。

（一）从数量上看，贫困人口逐渐减少

我国的脱贫攻坚不是一蹴而就的，是经历了很多年，在党的领导下艰苦奋斗才完成的。我国国家级贫困县总共832个，分布于22个省区市，在2020年11月时候已经全部脱贫，贫困人口已经从2010年年末的16 567万到2020年年末清零[2]。有些贫困区过去为革命奉献了很多，为社会建设付出了努力，但经历很久的贫困，算是贫困县老区。我们国家党和政府最终兑现了历史承诺，让老区人民摆脱了贫困。

习近平总书记强调："打赢脱贫攻坚战不是搞运动、一阵风，要真扶贫、扶真贫、真脱贫，要经得起历史检验。"[3]一切从数据出发，我国的贫困发生率从2012年10.2%下降到现在的0.6%，总共下降9.6个百分点。在2019年，贫困地区农村居民人均可支配收入是全国农村平均水平的72.2%，比2012年提高10.1个百分点。[4]然而其他国家，包括如今的发达国家，经历了大约一百年的时间，才将贫困发生率下降10%左右，我国却用这么短的时间，让贫困发生率下降这么多，可见中国速度，是肉眼可见的速度，充分展现我国脱贫攻坚的高效率。

（二）从质量上看，贫困地区自主脱贫能力显著提高

贫困地区脱贫人口较多，要全面脱贫，除了政策扶持，使数千万最贫困的建档立卡户人均收入增加到9 000元以上以外，还要依靠脱贫群众的自身努力。扶贫先扶智，中国这次脱贫攻坚克服了简单发钱发物的做法，更多地采取以工代赈、强化典型示范、加强培训提升技能等方式，引导贫困地区依靠自身的产业脱贫，利用特色优势产业脱贫，像旅游产业，能吸引外来人员，改善交通，还能带动当地的其他服务业发展，增加就业机会；电商推广也可以使贫困地区，用直播带货的方式将当地的农产品进行销售，激发了贫困群众的主观能动性，增加了当地的收入水平，另外，很多村民都开始加入网络直播，描述乡村的生活，带给观众乐观进取的真实感，让帮扶变得更有温度。我国从贫苦地区的实际出发，使扶贫工作实现由"授人以鱼"到"授人以渔"的转变，为贫困地区提供"自我造血"的新动能，增加了脱贫的可持续性，提升了扶贫供给的有效性。[5]

（三）从生活上来看，改善了贫困地区农村发展条件

最新的脱贫攻坚普查结果显示，我国的很多贫困地区不止提高了脱贫水平，还改

善了基础设施和公共服务，提高了人们的生活质量。一是贫困地区的生产生活基础设施得到转变，虽然最基本的水和电都得到了保障，但网络一直困扰着贫困群众。如今网络问题也在脱贫攻坚中得到解决，疫情期间，封闭在家，多亏贫困地区覆盖了网络，学生才能上网课。农村道路硬化也正在逐步推进，公交车也在乡镇里流行。二是农业机器、水利灌溉、防洪涝的设施得到了优化，带动了农业的发展。三是教育师资力量得到加强，教育设施得到改善。教育是民生之基，国家加大教育投入力度，推出实施教育精准脱贫的多项举措，这次脱贫攻坚期间改造了贫困地区接近十万所学校。四是医疗条件的改善。很多人开始在意健康问题，特别是现在疾病越来越多的情况下，但大多数都不会提前预防，而贫困人口生活本就困难，一旦发生重大疾病，医疗费对于他们来说，就是一项庞大的支出，所以我国提高了贫困人口实际报销住院的医疗费用，建立医疗保障和健康扶贫制度，帮助830多万户因病致贫、因病返贫建档立卡贫困户摆脱了贫困，减轻了贫困人口的经济负担。五是进行危房改造。六是增加娱乐设施。娱乐从单调转变为丰富多样，2019年，有文化活动室的行政村比重达到90.7%。七是改善生态设施。这让脱贫攻坚与保护生态环境取得双赢。工业污水处理与净化、厕所改造、垃圾回收处理也开始在乡村开展。国家启动农村生活垃圾专项治理，改善贫困地区人居环境，自然村垃圾集中处理占比接近90%，建设了资源节约型、环境友好型社会。[6]

（四）从政策上来看，精准扶贫举措落地落实

习近平总书记提出的脱贫攻坚战略发展了马克思主义反贫困理论思想。中国对以往的扶贫工作进行总结，继续丰富发展，出台了一系列方针政策并落实到位。我国已经转变了原来的粗放式扶贫思维，构建了责任、投入、监督、考核等一系列完整脱贫攻坚的制度体系。六个精准和五个一批也在精准扶贫当中大量实施。同时我国对脱贫攻坚给予大量资金支持，资金使用精准。

（五）从党群关系上看，优秀干部深入人心

中国共产党具有高度组织性和纪律性，在执政过程中，一直强调党政干部以人民为中心的价值理念和作风建设，在脱贫工作中，按照"六个精准"的要求，精准选派第一线驻村干部扶贫，共派出25.5万个驻村工作队，派出优秀的290多万名县级以上党政机关和国有企事业单位干部到贫困村参与扶贫事业。他们越艰苦越努力，与群众紧密联系，调查和了解基层，培养了踏实的工作作风。我们党在脱贫攻坚中进行了总体布局，加强了组织建设，分工明确，层层落实主体责任，摆脱了过去互相推诿、效率低下的问题；将传统识别与大数据识别结合起来，形成第三方评估，省际交叉的严厉考核制度；批判及问责形式主义，保证了扶真贫，真扶贫，形成了齐抓共管的贫困

治理组织体系。

另外，脱贫攻坚中探索的农村贫困治理经验，对以后解决相对贫困问题和农村其他方面的治理也是一笔宝贵的经验。科学的精准扶贫和精准脱贫的战略取得了伟大成就，贫困地区的人们生活水平显著提高，贫困人口也越来越少，中国共产党切实履行了以人民为中心的治国理念，提升贫困群众对中国共产党的自豪感、安全感和幸福感。当然，脱贫摘帽不是终点，我们要为接下来的巩固拓展脱贫攻坚成果，进一步实施乡村振兴，朝着更高质量的新生活继续奋斗。

（六）从全球看，中国特色扶贫理论书写伟大历史传奇

当人们缺少生存权和发展权等基本人权时，自然不能实现人自由而全面发展。所以消除贫困一直是全世界人类的梦想。长期贫困落后的国家必须追赶越来越富裕的国家的进度，为构建人类命运共同体凝聚力量，这样才能使世界得到长期和谐稳定的发展，才能推动全球经济持续发展，所以消除贫困成为大多数国家面临的问题，也成为当今世界依然面临的最大挑战。

习近平总书记对于扶贫工作的重要论述是打赢脱贫攻坚战的科学指南。中国作为最大的发展中国家，为解决人类反贫困事业给出了中国方案，用数据来看中国的脱贫成绩是最直观明显的，更能体现中国力量。中国不止坚持不懈为本国脱贫进行了巨大努力，而且还一直积极倡导全球减贫，我国贫困人口累计减少 7 亿多人，对全球减贫贡献率超过 70%，提前完成联合国的目标，并且中国一直在打造国际合作平台，设立了"南南合作援助基金"，给予人才、技术和资金支持。[7] "一带一路"倡议将使相关国家中 760 万人摆脱极端贫困，3 200 万人摆脱中度贫困。[8] 中国为全世界坚定信心消除贫困给予了极大的鼓励支持，书写了人类反贫困伟大历史传奇。

三、新时代脱贫攻坚的经验总结及成果巩固的启示

中国脱贫攻坚战取得全面胜利，为全面建成小康社会打下了坚实的基础。我们在总结中国的扶贫经验的同时，要分析下一步巩固扶贫成效的有效路径，让脱贫攻坚经得起历史和实践检验。

（一）坚持党的领导与以人民为中心相统一

脱贫攻坚的胜利离不开中国共产党的坚强领导，更离不开让全国人民改善生活、走向共同富裕的内生动力。我们党的历代领导都有深深的爱国主义情怀，以习近平同志为核心的党中央也不例外，站在全局高度，进行顶层设计，采取精准脱贫，且始终在党的集中统一领导下开展，克服了虚假主义，绝不搞花架子，坚持一切从实际出发，

实事求是展示脱贫攻坚的成果，创造了前所未有的伟大变革及创新实践[9]。在未来的工作中，我们要坚持党的领导，设立以党组织为核心的村级组织，维护农村稳定，充分发挥村党组织带头人和党员的先锋模范作用。

人民创造了历史，有人民才能促进社会发展，我国要实现民族的伟大复兴就必须坚持党的领导和以人民为中心的原则。

（二）坚持农村改革与扶贫工作相结合，促进乡村振兴

脱贫摘帽是乡村建设全新的开始，在脱贫攻坚的胜利的背景下，乡村振兴能得到充分的发展。农村改革不仅需要坚定的信心和战胜困难的勇气，还需要运用马克思主义思想方法和工作方法，例如采取坚持问题导向，实事求是的方法，从国情出发，采用历史分析法、矛盾分析法，将农村进行全面改革。乡村振兴需要兴旺的产业、良好的生态、文明的素质及富裕的生活，这样，中国的农村会翻新，会变美，可是其实现的难度不亚于脱贫攻坚。

乡村振兴也是全面建设社会主义现代化的一部分，我们要将新发展理念与乡村振兴进行融合，激发群众自身活力，扶贫与扶智缺一不可，实现物质脱贫和精神脱贫双赢，要继续推进建设生态良好美丽乡村文明建设，充分发挥一些民族地区与革命老区的优势；也可以利用国际资源与市场，构建"面对面"线下与"互联网"线上双重交流与发展的平台，将"走出去"与"引进来"有机结合，适应新发展格局，加快完成农业农村现代化，从而让中国变得越来越强大，更快实现乡村振兴的宏伟蓝图，继续推进中华民族伟大复兴[10]。

（三）坚持广泛动员，凝聚强大的脱贫攻坚合力

一人力量小，众人力量大，马克思也曾说过，只有在集体中，个人才能获得全面发展其才能的手段。[11]打赢脱贫攻坚战，全面建成小康社会不是靠一方力量完成的。我国的特色就是集中力量办大事，遇到事情，团结一致解决问题就是我国最大的优势。只有凝聚各方力量和资源，共同承担决胜脱贫攻坚的责任，协同作战才能完成脱贫攻坚这一项重大而艰巨的任务。第一，脱贫攻坚需要党和政府领导，贫困地区干部群众要艰苦奋斗，强化东西部扶贫协作和对口支援。第二，倡导国有企业和民营企业一起参与扶贫事业，宣扬无私奉献的精神，利用资金援助、技术支持，进行人才培养，结合市场，进行特色资源开发，进行定点帮扶。第三，进行国际扶贫合作交流，学习借鉴国际减贫的成功经验，取其精华、去其糟粕，开展国际协作扶贫项目。第四，引导社会组织参与减贫事业，例如设立"扶贫基金会"获得社会帮扶助力，倡导非企业单位就业优先考虑贫困户，提供免费技能培训、义诊等。

（四）提高脱贫质量，防止和减少返贫

如今，脱贫攻坚已经取得全面胜利，在完成任务的同时，也要思考脱贫是否稳定、

可持续、有效果，会不会造成"扶贫—脱贫—返贫"的循环。为此，我国需要：一是要构建解决相对脱贫的长效机制。由于大病、残疾、灾害、产业失败和就业不稳等多方面原因，我国约有 500 万人存在返贫致贫风险。提高脱贫质量，防止返贫问题，就要保持对扶贫工作的重视。[12]二是采取返贫监测，特别对处在贫困边缘、不稳定的脱贫户，进行有针对性的帮扶政策。乡村干部需要动起来，走访每一家进行预防排查，跟进建档立卡脱贫户的后续，及时帮扶新发现的贫困人口和可能返贫的群众。三是摘帽不能摘下责任与监管，脱贫才不会返贫。我国人口众多，还将呈继续增长的趋势，短期内相对贫困还会长期困扰我们，我们还需继续做好减少相对贫困的工作。四是在物质脱贫的同时，精神脱贫也应该跟上步伐。我们要提升国民素质，减少福利救济式帮助，发展开发扶贫，还要增加贫困群众的劳动技能，做好产业扶贫和就业扶贫，为加快农业农村现代化提供不竭精神动力，才能使脱贫稳定，我们要巩固脱贫成果。五是照顾贫困户的同时也要兼顾非贫困户。非贫困户心里可能会出现落差，扶贫后期出台的很多政策，不是只帮助贫困户，非贫困户也可以涵盖。六是总结脱贫攻坚的经验，宣传脱贫攻坚成就与先进典型。七是补齐全面建成小康社会短板，打好污染防治攻坚战。

参考文献

［1］习近平. 习近平谈治国理政［M］. 北京：人民出版社，1991：136.

［2］史志乐，张琦. 中国共产党领导人民摆脱贫困的百年实践探索［J］. 中国浦东干部学报，2021，15（1）：72-78.

［3］中共中央党史和文献研究院编. 习近平扶贫论述摘编［M］. 北京：中央文献出版社，2018：113.

［4］张翼. 2019 年全国农村贫困人口减少 1 109 万人［N］. 光明日报，2020-1-24（3）.

［5］严隽琪. 扎实推进农村扶贫供给侧结构性改革［J］. 求是，2017，（4）：11-16.

［6］国家统计局住户调查办公室. 扶贫开发持续强力推进脱贫攻坚取得历史性重大成就，新中国成立 70 周年经济社会发展成就系列报告之十五［EB/OL］.（2019-08-12）［2020-02-12］. http：//www. stats. gov. cn /tjsj/zxfb/201908 / t20190812_1690526. html.

［7］吴宁，宁甜甜，孙鲁. 中国历史性地解决绝对贫困问题的重大意义［J］. 集美大学学报（哲学社会科学版），2020，23（2）：1-6.

［8］徐惠喜. 中国减贫成就世界瞩目：国际社会点赞中国扶贫工作［N］. 经济日报，2019-10-17（6）.

［9］孙存良. 党的领导是打赢脱贫攻坚战的根本保证［N］. 经济日报，2020-12-28（1）.

［10］邹广文. 从脱贫攻坚到美好生活［J］. 高校马克思主义理论研究，2020，6（4）：20-23.

［11］马克思，恩格斯. 马克思恩格斯全集（第三卷）［M］. 北京：人民出版社，2009：84.

［12］钟小武，甘庆华. 总结脱贫攻坚经验，弘扬脱贫攻坚精神［N］. 江西日报，2021-2-24（10）.

从中华文化、中国精神两个维度深刻认识习近平新时代中国特色社会主义思想

李自维　武　涵[①]

摘　要： 习近平新时代中国特色社会主义思想是当代中国马克思主义、二十一世纪马克思主义，是中华文化和中国精神的时代精华，实现了马克思主义中国化新的飞跃。本文从中华文化、中国精神两个维度，分析探讨了习近平新时代中国特色社会主义思想是深深植根于中华文化的，具有鲜明的中国风格和文化底蕴，充分体现了其在中华文化发展史和中国精神发展史上的重要地位。

关键词： 中华文化；中国精神；新时代

党的十九届六中全会通过的《中共中央关于党的百年奋斗重大成就和历史经验的决议》（以下简称《决议》），回顾了我们百年来的艰苦卓绝斗争，系统地概括了我们百年来所取得的成绩，并从根本上解释了我们百年来的伟大实践的成功经验，其中，习近平新时代中国特色社会主义思想是"中华文化和中国精神的时代精华"[1]这一新定义，深刻揭示了习近平新时代中国特色社会主义思想与中华文化和中国精神的内在联系[2]，将中华文化精髓和21世纪马克思主义的内部逻辑有机地结合在一起，使我们能够通达历史，放眼未来广阔天地。

一、习近平新时代中国特色社会主义思想是坚持"两个结合"的重大理论成果

中华文化滋养着中国人独特的精神、品格和气质，涵育着中华民族生生不息、坚

[①]　李自维，重庆工商大学经济学院，教授；武涵，重庆工商大学马克思主义学院，2021级思想政治教育专业研究生。

韧不拔的"根"和"魂"。正如习近平总书记指出：中华文化源远流长，积淀着中华民族最深层的精神追求，代表着中华民族独特的精神标识，为中华民族生生不息、发展壮大提供了丰厚滋养。

在5 000多年中华文明深厚基础上开辟和发展中国特色社会主义，把马克思主义基本原理同中国具体实际、同中华优秀传统文化相结合是必由之路。"两个结合"是我们党在探索中国特色社会主义道路中得出的规律性认识，是我们推进马克思主义中国化时代化的根本途径。习近平新时代中国特色社会主义思想，作为当代中国马克思主义，是对中华优秀传统文化进行创造性转化、创新性发展的典范，是坚持"两个结合"的重大理论成果。

毛泽东等中国共产党的重要领导人，受到中华文化的熏陶，其思想根源于中国精神，他们对中华文化和中国精神有着深刻理解，在"站起来"的伟大事业中，进行了创新和发展。在延安整风时期，我们党清楚地表明，这场革命的目的就是要把马克思列宁主义这个科学理论与中国的革命实践、历史，文化紧密地联系在一起。改革开放时期，中国在"富起来"的过程中取得了巨大的成就。不同历史时期，我们党始终坚持和发展马克思主义。

中华优秀传统文化蕴含着中华民族数千年来的深厚底蕴，中华优秀的文化必须跟上时代步伐，方能将民族的精神转化为时代内涵。习近平新时代中国特色社会主义思想与中华优秀文化有机结合，有助于我们二十一继承和发展民族精神，提高它的历史感染力、文化感染力和精神感召力，才能让21世纪的马克思主义更闪亮夺目，让中国的优秀传统文化重新焕发出活力。

二、习近平新时代中国特色社会主义思想
是中华文化的时代精华

党的十八大以来，习近平总书记多次强调中华文化的价值和意义[3]，对中国传统文化价值反复肯定，一再强调我们要传承中华传统文化的优秀部分，尤其是"讲清楚中华优秀传统文化是中华民族的突出优势"。可以说，当前正值中央对"意识形态工作"和"中华优秀传统文化"高度重视的时间节点[4]，所以，要坚持学理上的敏锐性，以建构主流思想体系和继承发扬中华优秀文化为核心，将中华优秀传统文化在主流思想体系建构视野下继承与发扬，不仅具有理论价值，而且有着深刻的实际应用价值。因此，要从两个层面来理解习近平新时代中国特色社会主义思想的传承与发展及其与中华文明之间的内在联系。

其一，习近平新时代中国特色社会主义思想以中国文明史为定位强调文化自信。文化自信是一个国家和民族对自身文化的充分认可，而文化软实力体现在文化认同、文化自信的高度凝聚力和创造力上。中华优秀传统文化包含着丰厚的伦理思想准则。中华优秀传统文化中蕴含着天人合一、人本主义、刚健有为、和谐为本的理念。蕴藏在其中的道德与伦理学，对中国人民的言行产生了一种无形的影响。中华优秀传统文化的形成和发展影响着中国人民的思想面貌和文化性格，它是我们中国能走过5000多年文明史的重要支撑，也必将支撑中华民族走向未来。以马克思主义为指引，推进党的政治文明建设，是对中华优秀传统文化的延续和发展，是对其内在的政治智慧的继承和发展。

其二，习近平新时代中国特色社会主义思想借助中华优秀传统文化为人类发展的全球性问题提出中国方案。习近平对于人类文明多样性的思想，有别于唯心史观中利用精神因素来对人类文明多样性进行阐释，他从马克思主义的唯物史观出发，认识到人类创造的各种文明是劳动和智慧的结晶[5]，人类所创造的一切文化都是劳动与智力的结合体，是他们在生活环境、生产力发展、交流水平等因素的影响下，逐渐地产生了各自的特点。

中华优秀传统文化蕴含着深厚的人文精神内涵，它既是古人认识世界、改造世界的基础，又是我们解决现代社会问题的关键所在。相对于西方，中国文化最基本的、最主要的特点就是"以人为本"，重视人与人之间的相互协调。传统文化中对人与自然、人与社会、人与人之间和谐相处的理解与反思，对当下依然具有十分重要的借鉴意义。比如，能够引导人们"向上向善"的行为方式和道德准则可以用"天行健，君子以强为先"的道德观念阐述；做好事，就是"朝闻道，夕死可矣"，这是一种仁慈的精神状态。其中所探讨的对于推动全球生态治理、构建合作双赢的国际合作、构建和谐共生的全球合作、构建人类命运共同体都有着深远的启示作用，为人类文明进步和社会发展贡献了中国智慧，具有巨大的实践价值。

三、习近平新时代中国特色社会主义思想是中国精神的接续传承

"精神"指向的往往是革命、建设、改革过程中被激发出的巨大的主观能动力量，为全体人民的共同价值追求，需要在党的领导下经过艰苦卓绝的努力才能实现。中国精神是中华文化在价值观方面的集中体现，是中国人民独有的气质品格和精神表达。在数千年的历史与文化的变迁和更迭，中华民族之所以能够长盛不衰，其中很重要一

个原因就是中华民族有着一脉相承的精神追求、精神特质、精神。中国精神是在5000多年发展过程中培育、继承和发展起来的[6]，为中国的发展提供了丰富营养。

其一，近代中国的国家救亡、自强不息的历史起点，在本质上是中国精神发展的内在动力和内在的核心内容。中国在这一时期，从理论上讲，只能是国家的自我拯救，而这样的民族复兴之路还有待探索。所以，虽然在这个时期里近代意义上的中国精神已经获得了建立，但其近代内涵仍处在初步显露的状态。虽然中国精神仅仅建立了衍生的基本的社会结构，但体现在其内涵上却是很不均衡的。近代中国社会的最主要的矛盾是帝国主义和中华民族的矛盾，这决定了当时中国社会的首要任务是推翻帝国主义、封建主义和官僚资本主义的统治，争取民族独立和人民解放。因此，这就决定了中国精神在被予名为"中国精神"之时，就包含着爱国主义和改革的精神内涵。为实现民族的"自救与自强"，中国各个阶级开始了救亡图存之路[7]。以农民为主要力量的太平天国，对外来侵略和国内的封建统治造成了严重的冲击；封建地主阶级的士大夫和资产阶级的维新人士在"放眼世界后"，试图学习西方及日本进行革新。从洋务运动的"师夷长技以制夷"到维新派的"制度改革"，虽然最终未能从根本上革新社会制度，但其作为中华民族一分子的有益探索为中国精神的萌生奠定了社会实践基础。在这以后，中国精神的衍生进入加速阶段。辛亥革命、五四运动，为近代中国人的观念奠定基础，使中华民族的概念确立并开始广泛传播。抗日战争的爆发，中国共产党与国民党反动派之间，在相互斗争又合作的基础上共同建立了抗日民族统一战线，加速了中国精神的衍生，尤其是现代民族精神的确立。

其二，中国精神中自作主宰、独立自主，引导我们在时代大势中运用马克思主义把握时代、引领时代、指导实践。中国共产党带领中国人民进行了全方位、多层次、持续性的社会变革，为当代社会的创新发展提供了现实的土壤。党的十八大以来，党中央以高度的历史自觉和主动精神，加强了对各类精神的凝练与思想宣传工作。习近平总书记为内涵丰富、形态多样的中国精神搭建了整体构架，把一直处于中心基调和主旋律地位的爱国主义精神，以及鼓励我们与时俱进、变革创新的时代精神相融合，将中国精神的基本含义阐释为以爱国主义为核心的民族精神和以改革创新为核心的时代精神，并强调要大力传播社会主义核心价值观。

其三，习近平新时代中国特色社会主义思想赋予中国精神新内涵。经过中国人民的长期努力，中国特色社会主义进入新时代，中华民族迈入强起来的历史新阶段。习近平总书记在党的十九大报告中指出："中国特色社会主义进入了新时代，意味着近代以来久经磨难的中华民族迎来了从站起来、富起来到强起来的伟大飞跃，迎来了实现中华民族伟大复兴的光明前景。"[8]伴随着全面建成小康社会，我国初步实现了"自强"

目标。社会主要矛盾转变为人民日益增长的美好生活需要和不平衡不充分发展之间的矛盾[9]。我国处于社会主义初级阶段的基本国情没有发生发展变化，中国仍然是全球最大的发展中国家，中国将会在实现中华民族伟大复兴的道路上继续前行。在新的历史阶段，中国精神还将继续演进，表现为以人民为中心的理念更加突出、"四个自信"更加坚定、改革创新的锐气更加充盈、国际化元素更加显著、中华传统文化的话语权更加强大、马克思主义的世界影响力更加深远。综而述之，文化维度下的中国精神生成与实践维度下的中国精神生成，具有逻辑与历史的统一。因此，中国精神是在近代以来与西方大国的持续对抗中形成的一种集体意识，有一个渐进发展的过程，需要我们用发展着的马克思主义去思考和分析国际国内形势的新特征，用中国精神提振民族自尊心、自信心，这是实现中华民族伟大复兴的必由之路。

四、中华文化和中国精神引领人类文明新形态

中华文化对世界各国的和谐相处、人类文化的发展做出了巨大贡献。因此，我们应在继承优秀文化传统的基础上，对中华文化进行创新，并在文化交流中博采众长，使中华文化与世界各民族文化和谐共生，致力于在本世纪中叶实现中华民族的伟大复兴。"中国模式既是对中国特色发展实践的总结，也是对其发展规律的反映，从而拓展了我国的文化发展道路。从文化自信的视角来看，中国方案是对传统文化精髓的传承，充分体现了马克思主义中国化的新发展。

习近平总书记把社会主义的核心价值理念与社会发展的各个层面结合起来，重视思想品德与社会主义文化的发展，促进了我国文化和经济的发展。中国共产党带领中国人民走上了新的中国式现代化之路，开创了新的人类文明模式，为发展中国家开辟了一条新的现代化之路，与这个时代相连，同这个世界相通。从传统文化和历史基础出发，中国共产党是既谋中华文化赓续发展，也谋人类文明不断进步，彰显了新时代中国共产党人为人民谋幸福的初心、为民族谋复兴的使命、为世界谋大同的责任，昭示了中国共产党人对待中华文明、世界文明的一贯态度和坚定立场，凝聚起不同民族、不同信仰、不同文化、不同地域人民的共识，推动了人类文明的进步和发展[10]。有文化高度、又有精神深度的习近平新时代中国特色社会主义思想，作为中华文化和中国精神的时代精华，是对中华民族的历史贡献，也是对人类社会和世界人民的思想贡献，正日益显现出无比强大的生命力以及在人类社会的影响力和感召力。

本文系 2020 年重庆市教育委员会人文社会科学研究项目"以文化自信提升治理效能研究"（项目编号：20SKDJ009）的阶段性成果。

参考文献

［1］中共中央关于党的百年奋斗重大成就和历史经验的决议［M］. 北京：人民出版社，2021.

［2］左权，黄正平. 深刻认识"习近平新时代中国特色社会主义思想是中华文化和中国精神的时代精华"的逻辑内涵［J］. 求知，2022（3）：19-21.

［3］王立胜. 从中华文化、中国精神两个维度深入理解习近平新时代中国特色社会主义思想：学习党的十九届六中全会《决议》［J］. 哲学动态，2022（5）：5-12，127-128.

［4］周颜玲. 我国主流意识形态建设视域下传承弘扬中华优秀传统文化研究［D］. 济南：山东大学，2019.

［5］杨彦京. 习近平文化观研究［D］. 石家庄：河北师范大学，2019.

［6］李庚香. 承百代之流、汇古今之变：论"时代精华"重大论断的精神特质与文明形态意蕴［J］. 河南社会科学，2022，30（7）：1-13.

［7］杨小东，宋吉兴. 中国精神的生成逻辑、理论意蕴、实践指引［J］. 宜春学院学报，2022，44（4）：1-9.

［8］罗平汉. 试论中国特色社会主义进入新时代［J］. 理论视野，2017（12）：9-13.

［9］朱亚坤，郭文亮. 中国特色社会主义进入新时代论断的逻辑基础探析［J］. 广东社会科学，2018（3）：12-17.

［10］黄正平，倪丽云. 理论创新在新时代的文化路径求索：深刻认识和理解"中华文化和中国精神的时代精华"［J］. 江苏航运职业技术学院学报，2022，21（1）：1-6.

第二篇
中国经济改革

中国税制改革的实践与反思

——纪念中国共产党成立 100 周年

梁思沂　郭柳君[①]

摘　要：2021 年是中国共产党 100 周年华诞，在中国共产党的领导下，我国经济社会发展取得伟大成就，税收作为党领导的伟大成就之一，从建党和大革命时期、红色革命时期、社会主义计划经济时期、改革开放时期至今，中国共产党都发挥着至关重要的作用，对中国经济社会发展产生了重大影响。以史为鉴，温故而知新，当前中国取得如此伟大成就不断前进的同时，也不能忘记对历史的探索，从中汲取经验教训，为未来的现代化税收事业发展找准方向。

关键词：税制改革；税收政策；税收发展

一、中国税制发展历程

1921 年，伟大的中国共产党诞生了。2021 年是中国共产党 100 周年华诞，在中国共产党百年的带领下，中国取得了无数灿烂辉煌的成就，其中，税收作为党领导的伟大成就之一，在中国共产党不同的历史阶段都发挥着至关重要的作用，对中国经济社会发展产生了重大影响。

（一）建党和大革命时期：1921—1927 年

建党和大革命时期，国家税收被列强控制，难以形成统一的税收制度，各种苛捐杂税的增加使得百姓税负压力增大，经济社会秩序受到了严重干扰。我党提出的税收政策可主要概括为以下三方面：第一要减轻百姓税收负担，废除丁税和漕粮等重税，

---

　　① 梁思沂，重庆工商大学经济学院，2020 级税务专硕研究生；郭柳君，重庆工商大学经济学院，2020 级税务专硕研究生。

废除厘金和一切额外税则[5]；第二，调整税制结构，征收累进的所得税，规定全国土地税则；第三，坚决反对帝国主义列强的干涉，提出取消帝国主义列强与中国签订的不平等条约，维护税权（见图1）。

资料	税收方面内容
1921 年 7 月 23 日至 31 日召开的中国共产党第一次全国代表大会通过的《中国共产党纲领》（英文译本）中	废除资本私有制，没收一切生产资料，如机器、土地、厂房、半成品等，归社会所有
1922 年 7 月 16 日至 23 日召开中国共产党第二次全国代表大会通过的《中国共产党第二次全国代表大会宣言》中	废除丁税和漕粮等重税，规定全国土地税则；废除厘金和一切额外税则，规定累进率所得税；规定限制田租率的法律
1923 年 6 月 12 日至 20 日召开的中国共产党第三次全国代表大会通过的《中国共产党党纲草案》中	取消帝国主义列强与中国所订一切不平等的条约，实行保护税则；废止厘金，征收所得税和遗产税，每年审定租税一次；划一并减轻田赋，革除陋规；制定限制田租的法律，承认佃农协会有议租权
1926 年 7 月 12 日发表的《中国共产党对于时局的主张》中	提出停止预征钱粮、征收附规和一切苛税杂捐；制定工人最低工资和农民最高税租额的法律
1927 年 7 月 13 日，中共中央在《对政局宣言》中	继续解放农民的斗争，地主的田地无代价地交与耕种的农民，保护小田主的田地享有权，不没收的田地应当实行极大限度的减租，废除苛捐杂税陋规苛约；为城市小资产阶级的利益而斗争，废除一切直接、间接的苛捐杂税

图1　建党和大革命时期部分会议资料

（注：资料来源于中华人民共和国中央人民政府网）

（二）红色革命时期：1927—1949 年

红色革命时期指红色政权时期，是指中国共产党领导红色革命到建立新中国的这一段时间，即 1927 年 10 月井冈山革命根据地的创建到 1949 年 10 月中华人民共和国的成立，贯穿了土地革命时期（1927 年 8 月到 1937 年 7 月）、全民族抗日战争时期（1931 年 9 月至 1945 年 8 月）和解放战争时期（1945 年 8 月至 1949 年 9 月）三个阶段。

1. 土地革命时期

土地革命时期，中国共产党在税收方面，一是宣布废除一切苛捐杂税；二是制定累进税制。在红色革命根据地建立的初期，中国共产党宣布废除帝国主义、封建主义军阀政府的一切苛捐杂税；从根据地建立到 1930 年 9 月期间，政府的财政收入主要来源于战场缴获、没收豪绅地主的财产以及向富农和商人募捐等，对贫苦农民免征一切税收；随着革命根据地的扩大和巩固，经济开始慢慢恢复，农业和商业发展起来，人民拥有了负担税款的能力，政府开始向农民和富农征税。这一阶段，政府的财政收入实现了由取之于敌、取之于剥削者向取之于民的转变，此时的税收已成为政府一项固定性的财政收入，税收制度逐步建立起来。

2. 全民族抗日战争时期

全民族抗日战争时期，中国共产党在税收方面，一是继续取消苛捐杂税，减租减息，强调合理税负，虽然这一阶段相比土地革命时期税种数目有所增加，如各根据地先后开征公粮税、货物税等，但每个根据地都在税收统一领导的基础上，结合当地情况征税，并强调应在改善人民生活的前提下征税。二是公平税制，中国共产党逐步改变以往按阶级分担税收负担的原则，提出要不分阶层，实行统一的累进税制。三是强调发展经济，为了有足够的财政收入，规定一切有收入的人民，除了对最贫苦者应当规定免税以外，80%以上的居民，不论工人、农民，都需要负担国家赋税。因此，这一阶段人民的税负重问题没有得到实质性减轻（见图2）。

资料	税收方面内容
1937年8月25日中共中央政治局扩大会议通过的《中国共产党抗日救国十大纲领》	战时的财政政策以有钱出钱和没收汉奸财产作抗日经费为原则；改良人民生活，废除苛捐杂税，减租减息
1938年10月12日至14日毛泽东作的《论新阶段》报告	用政治动员和政府法令相配合，征募救国公债、救国公粮，并发动人民自动捐助经费和粮食，供给军队，以充实财政收入
1940年9月18日中共中央发布的《关于统累税问题的指示》中规定	累进税应当照顾极贫苦的工人和农民，规定对最低限度的收入者予以应有的免征，但是免征者不应当超过人口的10%到20%
1942年12月，毛泽东在边区高级干部会议期间，为会议写的题为《经济问题与财政问题》的书面报告	发展经济，保障供给，是我们的经济工作和财政工作的总方针
1945年4月24日毛泽东在中国共产党第七次全国代表大会上所作的政治报告中	取消苛捐杂税，实行统一的累进税；减租减息，适当保证佃权

图2　全民族抗日战争时期部分会议资料

（注：资料来源于中华人民共和国中央人民政府网整理所得）

3. 解放战争时期

解放战争时期，中国共产党在税收方面，一是继续废除各项苛捐杂税，减轻人民税收负担；二是强调发展生产与保障供给，税收的征收要以平衡生产和发展为原则，不能为了生产不要发展，也不能为了发展放弃生产，更不能为了发展仅追求生产效益；三是对新老解放区实行不同的税收政策[①]；四是明确了制定中国的税收政策原则，为建设新中国的税制打下坚实的基础。1949年起，各解放区陆续实现了税收制度的统一（见图3）。

（三）社会主义计划经济时期：1949—1978年

1949年10月，中华人民共和国成立。中国共产党在新中国时期税收的发展中发挥

---

① 新区是指解放战争中被解放的地区，采取"原封接受，逐步改造"的方法，老区是指日本投降之前解放的地区，普遍进行了税制改革，农业税的征收实现了新老地区平稳过渡，建立了新的工商税制。

资料	税收方面内容
1945 年 9 月 2 日中共中央发布《中央关于新解放城市工作的指示》	对于税收，除去其苛杂部分以外，一般的暂时照旧征收。
1945 年 12 月 15 日毛泽东为中共中央起草的党内指示《1946 年解放区工作的方针》	为着应付最近时期的紧张工作而增重了的财政负担，在 1946 年必须有计划、有步骤地转到正常状态。人民负担太重者必须酌量减轻。
1947 年 2 月 1 日毛泽东为中共中央起草的党内指示《迎接中国革命的新高潮》	第一项原则是发展生产，保障供给。第二项原则是军民兼顾，公私兼顾。第三项原则是集中领导，分散经营。
1948 年毛泽东在《关于目前党的政策中的几个重要问题》中指出	对于一切有益于国民经济的工商业征收营业税，必须以不妨碍其发展为限度
1949 年 3 月 20 日中共中央发布《关于财政经济工作及后方勤务工作若干问题的规定》	关于财政经济工作的统一问题，应当在分区经营的基础上，在可能与必须的条件下，有重点、有步骤地走向统一。

图 3　解放战争时期部分会议资料

（注：资料来源于中华人民共和国中央人民政府网整理所得）

着重要的作用。

1. 国民经济恢复与社会主义改造时期：1949—1956 年

1949—1952 年是我国国民经济恢复时期，这一时期中国共产党以"保障革命战争供给、照顾生产恢复、简化税制"为原则，提出建立各级人民政府及财政税务机关，其间各税种实施条例与计划、统计、监督检查等各项管理制度的制定和实施使得税政工作得到了迅速统一。1950 年年初，国家政务院发布政策提出，构建新中国税收框架的计划，从此，国家税收工作上了新的台阶。

1952 年年底，我国国民经济恢复的任务胜利完成。1953 年实施社会主义过渡时期的新税制，党中央提出了这一阶段的税收以筹集财政资金和调节各阶级收入为任务，根据"保证税收，简化税制"的原则，将税种简化为 14 种。税收制度的不断完善，使得国家财政资金得到保障，国家建设得以顺利进行（见图 4）。

资料	税收方面内容
1949 年 9 月 29 日《中国人民政治协商会议共同纲领》	**国家的税收政策，应以保障革命战争的供给、照顾生产的恢复和发展及国家建设的需要为原则，简化税制，实行合理负担。**

图 4　国民经济恢复时期部分会议资料

2. 经济曲折发展时期：1957—1978 年

计划经济体制建立后，中国共产党在税收制度上进行了改革。1958 年的税制改革指导思想是"简化税制"，把货物税、商品流通税、营业税和印花税四税种合并，简化征税手续。这次改革是根据中国生产资料所有制方面的社会主义改造基本完成以后的政治、经济形势的需要实施的。1973 年税收制度改革的指导思想是"合并税种，简化征收方法，改革不合理的工商税收制度"，此次税改发生在"文化大革命"时期，下放税收管理权限，违背了经济规律和税制原则，税收在组织财政收入方面受到局限和束缚，1978年税收收入占财政收入比重仅为45.8%[10]。

（四）改革开放时期：1978年至今

改革开放以后，中国经济体制从计划经济体制转为有计划的商品经济体制再转为社会主义市场经济体制，每一阶段有每一阶段的任务和需要，中国共产党在税收上进行了大量的改革与实践。

1. 经济转轨时期：1978—1992年

党的十一届三中全会召开后，我国进行经济管理体制的改革，进入了有计划的商品经济时代。这一时期，由于对外开放政策的实施，原本的税收制度已很难满足当时调控的需要，中国共产党在税收方面：一是提出进行"利改税"的税制改革，第一步利改税之后，我国国有企业开始向国家缴纳企业所得税，并取得初步成功；二是全面重建工商税制，第二步利改税及重建工商税制后，恢复和新开了一些税种，我国税制逐步形成一套多层次、多环节、多税种的复合税制体系，强化了税收的经济调节作用；三是建立健全涉外税制体系，以适应改革开放初期对外合作的需要。

2. 市场经济体制时期：1993年至今

1993—2013年，由于我国开始逐步转化为社会主义市场经济体制，原本多层次、多环节、多税种的复合税制体系已不符合发展社会主义市场经济体制的要求，于是，进行税制改革、构建满足市场经济的税制体系是这一时期党的税收工作的主要任务之一。1994年的工商税制改革，以"统一税政、公平税负、简化税制、合理分权、理顺分配关系、保证财政收入"为指导思想，一是全面改革流转税，构建增值税、消费税、营业税的新流转税体系；二是对内资企业实行统一征收企业所得税的办法；三是统一个人所得税征收管理办法；四是调整其他税种。在1994年税制改革之后，为进一步满足市场经济发展的需要，2005年12月29日全国人大常委会第19次会议通过废除《农业税条例》草案，中国共产党全面取消农业税，切实减轻农民负担。截至2012年，我国已构建了一个更加规范、统一的税收制度体系。

2013年以后，中国开始进入全面深化改革的时期，税收制度改革也随之全面深化，并且取得了一系列重要的进步。一是"营改增"与增值税改革的深化等；二是调整与改革消费税；三是2018年新个人所得税改革深化，初步建立起综合与分类相结合的税制、进一步调整优化了税率结构、建立综合所得税前扣除机制、增加反避税条款；四是完善企业所得税相关政策规定，如提高科技型中小企业研发费用扣除比例、技术先进型企业所得税优惠政策扩大到全国等；五是着力建设绿色税制体系，环境保护税法于 2018 年 1 月 1 日起正式实施；六是开始全面改革资源税，《中华人民共和国资源税法》于 2020 年 9 月 1 日起正式实施。

2020 年面对新冠肺炎疫情的突然袭击，我国经济受到巨大打击，为了缓解经济下行压力，党中央迅速做出决策，出台了一系列应对疫情的减税降费政策，在支持防护救治、物资供应以及公益捐赠方面，助推企业复工复产，积极发挥了税收调控经济的职能作用。

二、中国税制改革的成效

（一）税制更加科学，为公民提供公平的税收环境

中国的税收法定化经历了一个漫长的过程，最初以 1950 年 1 月公布的《中国税政实施要则》，建立了全国统一的税法，随后在 1980 年、1981 年先后颁布了个人所得税法、中外合资经营企业所得税法、外国企业所得税法，为中国税收的法定化奠定了基础。1992 年通过《中华人民共和国税收征收管理法》，2013 年党中央首次提出"落实税收法定原则"，2015 年中央审议通过《贯彻落实税收法定原则的实施意见》，中国税收立法进程逐步加快，体系日渐完善。近五年环境保护税法、烟叶税法、船舶吨税法、耕地占用税法、车辆购置税、资源税的立法工作均已完成，其余税种的立法工作也在加快进行。税收法定化让纳税人和征管部门有法可依，维护了纳税人的合法权益，创造了一个良好的营商环境。

中国的税收制度经过百余年时间的不断建设和完善，目前已完成了基本合理的税制结构设置、较为符合中国国情的税种设置，税制体系朝着科学、规范、简化、公平、高效的方向前进。中国共产党成功建立一套符合社会主义市场经济体制发展要求的复合税制体系，税收制度建设由注重维护部门权力转向注重维护公民权益，税收执法体制由粗放型管理转向科学化、精细化管理，内部执法监督机制由"人管人"转向"制度管人"，税收执法责任制由权力本位转向责任本位，科学的税收制度为公民提供了公平的税收环境。

（二）税制逐步完善，为市场提供有效的宏观调控

在我国税制改革的历程中，我国对税收基础理论的认识实现了重大突破。改革开放前，由于中国经济处于计划经济时代，国家可以通过国有企业或者价格机制来间接获取财政收入，税收的作用仅限于对集体经济征税以及对不同行业、国有企业的成本和利润进行调节，这一时期形成了"税收无用论"。改革开放后，中国税制改革基本上以适应市场化改革为要求，在市场经济条件下，税收的功能和地位得到加强，税收不仅

具有组织财政收入的功能，而且在调控宏观经济、调节收入分配方面发挥着越来越重要的作用。之后在1994年实施的新税制改革建立了与社会主义市场经济体制改革目标相适应、较为完善的复合税制体系，这一时期形成了"相机调控论"。进入新时代后，我国的税收改革由税收经济观转变为税收治理观，逐步实现增值税改革以及企业所得税改革。近年来，税收的调控功能拓展到区域经济、产业结构、社会事业发展等各个领域，地位进一步提升。

目前我国的税收制度将税种分为五大门类，个数由之前的30多个减少到18个，其中16个税种由税务部门负责征收，初步形成了多税种同时存在且设置科学，体系简化，功能高效的税制结构，如图5所示。

税类	税种	征税范围
流转税类	增值税、营业税和消费税	以纳税人商品生产、流通环节的流转额或者数量以及非商品交易的营业额为征税对象,主要在生产、流通或者第三产业中发挥作用
所得税类	企业所得税、个人所得税	对我国内资企业和经营单位的生产经营和其他所得、以及个人收入征收的一种税,可起到调节国民贫富差距的作用
资源税类	资源税、城镇土地使用税、土地增值税	各种应税自然资源为课税对象,可以调节资源级差收入并体现国有资源有偿使用
特定目的税类	城市维护建设税、车辆购置税、耕地占用税、烟叶税	为了达到特定目的,对特定对象和行为发挥调节作用而征收的税种
财产和行为税类	房产税、车船税、印花税、契税	纳税人拥有的财产数量或者财产价值为征税对象

图5 我国税收分类及征税范围

（注：资料来源于国家税务总局笔者整理所得）

我国目前实行所得税和流转税的双主体税制结构，所得税由企业所得税和个人所得税组成，企业所得税是对企业的生产经营所得课税，个人所得税是对个人的总收入课税，通过设置不同梯度的税率二次调节收入分配，使得高收入者适用更高的税率多缴税，有助于缩小居民贫富差距，维护社会公平稳定。相比所得税，流转税的征税范围则广泛得多，在商品经济社会，消费所涉及的领域都可以成为流转税的征税对象。这两种税相辅相成，彼此之间补充配合，不仅为我国提供稳定充足的财政收入，而且有效地对国民收入进行二次分配，缩小不同收入群体的贫富差距，有利于维持社会稳定。因此，我国目前实行的这种税制模式能够很好地适应当前的国情，可以为市场提供有效的宏观调控，对我国经济社会的和谐发展也起到了非常积极的作用。

（三）税收稳定增长，为国家提供充足的财力保障

新中国成立之初全国的税收收入仅48.98亿元，而2020年在复杂严峻的国内外形势和新冠肺炎疫情的严重冲击下，中国实现154 310亿元的税收收入，相当于1 950的3 000多倍。新中国时期的税收收入在1950年不到50亿元，经历了28年才于1978年翻了10倍，达到519.28亿元。但随着改革开放，我国经济快速增长，税收收入也实现了从500亿元到5 000亿元的突破，这一过程仅用了16年的时间。而后从5 000亿元增长到50 000亿元，更是只用了14年时间（见图6）。税收收入的大幅度增长，不仅代表着中国财政的雄厚实力，也是我国综合国力不断增强的重要体现，为落实国家出台的战略方针和政策执行，维护社会公平稳定和促进经济高质量发展提供有力保障。

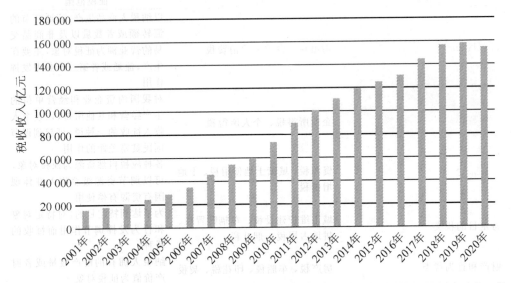

图6　税收收入增长

（注：数据来源于国家统计局）

从税收总量看，中国税收收入在2001—2019年一直呈上升趋势，从2001年的15 301.38亿元增长至2019年的158 000.46亿元，14年间增长了9.33倍，其中2018年到2019年增长幅度较小。2020年中国税收收入受新冠肺炎疫情和减费降税政策影响首次下降，全国税收收入154 310亿元，比2019年减少了3 690.46亿元，降幅为2.3%。虽然2020年全国税收收入比上年略有减少（主要是新冠肺炎疫情引起经济下降所致），但是当年6月以后情况已经逐步好转，随后2021年的情况明显好于上年（见图7）。

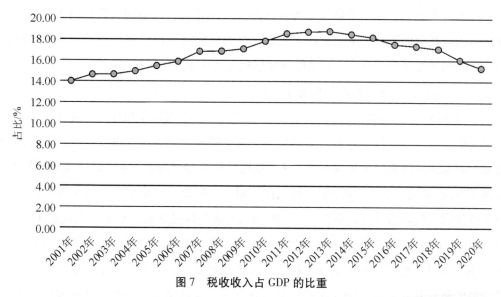

图7 税收收入占GDP的比重

（注：数据来源于国家统计局）

减税降费是"十三五"时期以来党中央、国务院根据中国经济、政治和社会发展等各方面的情况做出的一项重大决策。由于国内外经济形势变化、中国经济增长速度减缓和政府税费负担偏重，企业关于减税降费的呼声逐渐加大，很快引起了高层的关注，并采取了相应措施。观察税收收入占GDP的比重可发现，2001—2013年我国税收大体呈上升趋势，全国税收收入占GDP比重从14%上升至18.79%。税收收入占GDP的比重自2014年起开始呈现逐年下降的趋势，2015年为18.2%，2016年、2017年、2018年、2019年和2020年分别降至17.54%、17.37%、17.11%、16.05%和15.29%，5年期间下降了2.9个百分点。

三、中国税制改革的经验

（一）党的领导是推动税制改革的最大动力源

没有共产党就没有新中国。由于发展中国家在税制改革进程中缺乏完善的、现代化的国家治理体系和治理能力，其很难建立起能够有效调控宏观经济形势的财政税收体制。我国现行税收体系是20世纪90年代中期建立的，目的是适应社会主义市场经济体制需要，但在当今社会，这种体制不适应经济社会发展和国家治理能力现代化建设的需要。推动国家治理体系和治理能力现代化、构建现代的财政税收体系是我们目前需要解决的重要问题。

形成一整套更加成熟更加完善标准的制度，是我们党长期以来治国理政的重要目标。随着时间的沉淀和对历史经验的总结，中国共产党对制度建设的认识越来越到位，在不同的历史时期，紧紧贯彻以"为人民服务"的宗旨、捍卫国家政治经济权利、积极应对国际社会的挑战、主动承担大国责任，为税制改革提供坚实后盾和源源不断的动力，中国正是在党的领导下，才能持续推动现代化事业的进程。

（二）税制改革应适应经济体制改革的要求

税收制度是国家财政制度的主要内容，税收与经济政策互相作用、彼此影响，税收制度也与经济制度休戚与共、紧密相连。税制改革历史表明，重大的税收制度改革总是与国家经济体制改革步调一致，税收制度在适应经济体制改革要求中完善的同时，也推动着经济体制改革不断深化发展。在计划经济时期，国家财政收入主要源自企业的经营所得，税收收入占比不高，这一时期的税收制度是比较简单的。在经过1958年以及1973年的税制改革后，我国的税收制度更是极度简化，税收无法发挥其应有的职能作用。1992年党的十四大确立了社会主义市场经济体制目标，为了适应社会主义市场经济体制的基本要求，1994年我国基本确立了适应社会主义市场经济体制要求的税制框架，税收筹集财政收入、调节分配和调控宏观经济的职能增强，同时也推动了经济体制改革的深化。党的十八大、十九大以来，中国特色社会主义建设进入新时代，需要贯彻新发展理念，把握经济发展新常态，坚持推进供给侧结构性改革，建设现代化经济体系。为此，我国需要加快健全"设计更科学、结构更优化、征管更高效"的现代税收制度。

（三）"试点先行"有效化解税制改革中的矛盾

试点是改革的重要任务，更是改革的重要方法。税制改革是国家主导的，凭借行政和立法权力等外在强制力实施的制度变革，在很大程度上体现了政府的意志。中国是一个幅员辽阔、人口众多的超大规模国家，治理任务极其繁重、治理难度罕有其匹，试点是超大规模国家推行改革的必然选择和必要形式，没有经过试点的改革风险和成本往往是难以承受的，也难以取得成功。将"试点"策略应用在税制改革中，借鉴"试点"地区的经验，通过"试点"探索改革的实现路径和实现形式，为全面改革提供可行的经验做法，及时总结每次改革的经验和不足，将试点经验形成制度性成果是中国推进税制改革的重要经验，同时能够有效规避改革过程中的风险，化解在行政权主导的税制改革模式中存在的矛盾冲突。

（四）税收制度与税收征管改革协调推进保证税制改革的成效

税收制度与税收征管休戚相关，彼此作用。税收制度是税收征管的前提，决定着税收征管模式的改变，税收征管的对象范围都取决于税收制度；同时，税收征管的质量也会影响税收制度的实施效果，税收制度与税收征管两者相辅相成、密不可分。在我国税制改革的历程中，税制改革取得成功离不开税收征管体制改革的同步推进。从

1988年起，我国的税制改革更加重视财税职能，税收征管机构随之进行了调整，具体表现为财政部税务总局升级为国家税务局，同时以垂直领导为主、双重领导为辅的领导模式在税务系统中得到强化。1994年国家实行分税制财政管理体制改革和税制改革，根据不同的行业和税种，将税务局分为国家税务局和地方税务局两个系统，税收征管工作步入新阶段。2018年中共中央办公厅、国务院办公厅印发了《国税地税征管体制改革方案》，国地税再次合并，进一步理顺了中央和地方的关系、政府与市场的关系、统一税制与分级财政的关系，逐步构建优化高效统一的税收征管体系。

参考文献

［1］曾慧霞. 中国税制的历史演变分析：基于民生发展视角［J］. 中国商论，2019（5）：40-41.

［2］杨宜勇，党思琪. 中国现代税制结构的发展历程与前景展望［J］. 河北大学学报（哲学社会科学版），2019，44（5）：74-81.

［3］林源，马金华. 中国百年税制体系的演变：以五四运动为逻辑起点［J］. 财政监督，2019（22）：14-19.

［4］陈鹏飞. 新旧交织下的近代中国税制变革［N］. 中华读书报，2020-5-20（10）.

［5］刘佐. 中共税收政策发展纵览：为中国共产党成立90周年而作［J］. 中国税务，2011（7）：8-13.

［6］李昂. 简析新中国税收制度的历史演变［J］. 邢台职业技术学院学报，2016，33（6）：47-50.

［7］魏文享. 民国工商税收史研究之现状与展望［J］. 中国社会经济史研究，2019（1）：64-88.

［8］赵永文，赵宗文. 中国近代赋税制度变迁研究［J］. 现代妇女（下旬），2014（12）：33-34.

［9］吴兆莘. 中国税制史［M］. 上海：上海书店，1984.

［10］李平. 中国税制改革70年的历程、特征与展望［J］. 税收经济研究，2019，24（5）：1-6.

［11］张雪英. 谈土地革命时期中央革命根据地的税收政策：中央革命根据地史研究之一［J］. 龙岩师专学报，1999（1）：63-67.

［12］康立云. 土地革命战争时期皖西税收工作［J］. 齐齐哈尔师范高等专科学校学报，2011（2）：97-98.

［13］姬雄华，屈珂时. 关于抗战时期陕甘宁边区税收政策的几点认识［J］. 淮北职业技术学院学报，2018，17（1）：100-102.

［14］张斌. 新中国税制改革历程与经验［J］. 中国财政，2019（21）：25-29.

［15］杨默如. 中国税制改革70年：回顾与展望［J］. 税务研究，2019（10）：29-35.

［16］靳东升. 中国40年税制改革基本经验的思考［N］. 中国经济时报，2018-12-14（5）.

［17］彭亚薇. 我国税制改革经济效应分析及完善思路［D］. 南京：东南大学，2018.

新时代知识产权保护司法体系
现代化对创新的影响研究

张　充　何益欣　李鹏飞

摘　要：在推进国家治理体系现代化和创新驱动发展战略的大背景下，评估和理清新时代知识产权保护司法体系现代化建设对城市科技创新的影响和作用机制有着重要意义。论文借助"中国知识产权法院"设立的准自然实验，系统考察了知识产权保护法体系现代化对城市科技创新影响的理论机制与经验证据。研究发现：知识产权法院设立能够显著、长期地提升城市科技创新产出；其通过促进社会和政府对科技创新支出的机制，提升了城市创新水平；知识产权法院设立主要是促进城市创新数量增加，而对创新质量的提升作用较小；知识产权司法保护的创新促进效果随着城市离知识产权法院距离增加而降低。

关键词：知识产权保护；司法体系现代化；城市科技创新

一、引言及文献综述

熊彼特（Schumpeter）在其不朽巨著《经济发展理论》中提出，创新是经济增长的核心动力。随着中国改革开放的不断深化，党和政府对创新的重视也在不断提高。从党的十八大报告中提出"创新驱动发展战略"，到党的十九届五中全会提出"坚持创新在我国现代化建设全局中的核心地位"，习近平总书记更是强调"创新是从根本上打开增长之锁的钥匙"。① 科技创新具有非竞争性、非排他性、高风险性和长周期性，在缺乏保护的情况下，创新的成果容易被侵占，只有修正创新的正外部性才能激励创新。因而，知识产权保护制度是激励创新的一项重要的制度安排[1]。习近平在 2020 年 11

---

① 2016 年 9 月 3 日，习近平主席在二十国集团工商峰会开幕式的主旨演讲。

月 30 日中央政治局第二十五次集体学习中指出，保护知识产权就是保护创新。党和政府将知识产权保护的重要性提升到了前所未有的高度。

围绕知识产权保护与创新之间关系的这一重要命题，已有研究主要关注知识产权保护程度对创新造成何种影响。相关研究存在争论[2]，且有两种截然相反的发现：有研究发现，知识产权保护会阻碍技术溢出和提高创新投入的价格，从而对创新产生负面影响[3]；也有研究表明，知识产权保护会修正创新的正外部性，保护创新收益，从而对创新产生积极效果[4]。

对于现实来说，更重要的是何种知识产权保护制度会激励创新。从制度视角研究知识产权保护对创新影响的文献主要从政策规划、法律法条、执法强度和司法建设四个维度进行了研究。

现有的讨论知识产权保护制度对创新影响的文献，大多集中于前三个维度。政策规划层面，鲍宗客（2020）等[5]研究发现中国知识产权保护战略促进了企业的研发投入和专利数量；盛亚和孔莎莎（2012）[6]从政策力度、目标和措施三方面研究发现知识产权保护政策对技术创新的影响有一定的区别。法律法条层面，Aghion 等（2015）[7]发现强有力的专利权制度通过加剧产品市场改革促进创新；赵亭亭等（2016）[8]发现专利法调整对省级层面的创新投入并无显著影响。执法强度层面，许培源和章燕宝（2014）[9]利用细分行业数据发现知识产权保护执法对技术创新的影响具有明显的行业差异；吴超鹏和唐菂（2016）[10]构建省级知识产权执法力度指标研究发现知识产权保护执法力度的加强有利于激励上市公司创新；林菡馨和龙小宁（2020）[11]研究发现加强专利行政执法保护会促进企业创新。

上述文献集中讨论了前三个维度，本文将注意力放在第四个维度——知识产权保护司法制度建设对创新的影响，《国家知识产权战略纲要》中指出，"发挥司法保护知识产权的主导作用"，但是相关文献考察相对较少。文献更多的关注点也并不在制度建设层面，而是司法保护力度本身，司法保护力度这一变量面临指标测量问题以及与创新之间的内生性问题。肖冰等（2019）[12]从法学研究的视角，以专利侵权诉讼为司法保护力度的代理变量在理论上分析了知识产权司法保护力度与企业创新之间的互动，研究发现两者呈相互影响和相互制约的关系；周洲等（2019）[13]将司法保护力度细分为司法效率和司法质量，以刑事、民事和行政案件一审结案率作为司法效率的代理变量，以民事、行政诉讼抗诉率作为司法质量的代理变量，利用省级面板数据研究发现两者对省级层面的研发投入有积极影响，且司法质量的效果。从经验研究来看，这两个文献都更关注于相关性，对因果关系关注不足。现有文献中仅有王海成和吕铁（2016）[14]直接关注了司法制度建设本身，其关注点主要在审判体系改革。王海成和吕铁（2016）[14]利用广东省企业数据借助"三审合一"试点改革的准自然实验研究了知识产权审判体系改革对创新的影响，研究发现改革对广东省工业企业的创新有激励作用。

相关研究已较深入地考察了知识产权保护与创新之间的关系，为本文的分析提供了良好的研究基础，但依旧存在改进的空间。①知识产权司法保护在知识产权保护体系建设中起着主导作用，在国家治理体系和治理能力现代化的大背景下，知识产权保护司法体系现代化建设在"创新驱动发展"战略中起到极为重要的作用，但相关文献缺乏对于知识产权保护司法体系现代化建设对创新影响的理论梳理和系统性评估；②相关文献详细考察了知识产权保护对省级、行业和企业层面创新的影响，由于指标测度、双向因果关系等内生性问题，相关文献对城市间的差异重视不足，在经验研究的扩展方面仍有改进空间。

中国知识产权法院的先行设立为本文研究新时代知识产权保护司法体系现代化对城市创新的影响提供了宝贵机会。本文在详细梳理制度背景和理论分析的基础上，借助中国知识产权法院设立的准自然实验，采用双重差分法，利用中国 285 个地级市2003—2018 年的面板数据，考察了知识产权保护司法体系现代化对城市科技创新影响的理论机制和经验证据。

本文希冀在以下几个方面做出贡献：①本文在详细梳理制度安排的基础上研究了新时代知识产权司法体系现代化建设对城市创新的影响和理论机制，特别是司法专门化的影响机理，为新时代中国知识产权司法体系的进一步完善提供了决策参考，也有助于推动国家治理体系的现代化。②本文从城市层面评估了中国知识产权法院设立的创新激励效应，为知识产权法院相关的讨论提供了经验证据。③在分析知识产权保护与创新的实证文献中，量化知识产权保护水平是一个难点，本文以知识产权法院的设立作为知识产权保护加强的准自然实验，较好解决了指标选择的问题。

余下部分安排如下：第二部分为制度背景与理论假说；第三部分为研究设计，主要包含变量选取、统计描述与模型设定；第四部分为知识产权法院设立对创新影响的实证结果及解释；第五部分为机制检验与异质性分析；最后是结论及政策建议。

二、制度背景与理论假说

知识产权保护是促进创新发展的基本手段[15][16]，加强知识产权保护有利于促进企业创新[17][10]。习近平总书记在 2018 年博鳌亚洲论坛上指出："加强知识产权保护，是完善产权保护制度最重要的内容，也是提高中国经济竞争力最大的激励。"从中国创新发展的历史经验来看，知识产权司法保护工作是创新驱动发展战略的法治基础，是建设知识产权科技强国、促进国内经济文化高质量发展、增强国际核心竞争力的关键[18]。

早在 20 世纪 80 年代，国外已经开始探索知识产权司法体系建设，其中最重要的一项就是知识产权法院的建立。通过设置专门的知识产权法院对知识产权案件审判进行专门化和专业化改革，加速了知识产权审判效率，减少了知识产权案件"同案不同判"和"挑选法院"① 的问题，增强了知识产权司法保护的权威性[19-21]。随着我国创新驱动发展战略的深入推进，党和政府也已然意识到加强知识产权司法体系建设的重要性。早年间，为了履行中美知识产权协定——1992 年的《关于知识产权的谅解备忘录》和 1995 年的《有效保护及实施知识产权的行动计划》，我国承诺加强知识产权司法保护、建立近期和长期有效的保护方案，为此，北京和上海的中高级法院成立了知识产权审判庭。随着我国创新发展战略的推进，主动加强知识产权司法保护、鼓励并保障本国创新成为顺应新时代发展的要求。实际上在 20 世纪 90 年代，为了履行与外国之间的知识产权保护协定，我国设立了一些专门的知识产权审判庭。2014 年 8 月的《关于在北京、上海、广州设立知识产权法院的决定》和 2014 年 11 月至 12 月北京、广州、上海知识产权法院的挂牌成立②标志着我国知识产权司法体系现代化建设进入新时代。知识产权法院是专门法院，旨在对知识产权司法体系进行现代化改造，实行集中化管理和专门化司法[22]。在经过三个知识产权法院的司法实践后，2017 年后各省陆续设立了跨省内区域管辖的知识产权法庭，2019 年 1 月 1 日最高人民法院知识产权法庭的设立标志着我国知识产权司法体系正式确立，我国形成了知识产权审判庭、知识产权法院、知识产权法庭以及最高人民法院知识产权法庭组成的新时代知识产权现代化司法治理体系。通过图 1，我们可以发现在广州知识产权法院设立（2014 年）后，广东省知识产权司法审判数量增加，专利申请数量明显大幅度上升，专利申请与司法强化表现出很强的相关性。

三个知识产权法院的审级是中级，管辖下列一审案件：①专利、植物新品种、集成电路布图设计、技术秘密、计算机软件民事和行政案件；②对国务院部门或者县级以上地方人民政府所做的涉及著作权、商标、不正当竞争等行政行为提起诉讼的行政案件；③涉及驰名商标认定的民事案件。北京和上海的知识产权法院负责各自市辖区的案件，广州知识产权法院管辖广东省内（深圳除外）的案件。至此，北京、上海和

---

① 挑选法院（forum shopping）指当事人从众多有管辖权的法院中选择一个最能满足自己利益的法院进行起诉的行为。

② 北京知识产权法院挂牌成立于 2014 年 11 月 6 日，广州知识产权法院挂牌成立于 2014 年 12 月 16 日，上海知识产权法院揭牌成立于 2014 年 12 月 28 日。

广东（深圳除外）的中级人民法院和基层人民不再受理《规定》中第①项和第③项。三个知识产权法院的成立将知识产权法律适用标准的统一性、专业性推向新的阶段，为日后建立全国性的知识产权司法保护体系奠定基础。在经过三个知识产权法院的司法实践后，2017 年后各省陆续设立了跨省内区域管辖的知识产权法庭①，2019 年 1 月 1 日最高人民法院知识产权法庭的设立标志着我国知识产权司法保护体系正式确立。

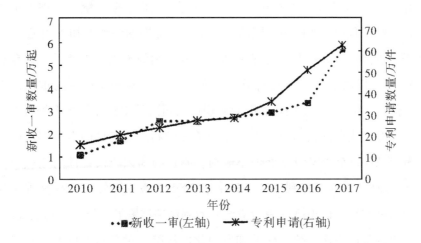

图 1　广东省历年专利申请数量和全省法院当年新收各类知识产权一审案件

数据来源：历年《广东法院知识产权司法保护状况白皮书》及《广东知识产权年鉴》

　　虽然，在 2014 年以前，我国在知识产权司法保护的专门化审判方面取得了一定成绩，但各地上到高级法院下到基层法院设立的大量知识产权审判庭，造成了审判法院过于分散的格局。这使得各地法院裁判标准不尽统一，也使得建立统一上诉的知识产权法律保护体系困难重重。过于分散的审判格局降低了司法的权威性，阻碍了司法效率提升，妨碍对知识产权成果的有效保护，与创新驱动发展战略严重脱节[23]。2014 年知识产权法院的设立改善了司法专门化，推进了审判机构和人员的专门化、专业化和专职化，有利于统一试点法院管辖范围内的裁判标准，提高审判效率，充分发挥引领示范作用；有利于加大对知识产权侵权行为的严惩，解决维权成本高、侵权成本低的困境。此外，知识产权法院作为专门而相对独立的知识产权审判机关，还发挥着促进知识产权司法领域的国际交流合作的作用，展现了中国知识产权保护的决心，提升了

---

　　①　以知识产权专门法院的实践为基础，2017 年最高人民法院分别以 2 号文件和 236 号文件批复，同意在南京、合肥、天津、武汉、济南等部分城市的 14 个中级人民法院内部设立跨区域管辖的知识产权法庭；同时，2017 年 12 月最高院特别批复了深圳市中院在前海合作区设立深圳知识产权法庭的事项。

我国知识产权司法的国际影响力，为创新提供了稳定而坚实的法治保障[24]。

设立知识产权法院是推动知识产权司法专门化改革、提升知识产权案件处理效率的重要制度探索。纵观其他国家，知识产权法院将传统法院体系中知识产权案件的分散管辖权逐渐集中统一起来，并通过加强知识产权司法保护的专业化水平、改善知识产权责任纠纷案件的审判标准和效率，对知识产权侵权行为形成了有力的约束，促进创新多样化[25][26]。美国在1982年设立了联邦巡回上诉法院，统一受理美国各州的专利上诉案件，统一且更专业的司法团队促进了审判标准的一致性和可预见性[27]，提升了司法效率，加强了对有效专利的保护和对无效专利的废止，避免了无效专利对创新的不利影响[28]，提高了研发利润回报[29]，促进了社会对知识产权的重视，激励了创新[30][31]。鉴于知识产权的专门化法院对知识产权司法效率和保护水平提升的影响，英国在20世纪90年代在伦敦郡也设立了专门负责专利纠纷案件的专利郡法院，十多年后，在专利郡法院基础上又设立处理小额损害赔偿的知识产权案件的知识产权企业法院。韩国于1998年设立了专利法院，日本于2005年设立了知识产权高等法院，欧盟28个成员国中的25个于2013年就设立统一专利法院签署了《统一专利法院协定》。国际上各国或地区都试图建立统一标准和专门化的法院，对专利等技术类知识产权案件进行专业化的专属管辖。Landes和Posner（2004）[21]认为知识产权法院能够比传统法院更有利于知识产权司法效率，促进专利申请。从国际知识产权保护的角度来看，国际各国之间统一的知识产权法院的司法效力对遏制"挑选法院"问题，降低诉讼成本，解决国际知识产权争端和促进国际知识产权交流发挥着重要作用[19][32]。

为提升知识产权司法效率，加强对知识产权的司法保护，进一步推动知识产权司法体系现代化建设，中国设立与中级人民法院同级的知识产权法院，统一省（直辖市、自治区）内的知识产权审判标准，以更专业化的司法团队加速知识产权纠纷案件的审理，给予侵权者严厉惩罚，保障知识产权所有者更好的知识产权收益，激励创新发展。知识产权法院设立的直接效应具体表现为以下四个方面：

第一，知识产权法院打破了众多原有知识产权案件的民事、行政与刑事的"三审分离"的局面，实行民事和行政审判的"二合一"。知识产权法院极大减少了民事与行政审判交接过程中的司法程序，缩短审判时间，减少知识产权案件的"循环诉讼"问题，提高司法效率[33]，也为未来的"三审合一"奠定基础。截至2017年6月（约两年半），三个法院共受理知识产权民事和行政案件46 071件，其中涉及专利等技术性较强的一审案件 12 935 件。① 北京知识产权法院平均结案时间为 125 天，短于欧洲的 18 个月、美国专利诉讼案审理前期准备的 2.4 年。② 由于快捷的司法程序，中国现在也被视为知识产权维权的诉讼地。

第二，知识产权法院有助于维护知识产权司法保护的权威性。北京、上海和广东三省（直辖市）的原本由各地级市或区县的基层法院或中级人民法院管辖的专利等技术类知识产权案件全都移交至知识产权法院，知识产权法院通过审理重大、疑难案件，研究难点和热点问题，规范了一系列重要裁判标准，为知识产权保护的司法发展提供有效示范和指引。因此，知识产权法院是对建立与跨行政区划适当分离的司法管辖制度的一次积极探索，有助于形成统一跨区划的司法审判标准，能有效减少"同案不同判"的司法现象，抑制了地方保护主义，加强了知识产权司法保护的权威性[33]。

第三，知识产权法院队伍更加正规化、专业化、职业化。2017 年时，知识产权法院已选任员额法官 90 人，其中 78.9% 的是硕士研究生以上学历；选任法官助理、书记员等辅助人员 195 人；设立技术调查室，聘任 61 名技术调查官；遵循"让审理者裁判，由裁判者负责"的要求，形成法官主导、权责明晰、专家辅助、协同合作的审判新模式，确保了知识产权案件中技术事实认定的中立性、客观性和科学性。③

第四，知识产权法院着力解决维权成本高、侵权成本低的问题，有助于创造良好的创新环境，促进创新发展。知识产权法院裁定案件中的侵权人承担被侵权人的维权成本和市场损失，使被侵权人充分得到赔偿和敢于维权，让侵权人得到应有严惩。知识产权法院也会对妨碍司法程序的行为，依法给予制裁，维护知识产权诉讼诚信秩序，营造创新循环环境。比如，在"U 盾"专利侵权案中，一审同意原告主张的 100 万元律师费，全额支持原告 4 900 万元的赔偿请求；在"海南旅游卫视"著作权纠纷案中，对当事人伪造证据的行为处以上限 100 万元的高额罚款。④

据此，本文提出如下假说：

假说一：相比于传统法院体系下的知识产权司法保护，知识产权法院的专门化以及跨区域管辖的统一化有助于提高司法审判效率、助推知识产权保护人才队伍建设、降低维权成本、维护司法权威，充分保障知识产权权益，从而激励科技创新。

---

① 数据来源：《最高人民法院关于知识产权法院工作情况的报告》——2017 年 8 月 29 日在第十二届全国人民代表大会常务委员会第二十九次会议上。

② 数据来源：2017 年《最高人民法院关于知识产权法院工作情况的报告》。

③ 数据来源：2017 年《最高人民法院关于知识产权法院工作情况的报告》。

④ 数据来源：2017 年《最高人民法院关于知识产权法院工作情况的报告》。

三、研究设计

（一）数据来源与变量说明

2014 年 8 月的《关于在北京、上海、广州设立知识产权法院的决定》推进了我国知识产权司法的专门化改革，为后续建设和完善知识产权司法保护体系提供了充足的试点经验。知识产权法院设立这一准自然实验为本文研究知识产权保护司法体系现代化对科技创新的影响提供了宝贵机会。基于此，本文尝试利用 2003—2018 年城市面板数据，运用双重差分法评估知识产权法院设立对城市科技创新的影响。在剔除缺失值后，最终样本涉及 285 个地级市，共 4 512 个观测值。

（1）被解释变量

本文的被解释变量是城市科技创新，以各城市的每万人专利申请（件）衡量。在进行稳健性检验时，本文以未来一期、未来两期的每万人专利申请替代，也以各省人均规模以上新产品销售收入（万元）和各省规模以上新产品销售收入占主营业务收入的比例作为替代。被解释变量的数据来源于《中国城市统计年鉴》《中国科技年鉴》和各省市统计年鉴。

（2）核心解释变量

本文的核心解释变量是知识产权法院的成立，是双重差分中分组变量与政策时间虚拟变量的交互项，在 2014 年前，都赋值为 0，在 2014 年后属于知识产权法院管辖的城市赋值为 1，其余为 0。由于北京、上海、天津和重庆四个直辖市具有一定特殊性，深圳又不完全受广州知识产权法院管辖，因此剔除北京、上海、天津、重庆和深圳这五个城市的样本。最终，本文的实验组为广东省（除深圳以外）的所有地级城市，含 20 个城市，其中既有珠三角等发达地区，又有东西部沿海等中等发达地区，也有北部山区等欠发达地区，整体代表性较强；对照组含 265 个城市。核心解释变量的数据是依据《最高人民法院关于北京、上海、广州知识产权法院案件管辖的规定》整理而得。

（3）控制变量及机制变量

影响城市科技创新的控制变量主要有三类：其一，反映经济发展水平与财政能力的变量，含有人均 GDP（万元）、人均地方财政一般预算内收入（万元）、人均地方财政一般预算内支出（万元）、第二产业增加值占 GDP 比重；其二，反映投资水平类变量，有固定资产投资额（取对数）、实际使用外资额（取对数）；其三，反映人口或人力资本的变量，有年末总人口数（取对数）、普通高等学校在校学生数（取对数）。所有控制变量的数据来源于《中国城市统计年鉴》和各城市的统计公报。

此外，依据前文假设，我们认为科技创新研发支出是知识产权法院影响城市科技创新的主要传导机制。科技创新研发支出这一机制又进一步可以分为政府支出类和非政府的社会支出类。政府支出类以各市人均财政科技支出（万元）衡量，社会支出类以各省人均社会 R&D 支出（万元）衡量，前者数据来源于《中国城市统计年鉴》，后者来源于《中国科技年鉴》。主要变量的描述性统计如表 1 所示。

表 1 　主要变量的描述性统计

变量	分类	样本数	均值	标准差	最小值	最大值
每万人专利申请（件）	被解释变量	4 512	7. 109	17. 70	0. 014 7	363. 5
知识产权法院成立（EIPC）	解释变量	4 512	0. 022 2	0. 147	0	1
人均科技支出（万元）	机制变量	4 512	0. 009 47	0. 020 9	0	0. 381
人均社会 R&D 支出（万元）		4 512	0. 018 9	0. 029 8	0	0. 417
人均 GDP（万元）	控制变量	4 512	3. 702	3. 810	0. 189	35. 93
人均财政支出（万元）		4 512	0. 555	0. 610	0. 030 1	13. 58
人均财政收入（万元）		4 512	0. 286	0. 377	0. 007 03	3. 241
第二产业占比		4 512	48. 01	11. 03	12. 19	90. 97
固定资产投资额（对数）		4 512	15. 47	1. 207	12. 02	19. 69
实际使用外资额（对数）		4 512	9. 102	2. 713	0	14. 15
年末总人口数（对数）		4 512	5. 837	0. 676	2. 855	7. 298
普通高等在校生数（对数）		4 512	10. 04	1. 963	0	13. 90

（二）实证识别策略

知识产权法院成立的准自然实验为本文设立双重差分模型提供了良好条件。知识产权法院辖区为实验组，其他非辖区的城市均为对照组，建立如下模型检验知识产权法院成立对城市科技创新影响：

$$\text{Innovation}_{it} = \alpha + \beta\,\text{EIPC}_{it} + \varphi\,\text{controls}_{it} + \mu_i + \lambda_t + \varepsilon_{it} \tag{1}$$

式（1）中，被解释变量 Innovation_{it} 表示城市创新，本文基准回归里用每万人专利申请衡量。下标 i 和 t 分别表示城市和年份，μ_i 和 λ_t 表示城市固定效应和时间固定效应。核心解释变量 EIPC_{it} 表示城市 i 在 t 年是否受到知识产权法院成立的影响，这是两个虚拟变量的交互项，即"是否是知识产权法院管辖区内的城市"（在知识产权管辖区内时为 1，否则为 0）与"是否是 2014 年后"（$t \geqslant 2014$ 时为 1，否则为 0）的交互项；系数 β 是影响的大小，如果系数 β 显著为正，则说明知识产权法院设立能促进城市科技创新。controls_{it} 是控制变量，包括人均 GDP、人均地方财政一般预算内收入、人均地方财政一般预算内支出、第二产业增加值占 GDP 比重、固定资产投资额、实际使用外资额、年末总人口数、普通高等学校在校学生数。

建设知识产权法院的司法体系不可能一蹴而就，随着理论和实践经验的丰富，司法制度将不断完善，知识产权法院的人才队伍的专业水平和审判能力将会逐步提高，于是随着政策实施的推进，知识产权法院成立对城市科技创新的影响可能会更加深刻。因此，本文将式（1）中的交互项进行变形以捕捉知识产权法院成立的动态效应，设立式（2）：

$$\text{Innovation}_{it} = \alpha + \beta_k \sum_{2005}^{2018} \text{treat}_{it} \times \text{year}_{it}^k + \varphi \, \text{controls}_{it} + \mu_i + \lambda_t + \varepsilon_{it} \tag{2}$$

式（2）中，$\text{treat}_{it} \times \text{year}_{it}^k$ 是分组变量与时间虚拟变量的交互项，指实验组城市在 k 年的哑变量（$k = 2005$，2006，…，2018，余下的 2003 年和 2004 年作为基准年），交互项系数 β_k 度量了知识产权法院成立在 k 年时的政策效应。比如，当 $k = 2005$ 时，实验组城市的该交互项只在 $t = 2005$ 年时为 1，其余年份赋值为 0，对照组的该交互项一直为 0，β_{2005} 指知识产权法院成立在 2005 年时对城市创新的影响。值得注意的是，由于知识产权法院在 2014 年成立，那么知识产权法院对城市科技创新的影响只能是发生在 2014 年之后，而非 2014 年之前。所以在 2014 年以前，该交互项可以用来检验实验组和对照组间的平行趋势假定，而 2014 年之后，该系数可以反映政策实施的动态效应。

为了检验知识产权法院成立影响城市科技创新的机制，本文采用中介效应模型的分析方法，设立式（3）和式（4）如下：

$$\text{Med}_{it} = \alpha + \delta \, \text{EIPC}_{it} + \varphi \, \text{controls}_{it} + \mu_i + \lambda_t + \varepsilon_{it} \tag{3}$$

$$\text{Innovation}_{it} = \alpha + \sigma \, \text{Med}_{it} + \beta' \, \text{EIPC}_{it} + \varphi \, \text{controls}_{it} + \mu_i + \lambda_t + \varepsilon_{it} \tag{4}$$

中介机制变量 Med_{it} 指科技创新研发支出机制，以人均科技支出和人均社会 R&D 支出衡量，分别表示政府财政科技支出和非政府的社会科技支出，从政府和社会两个方面捕捉了知识产权法院影响城市科技创新的传导机制。式（3）和式（4）中，如果 $\delta\sigma$ 与 β' 符号一致，那么 Med_{it} 是中介机制，$\delta\sigma$ 是中介效应，此时中介效应占总效应的百分比为 $\delta\sigma/\beta$；若符号不一致，则为遮掩效应。

四、基准实证结果及分析

（一）基准回归结果

根据公式（1），采用逐步加入控制变量的方式，进行了基准回归，以知识产权法院成立为核心解释变量，以每万人专利申请作为被解释变量，反映了知识产权法院成立对城市科技创新的影响。表 2 列（1）是没有加入任何控制变量的结果，列（2）加入了时间和城市固定效应，列（3）加入了城市经济发展水平和财政能力的相关变量

（人均 GDP、人均财政支出、人均财政收入、第二产业增加值占 GDP 比重），列（4）加入了投资水平的变量（固定资产投资额、实际使用外资额），列（5）进一步控制城市人口相关变量（年末总人口数、普通高等学校在校学生数）。表 2 结果表明，知识产权法院成立促进了城市创新水平，我们的假说一得到证明。随着控制变量加入，这种促进效应虽然有所降低，但最终趋于稳定，且一直保持 1% 水平上的显著性。最后的系数大小表明，知识产权法院成立能够显著促进城市创新专利产出，即增加每万人专利申请 14.32 件。

表 2　知识产权法院对城市科技创新的影响：基准回归

变量	每万人专利申请				
	（1）	（2）	（3）	（4）	（5）
EIPC	34.54*** (1.715)	20.92** (9.530)	15.42*** (5.427)	15.17*** (5.372)	14.32*** (5.267)
人均 GDP			3.040*** (0.814)	3.034*** (0.809)	3.075*** (0.796)
人均财政支出			−1.856* (1.103)	−1.825* (1.088)	−1.352 (0.935)
人均财政收入			12.92** (5.263)	12.86** (5.287)	11.35** (5.083)
第二产业占比			−0.143** (0.0611)	−0.0860 (0.0630)	−0.0766 (0.0620)
固定资产投资额				−1.767** (0.809)	−2.265*** (0.825)
实际使用外资额				−0.120 (0.156)	−0.120 (0.154)
年末总人口数					17.58*** (5.951)
普通高等在校生数					−0.146 (0.283)
Constant	6.343*** (0.255)	0.931 (0.685)	3.563 (3.072)	26.41*** (10.18)	−67.50* (34.46)
样本数	4 512	4 512	4 512	4 512	4 512
R²	0.083	0.260	0.544	0.546	0.551
城市效应	NO	YES	YES	YES	YES
时间效应	NO	YES	YES	YES	YES
城市数量	285	285	285	285	285

注：*、** 和 *** 分别表示在 10%、5% 和 1% 的水平上显著，括号内为稳健性标准误，下同。

　　表 2 中控制变量的信息表明，经济发展水平对区域城市创新有显著正向作用，投资水平对城市科技创新有负相关性，人口水平对创新有积极影响。在经济水平和财政

能力的变量中，人均 GDP 和人均财政收入显著为正，人均财政支出和第二产业增加值占 GDP 比重的系数虽然为负但不显著，综合而言，经济发展越好，城市创新越高；在投资变量中，固定资产投资显著为负，实际使用外资额不显著，总体上表现为，固定资产投资不利于城市创新，这可能与过去地方政府过度投资房地产有关，地方政府过度依赖房地产，挤出了城市创新投资；在人口水平变量中，年末总人口数显著为正，普通高等学校在校学生数不显著，总体上表现为人口越多的城市，人力资本可能越充足，城市创新越多。

（二）动态效应和平行趋势检验

双重差分法应用前期是实验组和对照组满足平行趋势假定，即排除其他影响因素后，在知识产权法院成立前，知识产权法院管辖区与非知识产权法院管辖区的创新发展趋势一致。式（2）是常用来进行平行趋势检验和动态效应分析的模型。表 3 和图 2 展示知识产权法院成立的动态效应和平行趋势的结果。由结果可知，在控制了所有变量后，2014 年知识产权法院成立以前，交互项 treat×year 的系数均不显著，这说明实验组和对照组的创新发展趋势一致，满足平行趋势假定。在 2014 年成立知识产权法院当年，政策效应还比较低，显著性也较低，但随着时间推移，treat×year 的系数越来越显著且明显增加，政策效应逐渐提升。但政策效应在 2018 年有较大幅度的下降，这是因为，最高人民法院在知识产权法院实践的经验基础上，在 2017 年 9 月份后于各省核心城市陆续设立了专门的知识产权法庭，也就是说 2018 年时，对照组中知识产权法庭成立的政策效果部分抵消了实验组知识产权法院成立的政策效应。通过平行趋势检验和动态效应的分析，可知知识产权司法体系的建立与完善能够长期稳定地促进城市创新。

表 3　知识产权法院影响城市科技创新的动态效应检验

Panel A：知识产权法院设立前				
treat×2004	treat×2005	treat×2006	treat×2007	treat×2008
0.321	−0.598	−0.732	−0.720	−1.026
（0.370）	（1.062）	（1.270）	（1.490）	（1.475）
treat×2009	treat×2010	treat×2011	treat×2012	treat×2013
0.472	1.197	0.0802	3.012	3.674
（1.471）	（1.940）	（2.058）	（2.601）	（2.634）
Panel B：知识产权法院设立后				
treat×2014	treat×2015	treat×2016	treat×2017	treat×2018
4.978[*]	10.22[**]	19.65[**]	32.47[**]	7.534[***]

表3(续)

（2.987）	（4.562）	（7.625）	（12.68）	（2.721）
控制变量	城市效应	时间效应	样本数	R^2
YES	YES	YES	4 512	0.567

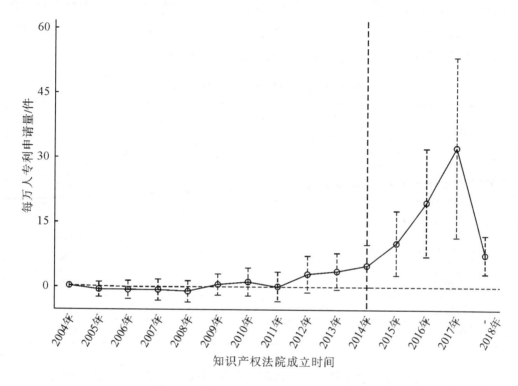

图2　知识产权法院成立的平行趋势检验

（三）稳健性检验

尽管前述分析表明，知识产权法院对城市科技创新有显著促进作用，但这一结果还可能受到各类因素干扰。为此，我们还可以对上述结果进行一系列稳健性检验。本文从三个方面进行稳健性检验，第一是排除干扰因素、考虑样本选择问题，第二是替换被解释变量，第三是进行重复安慰剂检验。

第一，表4是考虑样本选择问题的稳健性检验结果。其中，列（1）是剔除广州市的回归结果。由于广州知识产权法院设立在广州，而广州又作为广东省省会，具有特殊重要的地位，所以将广州作为实验组可能会导致结果有偏。列（1）结果表明，剔除广州市后，知识产权法院设立的影响系数显著性稍下降，但系数变化不大，只下降了0.13。然后，列（2）是排除2009年专利法修订影响的回归结果。修订后的《中华人民共和国专利法》于2009年10月1日起施行，此次修订增强了专利审查的专业性和保密性，提高了专利申请的效率。为了排除专利法修订对结果的干扰，本文只用修订后

2010—2018 年的样本进行回归，列（2）结果表明，专利法修订对基准回归结果干扰不大。最后，列（3）是结合倾向得分匹配（PSM）和双重差分法（DID）后的结果。PSM-DID 可以筛选出条件较为接近的实验组和对照组，使实验组和对照组在政策发生前无系统性差异，如此一来，所估计出的结果一般更为准确和无偏。列（3）中交互项系数的显著性和大小均有所下降，这表明知识产权法院对城市科技创新有显著促进作用，但基准回归结果高估了促进作用。表 4 三列结果均表明本文核心结论的稳健性，即知识产权法院所代表的司法保护体系现代化建设能够促进城市科技创新。

表 4　稳健性检验：考虑样本选择问题

变量	（1）	（2）	（3）
	去除广州	考虑 2009 专利法修订	PSM-DID
EIPC	14.19**	13.10***	8.351**
	（5.618）	（4.498）	（3.577）
样本数	4 496	2 554	2 312
R^2	0.543	0.371	0.628
控制变量	YES	YES	YES
城市数量	284	285	145
城市效应	YES	YES	YES
时间效应	YES	YES	YES

第二，衡量城市创新的变量不同，回归的结果可能也会不同，因此需要使用不同指标来验证核心结论的稳健性。表 5 是替换被解释变量的稳健性检验的结果。列（1）和列（2）的被解释变量是未来一期和二期的每万人专利申请，核心解释变量的系数显著且略微增加，结论稳健。列（3）和列（4）的被解释变量分别是各省人均规模以上新产品销售收入（newper）和各省规模以上新产品销售收入占主营业务收入的比例（newrate），结果表明知识产权法院能够显著增加城市的新产品销售收入和新产品销售收入占主营业务的比例，具体而言，可使人均新产品销售收入增加 1.714 万元，提升新产品销售收入占比 4.5 个百分点。替换城市创新衡量变量的结果表明知识产权法院促进城市科技创新的结论是稳健的。

表5 稳健性检验：替换被解释变量

变量	（1）	（2）	（3）	（4）
	未来一期	未来二期	newper	newrate
EIPC	16.14 *** (5.896)	17.27 *** (6.170)	1.714 *** (0.103)	0.045 4 *** (0.003 23)
样本数	4 224	3 939	4 235	2 546
R²	0.536	0.514	0.657	0.647
城市数量	285	285	285	285
控制变量	YES	YES	YES	YES
城市效应	YES	YES	YES	YES
时间效应	YES	YES	YES	YES

第三，近年来文献常用安慰剂重复试验对政策实验随机性进行检验[34][35]。检验步骤是，根据真实的实验组个体情况，随机生成 1 000 对假想的实验组和对照组，然后进行 1 000 次回归，将每次回归的核心解释变量系数的 t 值统计出来，最后用表2列（5）中基准回归的真实 t 值（2.72＝14.32/5.267）与这 1 000 次随机 t 值对比。如图3所示，1 000 次随机生成实验组的回归结果中，只有1%的随机 t 值大于2，也只有一个随机 t 值大于真实 t 值2.72，也就是说在随机生成的实验中，仅有1%的随机冲击对城市创新产生显著正向作用，仅有0.1%的冲击要比基准回归更显著。这样的结果表明，本文犯"取伪错误"的概率是极低的，进一步证明了前文知识产权法院促进城市科技创新的作用是稳健的。

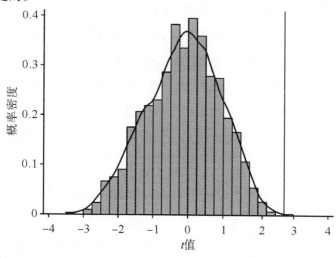

图3 1 000 次回归中知识产权法院对城市科技创新的回归系数 t 值

五、机制检验与异质性分析

（一）机制检验

知识产权法院促进城市科技创新究竟是通过何种机制呢，我们通过上文的式（3）和式（4）进行回归分析。成立知识产权法院是推动实施国家创新驱动发展战略的重要举措。一方面，知识产权法院加强了知识产权运用和保护，提高了知识产权所有者的权益，保障了创新者的利润，激励了社会资本对创新研发（R&D）的投入，从而促进了城市科技创新。另一方面，成立知识产权法院也代表了政府对创新发展的重视，地方政府可以通过增加财政科技支出来增强科技基础设施建设，增加科技补助以减轻企业创新负担，从而打造良好的创新生态环境，激励创新主体创新，提升城市科技创新水平。因此，知识产权法院可以通过社会和政府对科技创新支出的作用机制影响到城市科技创新。

表6第（1）—（2）列证明了社会层面的科技创新支出机制，列（1）表明知识产权法院成立（EIPC）显著促进了人均社会 R&D 支出——人均支出增加了330元；列（2）中 EIPC 和人均社会 R&D 支出的系数均显著为正，说明知识产权法院能够通过人均社会 R&D 支出提升每万人专利申请 3.44 件（ = 0.033×104.2），也能直接或通过其他因素提升每万人专利申请 10.88 件，即知识产权法院能通过社会科技创新支出机制促进科技创新，也能直接或通过其他因素促进科技创新。根据对式（3）和式（4）的分析，此时 $\delta\sigma$ 与 β' 符号一致，所以社会科技创新支出是中介机制，此时中介效应占总效应的百分比为 24%（ = $\delta\sigma/\beta$ = 0.033 0×104.2/14.32）。同理，表6第（3）—（4）列证明了政府层面的科技创新支出机制，知识产权法院能够显著增加人均财政科技支出 202 元，能够通过人均财政科技支出机制提升每万人专利申请 7.45 件，也能直接或通过其他因素提升每万人专利申请 6.88 件，此时中介效应占总效应的百分比为 52%。此外，对比两个中介效应可知，虽然知识产权法院设立对非政府科技创新投入的促进作用大于政府支出，但在创新支出转化为创新成果（专利申请）方面，政府支出作用要大于社会支出。

表6 知识产权法院影响城市科技创新的机制识别

变量	(1)	(2)	(3)	(4)
	人均社会 R&D 支出	每万人专利申请	人均科技支出	每万人专利申请
EIPC	0.033 0*** (0.006 32)	10.88** (4.812)	0.020 2** (0.008 33)	6.876* (3.986)

表6(续)

变量	（1）	（2）	（3）	（4）
	人均社会 R&D 支出	每万人专利申请	人均科技支出	每万人专利申请
人均社会 R&D 支出		104.2*** （28.08）		
人均科技支出				368.9***
				（61.74）
样本数	4 512	4 512	4 512	4 512
R²	0.356	0.573	0.637	0.640
城市数量	285	285	285	285
控制变量	YES	YES	YES	YES
城市效应	YES	YES	YES	YES
时间效应	YES	YES	YES	YES

（二）异质性分析

本文还进行了进一步的异质性分析，主要探究了创新类型、实验组城市离广州知识产权法院的距离对知识产权法院创新激励效应的异质性影响。

第一，表7列（1）和列（2）展现了知识产权法院成立对不同创新类型的影响。一些学者认为发明专利的颠覆性较强，创新质量更高，属于实质性创新；而实用新型和外观设计专利（非发明专利）的颠覆性较弱，属于偏向创新数量的策略性创新[36][37]。那么知识产权法院是促进了创新质量还是创新数量呢？本文用每万人发明专利申请代表实质性创新，用每万人非发明专利申请代表策略性创新，列（1）和列（2）的回归系数表明，知识产权法院对策略性创新的促进作用比实质性创新更大、更显著。这说明，目前知识产权法院主要是增加城市科技创新数量，而对创新质量的提升作用较小，这暗示了知识产权司法保护体系有待完善。

第二，表7第（3）—（4）列展示了距知识产权法院远近程度的异质性影响。我们根据广东省各地级市中心到广州知识产权法院的公共交通车程在2小时左右的距离，将实验组划分为邻近实验组和距离较远的实验组，对照组都是非知识产权法院管辖的城市。如果车程远大于2小时，比如2个半小时以上，那么我们将这些实验组的城市划分为距离较远组，反之就属于邻近组。对比两组结果可知，邻近组交互项系数显著大于距离较远组，这说明距离广州知识产权法院越近，受到的创新激励效应越强。由于本文已经控制了各城市的经济发展水平，所以距离异质性的影响差异意味着，维权的便捷性在很大程度上影响了知识产权法院司法保护强化的创新激励效应。

表7　知识产权法院影响城市科技创新的异质性分析

变量	（1）	（2）	（3）	（4）
	实质性创新	策略性创新	邻近组	距离较远组
EIPC	3.884*	10.44***	21.06***	1.683**
	(1.984)	(3.635)	(7.536)	(0.693)
样本数	4 512	4 512	4 336	4 368
R^2	0.549	0.466	0.485	0.417
城市数量	285	285	274	276
控制变量	YES	YES	YES	YES
城市效应	YES	YES	YES	YES
时间效应	YES	YES	YES	YES

六、结论与政策建议

知识产权制度作为保护创新成果的重要制度安排，在推进国家治理现代化进程和创新驱动发展战略中发挥着极为重要的作用。司法在知识产权保护中起着主导作用，这是司法本质属性和知识产权保护规律的内在要求，是全面推进依法治国的重要体现，是落实创新驱动发展战略的重要方式。

本文尝试从理论与实证两个层面，研究知识产权司法体系现代化建设对城市创新的影响，并力图揭示其作用机制。在详细梳理制度背景和理论分析的基础上，利用中国知识产权法院设立这一准自然实验，采用双重差分法，根据285个地级市2003—2018年的面板数据，进行了实证检验。研究发现：知识产权法院设立能够显著提升城市创新专利产出，且这一积极效果随时间逐渐增强，具有长期性；排除干扰因素、考虑样本选择问题、替换被解释变量、重复安慰剂检验等稳健性检验结果表明本文基准回归结果稳健；在机制研究中，文章发现知识产权保护司法体系现代化建设通过促进社会和政府对科技创新支出的机制，提升了城市科技创新水平；在异质性分析中，目前知识产权法院设立对代表创新质量的实质性创新促进作用较小，对代表创新数量的策略性创新提升较为明显；知识产权司法保护强化的创新促进效果随着城市离知识产权法院距离增加而降低，这说明了维权的便捷性在知识产权司法体系现代化建设中具有重要意义。

遵循研究发现，我们可以得到三点启示：第一，进一步加强新时代知识产权保护司法体系现代化建设，继续推动形成"三审合一"的知识产权法院，提高知识产权司法审判的效率和质量；也可考虑设立更高级别的，跨省际的，与目前京津冀、长三角、粤港澳大湾区、成渝等城市群相协调的知识产权专门法院或法庭，有利于打通当前知识产权司法体系，减少二审案件仍由各省高级人民法院管辖带来的审理标准不统一的问题，进一步提高知识产权司法体系的专业性和公信力。第二，鉴于政府和社会科技支出是知识产权法院设立影响城市科技创新重要的机制，因此，应进一步保障社会主体对知识产权等创新投入的回报，加强政府对科技创新的重视，在完善的知识产权保护司法体系中充分地激励社会和政府对科技创新的投入。第三，为了促进更高质量的创新产出，应进一步精细化、专业化知识产权司法保护工作，加强对知识产权质量的保护，并降低维权成本和提高维权便捷性，扩大知识产权司法保护覆盖，促进科技创新高质量发展。

参考文献

[1] 龙小宁，易巍，林志帆. 知识产权保护的价值有多大：来自中国上市公司专利数据的经验证据 [J]. 金融研究，2018 (8)：120-136.

[2] 金明浩，张艳. 严格知识产权保护效用之争：基于文献综述 [J]. 科技进步与对策，2017，34 (16)：155-160.

[3] FU X, YANG Q G. Exploring the cross-country gap in patenting：a stochastic frontier approach [J]. Research Policy，2009，38 (7)：1203-1213.

[4] 尹志锋，叶静怡，黄阳华，等. 知识产权保护与企业创新：传导机制及其检验 [J]. 世界经济，2013，36 (12)：111-129.

[5] 鲍宗客，施玉洁，钟章奇. 国家知识产权战略与创新激励："保护创新"还是"伤害创新"？[J]. 科学学研究，2020，38 (5)：843-851.

[6] 盛亚，孔莎莎. 中国知识产权政策对技术创新绩效影响的实证研究 [J]. 科学学研究，2012，30 (11)：1735-1740.

[7] AGHION P, HOWITT P, PRANTL S. Patent rights, product market reforms, and innovation [J]. Journal of Economic Growth，2015，20 (3)：223-262.

[8] 赵亭亭，封凯栋，李君然. 我国专利法调整对研发投入的激励作用：基于各省数据的实证分析 [J]. 科技进步与对策，2016，33 (22)：92-97.

[9] 许培源，章燕宝. 行业技术特征、知识产权保护与技术创新 [J]. 科学学研究，2014，32 (6)：950-960.

[10] 吴超鹏，唐菂. 知识产权保护执法力度、技术创新与企业绩效：来自中国上市公司的证据 [J]. 经济研究，2016，51 (11)：125-139.

［11］林菡馨，龙小宁. 推行自由裁量权标准能提升执法效果吗：基于专利行政执法与企业创新的证据［J］. 经济学（季刊），2020，19（3）：1081-1102.

［12］肖冰，肖尤丹，许可. 知识产权司法保护与企业创新的互动机制研究：基于专利侵权诉讼的分析［J］. 科研管理，2019，40（12）：172-181.

［13］周洲，夏晓宇，冉戎. 司法保护、法律服务与科技创新［J］. 科研管理，2019，40（2）：44-53.

［14］王海成，吕铁. 知识产权司法保护与企业创新：基于广东省知识产权案件"三审合一"的准自然试验［J］. 管理世界，2016（10）：118-133.

［15］GAESSLER F，HARHOFF D，SORG S. Patents and cumulative innovation-evidence from post-grant patent oppositions［C］. Academy of Management Proceedings. Briarcliff Manor，NY 10510：Academy of Management，2017（1）：12800.

［16］李剑，廖继博. 国家层面知识产权案件上诉审理机制：历史、现状与展望［J］. 法律适用，2019（1）：71-75.

［17］刘思明，侯鹏，赵彦云. 知识产权保护与中国工业创新能力：来自省级大中型工业企业面板数据的实证研究［J］. 数量经济技术经济研究，2015，32（3）：40-57.

［18］罗东川. 建立国家层面知识产权案件上诉审理机制 开辟新时代知识产权司法保护工作新境界：最高人民法院知识产权法庭的职责使命与实践创新［J］. 知识产权，2019（7）：3-13.

［19］JACOBSMEYER B. Forum shopping in patent cases：lessons for the unified patent court［J］. Mich. Tech. L. Rev.，2018，25：131.

［20］SWANSON R D. Implementing the EU unified patent court：lessons from the federal circuit［J］. Int'l L. & Mgmt. Rev.，2012，9：169.

［21］LANDES W M，POSNER R A. An empirical analysis of the patent court［J］. U. Chi. L. Rev.，2004，71：111.

［22］吴汉东. 中国知识产权法院建设：试点样本与基本走向［J］. 法律适用，2015（10）：2-5.

［23］李明德. 关于我国知识产权法院体系建设的几个问题［J］. 知识产权，2018（3）：14-26.

［24］易继明. 司法体制改革中的知识产权法庭［J］. 法律适用，2019（3）：28-38.

［25］MOSER P. Patents and innovation：evidence from economic history［J］. Journal of Economic Perspectives，2013，27（1）：23-44.

［26］MOSER P. How do patent laws influence innovation？evidence from nineteenth-

Century world's fairs [J]. American Economic Review, 2005, 95 (4): 1214-1236.

[27] DYK T B. Federal circuit jurisdiction: looking back and thinking forward [J]. Am. UL Rev., 2017, 67: 971.

[28] GALASSO A, SCHANKERMAN M. Patents and cumulative innovation: causal evidence from the courts [J]. The Quarterly Journal of Economics, 2015, 130 (1): 317-369.

[29] PNG I P L, XIONG X. R&D contracting and appropriability: evidence from the US court of appeals for the federal circuit [J]. Available at SSRN 3029106, 2019, 8: 1-48.

[30] CORREA J A. Innovation and competition: an unstable relationship [J]. Journal of Applied Econometrics, 2012, 27 (1): 160-166.

[31] JAFFE A B, LERNER J. Innovation and its discontents [J]. Innovation Policy and the Economy, 2006, 6: 27-65.

[32] MALAGA M. The European patent with unitary effect: incentive to dominate? [J]. IIC-International Review of Intellectual Property and Competition Law, 2014, 45 (6): 621-647.

[33] 刘银良. 我国知识产权法院设置问题论证[J]. 知识产权, 2015(3): 2, 3-13, 22.

[34] CANTONI D, CHEN Y, YANG D Y, et al. Curriculum and ideology [J]. Journal of Political Economy, 2017, 125 (2): 338-392.

[35] 刘瑞明, 赵仁杰. 政府支持、制度变革与学术期刊进步: 来自中国"名刊工程"的经验证据 [J]. 经济学（季刊), 2020, 19 (2): 473-498.

[36] 黎文靖, 郑曼妮. 实质性创新还是策略性创新: 宏观产业政策对微观企业创新的影响 [J]. 经济研究, 2016, 51 (4): 60-73.

[37] 张陈宇, 孙浦阳, 谢娟娟. 生产链位置是否影响创新模式选择: 基于微观角度的理论与实证 [J]. 管理世界, 2020, 36 (1): 45-59, 233.

多维相对贫困的内涵、现状与治理研究①

车四方　李　丹

摘　要： 贫困是全世界面临的共同难题。站在新的历史方位，治理多维相对贫困已成为贫困领域的重要研究议题，探索缓解多维相对贫困的长效机制具有重要意义。本文首先科学阐释了相对贫困和多维相对贫困的内涵；然后分析了多维相对贫困的特征，并从不同层面剖析了多维相对贫困的现状；最后从顶层设计、测度体系以及扶贫标准等方面构建出了治理多维相对贫困的长效机制。

关键词： 多维相对贫困；治理；长效机制

一、引言

2020年中国取得了消除绝对贫困的伟大成就。随着绝对贫困的彻底解决，贫困研究的重心转入了相对贫困的治理阶段。党的十九届四中全会明确提出要"建立解决相对贫困的长效机制"，学界对相对贫困的研究进入新高潮、新阶段。虽然绝对贫困可以根除，但绝对贫困的改善并不意味着相对贫困程度的下降（Madden D，2000），而相对贫困将长期存在。由此可见，相较于消除绝对贫困，解决相对贫困的目标更高、对象范围更广、致贫因素更复杂、动态性更强。对于刚刚克服绝对贫困的群体，其生活水平仍然相对较低，发展能力相对较弱，同时受新冠肺炎疫情的影响，其是一个脆弱性较高且极易返贫的群体。毫无疑问，该部分群体是构成相对贫困群体的主要成员，解决相对贫困是稳固当前脱贫成果的现实需求和重要保障。同时，随着人们对贫困认知

① 基金项目：重庆市社会科学规划博士项目（2019BS051）；国家社科青年项目（21CTJ007）；国家社科一般项目（19BJY131）；重庆市社科重点项目（2019WT44）；重庆市教育科学"十三五"规划重点项目（2019-GX-115）；重庆工商大学高层次人才科研启动项目（19550332）；重庆市教委人文社会科学项目（21SKGH114）；重庆工商大学科研平台开放课题（KFJJ2019030）；重庆工商大学"创新型国家建设与'一带一路'绿色发展"创新团队项目（CJSYTD201705）。

的深入发展，贫困不仅仅是收入的低下，还应该是教育、健康、金融服务等"可行能力"的不足（车四方 等，2019）。换句话说，从多维度衡量贫困更能描述和把握贫困的本质和内涵。因此，相对贫困的研究也应该拓展到多维视角。王小林和冯贺霞（2020）也认为应该从多维视角建立衡量相对贫困的概念框架理论。因此，多维相对贫困的研究将成为今后贫困领域的重要议题。其中，多维相对贫困的科学内涵、相对贫困以及多维相对贫困的现状、解决多维相对贫困的长效机制如何构建等问题都急需得到关注和探究。鉴于此，本研究试图剖析多维相对贫困的科学内涵和现状，并构建出治理多维相对贫困的长效机制。

二、多维相对贫困的科学内涵界定

（一）相对贫困内涵演进与发展

贫困问题是一个古老的话题。随着经济社会的发展，贫困的内涵不断演进与扩展。事实上，相对贫困和绝对贫困是相对概念。相对贫困概念的提出可以追溯至 19 世纪 60 年代，马克思和恩格斯在政治经济学的论述中就提到了相对贫困问题。马克思指出：一座小房子不管怎么小，在周围的房屋都是这样小的时候，它是能满足社会对住房的一切要求的。但是，一旦这座小房子近旁耸立起一座宫殿，这座小房子就缩成可怜的茅舍模样了。从马克思的论述可以发现，相对贫困是建立在一定的物质基础上，人与人之间的相互比较而呈现出物质"相对"匮乏的状态。此后，直到 20 世纪 60 年代，相对贫困的研究正式开始成为贫困研究的新范式，如 Galbraith（1958）认为：贫困不仅取决于本人的收入，还取决于社会中其他人的收入。英国经济学家 Townsend（1979）率先对"相对贫困"予以清晰界定，他指出：只有从相对剥夺的概念来看，才能更加表达贫困的内涵。Townsend 认为，贫困是指个人、家庭和群体缺乏获得所属社会中习惯的或至少得到广泛鼓励或认可的各种饮食、参加活动和拥有生活条件和便利设施的资源，他们的资源严重低于一般个人或家庭所拥有的资源，实际上，他们被排除在普通的生活模式、习俗和活动之外。可见，社会排斥和剥夺成为 Townsend 对贫困界定的核心内容。随后，学界和实务界开启了对相对贫困的广泛讨论和研究。如世界银行在《1981 年世界发展报告》中采纳了 Townsend 的贫困内涵；Wagle（2002）认为相对贫困是以收入、消费或福利来衡量经济福利的方式；Sallila（2006）也指出相对贫困是没有那些社会认为是基本必需品的东西，不能做大多数人认为理所当然的事情，被排除在普通的生活方式、风俗习惯和活动之外。同时，国内学者更多的是对国际上提出的相对贫困概念予以归纳总结和应用（郭熙保，2005；陈宗胜 等，2013；高强 等，2020；

向德平，2020；张传洲，2020），并没有按照中国的实际明确界定相对贫困的科学内涵。本研究将认为：某个国家或区域的社会成员对当前的物质（主要是收入）水平与周围人进行比较，部分社会成员的物质水平远低于周围人的水平甚至完全被排斥在外，那么这部分社会成员就处于相对贫困状态。

（二）多维相对贫困的科学内涵

随着人们对贫困认知的发展，大多学者认为仅从收入视角理解贫困并不能完全刻画其内涵。如 Sen（1976）指出，贫困不仅是收入水平低下，更是人们的可行能力被剥夺。这种可行能力包含消除饥饿、获取医疗服务、获得教育资源等方面。可见，能力贫困是从多维度对贫困进行衡量。因此，能力贫困逐渐演变成现阶段的多维贫困。近些年，国内学者对多维贫困进行了广泛而深入的探究（张全红 等，2012、2015；郭熙保 等，2016；谢家智 等，2017；车四方 等，2018、2019）。然而，现有多维贫困的研究本质上还是沿袭了绝对贫困的度量方式。如车四方（2019）认为多维贫困是指家庭在收入、教育、医疗、卫生设施、饮用水、住房、金融服务等方面处于不足或被剥夺的状态。因此，从多维度更能把握贫困的内涵。既然贫困的概念已拓展到多维情形，那么我们就应该从多维度衡量相对贫困问题。目前，学界还并未就多维相对贫困进行界定，但是部分研究者意识到要从多维视角建立相对贫困的概念框架（王小林 等，2020）。本研究认为：多维相对贫困指社会成员除了在物质方面与周围人存在较大差距或者被排斥外，在教育、健康、医疗、金融服务等方面也与周围人存在较大差距或者被排斥的状态。

三、多维相对贫困的特征与现状分析

（一）多维相对贫困的特征

1. 多维性

相对贫困往往集中表达为免受困苦、接受教育、享受政治权利、参与社群生活等能力的缺失。贫困主体能力的缺失多表现为：资源贫乏（贫困群体可支配的资源严重少于其参照群体）、社会排斥（贫困群体被排除在社会认可的生活模式、习俗和活动之外）、相对剥夺（贫困群体无法获得有尊严的生活条件和便利设施，以及进入市场、获得教育与健康等经济和社会权利），因而在相对贫困的主体及特征上呈现多维性。

2. 相对性

相对贫困是不同个体或群体的对比，而这些对比可以表达为物质上的、社会上的或情感上的相对匮乏，并在政治经济活动过程中不断被解构与重构。其中，可支配收入是判断相对贫困的重要标准，并被联合国开发计划署、联合国儿童基金会作为主要的贫困测度方式。欧洲联盟将人均可支配收入中位数的 60%（大致相当于平均收入的 50%）划定为相对贫困线，其他国家则往往将收入中位数的 50% 或接近平均收入的 40% 作为相对贫困的判定基准。

3. 主观性

相对贫困在满足基本生存以及其他的基本生活需求之外，更多地涉及贫困主体的主观感受与社会共识的形成。所以，严格来说相对贫困可以表达为主观贫困。如果说客观贫困是基于客观事实（如营养不良）形成的判断，那么相对贫困则是基于获得感、幸福感以及满意度的主观感受。其中，相对贫困群体的呼吁机制、社会共识所表达的价值取向，不仅决定着相对贫困的标准，而且决定着公共治理政策的方向与力度的取舍。

4. 长期性

相对贫困的相对性与多维性，决定了贫困治理的结构性挑战与长期性困境。从资源禀赋来说，可利用的自然资源，在地理区域分布上不仅是差异化的，而且是天赋外生的，从而产生了区域间的不平衡与群体间的相对差距；从经济机会来说，处于不同社会网络、不同分工网络的个体或群体，由于网络位置、网络分割、社会固化及其传导机制的不同，意味着机会不平等的必然性，从而造成内生经济权利与生活质量的相对差距；从个人能力来说，一个人有价值的行为能力主要包括拥有获得食品、衣着、居住、行动、教育、健康、社会参与等各种功能性活动的能力，但因为个人能力的不同，使其在资源获取、机会俘获、权利行使等方面出现差异，进而导致其在摆脱收入贫困并改善生活质量方面的选择空间受到约束。禀赋、机会与能力的差异，不仅决定了缓解相对贫困的艰巨性，而且会因为市场竞争机制及其"优胜劣汰"的特点而具有长期性与历史性。

5. 动态性

传统上，大部分贫困的研究只注重了已发生的事实，即从静态视角探究贫困，而或多或少地忽略了动态视角的贫困问题。近些年，贫困的动态性逐渐受到重视。事实上，贫困研究不能仅仅静态地关注同一时期贫困人口的规模大小，而是应当动态地研究贫困群体在不同时期贫困状态的动态变化过程。2020 年中国现行标准下的实现全部贫困人口脱贫、全部贫困县摘帽。但是，一旦贫困标准提高，或者贫困人口发生重大变故（如患重疾等），又会出现部分贫困人口。因此，返贫问题会时常出现，这就意味着贫困具有动态性。于是，解决贫困的动态性问题也至关重要。

（二）多维相对贫困的现状

1. 贫困人口规模的变化

中国政府历来高度重视贫困问题，尤其是改革开放后，中国政府实施了诸如开发式扶贫、区域性扶贫、精准扶贫等多种多样的减贫措施，使得中国的减贫事业取得了举世瞩目的成就。长期以来，新中国主要通过人均年纯收入的高低来甄别贫困人口。同时，中国的贫困标准随着社会经济发展呈现动态变化，相应的贫困人口规模也呈现出动态变化（见表1）。

表 1　中国农村扶贫标准和贫困人口数量变动①

年份	扶贫标准/元	1978 年贫困人口/万人	2008 年贫困人口/万人	2010 年贫困人口/万人
1978	100	25 000		
1985	206	12 500		
1990	300	8 500		
1995	530	6 540		
2000	625	3 209	9 422	
2005	944	2 365	6 432	
2006	958	2 148	5 698	
2007	1 067	1 479	4 320	
2008	1 067		4 007	
2009	1 196		3 597	
2010	1 274		2 688	16 567
2011	2 300			12 238
2012	2 625			9 899
2013	2 736			8 249
2014	2 800			7 017
2015	2 968			5 575
2016	3 146			4 335
2017	3 335			3 046

① 1978 年标准：1978—1999 年称为农村贫困标准，2000—2007 年称为农村绝对贫困标准。2008 年标准：2000—2007 年称为低收入标准，2008—2010 年称为农村贫困标准。2010 年标准：现行农村贫困标准，现行农村贫困标准为每人每年 2 300 元（2010 年不变价）。其中，绝对贫困是指在一定社会生产方式和生活方式下，个人和家庭靠其劳动所得和其他合法收入不能维持其基本的生存需要。绝对贫困标准也称为生存标准，而低收入标准则是一种温饱标准，且二者均属于绝对贫困范畴的度量。2009 年以后，我国将绝对贫困标准和低收入标准合并，统称为农村贫困标准（贫困线）。资料来源：《中国农村贫困监测报告 2011》。

年份	扶贫标准/元	1978年 贫困人口/万人	2008年 贫困人口/万人	2010年 贫困人口/万人
2018	3 535			1 660
2019	3 747			550

数据资料来源：历年《中国统计年鉴》和国家统计局

注：2012—2019年的贫困标准是以2011年为不变价

从表1中可以看出，在1978年的贫困标准下，中国农村贫困人数从1978年的25 000万人减少至2007年的1 479万人，绝对贫困人口数减少了20 521万人，贫困发生率从26.8%下降到1.6%，下降了25.2个百分点；在2008年贫困标准下，我国农村贫困人口数从2000年的9 422万减少至2010年的2 688万，贫困人口数减少了6 734万人，贫困发生率从10.2%下降至2.8%，下降了7.4个百分点；同理，依据2011年贫困标准，我国农村贫困人口数从2011年的12 238万减少至2019年的550万，贫困人口数减少了11 688万人，贫困发生率从12.7%降为0.6%，下降了12.1个百分点。明显，虽然由于CPI等因素的影响使得我国历年扶贫标准呈现动态增长趋势，但在不同的贫困标准下，我国的贫困人口均大幅下降。

2. 居民收入分组的变化

基于相对贫困的内涵和特征，对相对贫困的测度往往采用社会财富的集中程度或者财富分配的基尼系数予以表示。根据《中国统计年鉴》数据，本研究从居民收入等方面剖析中国多维相对贫困状况。

（1）城镇居民人均可支配收入变化趋势

表2展示了城镇居民按收入五等分分组，各收入组的人均可支配收入均逐年增加。其中，最低收入组人均收入从2005年的4 885.3元增加到2019年的15 549.4元，中偏下收入组人均可支配收入从2005年的6 710.6元增长为2019年的26 783.7元，中间收入组的人均收入从2005年的9 190.1元增长为2019年的37 875.8元，中偏上收入组人均收入从2005年的12 603.4元增长为2019年的52 907.3元，高收入组从2005年的17 202.9元增加到2019年的91 682.6元。但从内部结构的分化来看，各收入组间差距都有不断扩大的趋势，最高收入组与最低收入组的人均收入差额从2005年的12 317.6元扩大至2019年的76 133.2元，扩大了6.18倍，最低收入组居民可能落入贫困陷阱，应成为相对贫困的识别对象。

表2 2005—2019 年主要年按收入等级分城镇居民人均可支配收入 单位：元

年份	低收入组	中偏下收入组	中间收入组	中偏上收入组	高收入组
2005	4 885.3	6 710.6	9 190.1	12 603.4	17 202.9
2010	9 285.3	12 702.1	17 224.0	23 188.9	31 044.0
2013	9 895.9	17 628.1	24 172.9	32 613.8	57 762.1
2014	11 219.3	19 650.5	26 650.6	35 631.2	61 615.0
2015	12 230.9	21 446.0	29 105.2	38 572.4	65 082.2
2016	13 004.1	23 054.9	31 512.8	41 805.6	70 347.8
2017	13 723.1	24 550.1	33 781.3	45 163.4	77 097.2
2018	14 386.9	24 856.5	35 196.1	49 173.5	84 907.1
2019	15 549.4	26 783.7	37 875.8	52 907.3	91 682.6

（2）农村居民人均可支配收入变化趋势

表3展示了农村居民按收入五等分分组，各收入组的人均可支配收入均逐年增加。其中，最低收入组人均收入从 2005 年的 1 067.2 元增加到 2019 年的 4 262.6 元，中偏下收入组人均可支配收入从 2005 年的 2 018.3 元增长为 2019 年的 9 754.1 元，中间收入组的人均收入从 2005 年的 2 850.9 元增长为 2019 年的 13 984.2 元，中偏上收入组人均收入从 2005 年的 4 003.3 元增长为 2019 年的 19 732.4 元，高收入组从 2005 年的 7 747.4 元增加到 2019 年的 36 049.4 元。从内部结构的分化来看，各收入组间差距都有不断扩大的趋势，最高收入组与最低收入组的人均收入差额从 2005 年的 6 680.2 元扩大至 2019 年的 31 786.8 元，扩大了 4.76 倍，最低收入组居民可能落入贫困陷阱，应成为相对贫困的识别对象。

表3 2005—2019 年主要年按收入等级分农村居民人均可支配收入 单位：元

年份	低收入组	中偏下收入组	中间收入组	中偏上收入组	高收入组
2005	1 067.2	2 018.3	2 850.9	4 003.3	7 747.4
2010	1 869.8	3 621.2	5 221.7	7 440.6	14 049.7
2013	2 877.9	5 965.6	8 438.3	11 816.0	21 323.7
2014	2 768.1	6 604.4	9 503.9	13 449.2	23 947.4
2015	3 085.6	7 220.9	10 310.6	14 537.3	26 013.9
2016	3 006.5	7 827.7	11 159.1	15 727.4	28 448.0
2017	3 301.9	8 348.6	11 978.0	16 943.6	31 299.3
2018	3 666.2	8 508.5	12 530.2	18 051.5	34 042.6
2019	4 262.6	9 754.1	13 984.2	19 732.4	36 049.4

（3）各区域居民人均可支配收入变化趋势

表4展示了东、中、西部各区域居民按收入五等分分组，各收入组的人均可支配收入均逐年增加。其中，东部地区人均收入从2005年的13 374.9元增加到2019年的39 438.9元，中部地区人均可支配收入从2005年的8 808.5元增长为2019年的26 025.3元，西部地区人均收入从2005年的8 783.2元增长为2019年的23 986.1元，东北地区人均收入从2005年的8 729.9元增长为2019年的27 370.6元。从内部结构的分化来看，东部地区和其他区域收入组间差距都有不断扩大的趋势。具体地，东部地区与西部地区的人均收入差额从2005年的4 591.7元扩大至2019年的15 452.8元，扩大了3.37倍；东部地区与中部地区的人均收入差额从2005年的4 566.4元扩大至2019年的13 413.6元，扩大了2.94倍；东部地区与东北地区的人均收入差额从2005年的4 645.0元扩大至2019年的12 068.3元，扩大了2.60倍；中西部和东北地区居民可能落入贫困陷阱，应成为相对贫困的识别对象。

表4　2005—2019年主要年按收入等级分各区域居民人均可支配收入　单位：元

年份	东部地区	中部地区	西部地区	东北地区
2005	13 374.9	8 808.5	8 783.2	8 729.9
2010	23 272.8	15 962.0	15 806.5	15 940.9
2013	23 658.4	15 263.9	13 919.0	17 893.1
2014	25 954.0	16 867.7	15 376.1	19 604.4
2015	28 223.3	18 442.1	16 868.1	21 008.4
2016	30 654.7	20 006.2	18 406.8	22 351.5
2017	33 414.0	21 833.6	20 130.3	23 900.3
2018	36 298.2	23 798.3	21 953.8	25 543.2
2019	39 438.9	26 025.3	23 986.1	27 370.6

（4）全国居民人均可支配收入变化趋势

表5展示了全国居民按收入五等分分组，各收入组的人均可支配收入均逐年增加。其中，低收入组人均收入从2013年的4 402.4元增加到2019年的7 380.4元，中偏下收入组人均可支配收入从2013年的9 653.7元增长为2019年的15 777.0元，中间收入组人均收入从2013年的15 698.0元增长为2019年的25 034.7元，中偏上收入组人均收入从2013年的24 361.2元增长为2019年的39 230.5元，高收入组人均收入从2013年的47 456.6元增长为2019年的76 400.7元。从内部结构的分化来看，高收入组和其他收入组间差距都有不断扩大的趋势。具体地，高收入组与低收入组的人均收入差额

从 2013 年的 43 054.2 元扩大至 2019 年的 69 020.3 元；高收入组与中偏下收入组的人均收入差额从 2013 年的 37 802.9 元扩大至 2019 年的 60 623.7 元；高收入组与中间收入组的人均收入差额从 2013 年的 31 758.6 元扩大至 2019 年的 51 366.0 元；高收入组与中偏上收入组的人均收入差额从 2013 年的 23 095.4 元扩大至 2019 年的 37 170.2 元。高收入组与其余收入组的差距均扩大了 1.6 倍，低收入组居民可能落入贫困陷阱，应成为相对贫困的识别对象。

表5　2013—2019 年按收入等级分全国居民人均可支配收入　　　　单位：元

年份	低收入组	中偏下收入组	中间收入组	中偏上收入组	高收入组
2013	4 402.4	9 653.7	15 698.0	24 361.2	47 456.6
2014	4 747.3	10 887.4	17 631.0	26 937.4	50 968.0
2015	5 221.2	11 894.0	19 320.1	29 437.6	50 968.0
2016	5 528.7	12 898.9	20 924.4	31 990.0	59 259.5
2017	5 958.4	13 842.8	22 495.3	34 546.8	64 934.0
2018	6 440.5	14 360.5	23 188.9	36 471.4	70 639.5
2019	7 380.4	15 777.0	25 034.7	39 230.5	76 400.7

3. 居民耐用品消费的变化

耐用品消费的变化是体现一个国家或地区进步的重要表现。二十世纪七八十年代流行"楼上楼下电灯电话"，随着时代的发展，黑白电视机逐渐成为低档品，随之彩电、液晶电视机走进千家万户，现阶段小汽车也逐渐成为家庭的必需品。可见，耐用品消费的变化，也体现了相对贫困的变化。因此，本研究也考察了近些年居民耐用消费的变化情况。

（1）全国居民耐用品消费变化趋势

表6展示了全国居民平均每百户耐用品消费情况，总体上，居民平均每百户耐用品消费量呈逐年增加。其中，移动电话的消费从 2013 年的 203.2 部增加到 2019 年的 253.2 部，家用汽车的消费从 2013 年的 16.9 辆增加到 2019 年的 35.3 辆，洗衣机的消费从 2013 年的 80.8 台增加到 2019 年的 96.0 台，电冰箱的消费从 2013 年的 82.0 台增加到 2019 年的 100.9 台，彩色电视机的消费从 2013 年的 116.1 台增加到 2019 年的 120.6 台，空调的消费从 2013 年的 70.4 台增加到 2019 年的 115.6 台，抽油烟机的消费从 2013 年的 42.5 台增加到 2019 年的 59.3 台，计算机的消费从 2013 年的 48.9 台增加到 2019 年的 53.2 台。

表6　2013—2019年全国居民平均每百户耐用品消费量

年份	家用汽车/辆	摩托车/辆	洗衣机/台	电冰箱/台	彩色电视机/台	空调/台	排油烟机/台	移动电话/部	计算机/台
2013	16.9	38.5	80.8	82.0	116.1	70.4	42.5	203.2	48.9
2014	19.2	43.5	83.7	85.5	119.2	75.2	44.3	215.9	53.0
2015	22.7	42.2	86.4	89.0	119.9	81.5	45.7	224.8	55.5
2016	27.7	40.0	89.8	93.5	120.8	90.9	48.6	235.4	57.5
2017	29.7	39.3	91.7	95.3	122.2	96.1	51.0	240.0	58.7
2018	33.0	35.7	93.8	98.8	119.3	109.3	56.4	249.1	53.4
2019	35.3	34.2	96.0	100.9	120.6	115.6	59.3	253.2	53.2

（2）城镇居民耐用品消费变化趋势

表7展示了城镇居民平均每百户耐用品消费情况，总体上，城镇居民平均每百户耐用品消费量呈逐年增加。其中，移动电话的消费从2005年的137.0部增加到2019年的247.4部，家用汽车的消费从2005年的3.4辆增加到2019年的43.2辆，洗衣机的消费从2005年的95.5台增加到2019年的99.2台，电冰箱的消费从2005年的90.7台增加到2019年的102.5台，空调的消费从2005年的80.7台增加到2019年的148.3台，抽油烟机的消费从2005年的67.9台增加到2019年的81.7台，计算机的消费从2005年的41.5台增加到2019年的72.2台。

表7　2013—2019年主要年份城镇居民平均每百户耐用品消费量

年份	家用汽车/辆	摩托车/辆	洗衣机/台	电冰箱/台	彩色电视机/台	空调/台	排油烟机/台	移动电话/部	计算机/台
2005	3.4	25.0	95.5	90.7	134.8	80.7	67.9	137.0	41.5
2010	13.1	22.5	96.9	96.6	137.4	112.1	—	188.9	71.2
2013	22.3	20.8	88.4	89.2	118.6	102.2	66.1	206.1	71.5
2014	25.7	24.5	90.7	91.7	122.0	107.4	68.2	216.6	76.2
2015	30.0	22.7	92.3	94.0	122.3	114.6	69.2	223.8	78.5
2016	35.5	20.9	94.2	96.4	122.3	123.7	71.5	231.4	80.0
2017	37.5	20.8	95.7	98.0	123.6	128.6	73.7	235.4	80.8
2018	41.0	19.5	97.7	100.9	121.3	142.2	79.1	243.1	73.1
2019	43.2	18.7	99.2	102.5	122.8	148.3	81.7	247.4	72.2

（3）农村居民耐用品消费变化趋势

表8展示了农村居民平均每百户耐用品消费情况，农村居民平均每百户耐用品消费量呈逐年增加。其中，移动电话的消费从2005年的50.2部增加到2019年的261.2部，家用汽车的消费从2013年的9.9辆增加到2019年的24.7辆，洗衣机的消费从2005年的40.2台增加到2019年的91.6台，电冰箱的消费从2005年的20.1台增加到2019年的98.6台，彩色电视机的消费从2005年的84.0台增加到2019年的117.6台，空调的消费从2005年的6.4台增加到2019年的71.3台，抽油烟机的消费从2005年的6.0台增加到2019年的29.0台，计算机的消费从2005年的2.1台增加到2019年的27.5台。

表8 2013—2019年主要年份农村居民平均每百户耐用品消费量

年份	家用汽车/辆	摩托车/辆	洗衣机/台	电冰箱/台	彩色电视机/台	空调/台	排油烟机/台	移动电话/部	计算机/台
2005	—	40.7	40.2	20.1	84.0	6.4	6.0	50.2	2.1
2010	—	59.0	57.3	45.2	111.8	16.0	—	136.5	10.4
2013	9.9	61.1	71.2	72.9	112.9	29.8	12.4	199.5	20.0
2014	11.0	67.6	74.8	77.6	115.6	34.2	13.9	215.0	23.5
2015	13.3	67.5	78.8	82.6	116.9	38.8	15.3	226.1	25.7
2016	17.4	65.1	84.0	89.5	118.8	47.6	18.4	240.7	27.9
2017	19.3	64.1	86.3	91.7	120.0	52.6	20.4	246.1	29.2
2018	22.3	57.4	88.5	95.9	116.6	65.2	26.0	257.0	26.9
2019	24.7	55.1	91.6	98.6	117.6	71.3	29.0	261.2	27.5

同理，我们还可以对比出城镇和农村居民其他耐用品消费量的差异情况，限于篇幅，这里不再列出。总之，从耐用品消费来看，农村地区居民或多或少存在被相对剥夺的情况。因此，缓解相对贫困也要从耐用品消费的角度制定针对性政策。

四、治理多维相对贫困的长效机制构建

治理多维相对贫困是本研究的落脚点，如何构建治理多维相对贫困的长效机制是学界和实务界探究的焦点问题。本文基于多维相对贫困的科学内涵、特征与现状分析，构建出治理多维相对贫困的长效机制，为缓解相对贫困提供理论依据。

（一）完善并提高缓解多维相对贫困顶层设计

解决多维相对贫困问题，离不开制度的保障和政策的依托。因此，要加强治理多维相对贫困的制度保障。事实上，相对贫困的长期性决定了解决它的手段和机制只能是缓解而非消除，这就不仅需要巩固刚刚取得的脱贫攻坚成果，更要从治理上完善解决多维相对贫困的顶层设计。充分发挥政府和市场的协同作用，完善政府在初次分配上的积极作用，逐步形成法律文件，通过立法的手段调节收入分配问题。同时，从教育、健康、医疗等方面加强制度保障，进一步完善和提高区域间、城乡间基本公共服务均等化保障机制。教育是培养人的认知和基本可行能力的重要手段，也是提高其内生发展动力的重要路径，其对缓解多维相对贫困、阻断贫困代际传递具有重要作用，因此，要继续加大力度普及义务教育，尤其是加强中西部农村地区的教育水平。建立解决多维相对贫困人群的医疗保障制度，瞄准其"看病难、看病贵"的问题；构建健康大数据网络，构建实时监测多维相对贫困人群的智能健康管理系统。此外，构建出合理的多维相对贫困帮扶机制，既要进一步强化"两不愁、三保障"的帮扶目标，又要探索新的适合解决多维相对贫困的帮扶机制，如从就业、培训、保险等方面制定帮扶措施等。

（二）构建多维相对贫困精准识别和测度体系

要解决多维相对贫困问题，首要前提是了解城乡间、区域间居民多维相对贫困的程度。因此，如何精准识别和测度多维相对贫困水平至关重要。第一，要构建合理的多维相对贫困评价指标体系，该指标体系既要符合中国人民日益增长的美好生活需要和发展不平衡、不充分之间的现实国情，又要有充足的数据资料做支撑。基于已有文献资料和原则，本研究认为可以从居民收入、居民的幸福感、获得感以及安全感等方面构建多维相对贫困指标体系。第二，精确的识别方法选取是精准测度多维相对贫困程度的重要步骤。目前，学界并未就如何精确识别多维相对贫困形成统一意见，本文认为可以沿袭多维绝对贫困的识别方法对多维相对贫困进行识别。据我们所知，被学界广泛使用和流行的多维绝对贫困识别方法称为"双界线"法[①]。但是，在使用"双界线"法不能照搬、照抄，而应该根据多维相对贫困的内涵和特征，在各维度临界值和标准的选取等方面作出相应的调整。第三，除了识别方法外，测度多维相对贫困的方式和体系也有待加强。可以采用指数法（如 Kakwani 指数、泰尔指数）、熵权法等测度多维相对贫困水平，不仅测度出多维相对贫困发生率，还应该从更深层次的视角测度出多维相对贫困广度、强度和深度水平，为了解多维相对贫困现状和制定解决多维相对贫困针对性政策奠定基础。

---

① 之所以称为双界线法，是因为在识别过程中要设定两个临界值，第一个临界值称为维度临界值，第二个临界值称为贫困剥夺得分临界值，详细内容可参见谢家智和车四方的论文"农村家庭多维贫困测度与分析"。

（三）建立科学合理的多维相对贫困扶贫标准

建立科学合理的帮扶标准是指导解决多维相对贫困的重要方面，扶贫标准的确立是识别相对贫困人口的重要依据。据我们所知，改革开放以来，绝对贫困的扶贫标准随着社会经济的发展而呈现出动态变化，截至 2011 年绝对贫困扶贫标准发生了三次变动，且均是以人均家庭纯收入来衡量贫困人口。在现行贫困标准下[①]，2020 年中国实现了消除绝对收入贫困的历史成就。但是，从多维相对贫困的内涵和特点来看，仅从收入维度来探究相对贫困局限性较大。因此，除了收入维度相对贫困标准的确立，还应该关注其他维度相对贫困标准的制定。目前，学界多对收入相对贫困的标准进行了探讨，基本的观点都是将其定为收入中位数或者平均数的某个比例（40%或 50%）（叶兴庆、殷浩栋，2019；孙久文、夏添，2019；沈扬扬、李实，2020；李莹等，2021），然而，中国的城乡二元结构以及东中西部差距决定了使用某一个数值的比例衡量相对贫困会产生较大偏差。因此，在制定收入相对贫困标准时应该充分考虑城乡间、区域间发展不平衡不充分问题，制定不同的收入相对贫困标准。相应地，制定教育、健康、医疗等维度的相对贫困标准也应该体现城乡间、区域间发展的实际情况，从动态性、差异性、长期性等方面制定科学合理的多维相对贫困扶贫标准。

参考文献

［1］向德平，向凯. 多元与发展：相对贫困的内涵及治理［J］. 华中科技大学学报（社会科学版），2020，32（2）：31-38.

［2］TOWNSEND P. Introduction：concepts of poverty and deprivation［J］. Journal of Social Policy，1979，15（4）：499-501.

［3］WAGLE U. Rethinking poverty：definition and measurement［J］. International Social Science Journal，2002，54：155-165.

［4］SALLILA S. Rethinking relative measures of poverty［J］. Journal of European Social Policy，2006，16（2）：107-120.

［5］郭熙保. 论贫困概念的内涵［J］. 山东社会科学，2005（12）：49-54.

［6］陈宗胜，沈扬扬，周云波. 中国农村贫困状况的绝对与相对变动：兼论相对贫困线的设定［J］. 管理世界，2013（1）：67-77.

［7］高强，孔祥智. 论相对贫困的内涵，特点难点及应对之策［J］. 新疆师范大学学报（哲学社会科学版），2020（3）：120-128.

---

① 2011 年中央扶贫工作会议上将现行贫困标准定为人均家庭年纯收入 2 300 元。

［8］车四方. 社会资本与农户多维贫困：作用机制与影响效应［D］. 重庆：西南大学，2019.

［9］叶兴庆，殷浩栋. 从消除绝对贫困到缓解相对贫困：中国减贫历程与2020年后的减贫战略［J］. 改革，2019，310（12）：5-15.

［10］孙久文，夏添. 中国扶贫战略与2020年后相对贫困线划定：基于理论、政策和数据的分析［J］. 中国农村经济，2019（10）：98-113.

［11］沈扬扬，李实. 如何确定相对贫困标准：兼论"城乡统筹"相对贫困的可行方案［J］. 华南师范大学学报（社会科学版），2020（2）：91-101.

［12］李莹，于学霆，李帆. 中国相对贫困标准界定与规模测算［J］. 中国农村经济，2021（1）：1-18.

中国收入机会不平等的变动及原因分析：基于五份微观数据的对比分析

张 杰[①]

摘 要：本文利用五份独立的微观调查数据测度了 1988—2018 年中国居民收入中机会不平等的程度，并进一步探讨了环境因素通过个体教育和职业等努力因素对收入不平等的影响。结果表明：①总体的收入机会不平等呈下降趋势，且各分样本的收入机会不平等明显低于全样本的测度结果；②户口、地区、父辈教育及职业等特征在机会不平等的生成过程中产生了很大的作用；③各环境因素通过个体教育对收入机会不平等的间接作用较大，而通过劳动力市场对个人收入机会不平等的间接作用较小。基于此结论，本文认为应将注重教育公平、提供多样化的教育机会，以及加速劳动力市场一体化进程、深化户籍制度改革作为未来缩小机会不平等的重要抓手。

关键词：收入差别；机会不平等；随机占优分析；不平等分解

一、引言

收入分配一直是经济学研究的重点议题，改革开放以来，研究者对我国居民收入分配差别的研究先后经历了质性讨论时期和量化分析时期。随着研究深入，对收入差别的定量分析也由宏观逐步转向微观，由总体收入转向各分项收入差别的研究，由分配差别本身的研究转向差别成因的研究。这些研究已经汗牛充栋，具有典型代表的是陈宗胜教授团队和李实教授团队的系列研究成果（陈宗胜，2002；2008；2012；2018；

---

① 张杰，重庆工商大学经济学院贸易经济系讲师，经济学博士，研究方向为收入分配、发展经济学、劳动经济学。

2020；李实，2012；2015；2018；2019)[1-9]。但是现有研究就我国居民的收入差别趋势却未能达成一致看法，其中陈宗胜教授团队认为，大致来看我国自 1978 年以来居民收入差别的主要侧面，即总体、城乡内部和城乡间收入差别都呈现由不断上升转向波动中略有下降的过程（陈宗胜 等，2018；2021)。万广华等（2018)[10]利用我国的多个代表性微观数据也证实了这一看法，他们认为转移性收入的益贫性以及转移收入自身的倒 U 形变化可能会缩小收入差别，另外工资收入不平等的下降以及城市化进程都显著缩小了收入差别。但李实教授团队对收入差别的轨迹却持保留意见，他们认为我国收入差别还在高位运行，暂时的下降不代表以后会出现持续的降低，且若考虑财产性收入的话，还可能出现上升的态势（李实 等，2020)[11]。杨耀武等（2015)[12]利用国家统计局 2003—2012 年城乡居民收入历史数据回溯调整方法，对 2007 年 CHIP 数据进行调整，并在此基础上使用国家统计局的基尼系数计算方法重新进行了估计，构造了对应的基尼系数的置信区间，结果显示 2008—2013 年基尼系数连续下降过程中只有 3 次是统计显著的，他们认为以此推断中国居民收入基尼系数进入全面下降可能为时尚早。

本文暂且搁置收入差别是否全面进入下降趋势这一争论，将收入差别的演变原因从传统的分析视角转向机会不平等的视角，即基于"努力—环境"二元分析框架的机会均等视角。该分析框架由 Roemer（1993，1998)[13-14]提出，他从一个新的哲学视角出发对收入差距公平性问题进行相关研究。从他的研究中可以看到，收入差距本身就是客观存在的一种分配现象，是客观存在无法消除的，由之对分配结果的关注应转向分配源头和过程的研究，更加关注分配本身的公平性，关注分配中机会的不平等。基于此国内外的一些学者进行了较多的研究，现对一些主要的文献进行简要的梳理。

从国外的研究来看，国外学者较早对收入机会不平等进行了相关研究，Roemer 运用其构建的理论分析框架与合作者开展了一系列收入机会不平等的研究，他们的系列研究考察了美国及欧洲 10 国的税收制度对收入机会平等的影响（Page & Roemer，2000；Roemer et al.，2003)[15, 16]，进一步他们以跨国数据测算了实现机会平等目标下的国际援助分配方案（Llavador & Roemer，2001)[17]。在"努力—机会"二元划分框架下越来越多的学者开始关注机会不平等的测度问题。Fleurbaey & Peragine（2013)[18]依据是否需要识别努力程度，将机会不平等测度划分为"事先"和"事后"测度法，前者关注同一环境背景的类别间收入不平等，即为机会不平等（Bourguignon et al.，2007；Ferreira et al.，2011；Marrero & Rodríguez，2012；Björklund et al.，2012；Sapata，2012；

Singh，2012)[19-23]；后者以努力程度划分群组，关注的是组内的不平等（Checchi & Peragine，2010；Carpantier & Sapata，2013；Aaberge et al.，2011)[24-26]。而根据估计方法的不同，Ferreira & Gignoux（2011）将机会不平等的测度分为参数法和非参数法。参数法的基本思路是先设定收入的决定方程，将收入表示为环境和努力的线性函数，然后对方程进行估计，拟合消除环境因素影响后的"反事实"收入分布，进而计算此"反事实"收入分布的不平等即得到收入机会不平等（Bourguignon et al.，2007；Marrero & Rodríguez，2012）。非参数方法无需设定收入的决定方程，而直接基于环境因素或努力因素将样本对象的收入进行分组，计算得到的环境变量的组间不平等或努力变量的组内不平等即得机会不平等（Ruiz-Castillo，2003；Checchi & Peragine，2010）。

国内对收入机会不平等的研究稍晚，董全瑞（2002)[27]较早讨论机会均等在收入差别中的作用，他以布坎南（1989）关于所有权决定因素出发，认为机会均等受到出身、努力、运气和选择四个因素影响，进而指出机会均等的意义，并从税收和就业方面提出降低机会不均等的建议，同时他也指出机会均等难以量化，因此只停留在规范研究的层面。龚锋等（2010)[28]较早地对机会不平等进行了量化研究，他们利用我国2000—2006年的地级市数据，对省级以下财政转移支付体系的机会均等效应进行了评估，并测算了为实现最优机会均等目标的转移支付配置方案。表1为课题组梳理的近年来测度机会不平等及其成因分解的文章，并展示了它们各自所使用的数据库、变量集、估计方法、不平等指标的选取以及测度的结果。

从上述研究发现，目前对收入机会不平等的研究多是集中于单一数据库的截面测度或时序趋势比较，所使用的估计方法及不平等指标也不统一，致使测度结果在不同年份、不同数据间可比性差，机会不平等占比的波动区间较大，不能对收入机会不平等的全局进行大致的概括。本文在现有研究的基础上，依托五个独立的微观调查数据，利用事前参数估计方法，采用平均对数离差测度了1988—2018年我国的收入不平等及机会不平等，并进一步分析探讨以下问题：一是本文试图从机会不均等的视角探讨我国居民收入差别下降的原因，即收入差别的下降是否是由机会不平等下降所致；二是以不同数据库的测度结果验证中国收入机会不平等是否下降；三是分析收入不平等及机会不平等变动的成因以及环境因素通过努力因素影响收入不平等的机制。

表1 中国收入机会不平等测度的文献梳理

作者	数据来源	变量	方法	指标	机会不平等程度
潘春阳 (2011)[29]	CGSS2003/2005/2006	父母平均受教育程度、父亲政治身份、个体户籍	非参	GEO	占总体收入不平等约18.7%
徐晓红、荣兆梓 (2012)[30]	CHIP2002	中学学习成绩、父亲教育年限、母亲教育年限、个体教育年限、工龄、性别、民族、党员、健康状况、所有制、行业、省份	参数	CV	劳动者所处地区、所工作行业、性别等机会不平等因素对收入差距的贡献超过40%
韩军辉 (2014)[31]	CHNS 1989–2009	子女性别、子女受教育程度、子女工作经验、父亲受教育程度、父亲职业等级、父亲收入	参数	GEO	上限为34.8%，下限为16%
江求川、任洁、张克中 (2014)[32]	CGSS2003/2005/2006 CHIP2002	个体性别、年龄、父亲教育、父亲职业、母亲职业	非参	GINI	机会不平等绝对值上升，且上升速度大于收入不平等；机会不平等的相对值从1996年的25%左右上升到2008年的33%左右
陈东、黄旭锋 (2015)[33]	CHNS1989–2009	性别、年龄、年龄平方、省份、户籍、父亲职业、母亲职业、家庭人口总数、家庭可支配收入	参数	GINI	机会不平等可以解释收入不平等的54.61%
刘波、王修华、彭建刚 (2015)[34]	CGSS2008/2010	地区、户口类型、性别和父母受教育水平	参数、非参	GEO	环境导致的机会不平等大于35.66%，综合来看，2008年、2010年测得的机会不平等对总体收入差距的贡献约1/3
李莹、吕光明 (2016)[35]	CHIP2008	个人受教育年限、职业类型、年龄、户口、性别、父母的平均受教育年限、父亲的职业类型、地区、工作单位所有制形式、社会资本	参数	GINI	机会不平等对收入不平等的引致程度在37.9%~69.7%
宋扬 (2017)[36]	CGSS2012	性别、出生时的户籍、健康、14岁时家庭地位、是否非农工作、是否非农户口、东部、中部	参数	GEO	27%以上

表1（续）

作者	数据来源	变量	方法	指标	机会不平等程度
龚锋、李智、雷欣（2017）[37]	CGSS2008-2013	性别、年龄、户籍、出生地、儿童时期家庭社会地位、父亲受教育程度、母亲受教育程度、父亲和母亲就业状况	非参	GE1	"50后"，"60后"，"70后"，"80后"机会不平等占比分别为39.26%、35.01%、42.96%、38.69%
董丽霞（2018）[38]	CHIP2013	性别、年龄、民族、出生地、教育、父亲和母亲收入、父亲和母亲职业、父母教育	参数	GE0/GE1/GE2	各指标计算的机会不平等相对量分别约为21.11%、21.40%、20.26%
史新杰、卫龙宝、方师乐、高叙文（2018）[39]	CGSS2013	户口、性别、父亲教育程度、父亲职业、出生地、年龄组、移民、个人教育	参数	GE0/GINI	35.7%
石大千（2018）[40]	CGSS2003-2013	父辈职业、父辈教育、户籍、家庭年收入	非参	GE0	绝对量2.9615，没给出相对量
马占利、邹薇（2018）[41]	CHIP2007/2013	年龄、户籍、性别、父母教育、父母职业	参数、非参	GE0	机会不平等上升，2007年、2013年机会不平等相对占比分别占13.59%和20.74%
罗良文、茹雪（2019）	CGSS2008-2015	年龄、户籍、性别、父母教育、个体职业	参数	GINI/GE1/Atkinson	各指数测度的机会不平等占比为60.79%、90.23%和78.74%
李莹、吕光明（2019）[42]	CGSS2008-2015	年龄二次项、性别、户籍、出生地、父亲的教育信息、就业信息、儿童时期的家庭社会地位、居住地、父代党员身份、自身的教育与就业	参数	GE0	2008年46.36%降到2015年34.88%。间接渠道占机会不平等总量的36%~39%，其中教育间接渠道占30%~34%，就业间接渠道占4%~6%
蔡媛媛、郭继强、费舒澜（2020）[43]	CHNS1989-2015	性别、民族、户籍、父代收入、出生队列、父代职业、个体教育	参数	GE0	在1989—2004年持续上升，2004—2015年波动中趋于下降

表1（续）

作者	数据来源	变量	方法	指标	机会不平等程度
刘成奎、何英明（2020）[44]	CGSS2008-2015	个体的年龄、性别、户籍、出生地、受教育程度、健康状况；父亲的教育、政治面貌；家庭社会经济地位、就业、教育服务、医疗卫生服务、基础设施	参数	GE0	全样本中教育渠道与就业渠道解释了33.64%~38.07%的机会不平等且教育渠道占据主导地位
汪晨、张彤进、万广华（2020）[45]	CGSS2010-2015	父母亲受教育程度、父母亲职业、14岁时家庭地位、年龄及年龄的平方、出生时户籍、个体受教育程度、居住地、职业、党员身份、迁移	参数	GINI	我国机会不均等2010年为24.39%，2012年为28.04%，2013年达到35.72%，2015年下降至30.56%
万广华、张彤进（2021）[46]	CGSS2010-2015	个体性别、出生时户籍、14岁家庭社会等级、职业、教育年限、工作经验及平方、父母受教育年限、14岁时父母职业	参数	GINI	中国县区机会不平等占比平均约为30%；随着相对收入的增加，机会不平等对主观幸福感的边际影响呈倒U型
刘成奎、齐兴辉、任飞容（2021）[47]	CHIP2013	个体性别、年龄、年龄平方、户籍、职业、父母受教育年限、父母职业	参数	GE0	环境导致的机会不平等占收入不平等的比例为23.48%，努力水平差异只解释了71.07%，运气因素只解释了5.45%
刘林、李猛（2021）[48]	CMDS2010-2017	个体年龄、性别、户口、出生地、社会经济地位	参数	GE0	收入不平等指数和机会不平等指数均呈上升趋势。在考虑环境对机会不平等的间接效应后，流动人口机会不平等的相对值在22.38%~24.61%

注：（1）江求川等（2014）、李莹等（2016）所用样本为城市内部群体，其他文献测度的都是总体的收入机会不平等。（2）指标中 GE0、GE1、GE2 分别代表平均对数离差（Mean Log Deviation）或泰尔-L指数，泰尔指数或泰尔-Y指数，变异系数的平方；GINI 代表基尼系数；CV 代表变异系数；Atkinson 代表阿特金森指数。

二、机会不平等存在性的初步检验

（一）数据来源及变量说明

1. 数据来源

本文利用中国家庭追踪调查 2010—2018 年（China Family Panel Studies，CFPS）、中国综合社会调查 2003—2017 年（Chinese General Social Survey，CGSS）、中国家庭收入调查 1988—2013 年（Chinese Household Income Project，CHIP）、中国健康与营养调查 1991—2015 年（Chinese Health And Nutrition Survey，CHNS）及中国流动人口动态监测调查 2009—2018 年（Chinese Migrants Dynamic Survey，CMDS）五份独立的微观调查数据对 1988—2018 年中国居民收入中机会不平等的程度进行测度，并在此基础上进行分解分析，探讨影响收入不平等的原因。这五份微观数据涵盖了中国内地绝大多数省份、自治区及直辖市，调查覆盖面广，延续时间较长，应用范围较为广泛；数据收集了包括个人、家庭及社区等多个层次、多个维度的信息，也是被学界所公认的高质量数据库。本文利用家庭关系将父辈与子辈匹配之后，得到所需的包含父辈教育与职业、子辈个体特征的相关变量。由于本文的研究涉及个体的收入、工作等相关变量，因此将样本年龄限定为 15~65 岁的个体，在此基础上剔除缺失值，最终得到用于实证分析的样本。限于篇幅，具体的变量分布及样本情况见各数据库的描述性统计，这里不再赘述①。相关变量选取如下（变量描述性统计见附表1—附表5）。

2. 变量选取

被解释变量为个人收入，囿于各数据库中收入变量的可得性以及不同年份数据的可比性，本文以个人的年总收入来衡量；考虑到价格因素对实际收入的影响，本文以所选数据库的初始年份为基期，以相对应的各省居民消费价格指数（CPI）对个体的收

---

① CFPS 数据库中不同年份的包含样本量分别为：CFPS2010 年 11 082 个、CFPS2012 年 9 097 个、CFPS2014 年 9 047 个、CFPS2016 年 6 150 个和 CFPS2018 年 9 221 个。CGSS 数据库中各年份所含样本量分别为：CGSS2003 年 3 904 个、CGSS2005 年 2 542 个、CGSS2006 年 4 755 个、CGSS2008 年 3 163 个、CGSS2010 年 6 966 个、CGSS2011 年 3 432 个、CGSS2012 年 7 140 个、CGSS2013 年 6 615 个、CGSS2015 年 5 960 个和 CGSS2017 年 6 045 个。CHIP 数据库中整理得到的样本量分别为：CHIP1988 年 5 840 个、CHIP1995 年 1 238 个、CHIP2002 年 702 个、CHIP2007 年 786 个、CHIP2008 年 591 个和 CHIP2013 年 2 145 个。CHNS 数据库中整理得到的样本量分别为 CHNS1991 年 6 862 个、CHNS1993 年 913 个、CHNS1997 年 2 121 个、CHNS2000 年 1 294 个、CHNS2004 年 792 个、CHNS2006 年 427 个、CHNS2009 年 734 个、CHNS2011 年 1 154 个和 CHNS2015 年 466 个。CMDS 数据库中最终清理得到的样本量分别为 CMDS2009 年 423 个、CMDS2010 年 6 315 个、CMDS2011 年 3 334 个、CMDS2012 年 197 184 个、CMDS2013 年 242 920 个、CMDS2014 年 258 244 个、CMDS2015 年 257 150 个、CMDS2016 年 15 756 个、CMDS2017 年 217 198 个和 CMDS2018 年 15 798 个。需要注意的是 CMDS 数据张中个别年份的样本量较少，是因为原始数据中所含样本本身就较少所致。

入进行平减调整。本文在进一步估计收入决定方程时，对因变量个体收入作对数处理。

（1）环境变量。

本文选取的影响个人收入的因素主要包括个人特征因素、家庭特征因素以及宏观政策等三类个体不可控制的变量。

①个体特征因素包含个体的年龄、性别、户口状态。其中年龄可被视为工作经验的代理变量，性别变量中男性赋值为1，女性为0；户口状态变量中农村户口赋值为1，城镇为0。而诸如党派、婚姻状态等个体特征变量，有很大一部分是与自己的努力程度相联系的，因此不纳入环境变量的考察范围。个体的民族、身高、体重等因素也未被纳入考察对象，一是因为像民族这类变量，在各个有此变量的数据库中的汉族比例较多，呈明显的偏态分布；二是因为这些特征变量在不同数据集中的分布较为零散，为了各年份间、各数据库间测度结果的可比性，本文并未选择。

②家庭特征因素包含父辈的受教育程度、父辈的职业等级、家庭规模。这些变量是不受个体控制的，于个体而言是外生的，且对个体在进入劳动力市场及其以后的收入有重要影响。本文使用的父辈的教育和职业变量是在家庭中选取父母双方受教育程度较高及职业等级较高的一方作为对应的父辈职业和教育变量。需要说明的是，有部分学者同时使用了父亲和母亲职业及教育程度作为家庭背景特征变量；考虑到父母双方职业间及教育程度间的强相关性，为了保证样本量的充足，并避免变量间的多重共线性，本文并未采用上述做法。我们选取个体父母的最高受教育程度作为父辈受教育程度的代理变量，进一步为了统一各个数据库之间的受教育水平分类，将个体的受教育程度变量划分为四类：小学及以下=1，初中=2，高中=3，大学及以上=4[①]。同理，由于个人职业编码划分更为详细致，且不同数据库、不同年份采用的职业编码也不尽相同，为了统一划分类型及跨数据库间变量的一致性，本文将个人的职业划分为高等阶层、中等阶层和低等阶层三类[②]。这种从简从粗的职业划分与我国目前的阶层间代际流动是相吻合的，因为改革开放之后的40多年中，我国社会并未向西方社会那样定型化，各阶层体系还处于发育过程中，基于此社会阶层背景，对于研究中的个体职业分类都宜粗不宜细（高勇，2009）[49]。具体而言，在CFPS、CGSS数据库中我们将高等阶层的职业定义为各国家权力机关、企事业单位及中国共产党组织、人民政协、民主

---

① 由于不同数据库间的教育程度划分标准不一，大多数数据库划分的种类都较为详细，但多数研究者们常用划分方法倾向于粗化，本文将个体受教育程度大体分为以上4类。具体来看，有些数据库中小学教育、中学教育、高中教育及大学教育的划分种类较细，如小学教育程度有的细分为5年制小学、6年制小学、私塾等，都可归为小学一类；初中教育程度有的细分为普通初级中学和职业中学等，都可并为初中；高中教育程度有的细分为普通高中、职业高中等都归为高中一类；大学教育则包含了自大专以上、普通本科、研究生等。

② Ferreira，Gignoux（2011）也将父母的职业划分为农业工作和其他两类。

党派、社会团体及其部门、企业单位负责人及各类专业人员与技术人员；将中等阶层职业界定为办事人员和有关人员、服务人员、生产、运输设备操作人员及有关人员、军人；农林牧渔水利业生产人员、无职业者及不便分类的人员归为低等阶层职业①。在CHIP数据库中职业类型的划分并未采用中国职业标准编码（CSCO）或者国际标准职业编码（ISCO），且职业类型的划分相对较粗，我们将党政机关官员、技术工人、国家或集体企业的主要官员及私营或个体企业的所有者和经理（或负责人）定义为高等阶层职业；将党政机关干部、乡镇干部、普通工人、临时或短期合同工、乡镇企业职工、乡镇企业主要官员定义为中等职业阶层；农民或其他不便划分类型的职业定义为低等职业阶层②。在CHNS数据库中将技术人员、管理员、主管、经理定义为高等阶层职业；将办公室职员、熟练工人、军人、司机、服务人员、小型家庭企业工作人员定义为中等阶层职业；农夫、渔夫、猎人、家庭主妇及其他不便分类的人员定义为低等阶层职业③。在CMDS数据库中关于就业信息，只有就业状态可用，因此将离退休视为高等阶层职业；就业视为中等阶层职业；无业失业及其他被归为低等阶层职业④。另外，考虑到家庭规模⑤，即家庭内部人数的会影响家庭资源的分配，且家庭规模并不由个体控制这一特征，故将其纳入家庭特征中。

③宏观政策因素以个体所在地的归属地区变量衡量。与户籍状态变量不同的是，户口状态反映的城乡间的差别，而加入地区因素是为了控制不同地区间的经济发展水

---

① 需要注意的是 CGSS2003 数据中给出的职业编码为 ISCO88 职业编码，即 1988 年国际标准职业分类代码，分类较为详细，我们根据 ISCO88 与国标职业编码对应重新编码，进而进行划分。另外，CGSS 数据中除 2003 年、2006 年的职业状态询问的是个体 18 岁时父母亲的职业类型以外，其余年份的父母职业类型均是 14 岁时父母亲的职业类型。CFPS 数据中 2012 年的职业状态询问的是个体 14 岁是父母的职业；2010 年询问的是当前的职业。2014—2018 年并未有父母职业信息。

② CHIP 数据中的询问的职业是个体的首职（primary occupation）信息。个人在选择第一份职业时会比较慎重，因此在一定程度上也能反映出个体所处的阶层地位。且职业选择一般具有惯性，即从事某种职业后若相对稳定，一般不会轻易更换工作，即使是更换工作也会进入自己相对更为熟悉的领域。

③ CHNS 数据询问的也是首职信息。

④ 对流动人员而言，其流动是为了更快获得更高的收入，是否就业对其影响比在何种岗位影响更为明显，因此本文以其是否就业将样本就业类型分为三类。

⑤ 需要注意的是 CFPS 数据中 2010 年家庭规模的定义为有婚姻/血缘/领养关系的家庭成员人数；2012 年、2014 年、2016 年、2018 年家庭规模为同灶吃饭成员的总人数。CGSS 数据中 2005 年家庭人口定义为受访者自己认定的家庭人口；2006 年没有家庭人口变量，家庭人口数由受访者目前在世的兄弟姐妹数量之和构成；2008 年、2017 年定义为在这个住址共同居住的家人总数；2010 年、2011 年、2012 年、2013 年、2015 年同 2008 年、2017 年定义相同，但没有直接变量，变量由各家庭成员是否与自己住在一起加总得出。CHIP 数据库里 1988 年、1995 年、2002 年问题为"家里有几口人"；2007 年、2008 年和 2013 年并未询问家庭人口信息，变量为依据问卷中家庭内个人 ID 加总得到。CHNS 数据中也为包含个人家庭成员人数信息，家庭成员数量变量为依据问卷中家庭内个人 ID 加总得到。CMDS 数据中 2009 年家庭全部人口数；2010、2011、2012、2013、2014、2015 为加总数据；2016 年、2017 年、2018 年为同住家庭成员数。

平差异。依据国家统计局标准将地区划分为东部、中部和西部三大地区①。

（2）努力变量。

环境因素对机会不平等的影响是可以被直观观测到的，而努力因素的影响很容易被隐藏，且努力因素还会通过环境的间接作用，使得机会不平等更为隐蔽。因此本文以受教育程度和职业等级为主要的努力变量考察个人努力对机会不平等的影响②。关于个体的受教育程度及职业特征的变量处理与父辈的教育与职业的处理相同，这里不再赘述。

（二）收入差别中机会不均等的存在性

从变量的描述性统计结果来看，各数据库中的个体年收入呈现逐年上升趋势，家庭规模有较小的下降，性别比例保持相对稳定，户籍状态体现的城市化水平有明显提高；与此同时，个体的受教育程度也有明显的提升，职业构成也有了明显的优化。本小节我们利用收入变量在不同环境因素条件下的分布情况对收入差别中机会不平等的存在性进行简单的检验。

本文的假设是个人的收入是由环境因素和努力因素共同决定的，所以在把收入作为结果时，机会集可以表示为在给定环境集下收入的分布，即若环境集以 c 表示，个体收入以 y 表示，则机会集就可以表示为 $F(y \mid c)$。若不存在机会不平等，即机会在不同环境集中的分布是均匀的，则此时不同环境下的个体收入分布应该是相同的。这就是Lefranc 等人（2008）[50]分析机会不平等时使用的随机占优分析方法，他们利用该方法比较不同环境间的机会分布情况。根据他们的定义，环境 c 一阶占优于环境 c'，即 $c \geqslant$ FSDc'，当且仅当收入 y 满足：$F(y \mid c) \leqslant F(y \mid c') \ \forall \in R_+$。这表明，在任何给定的人口比例的分位数水平，处在该分位数的个体收入，在环境 c 上的平均收入高于在环境 c'上的平均收入；也意味着对任何特定的收入水平下，在环境 c 中低于该收入水平的人的比例要小于环境 c' 中低于该收入水平的人的比例。需要注意的是，若存在环境集（c，c'）$\in C$，满足 $F(y \mid c) = F(y \mid c')$，则表明绝对的机会平等，此时两种环境下的收入分布相同，意味着环境因素对收入分布没有影响。

以上的分析是基于可观测的环境集的，数据包含的信息有限，但现实中有很多难

①　有学者将地区（宏观制度）设置为东部和西部的虚拟变量；本文采取的是将东部、中部、西部作为类别变量处理，划分方法不同，但不影响结果。需要注意的是，对省份归属地区的划分，不同的数据库包含的省份信息不一样，但是划分标准一致，具体划分标准为参照国家统计局对东部、中部、西部的划分。而在 CMDS 数据库中只包含了几个城市的调查信息，我们对个体省份和地区的归属，采用的是个体的户籍所在地信息，而并非样本采样的地点信息。

②　Roemor（2000）对努力的定义及衡量，后续的研究者通常选取教育程度、职业状态以及工作时间等作为努力的替代变量。

以囊括进收入分析的变量，Lefranc 等（2008）指出随机占优的分析方法即使在环境因素不完全的条件下依然是稳健的。

根据上述 Lefranc 等人的研究，本文利用一阶随机占优方法对收入中的机会不平等进行简单的检验，若在基于不同环境背景上的各收入分布不重合或交叉，则表明存在收入机会不平等。

图 1 给出了 CFPS 数据库中根据父辈的教育和职业以及个体的户口和性别背景的个人年总收入的累积分布函数。由图 1 可知，父辈受教育程度更高的个体，其收入水平也更高，具体表现为父辈受教育程度为大学及以上的个体收入水平>父辈受教育程度为高中的个体收入水平>父辈受教育程度为初中的个体收入水平>父辈受教育程度为小学及以下的个体收入水平。父辈职业等级更高的个体收入水平也更高，即父辈职业为国家权力机关、企事业单位及中国共产党组织、人民政协、民主党派、社会团体及其部门、企业单位负责人及各类专业人员与技术人员的个体收入水平要高于父辈职业为其他类型的个体的收入。分个体户口状态来看，城镇个体的收入水平明显高于农村。从性别角度看，男性的收入水平高于女性。以上四种环境背景下各类收入分布并未重合或交叉，更高的父辈受教育程度、职业等级以及城市户口、男性个体的收入分布明显占优于较低的父辈受教育程度、职业等级以及农村户口、女性的个体收入分布，存在明显的收入机会不平等现象。且这一现象在其他样本中也表现出显著的一致性，这也说明这一结论具有一定的稳健性（见附图1—附图4）。

附图 1-4 是基于各环境条件下的收入分布图，初步验证了收入中机会不平等的存在。为了进一步证实这一现象，我们还进行了正式的随机占优检验。表 2 汇报了一致性非参数洛伦茨随机占优检验的结果。由表 2 可知，在个体性别和户口条件下的收入分布存在显著的洛伦茨占优，男性的收入分布显著占优于女性，户口为城镇的个体收入分布显著占优于农村户口个体的收入分布，即男性的平均收入水平明显高于女性，城市个体的平均收入明显高于农村的，存在显著的收入机会不平等。而在父辈职业条件下，也存在显著的收入机会不平等现象，所有数据样本都显示高等职业的个体收入分布显著占优于中低阶层职业。在父辈受教育程度条件下也存在显著的收入机会不平等现象，绝大多数数据样本都显示父辈更高的受教育程度，其子女收入水平明显更高。需要注意的是有些样本中出现的中低阶层职业占优于高等阶层、较低的受教育水平占优于较高教育水平的现象，我们检查样本发现，这可能是职业的分类和教育的分类导致有些数据库中的职业类别和教育类别的样本数量分布不均，且在最高和最低的类别中个体的收入有很多离群值导致，若将职业、教育的分类粗化，这种情况将会有明显的好转，但这并不影响后文的分析。

表 2　各数据库中各环境变量条件下个体收入分布的非参数洛伦茨随机占优检验

	性别		户口		父辈职业			父辈受教育程度			
	S1	S2	H1	H2	O1	O2	O3	E1	E2	E3	E4
CFPS2010—2018											
1	—	<FSD	—	<FSD	—	<FSD	—	>FSD	—	—	—
2	>FSD	—	>FSD	—	>FSD	—	<FSD	<FSD	—	>FSD	—
3	—	—	—	>FSD	—	<FSD	>FSD	—	—	—	—
4	—	—	—	—	—	<FSD	—	—	—	—	—
CGSS2003—2017											
1	—	<FSD	—	<FSD	—	<FSD	—	>FSD	—	—	—
2	>FSD	—	>FSD	—	>FSD	—	<FSD	<FSD	—	>FSD	—
3	—	—	—	—	—	>FSD	—	—	—	<FSD	<FSD
4	—	—	—	—	—	—	>FSD	—	—	>FSD	—
CHIP1988—2013											
1	—	<FSD	—	<FSD	—	<FSD	—	>FSD	—	—	—
2	>FSD	—	>FSD	—	>FSD	—	>FSD	<FSD	—	<FSD	—
3	—	—	—	<FSD	—	—	—	—	—	>FSD	<FSD
4	—	—	—	—	—	—	—	—	—	>FSD	—
CHNS1991—2015											
1	—	<FSD	—	<FSD	—	<FSD	—	>FSD	—	—	—
2	>FSD	—	>FSD	—	>FSD	—	<FSD	<FSD	—	>FSD	—
3	—	—	—	—	—	>FSD	—	—	—	>FSD	—
4	—	—	—	—	—	—	—	—	—	<FSD	—
CMDS2009—2018											
1	—	<FSD	—	<FSD	—	>FSD	—	>FSD	—	—	—
2	>FSD	—	>FSD	—	<FSD	—	>FSD	<FSD	—	>FSD	—
3	—	—	—	—	—	<FSD	—	—	—	>FSD	>FSD
4	—	—	—	—	—	—	—	—	—	<FSD	—

注：（1）S1、S2 分别代表女性、男性；H1、H2 分别代表农村、城镇；O1、O2、O3 分别代表职业阶层的低、中、高；E1、E2、E3、E4 分别代表受教育程度依次为大学及以上、高中、初中、小学及以下。（2）行标 1、2、3、4 分别与性别、户口、职业和教育程度的分类相对应。（3）<FSD 表示"一阶占优于"。

三、机会不平等对收入不平等的影响

（一）收入机会不平等的测度结果

上一节我们利用随机占优分析，以四类不同的环境因素为背景，对个体收入分布中的机会不平等做了相关检验，结果证明各类环境条件下均存在显著的收入机会不平等。接下来我们集中分析收入不平的发展趋势，同时给出中国目前的收入机会不平等的程度以及各环境因素对机会不平等的贡献程度。

1. 收入不平等的变动趋势

本文在利用收入决定方程回归系数的基础上，构建了反事实收入，并以此反事实收入分布测度了总体的收入机会不平等，并分性别、城乡和出生队列做了更进一步的详细的测度，具体结果见表3、表4。表3、表4是基于CFPS数据测度的结果，其他数据测度的结果见附表。

据表3及相关附表（附表6-附表13）可知，全样本的结果显示，我国收入差别在不同时期呈现不同的发展态势。总体来看，以CFPS测度的收入差别自2010—2018年呈现显著的下降，由2010年的0.525 8下降到2018年的0.259 7，降幅超过50%。分样本来看，各分样本的收入差别在考察年份区间内也都呈现显著的下降特征，且男性群体内的收入差别小于女性群体内部，城镇内部的收入差别小于农村内部的；从出生队列来看"40后"的群体内收入差别最大，然后依次下降，至"80后"群体内收入差别最小。

表 3　基于 CFPS 数据的收入不平等程度（MLD）

样本类型	2010 年	2012 年	2014 年	2016 年	2018 年
全样本	0.525 8	0.374 2	0.791 0	0.277 1	0.259 7
男性	0.394 1	0.306 7	0.674 2	0.236 5	0.218 9
女性	0.662 3	0.451 4	0.940 6	0.309 9	0.300 1
农村	0.570 3	0.429 8	0.985 8	0.305 3	0.276 6
城市	0.208 6	0.216 4	0.375 0	0.208 7	0.204 1
"40 后"	0.673 8	0.455 8	2.071 2	0.392 9	0.428 5
"50 后"	0.625 5	0.398 8	0.460 7	0.260 4	0.266 0
"60 后"	0.500 2	0.377 7	0.239 5	0.250 7	0.230 3
"70 后"	0.457 6	0.274 9	0.230 7	0.261 7	0.206 5
"80 后"	0.442 5	0.270 3	0.374 3	0.333 4	0.258 3

由图 1 可知，同样呈下降态势的还有以 CHIP 数据测度的 1988—2013 年的收入差别，以及以 CMDS 数据库测度的 2009—2018 的收入差别；而以 CGSS 数据测度的 2003—2015 年的收入差别呈现上升趋势；CHNS 数据测度结果呈现出先升后降，且在下降阶段持续较高位运行的状态。造成不同数据库测度结果趋势相异的原因主要是因为不同数据库的数据年份跨度不同；总体来看，除 CGSS 数据测得的收入差别在 2008 年以后存在高位盘旋以外，其他几个数据库的结果都呈下降趋势。这一结果总体上与宏观的收入差别发展趋势相吻合。从测度结果的量级上来看，CFPS 测得的平均收入差别最大，约为 0.445 6，其中 CFPS 2014 年到达 0.791 0；CGSS 数据库测得的收入差别均值约为 0.377 4；CHIP 数据库、CHNS 数据库和 CMDS 数据库测得的收入差别分别约为 0.282 7、0.293 5 和 0.106 1。由于 CMDS 数据是流动人口数据，包含的人口户籍类型主要为流动人口，这一群体的群体内差别相对不大，而其他的数据库既包含了农村人口、也包含城市人口以及流动人口，故测度的结果相对更大。

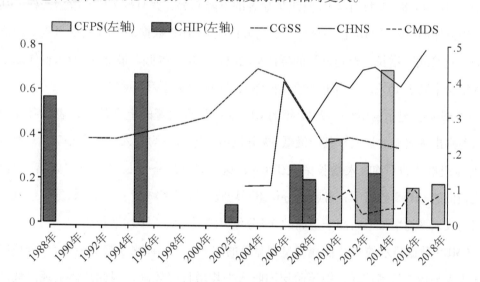

图 1　各数据库全样本收入差别变动

2. 收入差别变化的 GIC 曲线分析

为考察收入差别变动的原因，我们首先使用 GIC（growth incidence curve）曲线分析收入差别变动过程不同收入人群的收入增长变动情况。根据 Ravallion 和 Chen (2003)[51] 提出的 GIC 概念，可将 GIC 曲线定义如下：

$$G_t(p) = y_t(p) / y_{t-1}(p) - 1 \tag{1}$$

其中，$G(p)$ 为第 p 个人口分位数上收入的增长率，$y(p)$ 为对应的第 p 个人口分位数上的收入水平，下标 t 代表时期。式（1）为两个相邻时期的收入增长率曲线。若数据跨越时期较多，则可以通过计算各分位数上收入增长率的几何平均数得到（万广华等，2018），具体公式如下：

$$G_{\text{avg}}(p) = \left[y_{t+n}(p) / y_t(p) \right]^{1/n} - 1 \tag{2}$$

其中，n 为数据所跨期数。利用 GIC 曲线上不同分位数人群的收入增长率，就可以直观的判断收入不平等变动原因，收入增长率越高的人群其收入份额越大。

根据上述定义，我们将样本分为 100 个子样本，即将人口分为 1% 至 99% 分位数的分组。图 2 展示了五个数据库在各自考察期内的 GIC 曲线。CFPS 数据显示 2010—2018 年 GIC 曲线呈现单调下降趋势，处于低收入分位组的群体其收入平均增长率明显高于处在高收入分位组的群体，且随着收入水平上升，收入增长率越低。全样本的收入平均增长率约为 13.96%，其中最低 5% 收入群体的收入年均增长率高于 30%，最高 5% 收入群体的收入年均增长率大约为 5%，收入水平的提升表现出明显的收敛特征。CHIP 数据也表明 1988—2013 年 GIC 曲线呈显著的下降趋势，并且同 CFPS 数据一样，其低分位组群体的收入平均增长率显著高于高分位组。CHIP 数据的 GIC 曲线呈现出经济发展的"益贫式"增长，即越富裕的群体平均收入增长率越低，最低 5% 收入群体的平均收入增长率高于 15%，最高 10% 收入群体的平均收入增长率不到 5%。

CGSS 数据显示的 2003—2017 年的 GIC 曲线呈现显著的上升趋势，表明考察期内收入差别出现明显的扩大。其中最低 5% 分位组群体的平均收入增长率小于 0，而最高 5% 分位组群体的平均收入增长率大于 6%，这一时期经济增长呈现出"亲富"特征。与之相似的 CHNS 数据中，各收入分位组平均收入增长率略高于 CGSS 数据，但其中等阶层的收入平均增长率略高于最高的 5% 分位组的群体收入平均增长率。

CMDS 数据显示的 GIC 曲线则呈现显著的波动，但总体来说最高最低 5% 分位组的群体收入平均增长率较低，中等阶层的收入平均增长率较高，因此总体呈现出波动中略降的收入差别变动轨迹。

从上述 GIC 曲线分析来看，不同收入分位组群体的平均收入增长率的不同直接导致了各个数据库不同的收入差别演变轨迹，若 GIC 曲线呈现上升趋势，则总体的收入差别也呈发散态势，反之则呈现收敛趋势。而结合随机占优分析来看，与各收入分位组对应的是个体所处的各种不同的社会背景，即个体所处的"环境"特征，一般来讲更高的受教育程度、更高阶层的职业，以及城市户口的群体，其收入相对处于更高的收入分位水平。因此本小节的启示是，不同收入分位组的收入平均增长率差异也是由机会不平等造成，即从 GIC 曲线中亦能得出收入差别中存在机会不平等这一现象。

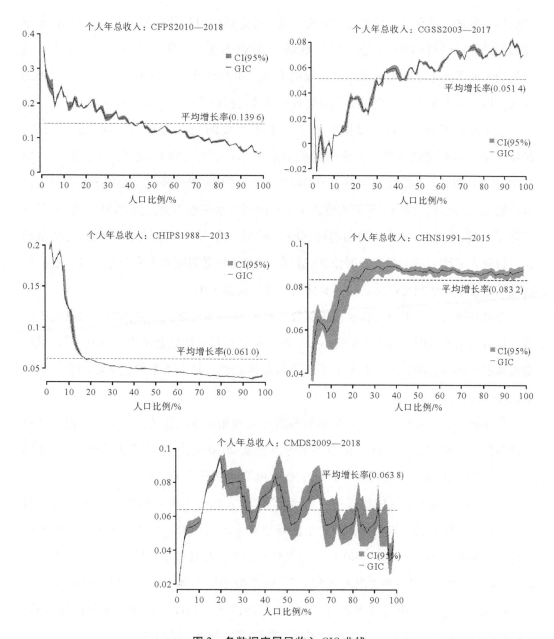

图2　各数据库居民收入 GIC 曲线

3. 机会不平等的测度结果

上述的 GIC 曲线分析，我们进一步证实了收入不平等中的机会不平等现象。即由于户籍、父母受教育程度及职业等不受个体控制的环境特征的影响，导致个体收入差别存在显著的机会不平等，城市户籍、父母受教育程度较高的个体收入明显高于农村户籍、父母受教育程度较低的个体，而这些由于宏观政策环境和微观家庭环境造成的收入机会不平等，表现为不同收入分位群体的不同收入平均增长率水平，这种不同的增长率水平进一步在经济发展过程中或呈现发散态势，如 CGSS 数据库测度结果；或呈现收敛趋势，诸如 CFPS 数据、CHIP 数据、CHNS 数据和 CMDS 数据测得的结果，收入机会不平等的差别也呈现出与之对应的变化。本小节我们具体测度了机会不平等的程度，即收入不平等中机会不平等的绝对量以及其占收入不平等的相对比重。

表 4 展示了基于 CFPS 数据的机会不平等程度的绝对量和相对量，总体来看，2010—2018 年我国收入机会不平等的绝对水平不高，并呈现出显著的下降特征，由 2010 年的 0.200 2 下降到 2018 年的 0.046 9，这一下降趋势在不同类型的分样本中也具有稳健性①。同时，机会不平等占收入不平等的相对水平也不高，由 2010 年的 38.07% 下降至 2018 年的 18.07%，降幅超过 50%，平均约为 33.79%。与国内已有的文献相比，目前大多数文献大都是使用 CGSS 数据、CHNS 数据测度收入机会不平等，我们测度的结果居于这些测度结果之间（具体可参考上文的表 1）。

分城乡来看，城市内部和农村内部收入机会不平等显著低于总体的收入机会不平等，且横向来看城市内部收入机会不平等绝对量和相对量都显著高于农村内部②；纵向来看城乡内部各自的收入机会不平等趋势与总体的收入机会不平等趋势相吻合，总体呈现显著的下降趋势。

分性别来看，女性的收入机会不平等绝对量和相对量都显著高于男性，但二者也呈现明显的下降趋势。男性的机会不平等占比从 2010 年的 23.41% 下降到 2018 年的 10.26%，同一时期的女性机会不平等占比由 39.23% 下降为 18.14%。

分出生队列来看，横向比较中"80 后"的收入机会不平等的绝对量和相对量最低，与改革开放前的群体相比，他们生活环境有了较大改善，生活在更公平与开放的环境中（史新杰等，2018）。"40 后"的机会不平等绝对量和相对量最高，其次为"50 后""60 后""70 后"，并未出现"50 后"与"70 后"群体机会不平等占比高于"60 后"的状态，这一结论与江求川等（2014）、龚锋等（2017）不同。纵向比较来看，随时间推移，各出生队列的收入机会不平等总体呈显著的下降趋势。

总之，CFPS 数据的测度结果表明，总体的收入机会不平等呈下降趋势，且各分样本的收入机会不平等明显低于全样本的测度结果，这表明户籍、性别和出生年份等环境特征对收入机会不平等有重要贡献，这也为下文机会不平等的分解分析做了初步的验证。

---

① 需要注意的是 2014 年的数据测度结果出现异常值，导致收入机会不平等程度高于收入差别程度，可能是分样本数据量过少导致。
② 需要注意的是，李莹等（2019）利用 CGSS2008—2015 年数据测度的城市内部收入机会不平等相对量和绝对量小于农村，且城市机会不平等绝对量和相对量呈上升趋势而农村呈逐年下降。

需要说明的是，造成本文测度结果和上述研究不同的原因在于，一方面本文的测算是分年度进行的，每个年度的样本量较少，而上述文献多是以不同年份的截面组成的混合面板数据，再将其调整为与某个同一年份可比的水平上进行分出生队列的测度。这类研究认为分年度的测量存在明显问题：一是特定时点上样本的年龄分布变异性较大，包含很多不同职业阶段的人群，导致这些年龄群体收入可比性较差；二是经济社会的巨大变迁使个体的教育、就业和收入受到的影响存在差异，这种将不同群体放在一个时点上的测度会扭曲机会不平等的含义（龚锋等，2017）。以不同年份的截面组成混合面板数据，这种处理方法固然有其合理性，但其忽略了将所有样本混合后不同年龄阶段的群体可能同时出现在不同年份的数据中，即这种划分方法使得不同个体本重复划分为不同的出生队列。显然这样划分会使得出生队列里包含很多本不应该出现的样本，这会使测度结果有偏。另外，测度机会不平等本身就是依据不同的"环境"特征下造成的收入差别，并基于此环境特征构造反事实收入分布进行测算。年龄是一个很重要的环境特征变量，不仅反映了个体的工作经验，也反映了当时所处的时代特征，故意剥离掉这些差异，会使原本由社会变迁导致的机会不平等被人为剔除，这也会导致测度结果的偏差。

表 4　基于 CFPS 数据的机会不平等程度（MLD）

样本类型	收入不平等绝对量					机会不平等相对量/%				
	2010 年	2012 年	2014 年	2016 年	2018 年	2010 年	2012 年	2014 年	2016 年	2018 年
全样本	0.200 2	0.102 2	0.547 6	0.045 1	0.046 9	38.07	27.32	69.23	16.28	18.07
男性	0.092 2	0.052 3	0.372 6	0.021 2	0.022 5	23.41	17.05	55.26	8.98	10.26
女性	0.259 8	0.137 1	0.733 6	0.049 4	0.054 4	39.23	30.37	77.99	15.94	18.14
农村	0.011 8	0.012 4	0.067 3	0.027 9	0.024 7	2.07	2.88	6.83	9.13	8.92
城市	0.131 6	0.106 9	0.735 1	0.041 7	0.045 3	63.07	49.40	196.03	19.97	22.18
"40 后"	0.127 9	0.192 0	4.819 6	0.062 5	0.078 5	18.98	42.12	232.69	15.91	18.32
"50 后"	0.258 0	0.109 3	0.084 3	0.042 8	0.054 3	41.25	27.41	18.31	16.44	20.43
"60 后"	0.196 1	0.108 9	0.029 3	0.038 6	0.054 3	39.20	28.82	12.28	15.39	23.59
"70 后"	0.189 0	0.033 1	0.014 9	0.038 6	0.041 6	41.32	12.05	6.46	14.77	20.15
"80 后"	0.133 5	0.024 0	0.037 9	0.072 6	0.032 3	30.16	8.86	10.12	21.76	12.52

（四）机会不平等的分解分析

上文我们测度了各数据库中收入不平等及机会不平等的程度，接下来我们利用 Shapley 值分解法对机会不平等进行分解，以更详细地讨论各环境特征对机会不平等的贡献。由图4可以看到，各个数据库的机会不平等分解结果表明，户口、地区、父辈教育及职业等特征在机会不平等的生成过程中产生了很大的作用。CFPS数据、CGSS数据以及CHIP数据的机会不平等分解结果中户口因素及地区因素的贡献较大；CHNS数据及CMDS数据的机会不平等分解结果中父辈职业、父辈教育及户口的贡献较大。总体来看，随着户口制度改革的持续深化，户口因素对机会不平等的贡献率呈现显著的下降趋势，以地区变量衡量的制度因素的也对机会不平等产生了重要影响，且贡献水平一直较为稳定，也说明了我国较大的地区差别一直是收入机会不平等的重要原因（见图3）。

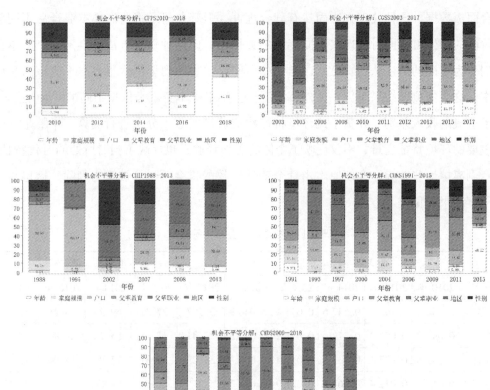

图3　各数据库居民收入机会不平等分解结果（全样本）

下面我们以CFPS数据测度的机会不平等分解结果为例进行具体分析（见表5、表6、表7、表8、表9)[①]。

[①]　其他数据库机会不平等分解结果见附表14—附表17。CGSS数据以及CHIP数据中机会不平等分解结果也表明户口因素及地区因素的贡献较大；而CHNS数据及CMDS数据的机会不平等分解结果中父辈职业、父辈教育及户口的贡献较大。各数据库分解的结果总体上与CFPS数据的结果类似。

（1）以全样本分解的各环境因素对收入机会不平等的贡献。个体的户籍特征对收入机会不平等的贡献最大，但呈显著的下降趋势，由 2010 年的 51.45% 下降为 2018 年的 18.96%。其次是年龄变量，其对收入机会不平等的贡献逐年上升，由 2010 年的 7.29% 上升至 2018 年的 41.01%，增幅明显，这与李莹等（2019）得出的结论相符。个体性别特征对收入机会不平等贡献较为稳定，平均贡献率约为 17.13%。代表制度性因素的地区变量贡献率也一直维持在 8.63% 左右。

（2）分性别样本分解的各环境因素对收入机会不平等的贡献来看。个体户籍特征依旧是引起收入机会不平等的最重要因素，并且户籍特征的贡献率也呈现显著的下降趋势，男性与女性户籍特征的贡献率分别由 2010 年的 63.34%、65.22% 降至 2018 年的 19.15%、25.84%，其对女性的收入机会不平等贡献一直高于男性。这表明户籍因素是导致男女收入机会不平等的最重要因素，且女性收入机会不平等受户籍影响程度更大，因为农村户籍的男性在就业市场的流动性相对更强，更容易获得较多的收入。年龄因素对收入机会不平等的贡献逐年上升，并且其对男性的影响大于女性，分别由 2010 年的 10.88% 和 9.06% 上升至 2018 年的 54.46% 和 45.36%，表明男性的工作经验和身体健康等是其收入机会不平等的重要源泉。而父辈教育与职业对女性的影响高男性，说明女性收入机会不平等更容易受制于家庭背景。

（3）分城乡样本分解的各环境因素对收入机会不平等的贡献来看。城乡内部居民收入机会不平等存在明显差别，各因素对收入机会不平等的贡献也不相同。以相对量和绝对量衡量的城市居民的收入机会不平等程度高于农村居民。在影响城乡收入机会不平等的因素中，性别、年龄及地区因素对城市居民收入机会不平等的贡献大于农村，而父辈教育和职业因素对农村居民收入机会不平等的影响大于城市居民。其原因可能是在就业市场中，适龄和经验是城市求职者看中的基本素质，且相对中、西部地区，东部地区的制度建设更完善，因此对个体就业及收入的影响更明显；而农村居民更多的是从事体力相关劳动，对年龄和性别的要求不高，但若其想获得更高的报酬，父辈的教育及职业水平等家庭背景是很重要原因。

（4）分出生队列样本分解的各环境因素对收入机会不平等的贡献来看。户籍因素对所有出生队列的收入机会不平等贡献都较大，且依出生队列的时间顺序逐渐递减，这也表明户籍制度深化改革的成效。性别因素对收入不平等的影响在各出生队列里也呈现大致的下降，这也说明男女平等的观念随时代的进步逐步被大众接受。值得注意的是父辈的教育和职业在"70 后"和"80 后"群体的收入机会不平等中占比较大，而这一时期正是文革和改革开放的社会结构激变时期，家庭背景在当时是影响教育和就业的最重要因素。需要警惕的是地区因素对各出生队列收入机会不平等的影响依出生队列的时间顺序逐渐上升，说明我国巨大的地区差异是导致居民收入机会不平等重要因素，并且地区差别还存在持续扩大的态势。

表5　收入机会不平等分解结果（CFPS2010）

样本类型	性别	年龄	户口	家庭规模	父辈教育	父辈职业	地区
全样本	21.10	7.29	51.45	3.15	6.70	0.35	9.97
男性	—	10.88	63.34	3.31	6.96	0.22	15.28
女性	—	9.06	65.22	4.40	10.97	1.03	9.32
农村	59.25	3.23	—	8.42	13.57	0.27	15.26
城市	53.02	22.27	—	1.78	3.45	0.25	19.24
"40后"	64.78	1.01	28.75	1.20	1.09	2.16	1.02
"50后"	17.60	2.63	70.64	1.84	0.74	0.16	6.39
"60后"	27.73	0.44	57.65	4.96	3.02	0.30	5.89
"70后"	29.50	3.04	39.99	5.33	8.53	0.37	13.25
"80后"	12.17	24.89	27.51	4.50	7.46	0.69	22.78

表6　收入机会不平等分解结果（CFPS2012）

样本类型	性别	年龄	户口	家庭规模	父辈教育	父辈职业	地区
全样本	16.44	21.38	42.35	1.59	7.85	0.55	9.84
男性	—	29.90	48.27	1.61	8.00	0.35	11.87
女性	—	23.35	51.16	2.09	11.02	1.42	10.95
农村	28.96	3.79	—	21.80	12.14	1.01	32.31
城市	32.21	48.76	—	0.29	6.48	0.14	12.12
"50后"	13.74	2.81	72.45	1.70	1.44	0.48	7.38
"60后"	26.48	0.08	56.94	4.33	2.79	0.93	8.45
"70后"	23.62	1.40	49.93	2.74	4.36	0.62	17.33
"80后"	23.63	2.41	31.26	5.41	12.56	2.04	22.69
"90后"	31.00	16.08	0.44	23.59	4.63	0.85	23.42

表7　收入机会不平等分解结果（CFPS2014）

样本类型	性别	年龄	户口	家庭规模	父辈教育	父辈职业	地区
全样本	15.69	31.48	34.32	2.74	6.38	—	9.38
男性	—	36.80	39.48	3.46	8.16	—	12.10
女性	—	37.54	41.60	3.53	7.26	—	10.07
农村	30.15	44.58	—	3.60	12.74	—	8.94
城市	25.61	54.24	—	2.33	4.39	—	13.42

样本类型	性别	年龄	户口	家庭规模	父辈教育	父辈职业	地区
"50后"	24.73	10.44	55.96	0.90	0.79	—	7.19
"60后"	27.61	1.14	54.42	5.69	2.54	—	8.60
"70后"	22.76	2.94	51.67	2.21	2.97	—	17.45
"80后"	15.45	3.36	32.24	17.25	8.97	—	22.73
"90后"	7.81	28.50	6.44	26.65	1.41	—	29.19

表8　收入机会不平等分解结果（CFPS2016）

样本类型	性别	年龄	户口	家庭规模	父辈教育	父辈职业	地区
全样本	14.02	19.92	21.79	1.95	35.46	—	6.86
男性	—	37.74	21.41	2.40	30.57	—	7.88
女性	—	15.27	29.80	2.48	44.06	—	8.39
农村	10.70	26.68	—	2.01	58.53	—	2.07
城市	26.11	32.70	—	1.47	27.95	—	11.77
"50后"	25.63	9.63	32.47	1.14	15.08	—	16.04
"60后"	19.64	1.69	30.36	4.36	34.69	—	9.26
"70后"	15.80	0.46	33.28	2.99	34.34	—	13.14
"80后"	18.39	0.35	21.15	1.82	53.30	—	4.99
"90后"	65.80	7.13	1.13	3.26	15.24	—	7.44

表9　收入机会不平等分解结果（CFPS2018）

样本类型	性别	年龄	户口	家庭规模	父辈教育	父辈职业	地区
全样本	18.38	41.01	18.69	3.34	11.48	—	7.10
男性	—	54.46	19.15	2.76	14.49	—	9.14
女性	—	45.36	25.84	5.37	15.08	—	8.34
农村	22.24	44.86	—	4.24	24.36	—	4.30
城市	24.91	57.11	—	2.74	5.87	—	9.38
"50后"	34.98	16.49	29.23	3.95	4.30	—	11.04
"60后"	32.48	3.21	43.92	6.94	5.90	—	7.55
"70后"	28.71	3.36	28.67	3.64	22.55	—	13.07
"80后"	36.22	1.04	16.98	8.37	26.02	—	11.37
"90后"	25.95	19.97	10.07	18.43	2.17	—	23.41

四、机会不平等的作用渠道分析

前文在介绍测度机会不平等方法时提到个体的努力在很大程度上也会受到环境的影响，因此有必要具体分析环境因素是如何通过努力——个体的教育和职业对收入机会不平等产生影响的。我们继续以 CFPS 数据测度的结果来看，具体的收入机会不平等产生机制分析结果见表10、表11。

（1）全样本中个体的教育和职业对收入机会不平等的渠道作用。个体教育对收入机会不平等的间接作用绝对量由 2010 年的 0.061 6 下降到 2018 年的 0.012 8，均值约为 0.050 4，降幅较为明显，而相对量基本维持不变，由 30.75% 略降为 27.27%，均值约为 28.37%[①]。这表明居民个体教育因素受到家庭背景及制度因素的影响，导致收入机会不平等的发生，也证明了教育机会不平等的存在，且由教育导致的收入机会不平等总体维持不变，或有所上升[②]。个体职业对收入机会不平等的间接作用绝对量由 2010 年的 0.000 0 上升到 2018 年的 0.000 2，均值约为 0.000 8，而相对量上升明显，由 0.02% 略降为 0.42%，均值约为 0.28%[③]。总体而言，各环境因素通过个体教育对收入机会不平等的间接作用较大，而通过劳动力市场对个人收入机会不平等的间接作用较小。这可能是因为我国劳动力市场制度的不完善，且存在明显的劳动力市场分割特征，导致这一渠道效应并未充分发挥作用。教育机会的不均等使得个体收入机会均等化受阻，加之劳动力市场的不完善，教育对收入机会不平等的间接作用没有充分经过就业市场传导，导致教育的作用被放大。这表明在提高教育公平性的同时，还要培育和完善更具公平竞争性的劳动力市场来更好地促进社会的流动（李莹等，2019）。

（2）分性别样本中个体的教育和职业对收入机会不平等的渠道作用。横向比较来看，男性个体的教育对收入机会不平等的间接作用低于女性，表明女性的受教育程度受环境因素的影响程度更大；而男性个体的职业对收入机会不平等的间接作用高于女

[①] CGSS 数据、CHNS 数据及 CHIP 数据测度的个体教育因素对收入机会不平等间接作用呈现上升趋势，以绝对量衡量的均值分别约为 0.049 2、0.028 6 和 0.019 1；以相对量衡量的均值分别约为 29.55%、33.15% 和 10.69%。CMDS 数据测度的结果呈波动中略呈下降趋势，以绝对量和相对量衡量的均值分别约为 0.000 8 和 13.34%，与 CFPS 数据测度的结果趋势相吻合，但量级更小。

[②] 这与李莹等（2019）结论不同，他们测得的结果显示个体教育影响收入机会不平等的间接作用在逐渐减弱。

[③] CHNS 数据及 CHIP 数据测度的个体职业因素对收入机会不平等间接作用呈现下降趋势，以绝对量衡量的均值分别约为 0.002 0、0.014 5 和 0.012 1；以相对量衡量的均值分别约为 1.10%、16.08% 和 3.76%。CGSS 数据及 CMDS 数据测度的结果呈波动中上升趋势，以绝对量衡量的均值约为 0.001 4，以相对量衡量的均值约为 24.48%，与 CFPS 数据测度的结果趋势相吻合，但量级更小。

性，因为在就业市场中男性占主导地位，更多受到就业不平等的影响。纵向对比来看，男性与女性的教育对收入机会不平等的间接作用的绝对量逐渐下降，而相对量却在逐渐上升，但二者相对量的差距逐步缩小。

（3）分城乡样本中个体的教育和职业对收入机会不平等的渠道作用。从绝对量来看，农村个体教育和职业对收入机会不平等的间接作用的均低于城市，且农村的教育间接作用呈逐渐上升趋势，城市的呈下降态势。从相对量来看，农村和城市个体教育对收入机会不平等的间接作用的均呈现上升趋势，但农村上升幅度大于城市，并逐步超过城市；而城乡的职业间接作用均呈下降趋势，且农村高于城市。

（4）分出生队列样本中个体的教育和职业对收入机会不平等的渠道作用。教育间接作用上，"50后"群体高于"60后"，"70后"略高于"50后"，最低的是"80后"，这种关系在以绝对量和相对量衡量的情况下均成立。在就业间接作用方面，"80后""90后"的就业间接作用占比较高；而从时间趋势上看，所有群体的教育间接作用影响均稳中略降；就业间接作用影响有则都有明显上升。

表 10　CFPS 数据库收入机会不平等中教育与就业间接作用的绝对量

样本类型	教育间接作用					就业间接作用				
	2010 年	2012 年	2014 年	2016 年	2018 年	2010 年	2012 年	2014 年	2016 年	2018 年
全样本	0.061 6	0.021 0	0.139 6	0.017 0	0.012 8	0.000 0	0.000 2	0.003 5	0.000 1	0.000 2
男性	0.026 2	0.011 3	0.078 3	0.008 3	0.008 9	0.000 0	0.000 0	0.002 8	0.000 0	0.000 2
女性	0.121 5	0.050 0	0.297 2	0.037 2	0.027 4	0.000 1	0.000 0	0.000 7	0.000 0	0.000 3
农村	0.000 0	0.000 0	0.005 2	0.012 1	0.005 9	0.000 1	0.000 1	0.000 9	0.000 1	0.000 0
城市	0.013 4	0.007 6	0.168 4	0.007 8	0.007 5	0.000 1	0.000 3	0.004 5	0.000 0	0.000 0
"40后"	0.016 4	—	—	—	—	0.000 1	—	—	—	—
"50后"	0.058 9	0.029 7	0.572 3	0.016 3	0.010 3	0.000 2	0.000 0	0.001 8	0.000 0	0.000 7
"60后"	0.044 1	0.019 2	0.002 1	0.014 8	0.010 7	0.000 2	0.000 0	0.000 2	0.000 1	0.001 4
"70后"	0.061 1	0.025 0	0.002 9	0.016 4	0.017 9	0.000 3	0.000 3	0.000 2	0.000 1	0.000 2
"80后"	0.026 6	0.002 1	0.000 6	0.017 0	0.008 8	0.000 0	0.000 0	0.000 0	0.000 1	0.000 1
"90后"	—	0.000 1	0.001 4	0.000 1	0.001 0	—	0.000 2	0.000 0	0.000 6	0.000 0

表 11　CFPS 数据库收入机会不平等中教育与就业间接作用的相对量

样本类型	教育间接作用					就业间接作用				
	2010 年	2012 年	2014 年	2016 年	2018 年	2010 年	2012 年	2014 年	2016 年	2018 年
全样本	30.75	20.53	25.50	37.78	27.27	0.02	0.15	0.63	0.17	0.42
男性	28.45	21.59	21.01	39.13	39.40	0.00	0.03	0.74	0.00	0.77
女性	46.78	36.49	40.51	75.37	50.26	0.04	0.00	0.09	0.02	0.58
农村	0.08	0.09	7.74	43.36	23.76	0.53	0.94	1.29	0.48	0.00
城市	10.17	7.10	22.91	18.63	16.61	0.10	0.26	0.61	0.09	0.08
"40 后"	12.80	—	—	—	—	0.04	—	—	—	—
"50 后"	22.83	15.49	11.87	26.13	13.11	0.06	0.01	0.04	0.00	0.92
"60 后"	22.51	17.56	2.54	34.52	19.77	0.09	0.00	0.19	0.20	2.56
"70 后"	32.34	22.96	9.88	42.58	32.94	0.18	0.24	0.70	0.27	0.35
"80 后"	19.89	6.43	4.03	43.89	21.17	0.02	0.61	0.64	0.15	0.15
"90 后"	—	0.29	3.59	0.13	3.14	—	0.68	0.08	0.82	0.01

五、结论及政策启示

本文利用 Roemer "环境—努力" 的机会均等分析的框架，以 CFPS2010—2018 年、CGSS2003—2017 年、CHIP1988—2013 年、CHNS1991—2015 年及 CMDS2009—2018 年数据测度了我国收入差别情况，并从收入机会不平等视角出发，测度了收入差别中的机会不平等程度。为了分析收入机会不平等的成因，本文使用了 Shapley 值分解法对我国收入机会不平等进行分解分析，进一步还分析了环境因素通过个体教育和职业的努力因素对收入机会不平等的间接影响。具体结论可以总结为如下几点：

（1）除 CGSS 数据以外的多个数据库的测度结果表明，再过去的 30 年间我国居民的收入差别正在经历逐步缩小或先升后降，转而为波动中略降的趋势，这一结果与万广华等（2018）测度结果相符，也与宏观的收入差别发展趋势相吻合。从测度结果的量级上来看，CFPS 测得的平均收入差别最大，约为 0.445 6；CGSS 数据库测得的收入差别均值约为 0.377 4；CHIP 数据库、CHNS 数据库和 CMDS 数据库测得的收入差别分别约为 0.282 7、0.293 5 和 0.106 1。由于 CMDS 数据是流动人口数据，包含得人口类型主要流动人口，这一群体的群体内差别相对不大；而其他的数据库既包含了农村人口、也包含城市人口以及流动人口，故测度的结果相对更大。

（2）利用变量的累计概率分布分析表明更高的父辈受教育程度、职业等级以及城市户口、男性个体的收入分布明显占优于较低的父辈受教育程度、职业等级以及农村户口、女性的个体收入分布，且在这四种环境背景下各类收入分布并未重合或交叉，存在明显的收入机会不平等现象；这一现象在其他样本中也表现出显著的一致性。进一步，我们还进行了非参数洛伦茨随机占优检验，也证明了收入机会不平等现象的存在性，即男性的收入分布显著占优于女性，户口为城镇的个体收入分布显著占优于农村户口个体的收入分布；父辈职业为高等层次的个体收入分布显著占优于中低阶层职业；父辈更高的受教育程度，其子女收入水平明显更高。

（3）我们还利用 GIC 曲线简要分析了收入差别下降的成因，即不同收入分位组群体的平均收入增长率的不同直接导致了各个数据库不同的收入差别演变轨迹，若 GIC曲线呈现上升趋势，则总体的收入差别也呈发散态势，反之则呈现收敛趋势。这一结论而结合随机占优分析来看，与各收入分位组对应的是个体所处的各种不同的社会背景，即个体所处的"环境"特征，一般来讲更高的受教育程度、更高阶层的职业，以及城市户口的群体，其收入相对处于更高的收入分位水平。

（4）总体的收入机会不平等呈下降趋势，且各分样本的收入机会不平等明显低于全样本的测度结果，这表明户籍、性别和出生年份等环境特征对收入机会不平等有重要贡献。分城乡来看，城市内部和农村内部收入机会不平等显著低于总体的收入机会不平等，且横向来看城市内部收入机会不平等绝对量和相对量都显著高于农村内部；纵向来看城乡内部各自的收入机会不平等呈现显著的下降趋势。分性别来看，女性的收入机会不平等绝对量和相对量都显著高于男性，但二者也呈现明显的下降趋势。分出生队列来看，横向比较中"80 后"的收入机会不平等的绝对量和相对量最低，"40后"的机会不平等绝对量和相对量最高，其次分别为"50 后""60 后""70 后"。纵向比较来看，随时间推移，各出生队列的收入机会不平等总体呈显著的下降趋势。

（5）各个数据库的机会不平等分解结果表明，户口、地区、父辈教育及职业等特征在机会不平等的产生过程中产生了很大的作用。CFPS 数据、CGSS 数据以及 CHIP 数据的机会不平等分解结果中户口因素及地区因素的贡献较大；CHNS 数据及 CMDS 数据的机会不平等分解结果中父辈职业、父辈教育及户口的贡献较大。总体来看，随着户口制度改革的持续深化，户口因素对机会不平等的贡献率呈现显著的下降，以地区变量衡量的制度因素的也对机会不平等产生了重要影响，且贡献水平一直较为稳定，也说明了我国较大的地区差别一直是收入机会不平等的重要原因。

（6）个体的教育和职业对收入机会不平等的渠道作用分析表明，各环境因素通过个体教育对收入机会不平等的间接作用较大，而通过劳动力市场对个人收入机会不平等的间接作用较小。分性别样本横向比较来看，男性个体的教育对收入机会不平等的间接作用低于女性，男性个体的职业对收入机会不平等的间接作用高于女性；纵向对比来看，男性与女性的教育对收入机会不平等的间接作用的绝对量逐渐下降，而相对量却在逐渐上升，但二者相对量的差距逐步缩小。分城乡样本，从绝对量来看，农村个体教育和职业对收入机会不平等的间接作用的均低于城市，且农村个体的教育间接作用呈逐渐上升趋势，城市的呈下降态势。从相对量来看，农村和城市个体教育对收入机会不平等的间接作用的均呈现上升趋势，但农村上升幅度大于城市，并逐步超过城市；而城乡的职业间接作用均呈下降趋势，且农村高于城市。分出生队列样本来看，"50后"群体教育间接作用高于"60后"，"70后"略高于"50后"，最低的是"80后"，这种关系在以绝对量和相对量衡量的情况下均成立。在就业间接作用方面，"80后""90后"的就业间接作用占比较高；而从时间趋势上看，所有群体的教育间接作用影响均稳中略降；就业间接作用影响有则都有明显上升。

上述研究结果的政策启示是，应该更注重从源头上缩小收入差别，将机会不平等的缩小作为减少收入差别的重要抓手，注重机会的公平平等分配，使得个体的努力得到应有的承认和保障；同时对可以直观识别的弱势群体，如偏远地区的农村女性群体由不可控环境因素导致的收入不平等给予扶持。具体而言，有如下建议：

（1）更加注重教育公平，提供多样化的教育机会，保障教育作为社会阶层流动的这一重要途径。持续增加教育投资，使教育"扶贫扶智"深入到偏远农村，并建立合理的常态化运行机制。尤其要扶持有能力的"寒门学子"，扼制"二代效应"的负面作用，维持社会阶层间的流动性。

（2）加速劳动力市场一体化进程，深化户籍制度改革，消除劳动力流动壁垒，从而减少由户籍制度导致的机会不平等，注重劳动力流动对收入的提升作用。对于流动的劳动力施行合理引导，鼓励他们扩宽收入渠道，同时以职业培训、就业指导等手段提高劳动者技能。

附表

附表 1　CFPS 数据库主要变量描述性统计

		2010	2012	2014	2016	2018
	收入/元	11 915.19	16 537.61	17 256.47	21 300.63	26 036.40
环境变量	年龄/岁	40.856 1	40.047 4	41.257 2	41.569 4	39.971 3
	家庭规模/人	4.314	4.296 7	4.129 5	4.647	4.070 7
	性别					
	女（=0）	0.432 2	0.409 8	0.393 8	0.432 5	0.408 5
	男（=1）	0.567 8	0.590 2	0.606 2	0.567 5	0.591 5
	户口					
	城镇（=0）	0.254 1	0.335 3	0.330 8	0.339 7	0.304 8
	农村（=1）	0.745 9	0.664 7	0.669 2	0.660 3	0.695 2
	父辈职业等级					
	高（=1）	0.130 8	0.216 9			
	中（=2）	0.828 8	0.760 3			
	低（=3）	0.040 4	0.022 9			
	父辈受教育程度					
	小学及以下（=1）	0.703	0.638	0.827	0.285 7	0.220 6
	初中（=2）	0.175 3	0.216 2	0.119 2	0.351 7	0.329 8
	高中（=3）	0.097 6	0.118	0.044 1	0.204 7	0.246 9
	大学及以上（=4）	0.024	0.027 8	0.009 7	0.157 9	0.202 7
	地区					
	东部（=1）	0.457 2	0.473 1	0.467 7	0.460 8	0.471 1
	中部（=2）	0.27	0.312 2	0.311 3	0.310 2	0.292 5
	西部（=3）	0.272 8	0.214 7	0.221 1	0.228 9	0.236 4
努力变量	个体职业等级					
	高（=1）	0.1	0.111 1	0.12	0.147 5	0.228 2
	中（=2）	0.875 7	0.886 8	0.851 9	0.805 4	0.580 7
	低（=3）	0.024 3	0.002 1	0.028 1	0.047 2	0.191 1
	个体受教育程度					
	小学及以下（=1）	0.425	0.371	0.369	0.342 1	0.249 2
	初中（=2）	0.323 2	0.324 5	0.312 4	0.338 7	0.339 4
	高中（=3）	0.152 7	0.179 2	0.181 2	0.182	0.196
	大学及以上（=4）	0.099 1	0.125 3	0.137 5	0.137 2	0.215 4
	样本量	11 082	9 097	9 047	6 150	9 221

注：（1）收入数据为以 2010 年为基期，经省级 CPI 指数平减得到。（2）2014—2018 年未提供包含父母职业信息的变量。

附表 2　CGSS 数据库主要变量描述性统计

		2003	2005	2006	2008	2010	2011	2012	2013	2015	2017
	收入/元	9 388.62	11 353.84	7 787.00	12 941.71	12 220.40	11 250.42	14 185.44	16 188.00	19 688.27	22 954.77
	年龄/岁	43.024 6	40.623 9	44.317 8	40.761 9	44.129 8	44.880 2	45.072 8	44.882 5	45.422 8	45.954 7
	家庭规模（人）	3.410 1	3.348 9	2.988 4	2.136 9	3.008 6	3.025 1	3.058 1	3.116 9	2.879 2	2.945 2
	性别										
	女（=0）	0.472 6	0.508 3	0.510 6	0.449 6	0.480 5	0.516 6	0.460 9	0.465 9	0.490 3	0.491 8
	男（=1）	0.527 4	0.491 7	0.489 4	0.550 4	0.519 5	0.483 4	0.539 1	0.534 1	0.509 7	0.508 2
	户口										
环境变量	城镇（=0）	0.941 3	0.946 5	0.519 2	0.689 2	0.438 8	0.603 1	0.446 6	0.428 1	0.416 6	0.429 4
	农村（=1）	0.058 7	0.053 5	0.480 8	0.310 8	0.561 2	0.396 9	0.553 4	0.571 9	0.583 4	0.570 6
	父辈职业等级										
	高（=1）	0.146 3	0.283 2	0.124 9	0.178 3	0.112 7	0.110 7	0.137 5	0.109	0.093 5	0.092 3
	中（=2）	0.747 4	0.595 6	0.849 2	0.253 2	0.851 1	0.843 5	0.819 6	0.845 8	0.807 7	0.861 7
	低（=3）	0.106 3	0.121 2	0.025 9	0.568 4	0.036 2	0.045 7	0.042 9	0.045 2	0.098 8	0.046
	父辈受教育程度										
	小学及以下（=1）	0.621 7	0.465 8	0.753 1	0.595 6	0.700 3	0.698 4	0.695 8	0.677 1	0.689 4	0.667 3
	初中（=2）	0.230 8	0.328 5	0.176	0.252 9	0.190 6	0.183 6	0.186 6	0.211 3	0.195 5	0.195 5
	高中（=3）	0.084 8	0.122	0.053 2	0.105 9	0.077 5	0.091 5	0.083 3	0.081 3	0.083 6	0.095 3
	大学及以上（=4）	0.062 8	0.083 8	0.017 7	0.045 5	0.031 6	0.026 5	0.034 3	0.030 2	0.031 5	0.041 9
	地区										
	东部（=1）	0.505 6	0.568 5	0.437	0.469 5	0.386 3	0.363 9	0.407 4	0.429 8	0.421 6	0.465 5
	中部（=2）	0.309 7	0.267 9	0.36	0.337	0.364 5	0.404 7	0.353 9	0.342	0.365 1	0.329 5
	西部（=3）	0.184 7	0.163 7	0.202 9	0.193 5	0.249 2	0.231 4	0.238 7	0.228 3	0.213 3	0.205

附表2（续）

		2003	2005	2006	2008	2010	2011	2012	2013	2015	2017
努力变量	**个体职业等级**										
	高（=1）	0.152 7	0.235 6	0.216 6	0.158 7	0.106 2	0.107 8	0.120 9	0.113 8	0.124 2	0.110 3
	中（=2）	0.687 5	0.620 8	0.782 5	0.395 2	0.466 3	0.400 6	0.416 1	0.458	0.372 8	0.503 2
	低（=3）	0.159 8	0.143 6	0.000 8	0.446 1	0.427 5	0.491 6	0.463	0.428 1	0.503	0.386 4
	个体受教育程度										
	小学及以下（=1）	0.144 7	0.069 6	0.282 6	0.196	0.322 7	0.340 6	0.315 3	0.300 8	0.302 7	0.273 6
	初中（=2）	0.417	0.421 7	0.450 3	0.396 8	0.392 6	0.404 4	0.379 1	0.391 8	0.375 8	0.371 5
	高中（=3）	0.232 8	0.305 3	0.181 7	0.221	0.143 6	0.135 5	0.154 1	0.151	0.158 4	0.152 5
	大学及以上（=4）	0.205 4	0.203 4	0.085 4	0.186 2	0.141 1	0.119 5	0.151 5	0.156 3	0.163 1	0.202 3
样本量		3 904	2 542	4 755	3 163	6 966	3 432	7 140	6 615	5 960	6 045

注：收入数据为以 2003 年为基期，经省级 CPI 指数平减得到。

附表 3　CHIP 数据库主要变量描述性统计

		1988	1995	2002	2007	2008	2013
	收入/元	2 259.70	1 270.52	3 221.47	6 125.10	6 643.76	6 859.82
环境变量	年龄/岁	38.003 1	40.983	42.661	38.203 6	37.478 8	40.698 4
	家庭规模/人	1.844 2	4.673 7	4.022 8	4.394 4	4.150 6	4.613 1
	性别						
	女（=0）	0.504 5	0.357	0.497 2	0.617	0.480 5	0.397 7
	男（=1）	0.495 5	0.643	0.502 8	0.383	0.519 5	0.602 3
	户口						
	城镇（=0）	0.390 4	0.521	0.987 2	0.670 5	0.786 8	0.432 2
	农村（=1）	0.609 6	0.479	0.012 8	0.329 5	0.213 2	0.567 8
	父辈职业等级						
	高（=1）	0.009 2	0.023 4	0.122 5	0.050 9	0.018 6	0.002 8
	中（=2）	0.032 7	0.524 2	0.391 7	0.026 7	0.196 3	0.085 3
	低（=3）	0.958	0.452 3	0.485 8	0.922 4	0.785 1	0.911 9
	父辈受教育程度						
	小学及以下（=1）	0.945 4	0.865 1	0.715 1	0.751 9	0.507 6	0.721 7
	初中（=2）	0.034 6	0.071 9	0.143 9	0.199 7	0.262 3	0.187 9
	高中（=3）	0.014 2	0.035 5	0.111 1	0.007 6	0.148 9	0.070 4
	大学及以上（=4）	0.005 8	0.027 5	0.029 9	0.040 7	0.081 2	0.02
	地区						
	东部（=1）	0.407	0.363 5	0.418 8	0.524 2	0.477 2	0.340 3
	中部（=2）	0.354 6	0.365 9	0.293 4	0.209 9	0.22	0.348 3
	西部（=3）	0.238 4	0.270 6	0.287 7	0.265 9	0.302 9	0.311 4
努力变量	个体职业等级						
	高（=1）	0.008 2	0.123 6	0.233 6	0.016 5	0.260 6	0.043 4
	中（=2）	0.026 4	0.580 8	0.679 5	0.047 1	0.687	0.828 4
	低（=3）	0.965 4	0.295 6	0.086 9	0.936 4	0.052 5	0.128 2
	个体受教育程度						
	小学及以下（=1）	0.951 2	0.21	0.041 3	0.222 6	0.023 7	0.177 6
	初中（=2）	0.030 8	0.383 7	0.310 5	0.675 6	0.209 8	0.516 6
	高中（=3）	0.012 8	0.295 6	0.423 1	0.089 1	0.360 4	0.146 9
	大学及以上（=4）	0.005 1	0.110 7	0.225 1	0.012 7	0.406 1	0.159
	样本量	5 840	1 238	702	786	591	2 145

注：收入数据为以 1988 年为基期，经省级 CPI 指数平减得到。

附表 4　CHNS 数据库主要变量描述性统计

		1991	1993	1997	2000	2004	2006	2009	2011	2015
	收入/元	1 208.48	1 223.04	1 792.39	2 241.95	2 853.64	3 561.18	5 237.99	9 586.34	9 685.10
	年龄/岁	35.783 3	35.616 6	35.445 1	36.432 8	36.431 8	36.222 5	38.040 9	39.387 3	39.901 3
	家庭规模/人	3.115 6	3.883 9	3.003 3	3.061 8	2.811 9	2.550 4	2.821 5	2.538 1	2.811 2
	性别									
	女（=0）	0.490 4	0.468 8	0.473 4	0.456 7	0.465 9	0.491 8	0.441 4	0.424 6	0.364 8
	男（=1）	0.509 6	0.531 2	0.526 6	0.543 3	0.534 1	0.508 2	0.558 6	0.575 4	0.635 2
	户口									
	城镇（=0）	0.302 7	0.242 1	0.388	0.269 7	0.291 7	0.248 2	0.283 4	0.489 6	0.216 7
	农村（=1）	0.697 3	0.757 9	0.612	0.730 3	0.708 3	0.751 8	0.716 6	0.510 4	0.783 3
	父辈职业等级									
	高（=1）	0.148 2	0.067 9	0.170 7	0.147 6	0.108 6	0.149 9	0.115 8	0.269 5	0.141 6
	中（=2）	0.337 1	0.411 8	0.321 1	0.396 4	0.524	0.468 4	0.549	0.624 8	0.691
	低（=3）	0.514 7	0.520 3	0.508 3	0.456	0.367 4	0.381 7	0.335 1	0.105 7	0.167 4
	父辈受教育程度									
	小学及以下（=1）	0.617	0.46	0.445 5	0.310 7	0.257 6	0.213 1	0.268 4	0.130 8	0.122 3
	初中（=2）	0.245 3	0.383 4	0.351 7	0.445 9	0.506 3	0.510 5	0.491 8	0.316 3	0.465 7
	高中（=3）	0.117 7	0.142 4	0.171 6	0.165 4	0.194 4	0.213 1	0.178 5	0.287 7	0.238 2
	大学及以上（=4）	0.02	0.014 2	0.031 1	0.078 1	0.041 7	0.063 2	0.061 3	0.265 2	0.173 8
环境变量	地区									
	东部（=1）	0.481 3	0.383 4	0.323 4	0.517 8	0.439 4	0.519 9	0.579	0.826 7	0.429 2
	中部（=2）	0.372 9	0.444 7	0.521	0.308 3	0.366 2	0.327 9	0.367 8	0.144 7	0.467 8
	西部（=3）	0.145 7	0.172	0.155 6	0.173 9	0.194 4	0.152 2	0.053 1	0.028 6	0.103
	个体职业等级									
	高（=1）	0.082	0.055 9	0.116 9	0.105 9	0.077	0.110 1	0.088 6	0.201 9	0.122 3
	中（=2）	0.348 7	0.361 4	0.340 4	0.375 6	0.430 6	0.426 2	0.491 8	0.636 9	0.613 7
	低（=3）	0.569 2	0.582 7	0.542 7	0.518 5	0.492 4	0.463 7	0.419 6	0.161 2	0.263 9

附表4（续）

		1991	1993	1997	2000	2004	2006	2009	2011	2015
	个体受教育程度									
	小学及以下（=1）	0.518 8	0.483	0.438	0.343 1	0.337 1	0.309 1	0.292 9	0.116 1	0.169 5
	初中（=2）	0.319 7	0.348 3	0.344 2	0.403 4	0.399	0.433 3	0.433 2	0.285 1	0.424 9
	高中（=3）	0.138 7	0.154 4	0.188 6	0.183 9	0.209 6	0.196 7	0.213 9	0.306 8	0.242 5
努力变量	大学及以上（=4）	0.022 7	0.014 2	0.029 2	0.069 6	0.054 3	0.060 9	0.059 9	0.292	0.163 1
	样本量	6 862	913	2 121	1 294	792	427	734	1 154	466

注：收入数据为以1991年为基期，经省级CPI指数平减得到。

附表 5　CMDS 数据库主要变量描述性统计

		2009	2010	2011	2012	2013	2014	2015	2016	2017	2018
	收入/元	26 155.5	49 781.1	23 919.8	29 951.2	31 910.4	35 019.1	39 347.8	36 516.1	39 146.7	44 375.4
	年龄/岁	28.713 9	28.013	26.903 4	34.752 2	34.86	34.973 4	35.654 8	29.070 2	36.692 4	30.768 2
	家庭规模/人	4.092 2	1.855 4	3.985	3.114 1	3.072 7	3.118 9	3.185 7	4.391 1	3.239 8	4.524 7
环境变量	性别 女（=0）	0.534 3	0.466 5	0.452 9	0.477 9	0.476 9	0.471 1	0.486 3	0.490 4	0.496 4	0.480 3
	男（=1）	0.465 7	0.533 5	0.547 1	0.522 1	0.523 1	0.528 9	0.513 7	0.509 6	0.503 6	0.519 7
	户口 城镇（=0）	0.309 7	0.181	0.223 8	0.146	0.139 3	0.151	0.150 6	0.185 4	0.800 4	0.346 6
	农村（=1）	0.690 3	0.819	0.776 2	0.854	0.860 7	0.849	0.849 4	0.814 6	0.199 6	0.653 4
	父辈职业等级 高（=1）	0.217 5	0.122 1	0.064 2	0.046 5	0.064 3	0.075 3	0.075 3	0.114 7	0.092 7	0.157 4
	中（=2）	0.286 1	0.790 5	0.565 4	0.484 6	0.871 3	0.860 5	0.871 9	0.819 3	0.839 2	0.789
	低（=3）	0.496 5	0.087 4	0.370 4	0.018 2	0.064 4	0.064 1	0.052 8	0.066	0.068 1	0.053 6
	父辈受教育程度 小学及以下（=1）	0.560 3	0.527	0.460 1	0.046 5	0.041 9	0.037 4	0.036	0.449	0.041 1	0.447 5
	初中（=2）	0.274 2	0.356 9	0.397 1	0.484 6	0.477 3	0.461 1	0.028	0.414 7	0.033 3	0.372
	高中（=3）	0.122 9	0.105 1	0.123 9	0.317 8	0.321 9	0.302	0.007 4	0.117 8	0.012 1	0.154 5
	大学及以上（=4）	0.042 6	0.010 9	0.018 9	0.151 1	0.158 9	0.199 5	0.928 6	0.018 5	0.913 5	0.026
	地区 东部（=1）	0.361 7	0.288 7	0.228 9	0.257 6	0.264 5	0.257 9	0.279 5	0.228 7	0.266 2	0.442 7
	中部（=2）	0.425 5	0.480 3	0.441 2	0.451 1	0.445 8	0.457	0.433 4	0.417 7	0.447 4	0.249
	西部（=3）	0.212 8	0.231	0.329 9	0.291 3	0.289 7	0.285 1	0.287 1	0.353 6	0.286 4	0.308 3
	个体职业等级 高（=1）	0.101 7	0.122 1	0.139 5	0.072 3	0.064 3	0.075 3	0.075 3	0.114 7	0.092 7	0.157 4
	中（=2）	0.898 3	0.790 5	0.777 1	0.853	0.871 3	0.860 5	0.871 9	0.819 3	0.839 2	0.789
	低（=3）		0.087 4	0.083 4	0.074 7	0.064 4	0.064 1	0.052 8	0.066	0.068 1	0.053 6

附表5（续）

		2009	2010	2011	2012	2013	2014	2015	2016	2017	2018
努力变量	个体受教育程度										
	小学及以下（=1）	0.078	0.089 3	0.083 4	0.166 5	0.150 4	0.140 3	0.144 2	0.067 4	0.164 5	0.062 4
	初中（=2）	0.439 7	0.565 5	0.500 6	0.556 2	0.561 6	0.55	0.530 5	0.421 2	0.469 9	0.368 7
	高中（=3）	0.283 7	0.242 9	0.254 3	0.195 3	0.201 2	0.193 1	0.208	0.277 9	0.209 8	0.263 1
	大学及以上（=4）	0.198 6	0.102 3	0.161 7	0.082	0.086 7	0.116 7	0.117 3	0.233 4	0.155 8	0.305 7
	样本量	423	6 315	3 334	197 184	242 920	258 244	257 150	15 756	217 198	15 798

注：收入数据为以 2009 年为基期，经省级 CPI 指数平减得到。

附表 6A　基于 CGSS 数据的收入不平等程度

	2003	2005	2006	2008	2010	2011	2012	2013	2015	2017
全样本	0.274 4	0.195 6	0.396 0	0.302 2	0.435 2	0.430 3	0.425 8	0.395 1	0.449 4	0.469 9
男性	0.251 4	0.192 0	0.367 4	0.300 0	0.375 3	0.347 6	0.358 4	0.341 7	0.391 4	0.422 1
女性	0.291 0	0.192 9	0.407 9	0.298 9	0.475 9	0.483 6	0.483 2	0.432 7	0.490 8	0.506 2
农村	0.396 9	0.219 4	0.425 1	0.392 7	0.465 6	0.249 2	0.486 0	0.465 8	0.523 4	0.560 9
城市	0.266 0	0.192 5	0.225 1	0.232 6	0.255 7	0.461 9	0.242 5	0.207 4	0.253 7	0.239 3
"40 后"	0.237 8	0.149 7	0.362 4	0.256 1	0.539 3	0.555 0	0.567 6	0.580 0		
"50 后"	0.275 0	0.202 2	0.396 5	0.282 9	0.471 5	0.505 3	0.468 8	0.482 0	0.518 7	0.603 4
"60 后"	0.291 0	0.208 3	0.397 4	0.349 4	0.418 3	0.404 7	0.413 8	0.389 7	0.455 0	0.476 9
"70 后"	0.255 3	0.187 2	0.402 3	0.293 5	0.389 9	0.375 2	0.357 6	0.309 6	0.370 6	0.419 5
"80 后"	0.417 1	0.191 6	0.423 6	0.243 8	0.338 5	0.297 4	0.326 0	0.272 4	0.335 1	0.295 1
"90 后"										0.278 4

附表 6B　基于 CGSS 数据的机会不平等程度

	2003	2005	2006	2008	2010	2011	2012	2013	2015	2017
全样本	0.028 5	0.020 7	0.158 1	0.085 0	0.172 7	0.164 2	0.183 9	0.174 2	0.173 3	0.230 5
男性	0.014 7	0.015 5	0.139 2	0.077 5	0.114 8	0.101 9	0.125 5	0.121 4	0.113 2	0.183 6
女性	0.033 8	0.020 0	0.159 7	0.090 0	0.200 7	0.180 2	0.220 2	0.203 1	0.207 9	0.256 2
农村	0.025 3	0.021 1	0.030 3	0.033 6	0.030 0	0.121 3	0.041 0	0.045 2	0.040 9	0.047 0
城市	0.106 2	0.004 7	0.063 1	0.104 6	0.122 2	0.038 8	0.163 9	0.150 3	0.149 5	0.217 6
"40 后"	0.043 9	0.016 6	0.175 9	0.098 3	0.326 0	0.330 0	0.352 0	0.376 5		
"50 后"	0.034 8	0.019 1	0.151 6	0.080 1	0.198 9	0.220 4	0.219 3	0.242 0	0.251 5	0.353 7
"60 后"	0.025 5	0.017 1	0.151 1	0.093 2	0.132 6	0.124 5	0.160 5	0.139 7	0.152 7	0.173 4
"70 后"	0.032 5	0.024 1	0.170 9	0.077 6	0.146 8	0.130 1	0.144 6	0.108 1	0.114 9	0.173 0
"80 后"	0.137 8	0.047 4	0.180 4	0.077 9	0.097 2	0.057 2	0.086 3	0.078 9	0.087 6	0.100 8
"90 后"										0.076 0

附表 7　基于 CGSS 数据的机会不平等在收入不平等中的占比　　　　单位:%

	2003	2005	2006	2008	2010	2011	2012	2013	2015	2017
全样本	10.40	10.57	39.93	28.14	39.69	38.16	43.17	44.08	38.55	49.06
男性	5.83	8.07	37.88	25.84	30.58	29.30	35.01	35.54	28.93	43.49
女性	11.61	10.37	39.15	30.11	42.17	37.26	45.56	46.94	42.36	50.62

附表7（续）

	2003	2005	2006	2008	2010	2011	2012	2013	2015	2017
农村	6.39	9.62	7.13	8.56	6.44	48.65	8.44	9.70	7.82	8.37
城市	39.92	2.43	28.02	44.97	47.79	8.39	67.59	72.47	58.91	90.94
"40后"	18.44	11.06	48.53	38.39	60.45	59.47	62.02	64.92		
"50后"	12.66	9.46	38.23	28.32	42.19	43.62	46.79	50.21	48.48	58.62
"60后"	8.75	8.20	38.07	26.68	31.71	30.76	38.80	35.85	33.57	36.35
"70后"	12.74	12.87	42.49	26.43	37.63	34.68	40.44	34.91	31.00	41.24
"80后"	33.04	24.75	42.59	31.96	28.71	19.25	26.47	28.96	26.14	34.15
"90后"										27.30

附表8 基于 CHIP 数据的收入不平等与机会不平等程度（MLD）

样本类型	收入不平等						机会不平等					
	1988	1995	2002	2007	2008	2013	1988	1995	2002	2007	2008	2013
全样本	0.5404	0.5214	0.1240	0.1811	0.1581	0.1712	0.3052	0.3486	0.0101	0.0477	0.0313	0.0388
男性	0.5371	0.5982	0.0986	0.1697	0.1416	0.1645	0.3570	0.3960	0.0054	0.0352	0.0186	0.0352
女性	0.5052	0.3641	0.1425	0.1633	0.1737	0.1747	0.2336	0.2284	0.0070	0.0373	0.0434	0.0385
农村	0.1760	0.6915	0.1500	0.1295	0.1392	0.1780	0.4630	0.0062	0.0099	0.0391	0.0286	0.0210
城市	1.0265	0.0812	0.1236	0.1776	0.1564	0.1306	0.0535	0.0575	0.0720	0.0328	0.0330	0.0215
"40后"	0.6044	0.4976	0.1217	0.2046	0.2409	0.0132	0.4033	0.3278	0.0073	0.1539	0.2409	0.0132
"50后"	0.3576	0.4771	0.1169	0.1674	0.1734	0.2236	0.1778	0.3280	0.0129	0.0349	0.0323	0.0431
"60后"	0.6391	0.6019	0.1270	0.1627	0.1553	0.1753	0.3660	0.4003	0.0116	0.0367	0.0329	0.0334
"70后"				0.1898		0.1608				0.0599		0.0382

附表9 基于 CHIP 数据的机会不平等在收入不平等中的占比　　　单位:%

	1988	1995	2002	2007	2008	2013
全样本	56.48	66.86	8.14	26.33	19.80	22.65
男性	66.46	66.21	5.47	20.76	13.15	21.42
女性	46.24	62.72	4.93	22.83	25.01	22.03
农村	263.12	0.90	6.61	30.16	20.57	11.79
城市	5.21	70.86	58.25	18.44	21.14	16.43
"40后"	66.73	65.88	6.01	75.21	100.00	100.00
"50后"	49.70	68.76	11.03	20.86	18.65	19.29
"60后"	57.26	66.50	9.13	22.59	21.19	19.07
"70后"				31.56		23.78

附表 10A　基于 CHNS 数据的收入不平等程度（MLD）

	1991	1993	1997	2000	2004	2006	2009	2011	2015
全样本	0.234 2	0.350 5	0.291 5	0.313 5	0.409 1	0.365 1	0.254 5	0.175 5	0.247 6
男性	0.238 4	0.361 1	0.286 7	0.296 3	0.381 0	0.320 3	0.257 7	0.163 1	0.231 9
女性	0.224 8	0.332 6	0.284 1	0.316 5	0.424 5	0.374 7	0.245 5	0.183 9	0.257 3
农村	0.255 9	0.363 8	0.312 4	0.322 8	0.430 6	0.403 9	0.276 3	0.188 2	0.260 0
城市	0.157 5	0.225 9	0.230 4	0.235 6	0.290 1	0.191 0	0.172 6	0.145 4	0.199 4

附表 10B　基于 CHNS 数据的与机会不平等程度（MLD）

	1991	1993	1997	2000	2004	2006	2009	2011	2015
全样本	0.055 5	0.082 6	0.077 9	0.092 8	0.177 5	0.148 6	0.057 4	0.042 4	0.052 6
男性	0.067 5	0.097 0	0.075 7	0.082 2	0.170 5	0.117 6	0.078 4	0.034 8	0.037 6
女性	0.041 1	0.064 7	0.068 8	0.090 7	0.165 8	0.139 3	0.037 5	0.044 2	0.070 1
农村	0.032 0	0.031 8	0.058 3	0.064 7	0.093 7	0.068 6	0.046 6	0.035 4	0.057 7
城市	0.045 3	0.061 5	0.061 8	0.078 4	0.172 3	0.137 4	0.044 2	0.033 3	0.052 4

附表 11　基于 CHNS 数据的机会不平等在收入不平等中的占比　　　　单位：%

	1991	1993	1997	2000	2004	2006	2009	2011	2015
全样本	23.71	23.57	26.72	29.61	43.39	40.70	22.57	24.18	21.26
男性	28.33	26.86	26.42	27.76	44.74	36.70	30.41	21.32	16.20
女性	18.28	19.46	24.23	28.66	39.07	37.18	15.27	24.01	27.26
农村	12.49	8.73	18.65	20.03	21.77	16.98	16.86	18.81	22.20
城市	28.78	27.24	26.84	33.29	59.38	71.95	25.63	22.91	26.27

附表 12A　基于 CMDS 数据的收入不平等程度（MLD）

	2009	2010	2011	2012	2013	2014	2015	2016	2017	2018
全样本	0.143 9	0.088 4	0.087 6	0.097 5	0.079 3	0.081 3	0.100 3	0.141 5	0.122 5	0.118 6
男性	0.135 1	0.089 1	0.083 1	0.095 6	0.078 1	0.080 2	0.098 5	0.139 2	0.121 5	0.116 0
女性	0.151 2	0.087 5	0.093 0	0.099 4	0.080 3	0.082 6	0.102 2	0.143 4	0.123 5	0.121 4
农村	0.133 8	0.083 7	0.077 7	0.095 6	0.078 3	0.079 8	0.097 2	0.135 5	0.119 2	0.115 9
城市	0.148 7	0.097 1	0.103 1	0.103 3	0.082 5	0.086 9	0.110 5	0.148 2	0.121 8	0.120 0
"50 后"		0.091 9		0.109 1	0.083 5	0.090 1				
"60 后"		0.089 8	0.101 1	0.103 7	0.082 3	0.084 6	0.103 9	0.130 1	0.132 5	

附表12A（续）

	2009	2010	2011	2012	2013	2014	2015	2016	2017	2018
"70后"		0.087 3	0.093 2	0.099 4	0.081 9	0.083 1	0.100 9	0.146 6	0.125 0	0.124 4
"80后"		0.083 4	0.082 0	0.091 5	0.075 4	0.078 2	0.097 9	0.135 2	0.116 2	0.114 0
"90后"			0.061 8	0.072 8	0.062 9	0.067 2	0.084 8	0.124 9	0.104 7	0.109 4

附表 12B　基于 CMDS 数据的机会不平等程度（MLD）

	2009	2010	2011	2012	2013	2014	2015	2016	2017	2018
全样本	0.011 8	0.006 1	0.008 3	0.002 6	0.002 6	0.003 4	0.004 3	0.014 5	0.006 8	0.009 3
男性	0.015 2	0.006 1	0.006 2	0.002 4	0.002 4	0.003 1	0.003 9	0.012 9	0.007 2	0.007 9
女性	0.011 3	0.006 1	0.011 4	0.002 9	0.002 9	0.003 7	0.004 8	0.016 3	0.006 3	0.011 4
农村	0.014 3	0.007 4	0.007 4	0.005 6	0.004 5	0.006 5	0.005 6	0.016 6	0.005 3	0.011 4
城市	0.007 7	0.004 0	0.005 0	0.001 6	0.002 1	0.002 5	0.003 1	0.010 3	0.006 3	0.006 7
"50后"		0.012 3		0.005 2	0.003 9	0.004 6				
"60后"		0.012 6	0.008 1	0.002 0	0.002 4	0.002 7	0.004 4	0.010 8	0.006 5	
"70后"		0.005 4	0.008 3	0.002 6	0.002 4	0.002 8	0.003 6	0.018 0	0.004 7	0.013 5
"80后"		0.000 9	0.006 1	0.003 5	0.002 8	0.003 5	0.003 5	0.011 6	0.004 6	0.007 9
"90后"			0.003 4	0.003 4	0.003 6	0.004 3	0.006 2	0.009 7	0.008 0	0.010 2

附表 13　基于 CMDS 数据的机会不平等在收入不平等中的占比　　单位:%

	2009	2010	2011	2012	2013	2014	2015	2016	2017	2018
全样本	8.17	6.91	9.45	2.70	3.33	4.15	4.32	10.25	5.52	7.84
男性	11.23	6.90	7.50	2.48	3.07	3.90	3.96	9.23	5.94	6.83
女性	7.50	6.95	12.31	2.95	3.57	4.48	4.65	11.37	5.13	9.36
农村	10.65	8.82	9.56	5.84	5.73	8.09	5.78	12.24	4.42	9.84
城市	5.19	4.13	4.85	1.52	2.52	2.87	2.76	6.97	5.17	5.55
"50后"		13.40		4.72	4.63	5.11				
"60后"		14.00	8.04	1.96	2.97	3.16	4.27	8.28	4.90	
"70后"		6.19	8.90	2.65	2.91	3.37	3.53	12.29	3.73	10.82
"80后"		1.03	7.48	3.80	3.69	4.48	3.59	8.55	3.93	6.94
"90后"			5.49	4.63	5.72	6.38	7.31	7.77	7.63	9.35

附表 14A　收入机会不平等分解结果（CGSS2003）

样本类型	性别	年龄	户口	家庭规模	父辈教育	父辈职业	地区
全样本	47.69	0.53	5.49	6.02	0.00	6.92	33.35
男性		1.35	1.62	13.64	0.00	20.83	62.56
女性		0.28	17.41	10.52	0.00	9.48	62.31
农村	48.32	1.02		6.69	0.00	9.29	34.67
城市	61.37	13.91		0.53	0.00	0.95	23.25
"40后"	35.40	2.09	19.68	0.24	0.00	3.42	39.17
"50后"	42.52	0.19	16.41	9.31	0.00	0.79	30.79
"60后"	62.18	1.28	0.04	3.51	0.00	16.37	16.62
"70后"	31.02	1.07	6.32	16.04	0.00	4.64	40.92
"80后"	1.75	77.42	0.92	1.87	0.00	0.24	17.80

附表 14B　收入机会不平等分解结果（CGSS2005）

样本类型	性别	年龄	户口	家庭规模	父辈教育	父辈职业	地区
全样本	19.90	6.77	7.33	3.34	15.33	6.28	41.05
男性		5.55	19.58	4.09	15.09	3.05	52.65
女性		8.82	2.73	4.15	21.61	14.37	48.30
农村	21.62	8.71		2.89	16.72	7.67	42.39
城市	1.40	38.83		1.46	34.88	17.46	5.98
"40后"	28.28	0.15	0.85	0.95	0.99	1.41	67.36
"50后"	26.50	1.22	0.35	3.43	11.68	1.15	55.68
"60后"	18.06	1.99	10.88	0.90	17.77	18.77	31.63
"70后"	22.30	8.74	11.62	12.44	11.95	3.27	29.69
"80后"	1.20	21.04	11.31	9.65	7.32	4.41	45.06

附表 14C　收入机会不平等分解结果（CGSS2006）

样本类型	性别	年龄	户口	家庭规模	父辈教育	父辈职业	地区
全样本	14.70	3.02	50.06	3.37	12.25	2.39	14.21
男性		14.01	51.76	2.23	13.76	2.62	15.62
女性		1.17	59.44	5.38	14.04	3.10	16.87
农村	31.54	6.97		7.79	18.43	2.90	32.36
城市	51.76	23.73		0.59	2.51	0.58	20.82

附表14C（续）

样本类型	性别	年龄	户口	家庭规模	父辈教育	父辈职业	地区
"40后"	1.60	0.17	76.22	0.04	11.15	0.48	10.34
"50后"	5.27	1.33	52.61	1.26	14.29	2.04	23.20
"60后"	29.31	0.09	43.66	5.34	7.35	3.86	10.40
"70后"	27.43	0.13	38.45	6.42	11.91	2.67	12.99
"80后"	18.56	1.06	40.49	6.38	12.34	6.41	14.76

附表 14D　收入机会不平等分解结果（CGSS2008）

样本类型	性别	年龄	户口	家庭规模	父辈教育	父辈职业	地区
全样本	7.88	11.85	26.69	4.33	13.93	8.06	27.25
男性		12.56	30.91	2.65	13.76	11.12	29.00
女性		13.32	26.12	8.64	16.36	6.14	29.41
农村	12.99	18.96		2.91	19.78	5.27	40.09
城市	13.10	31.72		8.28	7.13	1.60	38.16
"40后"	11.91	0.99	53.09	1.28	0.68	17.40	14.65
"50后"	9.01	0.23	56.60	0.45	11.11	4.43	18.16
"60后"	16.85	0.66	37.34	0.84	8.23	14.42	21.65
"70后"	7.46	0.29	20.95	9.32	13.44	7.39	41.15
"80后"	1.92	13.55	17.86	19.01	8.15	3.71	35.80

附表 14E　收入机会不平等分解结果（CGSS2010）

样本类型	性别	年龄	户口	家庭规模	父辈教育	父辈职业	地区
全样本	23.63	8.02	40.01	0.85	11.83	2.89	12.77
男性		17.27	47.59	0.39	13.37	3.64	17.74
女性		5.87	54.34	2.46	18.14	3.98	15.21
农村	41.40	7.98		3.73	17.54	7.69	21.65
城市	52.50	30.51		0.31	5.93	1.38	9.36
"40后"	5.69	0.04	70.25	0.62	12.04	0.34	11.03
"50后"	12.75	0.74	58.77	0.24	6.39	0.56	20.56
"60后"	40.70	0.10	39.78	0.39	5.33	4.12	9.58
"70后"	35.48	1.46	25.95	4.95	13.85	4.28	14.03
"80后"	22.51	12.15	25.35	12.99	10.54	4.80	11.66

附表 14F　收入机会不平等分解结果（CGSS2011）

样本类型	性别	年龄	户口	家庭规模	父辈教育	父辈职业	地区
全样本	22.71	7.91	42.90	2.66	8.62	0.67	14.53
男性		17.99	50.50	2.42	7.77	1.06	20.25
女性		5.59	57.25	4.58	13.82	0.86	17.90
农村	45.49	41.74		1.81	5.62	0.25	5.10
城市	34.31	1.10		8.52	11.54	2.60	41.93
"40后"	7.48	0.06	73.12	1.11	3.50	0.11	14.62
"50后"	9.09	1.26	67.65	1.13	4.95	0.52	15.41
"60后"	31.58	0.45	35.02	2.73	11.44	3.19	15.59
"70后"	37.08	1.95	28.35	9.27	7.08	0.28	16.00
"80后"	34.94	23.44	21.05	10.90	3.11	1.13	5.44

附表 14G　收入机会不平等分解结果（CGSS2012）

样本类型	性别	年龄	户口	家庭规模	父辈教育	父辈职业	地区
全样本	18.57	12.19	35.16	0.29	9.14	1.99	22.66
男性		26.47	33.25	0.14	9.25	2.11	28.79
女性		7.72	49.98	1.88	13.41	2.43	24.59
农村	24.57	11.74		0.46	11.24	3.78	48.22
城市	40.35	34.86		0.16	6.21	1.20	17.23
"40后"	4.06	0.15	71.83	2.81	5.44	0.18	15.52
"50后"	8.68	0.39	60.75	0.92	6.36	2.11	20.78
"60后"	22.05	2.22	35.71	0.70	9.52	1.91	27.90
"70后"	34.82	2.86	28.50	0.95	8.29	1.95	22.62
"80后"	27.79	12.63	19.73	5.81	2.49	2.42	29.13

附表 14H　收入机会不平等分解结果（CGSS2013）

样本类型	性别	年龄	户口	家庭规模	父辈教育	父辈职业	地区
全样本	22.85	12.23	33.03	0.90	9.04	0.35	21.61
男性		23.64	31.78	0.73	8.31	0.31	35.24
女性		9.55	51.69	1.78	15.85	0.72	20.42
农村	30.43	10.58		0.04	12.45	0.87	45.62
城市	43.24	34.42		1.22	4.62	0.10	16.39

附表14H（续）

样本类型	性别	年龄	户口	家庭规模	父辈教育	父辈职业	地区
"40后"	6.20	0.54	73.37	0.24	6.92	0.40	12.33
"50后"	12.10	1.65	52.91	0.50	8.47	0.33	24.05
"60后"	29.84	0.81	40.05	1.80	3.16	0.60	23.75
"70后"	40.49	0.99	25.21	0.97	5.65	1.84	24.85
"80后"	31.05	7.46	20.72	9.83	7.81	0.31	22.82

附表 14I　收入机会不平等分解结果（CGSS2015）

样本类型	性别	年龄	户口	家庭规模	父辈教育	父辈职业	地区
全样本	19.67	13.37	33.05	0.79	14.66	0.18	18.27
男性		23.54	31.33	0.54	14.92	0.62	29.04
女性		11.29	49.02	1.17	21.26	0.23	17.03
农村	21.70	11.82		0.79	28.40	0.88	36.40
城市	42.54	37.51		0.59	5.98	0.29	13.10
"50后"	10.08	0.43	64.58	1.15	9.37	0.39	14.01
"60后"	31.31	2.16	38.85	0.09	10.70	0.49	16.40
"70后"	25.55	4.92	27.21	1.49	14.60	0.23	25.98
"80后"	23.63	16.07	20.80	11.25	8.90	0.16	19.19

附表 14J　收入机会不平等分解结果（CGSS2017）

样本类型	性别	年龄	户口	家庭规模	父辈教育	父辈职业	地区
全样本	13.40	14.34	32.56	0.90	14.93	0.94	22.94
男性		23.03	30.54	0.14	16.63	0.69	28.97
女性		11.16	43.77	2.52	17.06	1.55	23.94
农村	19.77	15.73		1.74	21.17	3.14	38.45
城市	28.82	37.51		0.40	11.37	0.14	21.77
"50后"	5.69	0.43	63.04	0.31	8.06	0.49	21.98
"60后"	16.06	1.62	46.63	0.30	10.07	0.26	25.06
"70后"	19.06	1.86	36.97	0.15	10.94	2.38	28.63
"80后"	26.06	0.13	21.72	12.35	14.39	0.86	24.50
"90后"	10.86	37.62	5.85	16.45	7.10	3.60	18.51

附表 15A　收入机会不平等分解结果（CHIP1988）

样本类型	性别	年龄	户口	家庭规模	父辈教育	父辈职业	地区
全样本	11.90	2.03	60.66	10.78	3.75	4.87	6.01
男性		0.95	80.86	8.25	2.24	3.39	4.31
女性		5.71	52.55	4.34	10.30	11.80	15.30
农村	0.03	2.79		0.62	31.66	37.03	27.87
城市	42.83	7.69		37.01	0.38	1.23	10.86
"40后"	9.60	2.38	74.53	2.87	2.80	3.51	4.31
"50后"	19.52	1.44	53.27	13.40	3.13	1.65	7.59
"60后"	7.01	9.46	25.81	33.27	7.63	11.89	4.94

附表 15B　收入机会不平等分解结果（CHIP1995）

样本类型	性别	年龄	户口	家庭规模	父辈教育	父辈职业	地区
全样本	1.82	0.74	62.52	5.75	1.36	27.33	0.48
男性		1.29	62.94	5.01	1.37	28.33	1.06
女性		0.25	64.32	6.65	1.39	27.24	0.15
农村	62.30	13.37		10.12	13.34	0.80	0.07
城市	66.83	1.98		4.13	0.08	0.07	26.93
"40后"	2.88	0.99	58.39	4.70	0.41	32.22	0.41
"50后"	1.81	0.15	59.76	8.70	1.79	27.12	0.68
"60后"	0.95	0.86	66.87	4.60	2.56	23.30	0.86

附表 15C　收入机会不平等分解结果（CHIP2002）

样本类型	性别	年龄	户口	家庭规模	父辈教育	父辈职业	地区
全样本	48.54	1.45	1.45	3.60	5.95	4.26	34.75
男性		2.78	28.31	11.65	1.66	0.41	55.19
女性		4.03	0.66	1.13	37.58	18.09	38.51
农村	46.52	1.22		4.41	7.16	5.27	35.41
城市	51.51	3.32		2.45	18.08	16.67	7.97
"40后"	70.03	1.45	0.00	0.27	3.34	14.98	9.93
"50后"	47.02	24.56	0.00	6.52	1.02	5.11	15.77
"60后"	33.95	2.71	1.36	2.30	6.96	8.92	43.81

附表 15D 收入机会不平等分解结果（CHIP2007）

样本类型	性别	年龄	户口	家庭规模	父辈教育	父辈职业	地区
全样本	25.74	8.86	24.38	1.18	3.32	3.50	33.01
男性		23.19	0.21	0.55	6.17	9.09	60.78
女性		9.35	48.61	2.08	3.01	2.16	34.80
农村	13.89	15.74		0.85	8.10	4.57	56.85
城市	73.26	1.79		1.74	0.21	1.94	21.06
"40后"	18.46	19.19	7.90	16.14	8.40	0.00	29.91
"50后"	23.12	0.55	22.12	6.93	1.62	0.00	45.66
"60后"	43.10	0.31	18.32	0.97	15.23	1.53	20.53

附表 15E 收入机会不平等分解结果（CHIP2008）

样本类型	性别	年龄	户口	家庭规模	父辈教育	父辈职业	地区
全样本	5.26	6.74	17.41	0.91	13.61	14.23	41.85
男性		8.36	18.94	1.62	16.08	18.84	36.15
女性		7.72	18.10	0.58	13.10	12.12	48.37
农村	5.07	15.76		0.50	23.43	8.62	46.62
城市	17.32	1.78		0.16	3.92	5.30	71.51
"40后"	0.00	26.87	8.99	25.13	14.80	0.00	24.22
"50后"	11.88	20.19	4.79	0.55	53.93	0.00	8.67
"60后"	5.40	4.10	18.41	0.86	10.41	15.38	45.44

附表 15F 收入机会不平等分解结果（CHIP2013）

样本类型	性别	年龄	户口	家庭规模	父辈教育	父辈职业	地区
全样本	13.21	6.06	32.28	1.24	19.10	0.48	27.63
男性		10.21	33.62	0.32	15.97	0.65	39.24
女性		4.38	39.05	7.30	29.14	0.45	19.67
农村	15.68	4.89		1.58	34.91	3.01	39.92
城市	40.54	16.42		0.16	2.64	1.47	38.76
"40后"	50.00	0.00	0.00	50.00	0.00	0.00	0.00
"50后"	5.84	12.19	62.24	1.25	1.50	0.38	16.60
"60后"	13.98	1.19	29.05	0.33	19.11	0.29	36.05

附表 16A　收入机会不平等分解结果（CHNS1991）

样本类型	性别	年龄	户口	家庭规模	父辈教育	父辈职业	地区
全样本	8.24	9.35	14.03	11.17	16.92	34.71	5.57
男性		11.49	12.08	11.72	16.47	41.04	7.20
女性		7.01	21.25	12.58	21.28	33.10	4.78
农村	15.92	29.17		8.32	17.94	26.99	1.66
城市	8.97	6.06		16.91	16.98	39.70	11.36

附表 16B　收入机会不平等分解结果（CHNS1993）

样本类型	性别	年龄	户口	家庭规模	父辈教育	父辈职业	地区
全样本	4.59	0.19	24.82	11.70	8.20	42.32	8.18
男性		0.26	22.96	12.17	6.30	45.76	12.55
女性		0.17	29.67	11.75	12.57	41.55	4.29
农村	20.91	4.22		0.48	6.90	62.90	4.60
城市	5.47	0.49		19.79	7.85	45.12	21.28

附表 16C　收入机会不平等分解结果（CHNS1997）

样本类型	性别	年龄	户口	家庭规模	父辈教育	父辈职业	地区
全样本	14.78	0.87	18.07	9.55	11.50	33.71	11.52
男性		2.09	12.40	9.99	13.83	43.31	18.38
女性		0.13	34.07	11.45	12.87	33.51	7.97
农村	10.86	0.17		20.05	8.76	35.62	24.54
城市	27.57	2.16		8.63	14.09	36.36	11.19

附表 16D　收入机会不平等分解结果（CHNS2000）

样本类型	性别	年龄	户口	家庭规模	父辈教育	父辈职业	地区
全样本	12.85	0.41	15.84	4.50	21.88	31.52	13.00
男性		0.33	14.75	8.14	21.45	36.50	18.82
女性		0.79	20.98	2.44	29.91	35.80	10.09
农村	12.07	3.40		7.79	21.39	29.44	25.91
城市	18.94	4.08		3.13	21.90	36.49	15.46

附表 16E 收入机会不平等分解结果（CHNS2004）

样本类型	性别	年龄	户口	家庭规模	父辈教育	父辈职业	地区
全样本	9.33	1.20	8.47	13.87	32.31	28.90	5.92
男性		0.95	7.19	21.16	32.85	32.56	5.28
女性		2.17	12.24	8.77	38.08	30.16	8.58
农村	13.01	0.42		17.27	44.31	22.51	2.49
城市	10.77	2.42		14.31	28.07	32.35	12.08

附表 16F 收入机会不平等分解结果（CHNS2006）

样本类型	性别	年龄	户口	家庭规模	父辈教育	父辈职业	地区
全样本	20.50	3.77	11.64	3.76	18.16	36.53	5.65
男性		10.39	9.95	1.97	22.26	48.70	6.73
女性		1.91	21.40	7.74	22.65	38.62	7.68
农村	21.09	2.42		0.61	48.98	18.10	8.80
城市	26.42	6.16		4.19	11.39	44.52	7.32

附表 16G 收入机会不平等分解结果（CHNS2009）

样本类型	性别	年龄	户口	家庭规模	父辈教育	父辈职业	地区
全样本	7.77	2.47	10.10	14.29	33.82	30.95	0.62
男性		7.53	7.92	17.55	32.33	33.74	0.93
女性		0.12	14.76	11.09	42.77	31.05	0.21
农村	6.90	0.60		6.02	47.22	33.46	5.80
城市	11.83	6.17		23.78	26.81	30.51	0.90

附表 16H 收入机会不平等分解结果（CHNS2011）

样本类型	性别	年龄	户口	家庭规模	父辈教育	父辈职业	地区
全样本	17.75	5.80	15.67	2.04	36.07	18.59	4.07
男性		1.62	11.21	4.43	51.33	27.11	4.31
女性		17.37	28.40	0.65	32.74	15.49	5.36
农村	16.84	8.47		1.47	41.29	26.28	5.64
城市	29.28	8.08		10.08	34.40	13.96	4.19

附表 16I　收入机会不平等分解结果（CHNS2015）

样本类型	性别	年龄	户口	家庭规模	父辈教育	父辈职业	地区
全样本	16.00	48.22	1.69	2.42	12.06	9.40	10.21
男性		52.50	0.56	0.12	14.84	13.77	18.21
女性		52.69	8.24	10.93	13.18	8.61	6.35
农村	2.15	32.62		6.50	27.53	22.59	8.61
城市	22.13	51.51		1.47	7.40	5.95	11.54

附表 17A　收入机会不平等分解结果（CMDS2009）

样本类型	性别	年龄	户口	家庭规模	父辈教育	父辈职业	地区
全样本	0.64	24.04	25.74	0.24	12.26	26.69	10.39
男性		22.48	15.79	0.41	32.42	13.83	15.07
女性		22.36	31.08	0.52	3.22	38.43	4.39
农村	0.71	6.49		1.01	62.20	21.62	7.98
城市	0.43	43.59		0.81	10.45	28.81	15.93

附表 17B　收入机会不平等分解结果（CMDS2010）

样本类型	性别	年龄	户口	家庭规模	父辈教育	父辈职业	地区
全样本	0.25	1.05	26.76	0.46	21.48	37.77	12.24
男性		0.87	28.61	0.70	18.17	38.21	13.43
女性		1.34	24.44	0.23	25.96	37.14	10.88
农村	0.06	11.83		1.73	16.32	37.78	32.29
城市	0.52	10.00		0.23	25.98	49.42	13.86
"60后"	0.10	1.12	34.53	1.90	15.58	46.53	0.25
"70后"	0.54	2.20	36.20	0.39	31.97	19.04	9.66
"80后"	2.28	6.52	12.48	1.58	17.79	47.87	11.48
"90后"	1.10	0.18	9.92	22.45	13.40	1.60	51.36

附表 17C　收入机会不平等分解结果（CMDS2011）

样本类型	性别	年龄	户口	家庭规模	父辈教育	父辈职业	地区
全样本	0.35	38.73	38.87	3.61	0.90	6.10	11.44
男性		42.79	35.44	2.09	1.14	6.03	12.51
女性		35.07	41.28	6.28	0.76	6.25	10.35

附表17C（续）

样本类型	性别	年龄	户口	家庭规模	父辈教育	父辈职业	地区
农村	1.74	35.02		2.87	15.98	1.30	43.09
城市	3.19	45.65		8.76	1.42	31.64	9.35
"60后"	0.49	9.71	10.77	0.35	42.90	8.12	27.65
"70后"	0.35	0.47	72.85	0.63	3.21	11.44	11.04
"80后"	0.07	44.44	24.18	0.61	0.71	16.30	13.69
"90后"	38.58	26.68	4.22	10.28	15.04	1.76	3.44

附表 17D 收入机会不平等分解结果 （CMDS2012）

样本类型	性别	年龄	户口	家庭规模	父辈教育	父辈职业	地区
全样本	2.61	1.45	22.56	11.94	29.36	7.46	24.63
男性		0.74	24.61	5.43	35.73	8.74	24.76
女性		2.65	20.53	22.19	24.01	6.24	24.39
农村	1.63	0.49		6.26	59.71	1.78	30.13
城市	4.25	2.58		25.64	19.46	13.97	34.12
"50后"	2.75	2.91	28.68	8.10	28.87	7.59	21.09
"60后"	8.57	4.12	21.19	0.30	34.70	9.52	21.60
"70后"	3.52	10.92	16.15	0.68	35.72	9.83	23.19
"80后"	1.74	11.86	15.60	14.58	33.54	4.12	18.55
"90后"	6.55	72.25	0.84	9.12	3.03	2.48	5.72

附表 17E 收入机会不平等分解结果 （CMDS2013）

样本类型	性别	年龄	户口	家庭规模	父辈教育	父辈职业	地区
全样本	3.22	0.79	9.44	13.14	9.58	56.87	6.97
男性		0.46	10.80	5.84	12.83	63.80	6.26
女性		1.33	8.25	25.33	7.20	50.01	7.87
农村	2.83	0.27		6.23	32.02	43.05	15.61
城市	3.78	1.15		19.81	3.64	65.23	6.38
"50后"	4.09	0.63	10.88	6.65	18.63	55.41	3.70
"60后"	5.58	0.42	4.23	0.65	12.91	72.21	4.00
"70后"	4.27	7.40	7.88	0.30	15.53	59.69	4.93
"80后"	3.09	5.03	9.08	13.99	12.29	50.70	5.83
"90后"	5.62	59.80	0.04	12.24	1.94	17.58	2.78

附表 17F　收入机会不平等分解结果（CMDS2014）

样本类型	性别	年龄	户口	家庭规模	父辈教育	父辈职业	地区
全样本	1.40	3.15	9.33	10.88	15.15	51.66	8.44
男性		1.76	9.09	6.14	18.86	55.75	8.39
女性		5.35	9.57	18.00	11.93	46.63	8.52
农村	0.46	1.67		5.14	33.95	44.09	14.70
城市	2.10	4.39		17.97	8.40	58.57	8.58
"50后"	2.01	1.99	14.45	0.62	26.82	50.07	4.05
"60后"	7.61	3.10	5.92	1.12	12.98	65.27	4.00
"70后"	3.82	6.86	7.87	0.61	18.64	55.06	7.14
"80后"	0.76	1.92	8.42	7.90	26.29	47.56	7.15
"90后"	0.64	61.17	0.33	19.12	0.89	15.13	2.71

附表 17G　收入机会不平等分解结果（CMDS2015）

样本类型	性别	年龄	户口	家庭规模	父辈教育	父辈职业	地区
全样本	1.53	3.49	25.14	23.50	1.71	27.73	16.89
男性		4.34	26.94	18.85	1.20	32.16	16.51
女性		3.16	23.83	29.37	2.45	23.77	17.42
农村	0.98	2.19		22.14	1.26	40.32	33.12
城市	2.45	6.00		39.90	3.06	29.00	19.59
"60后"	3.75	21.43	17.17	8.00	0.38	35.90	13.37
"70后"	3.46	8.44	28.68	3.91	4.04	33.86	17.62
"80后"	0.10	2.28	33.49	13.27	0.71	32.22	17.93
"90后"	1.93	50.06	1.05	26.37	14.33	1.91	4.35

附表 17H　收入机会不平等分解结果（CMDS2016）

样本类型	性别	年龄	户口	家庭规模	父辈教育	父辈职业	地区
全样本	0.95	24.26	18.04	9.44	3.27	20.17	23.87
男性		18.54	17.63	8.18	3.74	23.80	28.11
女性		30.04	18.57	11.40	2.93	16.78	20.28
农村	0.20	18.68		11.94	10.21	21.96	37.01
城市	1.99	30.60		14.84	0.64	22.26	29.68
"60后"	6.76	0.82	8.58	19.30	10.73	50.92	2.88

样本类型	性别	年龄	户口	家庭规模	父辈教育	父辈职业	地区
"70后"	0.06	5.34	12.15	1.12	33.91	29.55	17.87
"80后"	0.08	10.97	22.44	0.14	6.09	28.44	31.85
"90后"	4.52	54.71	2.78	10.34	0.19	7.16	20.31

附表 17I 收入机会不平等分解结果 （CMDS2017）

样本类型	性别	年龄	户口	家庭规模	父辈教育	父辈职业	地区
全样本	1.62	21.39	18.10	6.12	2.49	32.86	17.41
男性		25.19	19.20	3.12	1.75	34.66	16.08
女性		18.49	17.06	10.95	3.64	30.96	18.89
农村	1.80	32.00		8.94	4.50	32.10	20.66
城市	3.16	15.02		9.35	0.79	54.00	17.68
"60后"	2.49	35.12	17.91	2.54	0.08	29.35	12.52
"70后"	2.82	15.23	20.19	0.65	0.04	44.39	16.68
"80后"	1.04	0.47	26.26	0.64	0.06	48.57	22.96
"90后"	2.04	56.51	3.25	5.79	14.98	7.22	10.21

附表 17J 收入机会不平等分解结果 （CMDS2018）

样本类型	性别	年龄	户口	家庭规模	父辈教育	父辈职业	地区
全样本	0.69	15.35	9.76	13.90	3.12	22.97	34.22
男性		10.67	6.64	11.95	4.15	31.70	34.88
女性		20.05	12.95	16.32	2.31	15.89	32.48
农村	0.12	14.79		13.13	5.01	24.14	42.81
城市	3.18	16.79		20.65	0.75	23.48	35.15
"70后"	0.73	14.59	10.94	1.87	16.78	39.84	15.25
"80后"	0.62	2.54	7.93	0.22	3.88	24.10	60.71
"90后"	4.22	62.23	1.05	10.13	0.04	7.80	14.53

附表 18A　CGSS 数据库收入机会不平等中教育间接作用的绝对量

样本类型	2003	2005	2006	2008	2010	2011	2012	2013	2015	2017
全样本	0.001 4	0.001 2	0.043 9	0.021 9	0.067 8	0.061 5	0.070 8	0.066 3	0.066 6	0.090 4
男性	0.000 5	0.001 2	0.037 6	0.019 4	0.039 6	0.030 8	0.039 7	0.039 9	0.035 0	0.062 6
女性	0.002 4	0.001 1	0.050 3	0.025 9	0.097 2	0.086 9	0.108 0	0.097 2	0.102 4	0.118 4
农村	0.000 8	0.001 1	0.002 9	0.004 4	0.003 7	0.020 1	0.004 6	0.006 7	0.006 2	0.007 2
城市	0.006 6	0.000 1	0.005 0	0.012 2	0.020 5	0.003 6	0.034 9	0.029 7	0.037 6	0.053 9
"40 后"	0.003 0	0.001 6	0.036 8	0.015 2	0.132 6	0.118 0	0.162 9	0.167 0		
"50 后"	0.002 5	0.000 2	0.034 1	0.014 5	0.062 5	0.068 6	0.076 1	0.078 5	0.094 0	0.146 7
"60 后"	0.001 6	0.000 3	0.047 7	0.017 5	0.040 6	0.041 4	0.043 6	0.040 6	0.042 1	0.047 4
"70 后"	0.001 1	0.001 5	0.053 8	0.018 2	0.055 6	0.036 6	0.046 6	0.032 9	0.037 0	0.061 2
"80 后"	0.009 0	0.007 3	0.043 4	0.019 4	0.031 2	0.009 1	0.017 3	0.017 2	0.012 7	0.028 1
"90 后"										0.007 3

附表 18B　CGSS 数据库收入机会不平等中就业间接作用的绝对量

样本类型	2003	2005	2006	2008	2010	2011	2012	2013	2015	2017
全样本	0.000 0	0.000 0	0.001 9	0.000 0	0.003 4	0.003 9	0.002 0	0.001 9	0.001 8	0.004 8
男性	0.000 0	0.000 0	0.001 6	0.000 2	0.001 6	0.003 2	0.000 8	0.001 0	0.001 6	0.004 2
女性	0.000 0	0.000 1	0.002 1	0.000 2	0.007 1	0.004 7	0.005 0	0.005 2	0.003 6	0.006 7
农村	0.000 0	0.000 0	0.000 0	0.000 0	0.000 1	0.004 2	0.000 1	0.000 2	0.000 0	0.000 0
城市	0.000 0	0.000 0	0.000 2	0.000 1	0.004 0	0.000 0	0.004 8	0.004 1	0.001 5	0.007 4
"40 后"	0.000 0	0.000 0	0.001 2	0.000 0	0.029 3	0.024 2	0.018 0	0.024 7		
"50 后"	0.000 0	0.000 0	0.003 3	0.000 1	0.013 1	0.013 2	0.010 0	0.009 9	0.008 5	0.020 1
"60 后"	0.000 0	0.000 1	0.001 3	0.000 2	0.002 4	0.002 3	0.002 1	0.002 0	0.002 4	0.006 9
"70 后"	0.000 0	0.000 1	0.001 5	0.000 0	0.000 6	0.000 9	0.000 5	0.000 1	0.000 3	0.001 0
"80 后"	0.004 3	0.000 1	0.003 0	0.000 0	0.000 4	0.000 2	0.000 0	0.000 0	0.000 5	0.000 6
"90 后"										0.000 0

附表 19A　CGSS 数据库收入机会不平等中教育间接作用的相对量

样本类型	2003	2005	2006	2008	2010	2011	2012	2013	2015	2017
全样本	5.05	5.85	27.79	25.78	39.24	37.47	38.51	38.08	38.44	39.23
男性	3.20	7.58	27.04	24.99	34.48	30.20	31.65	32.84	30.91	34.12
女性	7.03	5.52	31.48	28.80	48.42	48.26	49.05	47.85	49.27	46.22
农村	3.28	5.26	9.49	13.08	12.29	16.54	11.27	14.75	15.20	15.43
城市	6.24	1.98	7.91	11.65	16.77	9.29	21.27	19.75	25.18	24.76
"40 后"	6.78	9.96	20.94	15.49	40.66	35.76	46.28	44.35		
"50 后"	7.24	1.05	22.48	18.09	31.42	31.13	34.67	32.44	37.38	41.46
"60 后"	6.24	1.48	31.51	18.82	30.60	33.30	27.14	29.03	27.55	27.33
"70 后"	3.33	6.33	31.45	23.50	37.86	28.09	32.24	30.45	32.18	35.40
"80 后"	6.50	15.33	24.03	24.85	32.15	15.84	20.02	21.76	14.54	27.84
"90 后"										9.65

附表 19B　CGSS 数据库收入机会不平等中就业间接作用的相对量

样本类型	2003	2005	2006	2008	2010	2011	2012	2013	2015	2017
全样本	0.00	0.14	1.21	0.02	1.98	2.35	1.07	1.11	1.04	2.10
男性	0.04	0.14	1.16	0.30	1.42	3.13	0.66	0.80	1.42	2.28
女性	0.13	0.70	1.31	0.27	3.52	2.62	2.27	2.54	1.72	2.62
农村	0.06	0.03	0.08	0.02	0.25	3.43	0.27	0.37	0.03	0.00
城市	0.00	0.08	0.33	0.06	3.28	0.01	2.92	2.76	1.00	3.41
"40 后"	0.06	0.23	0.67	0.02	8.99	7.34	5.12	6.57		
"50 后"	0.03	0.08	2.19	0.15	6.60	5.97	4.57	4.09	3.39	5.69
"60 后"	0.00	0.39	0.86	0.25	1.83	1.86	1.33	1.44	1.59	3.97
"70 后"	0.01	0.30	0.88	0.02	0.39	0.69	0.32	0.09	0.24	0.59
"80 后"	3.11	0.20	1.66	0.04	0.42	0.43	0.04	0.03	0.53	0.59
"90 后"										0.00

附表 20　CHIP 数据库收入机会不平等中教育与就业间接作用的绝对量

样本类型	教育间接作用						就业间接作用					
	1988	1995	2002	2007	2008	2013	1988	1995	2002	2007	2008	2013
全样本	0.011 9	0.090 5	0.000 1	0.000 0	0.003 2	0.009 1	0.007 5	0.064 9	0.000 0	0.000 2	0.000 2	0.000 1
男性	0.008 0	0.097 3	0.000 0	0.000 4	0.001 6	0.007 9	0.006 1	0.081 0	0.000 0	0.000 6	0.000 0	0.000 0
女性	0.016 3	0.062 2	0.000 2	0.000 0	0.006 6	0.011 8	0.009 0	0.020 5	0.000 0	0.000 1	0.000 5	0.000 2

附表20（续）

样本类型	教育间接作用						就业间接作用					
	1988	1995	2002	2007	2008	2013	1988	1995	2002	2007	2008	2013
农村	0.157 8	0.000 0	0.000 1	0.000 4	0.002 4	0.002 0	0.057 1	0.000 1	0.000 0	0.000 3	0.000 1	0.000 0
城市	0.000 2	0.000 6	0.010 0	0.000 0	0.000 6	0.000 8	0.000 5	0.003 7	0.000 8	0.000 1	0.000 8	0.000 0
"40后"	0.014 1	0.075 1	0.000 0	0.042 7	0.029 6	0.000 0	0.008 5	0.066 5	0.000 0	0.000 0	0.017 6	0.000 0
"50后"	0.003 1	0.091 9	0.000 2	0.000 0	0.004 5	0.006 0	0.001 1	0.060 0	0.000 2	0.000 0	0.000 3	0.000 0
"60后"	0.029 5	0.139 0	0.000 0	0.000 0	0.003 1	0.004 9	0.023 5	0.037 9	0.000 0	0.000 7	0.000 2	0.000 0
"70后"				0.000 0		0.009 1				0.000 9		0.000 1

附表21　CHIP 数据库收入机会不平等中教育与就业间接作用的相对量

样本类型	教育间接作用						就业间接作用					
	1988	1995	2002	2007	2008	2013	1988	1995	2002	2007	2008	2013
全样本	3.88	25.97	0.54	0.01	10.37	23.37	2.44	18.61	0.21	0.51	0.64	0.15
男性	2.25	24.57	0.47	1.02	8.48	22.55	1.71	20.45	0.10	1.79	0.18	0.12
女性	6.96	27.24	3.16	0.00	15.08	30.75	3.86	8.96	0.18	0.15	1.16	0.51
农村	34.08	0.01	0.80	1.11	8.26	9.76	12.33	1.15	0.25	0.78	0.49	0.10
城市	0.34	1.05	13.86	0.00	1.79	3.55	0.99	6.40	1.10	0.16	2.48	0.01
"40后"	3.50	22.91	0.42	27.77	12.27	0.00	2.12	20.27	0.02	0.00	7.33	0.00
"50后"	1.73	28.01	1.38	0.01	14.02	13.98	0.62	18.30	1.27	0.00	0.99	0.03
"60后"	8.05	34.73	0.02	0.01	9.54	14.77	6.43	9.46	0.35	1.78	0.63	0.04
"70后"				0.02		23.83				1.55		0.31

附表22A　CHNS 数据库收入机会不平等中教育间接作用的绝对量

样本类型	1991	1993	1997	2000	2004	2006	2009	2011	2015
全样本	0.010 4	0.011 8	0.022 8	0.034 4	0.061 0	0.051 7	0.022 4	0.021 4	0.021 2
男性	0.011 7	0.012 7	0.019 4	0.023 3	0.048 6	0.036 9	0.026 7	0.018 2	0.012 5
女性	0.007 2	0.009 6	0.021 6	0.040 3	0.064 6	0.062 1	0.014 6	0.025 4	0.035 6
农村	0.004 6	0.001 0	0.015 1	0.017 1	0.033 0	0.029 3	0.019 1	0.015 7	0.027 9
城市	0.005 9	0.006 7	0.015 7	0.025 2	0.042 5	0.040 1	0.013 5	0.014 2	0.016 7

附表22B　CHNS 数据库收入机会不平等中就业间接作用的绝对量

样本类型	1991	1993	1997	2000	2004	2006	2009	2011	2015
全样本	0.014 0	0.023 0	0.014 0	0.013 1	0.026 3	0.025 6	0.009 7	0.002 2	0.002 9
男性	0.024 8	0.033 5	0.020 8	0.019 0	0.030 9	0.029 8	0.019 0	0.002 7	0.003 2
女性	0.006 8	0.013 8	0.007 5	0.008 5	0.019 9	0.019 1	0.003 7	0.002 1	0.003 3
农村	0.007 5	0.005 7	0.011 2	0.014 5	0.010 4	0.005 5	0.005 9	0.003 0	0.002 3
城市	0.011 0	0.015 9	0.012 2	0.010 6	0.029 1	0.027 2	0.008 9	0.001 4	0.003 6

附表 23A　CHNS 数据库收入机会不平等中教育间接作用的相对量

样本类型	1991	1993	1997	2000	2004	2006	2009	2011	2015
全样本	18.75	14.26	29.27	37.07	34.35	34.82	39.04	50.45	40.37
男性	17.27	13.14	25.58	28.29	28.53	31.37	34.09	52.34	33.37
女性	17.46	14.80	31.44	44.46	38.96	44.54	38.96	57.42	50.76
农村	14.44	3.00	25.84	26.51	35.22	42.69	41.01	44.35	48.39
城市	12.91	10.86	25.38	32.14	24.70	29.17	30.42	42.76	31.96

附表 23B　CHNS 数据库收入机会不平等中职业间接作用的相对量

样本类型	1991	1993	1997	2000	2004	2006	2009	2011	2015
全样本	25.20	27.79	17.99	14.08	14.84	17.22	16.80	5.27	5.54
男性	36.76	34.51	27.46	23.13	18.10	25.35	24.24	7.74	8.64
女性	16.65	21.36	10.86	9.42	12.02	13.69	9.82	4.86	4.69
农村	23.43	17.98	19.29	22.41	11.08	7.99	12.58	8.48	4.00
城市	24.23	25.85	19.79	13.49	16.92	19.81	20.03	4.18	6.96

附表 24A　CMDS 数据库收入机会不平等中教育间接作用的绝对量

样本类型	2009	2010	2011	2012	2013	2014	2015	2016	2017	2018
全样本	0.0012	0.0012	0.0007	0.0007	0.0003	0.0007	0.0004	0.0008	0.0013	0.0003
男性	0.0024	0.0011	0.0006	0.0009	0.0004	0.0008	0.0005	0.0010	0.0015	0.0004
女性	0.0006	0.0014	0.0006	0.0005	0.0002	0.0006	0.0003	0.0005	0.0011	0.0001
农村	0.0012	0.0007	0.0000	0.0022	0.0013	0.0023	0.0002	0.0008	0.0007	0.0002
城市	0.0000	0.0003	0.0000	0.0002	0.0001	0.0002	0.0001	0.0000	0.0006	0.0000
"50后"				0.0014	0.0008	0.0010				
"60后"		0.0024	0.0006	0.0004	0.0003	0.0003	0.0004	0.0007	0.0005	
"70后"		0.0036	0.0024	0.0010	0.0005	0.0006	0.0005	0.0041	0.0007	0.0029
"80后"		0.0007	0.0005	0.0012	0.0005	0.0011	0.0003	0.0020	0.0007	0.0007
"90后"		0.0000	0.0000	0.0002	0.0000	0.0000	0.0001	0.0006	0.0003	0.0003

附表 24B　CMDS 数据库收入机会不平等中职业间接作用的绝对量

样本类型	2009	2010	2011	2012	2013	2014	2015	2016	2017	2018
全样本	0.000 0	0.002 3	0.000 0	0.000 0	0.001 4	0.001 6	0.001 2	0.003 2	0.001 9	0.002 1
男性	0.000 0	0.002 5	0.000 0	0.000 0	0.001 5	0.001 6	0.001 3	0.003 2	0.002 1	0.002 5
女性	0.000 0	0.002 2	0.000 0	0.000 1	0.001 4	0.001 7	0.001 2	0.003 2	0.001 7	0.001 9
农村	0.000 7	0.002 7	0.000 0	0.000 0	0.001 6	0.002 2	0.002 1	0.003 6	0.001 6	0.002 7
城市	0.000 0	0.002 1	0.000 0	0.000 0	0.001 4	0.001 5	0.001 0	0.002 7	0.002 8	0.001 7
"50 后"				0.000 2	0.002 1	0.002 5				
"60 后"		0.006 5	0.000 4	0.000 1	0.001 7	0.001 8	0.001 6	0.006 0	0.001 9	
"70 后"		0.002 2	0.000 0	0.000 1	0.001 4	0.001 5	0.001 3	0.005 4	0.002 0	0.004 6
"80 后"		0.002 7	0.000 0	0.000 0	0.001 3	0.001 5	0.001 2	0.003 1	0.002 0	0.001 8
"90 后"		0.000 0	0.000 0	0.000 0	0.000 7	0.000 8	0.000 2	0.001 0	0.000 6	0.000 8

附表 25A　CMDS 数据库收入机会不平等中教育间接作用的相对量

样本类型	2009	2010	2011	2012	2013	2014	2015	2016	2017	2018
全样本	10.18	19.67	8.10	26.99	11.30	20.34	8.76	5.39	19.78	2.88
男性	15.96	18.04	9.82	35.85	16.77	24.97	11.69	8.06	20.44	5.64
女性	5.64	22.39	5.66	17.07	5.44	14.92	5.39	3.23	17.24	0.71
农村	8.42	9.67	0.13	40.11	29.39	35.30	3.52	4.86	13.49	2.13
城市	0.11	7.48	0.04	11.09	2.61	9.25	2.02	0.17	9.63	0.04
"50 后"				26.58	20.24	21.29				
"60 后"		19.66	7.90	19.86	12.22	10.15	8.77	6.61	7.81	
"70 后"		28.73	29.33	38.33	21.38	22.91	13.64	22.81	14.81	21.51
"80 后"		13.82	7.51	34.05	16.19	31.73	8.82	17.60	16.15	8.63
"90 后"		0.30	0.03	5.72	0.07	0.62	0.98	5.96	3.80	2.95

附表 25B　CMDS 数据库收入机会不平等中职业间接作用的相对量

样本类型	2009	2010	2011	2012	2013	2014	2015	2016	2017	2018
全样本	0.07	38.32	0.00	1.58	54.96	48.49	28.68	22.28	27.52	22.90
男性	0.02	39.91	0.05	1.55	60.83	51.38	33.48	25.20	28.93	31.36
女性	0.32	35.76	0.11	1.73	50.12	45.19	25.04	19.64	26.56	16.49

附表25B(续)

样本类型	2009	2010	2011	2012	2013	2014	2015	2016	2017	2018
农村	4.66	36.15	0.02	0.26	35.56	34.51	37.84	21.90	29.58	23.22
城市	0.09	51.48	0.05	2.43	65.63	58.51	32.77	26.35	44.63	25.47
"50后"				4.39	54.63	53.71				
"60后"		52.39	4.84	3.73	71.43	67.15	36.61	55.51	29.20	
"70后"		17.83	0.12	2.50	58.64	54.61	36.92	30.22	43.55	33.85
"80后"		49.36	0.01	0.56	47.58	42.17	35.29	27.18	43.65	22.14
"90后"		4.19	0.04	0.48	19.68	18.09	3.46	10.30	7.95	7.77

附图

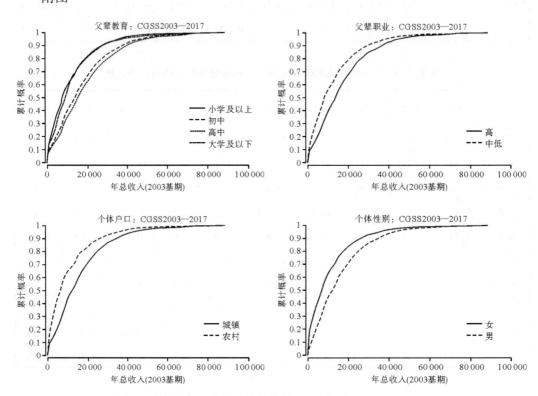

附图1　CGSS数据库环境条件下收入分布

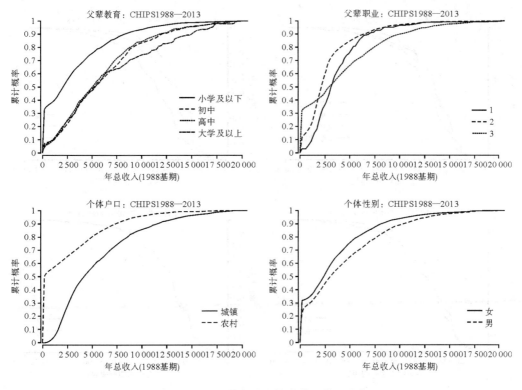

附图 2　CHIP 数据库环境条件下收入分布

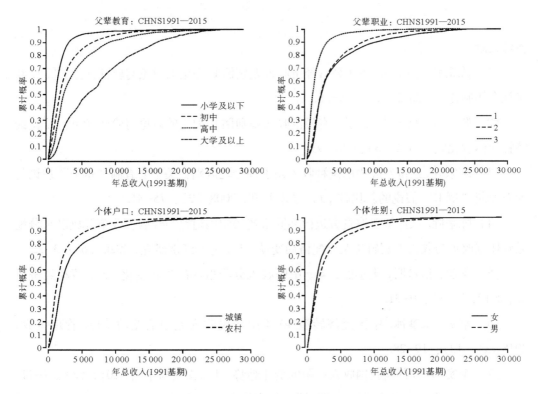

附图 3　CHNS 数据库环境条件下收入分布

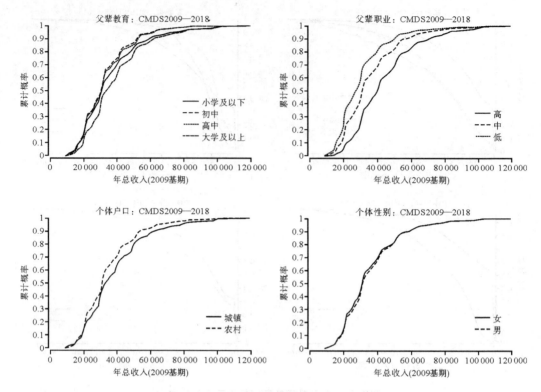

附图4　CMDS数据库环境条件下收入分布

参考文献

［1］陈宗胜,高玉伟.关于公有经济收入差别倒 U 理论的讨论与验证（上）［J］.经济社会体制比较,2012（2）：18-28.

［2］陈宗胜,高玉伟.关于公有经济收入差别倒 U 理论的讨论与验证（下）［J］.经济社会体制比较,2012（3）：181-93.

［3］陈宗胜.经济发展中的两种收入差别理论之区别：关于公有制"倒 U"理论与库兹涅茨"倒 U"假说的新比较［J］.学术月刊,2008（2）：75-81.

［4］陈宗胜.试论从普遍贫穷迈向共同富裕的中国道路与经验：改革开放以来分配激励体制改革与收入差别轨迹及分配格局变动［J］.南开经济研究,2020（6）：3-22.

［5］李实,岳希明,史泰丽,等.中国收入分配格局的最新变化［J］.劳动经济研究,2019,7（1）：9-31.

［6］李实,朱梦冰.中国经济转型40年中居民收入差距的变动［J］.管理世界,2018,34（12）：19-28.

［7］李实.理性判断我国收入差距的变化趋势［J］.探索与争鸣,2012（8）：8-11.

［8］邢春冰,李实.扩招"大跃进"、教育机会与大学毕业生就业［J］.经济学（季

刊），2011，10（4）：1187-208.

［9］李实国，万北. 收入差距倒 U 形假说质疑［N］. 2015-3-16（4）.

［10］万广华，吴婷，张琰. 中国收入不均等的下降及其成因解析［J］. 劳动经济研究，2018，6（3）：22-53.

［11］李实，SICULAR T，TARP F. 中国收入不平等：发展、转型和政策［J］. 北京工商大学学报（社会科学版），2020，35（4）：21-31.

［12］杨耀武，杨澄宇. 中国基尼系数是否真地下降了：基于微观数据的基尼系数区间估计［J］. 经济研究，2015，50（3）：75-86.

［13］ROEMER J E. Theories of distributive justice［M］. Cambridge：Harvard University Press，1998.

［14］ROEMER J E. A pragmatic theory of responsibility for the egalitarian planner［J］. Philosophy & Public Affairs，1993：66-146.

［15］PAGE M，ROEMER J E. The US fiscal system as an opportunity equalizing device［J］. Working Paper，2000：10.

［16］ROEMER J E，AABERGE R，COLOMBINO U，et al. To what extent do fiscal regimes equalize opportunities for income acquisition among citizens?［J］. Journal of Public Economics，2003，87（3-4）：65-539.

［17］LLAVADOR H G，ROEMER J E. An equal-opportunity approach to the allocation of international aid［J］. Journal of Development Economics，2001，64（1）：71-147.

［18］FLEURBAEY M，PERAGINE V. Ex ante versus ex post equality of opportunity［J］. Economica，2013，80（317）：30-118.

［19］SINGH A. Inequality of opportunity in earnings and consumption expenditure：the case of Indian men［J］. Review of Income and Wealth，2012，58（1）：79-106.

［20］MARRERO G A，RODRíGUEZ J G. Inequality of opportunity in Europe［J］. Review of Income and Wealth，2012，58（4）：597-621.

［21］BJÖRKLUND A，JÄNTTI M，ROEMER J E. Equality of opportunity and the distribution of long-run income in Sweden［J］. Social Choice and Welfare，2012，39（2）：96-675.

［22］FERREIRA F H，GIGNOUX J，ARAN M. Measuring inequality of opportunity with imperfect data：the case of Turkey［J］. The Journal of Economic Inequality，2011，9（4）：80-651.

［23］BOURGUIGNON F，FERREIRA F H，MENéNDEZ M. Inequality of opportunity in Brazil［J］. Review of Income and Wealth，2007，53（4）：585-618.

［24］CARPANTIER J-F, SAPATA C. An ex-post view of inequality of opportunity in France and its regions ［J］. Journal of Labor Research, 2013, 34（3）: 281-311.

［25］AABERGE R, MOGSTAD M, PERAGINE V. Measuring long-term inequality of opportunity ［J］. Journal of Public Economics, 2011, 95（3-4）: 193-204.

［26］CHECCHI D, PERAGINE V, SERLENGA L. Fair and unfair income inequalities in Europe ［J］. IZA Discussion Papers, 2010: 10.

［27］董全瑞. 关于机会均等的反思 ［J］. 江苏社会科学, 2002（5）: 31-5.

［28］龚锋, 卢洪友. 机会平等与财政转移支付 ［J］. 财经问题研究, 2010（11）: 61-70.

［29］潘春阳. 中国的机会不平等与居民幸福感研究 ［D］. 上海: 复旦大学, 2011.

［30］徐晓红, 荣兆梓. 机会不平等与收入差距: 对城市住户收入调查数据的实证研究 ［J］. 经济学家, 2012（1）: 15-20.

［31］韩军辉. 机会不等与"二代"收入差距: 基于不平等指数和固定效应模型的边界测算 ［J］. 社会科学研究, 2014（6）: 9-15.

［32］江求川, 任洁, 张克中. 中国城市居民机会不平等研究 ［J］. 世界经济, 2014, 37（4）: 111-38.

［33］陈东, 黄旭锋. 机会不平等在多大程度上影响了收入不平等: 基于代际转移的视角 ［J］. 经济评论, 2015（1）: 3-16.

［34］刘波, 王修华, 彭建刚. 我国居民收入差距中的机会不平等: 基于 CGSS 数据的实证研究 ［J］. 上海经济研究, 2015（8）: 77-88.

［35］李莹, 吕光明. 机会不平等在多大程度上引致了我国城镇收入不平等 ［J］. 统计研究, 2016, 33（8）: 63-72.

［36］宋扬. 中国的机会不均等程度与作用机制: 基于 CGSS 数据的实证分析 ［J］. 财贸经济, 2017, 38（1）: 34-50.

［37］龚锋, 李智, 雷欣. 努力对机会不平等的影响: 测度与比较 ［J］. 经济研究, 2017, 52（3）: 76-90.

［38］董丽霞. 中国的收入机会不平等: 基于 2013 年中国家庭收入调查数据的研究 ［J］. 劳动经济研究, 2018, 6（1）: 44-62.

［39］史新杰, 卫龙宝, 方师乐, 等. 中国收入分配中的机会不平等 ［J］. 管理世界, 2018, 34（3）: 27-37.

［40］石大千. 收入不平等影响经济增长的双边效应: 机会不平等和努力不平等的不同作用 ［J］. 财贸经济, 2018, 39（8）: 35-49.

［41］马占利，邹薇. 中国机会不平等的测算与分解：基于"反事实"收入分布方法［J］. 经济问题探索，2018（11）：1-9.

［42］李莹，吕光明. 中国机会不平等的生成源泉与作用渠道研究［J］. 中国工业经济，2019（9）：60-78.

［43］蔡媛媛，郭继强，费舒澜. 中国收入机会不平等的趋势与成因：1989—2015［J］. 浙江社会科学，2020（10）：13-24，156.

［44］刘成奎，何英明. 环境、努力与收入不平等［J］. 劳动经济研究，2020，8（5）：70-95.

［45］汪晨，张彤进，万广华. 中国收入差距中的机会不均等［J］. 财贸经济，2020，41（4）：66-81.

［46］万广华，张彤进. 机会不平等与中国居民主观幸福感［J］. 世界经济，2021，44（5）：203-28.

［47］刘成奎，齐兴辉，任飞容. 中国居民收入分配中的机会不平等：理论分析与经验证据［J］. 经济与管理研究，2021，42（2）：95-110.

［48］刘林，李猛. 中国流动人口收入不平等中的机会不平等测度：基于事前估计视角［J］. 劳动经济研究，2021，9（1）：96-122.

［49］高勇. 社会樊篱的流动：对结构变迁背景下代际流动的考察［J］. 社会学研究，2009，24（6）：1-17，243.

［50］LEFRANC A, PISTOLESI N, TRANNOY A. Inequality of opportunities vs. inequality of outcomes：are Western societies all alike? ［J］. Review of Income and Wealth，2008，54（4）：46-513.

［51］RAVALLION M, CHEN S. Measuring pro-poor growth ［J］. Economics letters，2003，78（1）：9-93.

老龄化与收入差距的非线性关系

——基于跨国面板数据研究的启示

徐 慧

内容摘要：本文基于 1995—2019 年 100 个国家的面板数据，运用 SCC 模型，对老龄化与收入差距的关系进行了非线性关系假设的验证，并且对不同收入水平的国家进行了分组研究。模型结果显示：①老龄化与收入不平等之间存在非线性关系，但从全样本的实证结果来看，老龄化对收入差距更倾向于产生恶化影响；②对不同收入水平的国家，老龄化的收入分配效应存在差异，在高收入组和中高收入组老龄化对收入差距的影响呈 U 形，与低收入组结论相反；③了解老龄化影响收入不平等的国际经验，有利于我国更好地应对老龄化对推进共同富裕的不利影响。

关键词：老龄化；分配效应；收入差距；非线性关系

20 世纪 90 年代以来，中国进入了世界老龄化进程加速的国家范围。根据世界银行的数据，2019 年，世界 65 岁以上的人口已占总人口的 9%，而根据联合国世界人口趋势报告，2050 年 65 岁以上的老年人口将超过 15 亿，报告同时指出在不同的国家和地理区域，人口老龄化开始的时间和发展的速度各不相同。从目前中国人口结构变化的趋势来看，老龄化速度远远超过其他发达国家。老龄化除了直接给劳动力供给、社会保障等显著相关的领域带来巨大影响和挑战外，其影响也会传导至收入分配领域，影响我国现阶段对共同富裕的推进。关注世界范围内老龄化与收入不平等的关系所表现出来的特点，对把握老龄化的收入分配效应，是一个能形成参考的研究角度。

一、研究综述

关于人口老龄化的收入分配效应，国内外都有一定的研究基础，但现有相关研究大多来自发达国家。在国内，人口结构变化对收入分配的影响则还有很多可探讨之处。

且由于研究区域、研究数据和研究方法的不同，现有关于老龄化对收入不平等的影响的研究结论并不统一。

1. 国外相关研究

（1）老龄化的分配效应研究的两条路线

一条是 Paglin（1975）[1]提出的"年龄效应"，即年龄差异给劳动者个体收入能力带来的异质性，年长的劳动者拥有比年轻劳动者更高的生产效率和更多的非劳动收入（Almås & Mogstad，2011）[2]，这种收入差距可能随着年龄的老化逐渐加大，也就是说，人口结构的老龄化会加剧收入不平等程度；另一条是 Deaton & Paxon（1993）[3]提出的"年龄效应"，他们认为在永久收入假说下，年龄组内收入不平等的提高是人口老龄化趋势带来的结果。Oatake 和 Saito（1998）[4]进一步指出了只有老龄人群比重提升带来的年龄组内收入不平等的提高部分（人口效应）才是老龄化效应。

（2）老龄化与收入不平等的关系研究

Mookherjec & Shorrocks（1982）[5]质疑了 Paglin 的研究忽略了区分"出生队列内"和"出生队列间"之间不平等的必要性后，在这一领域引起了一系列的研究。线性研究结论主要分为三类观点。第一，老龄化倾向于扩大收入差距，实证结果支持这一发现研究者包括 Faik[6]（2012）[6]；Peichl（2013）[7]；Guerin（2013）[8]等。从消费理论出发，Yamada[9]（2012）等利用日本、美国、英国、泰国和中国台湾的家庭调查数据，表明人口老龄化将显著增加收入不平等。老龄化对收入不平等的影响在老龄化和发展水平较高的国家更显著，通过多种方法测算美国、英国、挪威等国的年龄间效应时，发现该效应对收入不平等的贡献率基本都在 30% 以上（Formby& Seaks，1980；Almas，2010）。第二，老龄化减弱收入不平等。有研究认为老龄国家的收入不平等程度较小（Morley，1981）[10]或在老龄化期间有所缓解（Chu and Jiang，1997）[11]。第三，无影响或影响很小。一些实证研究显示，在瑞典、加拿大、荷兰、澳大利亚、爪哇、德国等国，老龄化对不平等的影响不存在或非常小（Barrett，Crossley & Worswick，2000；Martin Biewen，2017）[12][13]。其中一个解释是不利的效应和有利的效应相互抵消（Sang-Hyop Lee 和 Andrew Mason，2004）[14]。在少量的非线性关系研究方面，有学者指出它们之间的关系可能不是线性的。例如，对斯里兰卡的研究显示，老龄化水平与收入不平等的关系呈"N"形关系（Karunaratne，2000）[15]。

（3）老龄化对收入分配的影响机制研究

基于老龄化降低了动力供给，Horlacher（2002）[16]从日本劳动力比重的变化角度对此进行了研究。Miyazawa（2005）[17]则认为老龄化会扩大两代人之间的收入差距，机制源自遗赠只发生在高收入群体中。Bloom，Canning 和 Fink（2010）[18]指出，由于发达国家老龄化先发，引致劳动力流入，这同时带来了海外汇款规模增长，影响家庭收入水平，形成影响收入分配的机制，显著作用在发展中国家的贫穷和不平等上。

2. 国内相关研究

收入不平等问题一直是我国经济、社会发展过程中被学术界重点关注的风险之一，随着我国老龄化问题日趋凸显，从人口结构的视角对收入不平等进行探究，现在也成为一个新的研究点。

（1）老龄化对收入分配的影响机制研究

老龄化导致的劳动力收入份额的变化是老龄化与收入不平等之间产生影响的路径（万广华等，2017；魏下海等，2012)[19][20]，二元经济结构下人口老龄化能够通过要素禀赋结构调整和社会福利改善对城乡居民收入产生不同的收入效应和替代效应，进而影响城乡收入不平等（王笛旭[21]，2017）。也有研究指出，老龄化带来的农村"劳动力弱质化"效应明显不利于家庭经营性收入的增长。

（2）老龄化收入分配效应的测算研究

董志强等（2012)[22]对中国全部劳动人口的老龄化效应进行了测算，但该研究只是利用队列分析方法分析了不同出生组群体之间的收入不平等和不同出生组群体内的收入不平等随年龄变化的趋势，并没有精确衡量出老龄化对收入不平等的贡献率。

（3）老龄化与收入不平等的关系研究

研究指出，老龄化与收入差距存在关系（李飞跃，2015)[23]，但和国外研究一样，结论存在差异。有研究支持在农村、城市和省级均存在老龄化对收入差距的扩大效应。刘华（2014）也指出，农村人口老龄化确实加剧了收入不平等，虽然起初影响相对较小，但会越来越强。而曲兆鹏和赵忠（2008)[24]的研究则认为，老龄化对我国农村收入不平等的影响并不显著，钟海（2011）则认为人口结构变化与收入差距扩大之间的关系在城市地区并不显著，而在中国农村地区显著。

此外，我国学者还就该问题进行了一些国际前沿与国际经验研究（撒凯悦，罗润东，2017；王磊，2014)[25][26]。

3. 国内外研究述评

从现有研究来看，永久性收入假说与生命周期模型为人口老龄化对组内不平等的影响提供了理论基础，学术界在老龄化收入分配效应的测度、与不平等的关系等方面取得了一定成果，但涉及的国家或地区比较有限，对人口老龄化与收入差距的关系更多聚焦在线性研究领域，非线性研究还有待进一步探索。本文重点关注的角度在于：一是通过构造100个国家的面板数据，对老龄化与收入不平等的关系在国际范围内进行考察；二是通过对老龄化与收入不平等之间非线性关系的实证，考察老龄化对收入不平等的影响在老龄化发展的不同水平的阶段性规律；三是对样本进行分组研究，探索在不同收入水平的国家，老龄化对收入不平等的影响是否存在差异。

二、模型设定与数据说明

1. 理论假设与模型设定

许多关于老龄化与收入不平等关系的研究都假设人口老龄化与收入不平等之间存在一个简单的线性关系，这是本研究的开始，然后将重点放在一个非线性关系的检验上，这一假设显然也是现实中的一种可能性。

（1）线性模型设定

模型基于 $Y_{it} = \alpha + \beta' X_{it} + \delta' Z_{it} + \mu_i + \lambda_t + \varepsilon_{it}$，进行具体设定。第一个模型具体形式如下：

$$\mathrm{Gini}_{it} = \beta_0 + \beta_1 \, \mathrm{AGING}_{it} + \beta_2 \, \mathrm{GPC}_{it} + \beta_3 \, \mathrm{UEMR}_{it} +$$

$$\beta_4 \, \mathrm{FDIR}_{it} + \beta_5 \, \mathrm{URBAN}_{it} + \beta_6 \, \mathrm{INF}_{it} + \beta_7 \, \mathrm{FLR}_{it} + \mu_i + \lambda_t + \varepsilon_{it} \tag{1}$$

其中，GINI 是基尼系数，使用百分比数据；AGING 为老龄化指标，本文使用的老龄化指标包括总抚养比 ADR（age dependency ratio），衡量顶部老龄化的老年抚养比 ODR（old age dependency ratio）和衡量底部老龄化的少儿抚养比 YDR（young age dependency ratio）；UEMR 是失业率（失业人数占劳动力的比重）；GPC（GDP per capita）是人均 GDP（2010 年不变价）；FDIR 为外国直接投资净流入量占国内生产总值的百分比；URBAN 是城镇人口（占总人口比例），衡量国家之间的城市化水平差距；INF 是按 GDP 隐含价格平减指数年增长率衡量的通货膨胀（年通胀率），显示的是整个经济体的价格变动率；FLR（female labor force participation rate）是女性劳动力参与率，指年龄在 15 岁及以上的女性中从事经济活动的人口比率，它反映了劳动力市场的性别特征。下标 i 是国家，下标 t 是时期，μ_i 是为不可观测国家（地区）固定效应，控制不随时间变化且与解释变量相关的国家（地区）影响因素；λ_t 是时间固定效应；ε_{it} 为服从正态分布的随机扰动项。β_1 是主要被考察的系数；β_2 反映出更好的经济条件和发展水平对收入不平等的影响；β_3 考察恶化的就业状况是否会扩大收入不平等；β_4 考察资本国际流动产生的影响，反映东道国对外开放的收入分配效应，采用对外国直接投资净流入情况作为衡量对外开放的指标；β_5 为各国间的城市化水平差距的影响，反映城市化水平的提高影响城乡劳动者之间收入差距的可能性；β_6 为基于通货膨胀具有再分配效应的考察，选取通货膨胀率作为宏观经济中影响收入分配的不确定性因素的代表；β_7 表明政府推动女性就业水平发展的影响，反映劳动力市场的女性就业水平的提高对缩小性别收入差距的可能性。

（2）非线性假设与模型设定

从现有研究来看，部分实证结论支持老龄化会扩大收入不平等，部分结论则相反，并不支持老龄化与收入不平等存在完全而严格的线性关系。这种情况显然与研究对象的具体差异有关。例如，老龄化对收入不平等的影响与经济发展水平间接相关，在经济快速发展的阶段，人口红利期存在的收入不平等，可能随着老龄化水平提高而缓解，因为老龄化会改变劳动力的结构与比重，进而影响社会的收入结构。但老龄化问题的不断发展同样也会使老年贫困存在恶化的可能，形成扩大收入差距的机制。这意味着老龄化与收入不平等的关系可能具有非线性特性。

因此，方程（2）从非线性的角度出发，设定具体形式如下：

$$\text{Gini}_{it} = \delta_0 + \delta_1 \text{AGING}_{it} + \delta_2 (\text{AGING}_{it})^2 + \delta_3 \text{GPC}_{it} + \delta_4 \text{UEMR}_{it} +$$

$$\delta_5 \text{FDIR}_{it} + \delta_6 \text{URBAN}_{it} + \delta_7 \text{INF}_{it} + \delta_8 \text{FLR}_{it} + \mu_i + \lambda_t + \varepsilon_{it} \qquad (2)$$

模型中 ε 为误差项，系数 δ_1 和 δ_2 反映了非线性关系，即在一定的老龄化水平之后，其对收入差距的影响效应的方向变化。

为了检验这些相关关系的稳健性，我们将基础模型扩展到包含国家收入水平分类的影响。这些假设使我们能够研究不同收入群体国家之间的差异。建立模型（3），形式如下：

$$\text{Gini}_{it} = \delta_0 + \delta_1 \text{AGING}_{it} + \delta_2 (\text{AGING}_{it})^2 + \delta_3 \text{GPC}_{it} + \delta_4 \text{UEMR}_{it} + \delta_5 \text{FDIR}_{it} +$$

$$\delta_6 \text{URBAN}_{it} + \delta_7 \text{INF}_{it} + \delta_8 \text{FLR}_{it} + \delta_9 \text{HICS} * \text{AGING}_{it} + \delta_{10} \text{UMICS} * \text{AGING}_{it} +$$

$$\delta_{11} \text{HICS} * (\text{AGING}_{it})^2 + \delta_{12} \text{UMICS} * (\text{AGING}_{it})^2 + \mu_i + \lambda_t + \varepsilon_{it} \qquad (3)$$

对样本所涉及的国家进行分组时，依据的是世界银行的收入水平分类标准（2018年）。根据该标准全球国家被分为4组，分别为收入水平超过12 055美元的高收入国家，收入水平在3 896美元到12 055美元之间的中高收入国家，收入水平在996美元到3 895美元之间的中低收入国家，以及收入水平低于995美元的低收入国家。本文基于世界银行对国家收入组群的划分进行调整，将样本中的国家分为三组（世界银行将全球国家分为高收入、中高收入、中低收入和低收入四组，本文由于样本量的影响，将中低收入和低收入合并为一组）。

2. 数据说明

（1）被解释变量数据说明

本文的实证分析基于面板数据。收入不平等的衡量指标选取基尼系数，数据主要来源于WDI（世界银行数据库，2020年）和联合国大学网站编制的世界收入不平等数据库（WIID，2017年），少量数据来自政府官方发布的数据，如中国国家统计局（仅针对中国的基尼系数）。由于衡量收入不平等的数据是通过多种不同的方法得到的，为了尽可能保证数据的有效性，样本筛选遵循以下优选原则：①各国数据来源尽量统一；②覆盖所有人口和年龄的数据优先入选；③基于家庭单位计算的数据优先入选；④覆盖所有地区的数据优先入选；⑤以年度为计量周期的数据优先入选。总体上，在选择每个国家的数据时，尽可能地保持了数据来源和其他选择标准的一致性。根据样本数据，世界基尼系数在1995—2019年的变化趋势见图1。

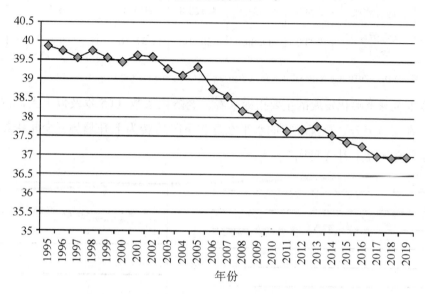

图1　基于样本的国际收入不平等的变化趋势（1995—2019年）

（2）解释变量数据说明

主要解释变量及其他控制变量包括人均GDP（2010）、失业率、通货膨胀率、女性就业水平等社会经济因素的代表，数据均从世界发展指标WDI（世界银行，2020年）中获得，具有良好的统计特征。通过筛选构建，最后获得了一套涵盖1995—2019年100个国家（地区）、样本相对完整的观测资料。为确保结果具有代表性，数据覆盖各主要区域的国家，包括东亚和太平洋、欧洲和中亚、拉丁美洲和加勒比地区、中东和北非、南亚和撒哈拉以南非洲。变量描述统计见表1。

表1　变量的统计描述

Variable	Definition	Obs	Mean	Median	Maximum	Minimum	Std. Dev.
GINI	基尼系数	2 500	37. 936	35. 6	64. 8	21. 5	9. 121
ADR	总抚养比	2 500	57. 548	52. 753	114. 5	33. 113	15. 228
ODR	老年抚养比	2 500	15. 046	13. 49	47. 122	3. 537 4	8. 251 1
YDR	少儿抚养比	2 500	42. 502	35. 17	107. 95	14. 873	20. 909
GPC	人均GDP	2 500	16 025	6 514. 7	111 968	183. 55	20 210

表1（续）

Variable	Definition	Obs	Mean	Median	Maximum	Minimum	Std. Dev.
UEMR	失业率	2 500	7.946 7	6.5	37.25	0.13	5.716
FDIR	FDI 净流入率	2 500	5.609 4	2.826 2	449.08	−58.32	18.919
URBAN	城市化水平	2 500	61.535	64.064	100	12.846	21.149
INF	通货膨胀	2 500	9.383 1	4.120 8	914.13	−26.3	31.808
FLR	女性劳动力参与率	2 500	49.883	50.97	87.16	6	13.769

数据来源：WDI, WIID, the National Bureau of Statistics of China and the CIA.

从样本全球老龄化发展的主要指标来看，老龄化系数（65 岁及以上人口占总人口的比重）在缓缓上升，总抚养比的水平在逐步下降后转为上升趋势，少儿抚养比在下降而老年抚养比在上升（见图2）。

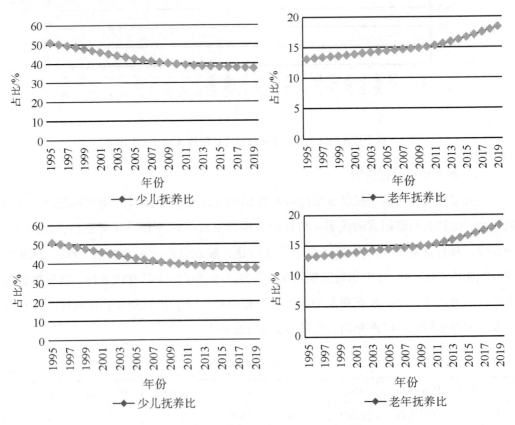

图 2　老龄化的变化趋势（1995—2019 年）

此外，从全球年龄中位数的情况来看，其也表现出不断提高的趋势，根据比尔和梅林达—盖茨基金会的数据可知，2018 年除了非洲，其他大洲的年龄中位数均已超过30 岁，其中最高为欧洲，中位数年龄达到 42 岁。

三、估计结果

为了确保使用所构造的面板数据进行实证的可行性，本文在建模前检查了数据的稳定性，运行了异方差和截面相关等测试。经检验，该面板数据适合建立固定效应模型，基于检验中发现的样本数据存在的统计推断中的误差问题。本文采用 SCC 模型，处理异方差、组间相关及序列相关性的问题，且在引入控制变量的研究过程中，进行不加控制变量和加入 6 个可能影响收入不平等的控制变量的不同分析得出的结论始终稳健，模型诊断没有显示出明显的问题。

1. 所有国家的估计结果

首先，估计 GINI 与 ADR（总抚养比）的线性关系，然后对非线性关系进行实证研究，通过计量模型是否加入其他控制变量，得到 GINI 与 ODR（老年抚养比）及 YDR（少儿抚养比）、ADR（总抚养比）非线性实证结果如表 2 所示。

表 2　老龄化与收入不平等的线性与非线性关系

解释变量	GINI						
	FE（1）	FE（2）	FE（3）	FE（4）	FE（5）	FE（6）	FE（7）
ODR	0.178 *** (0.029)	−0.293 *** (0.097)	−0.418 *** (0.101)				
ODR^2		0.011 *** (0.002)	0.011 *** (0.002)				
YDR				0.261 *** (0.056)	0.246 *** (0.055)		
YDR^2				−0.001 ** (0.000 4)	−0.001 *** (0.003)		
ADR						0.369 *** (0.062)	0.354 *** (0.063)
ADR^2						−0.002 *** (0.000 5)	−0.002 *** (0.000 4)
GPC	0.000 2 *** (0.000 02)		0.000 2 *** (0.000 02)		0.000 2 *** (0.000 02)		0.000 2 *** (0.000 02)
UNEMR	0.181 *** (0.034)		0.177 *** (0.033)		0.165 *** (0.030)		0.160 *** (0.027)
FDIR	0.002 (0.004)		0.003 (0.004)		0.003 (0.004)		0.004 (0.004)

表2(续)

解释变量	GINI						
	FE (1)	FE (2)	FE (3)	FE (4)	FE (5)	FE (6)	FE (7)
URBAN	0.049 ** (0.020)		0.069 *** (0.022)		0.085 *** (0.015)		0.088 *** (0.014)
INF	0.003 (0.003)		0.003 (0.003)		0.002 (0.003)		0.002 (0.002)
FLR	-0.113 *** (0.033)		-0.107 *** (0.030)		-0.092 *** (0.026)		-0.096 *** (0.029)
Constant	35.03 *** (2.71)	40.61 *** (0.96)	38.86 *** (2.36)	28.27 *** (1.76)	25.37 *** (1.14)	30.16 *** (0.89)	28.57 *** (1.74)
Within R²	0.17	0.13	0.19	0.14	0.19	0.14	0.19
Observations	2 500	2 500	2 500	2 500	2 500	2 500	2 500

注:括号内为系数估计标准误;***、**、*分别表示1%、5%、10%显著水平。经检验时间虚拟变量显著,模型中纳入了年份的虚拟变量进行回归分析。

从模型结果来看,总抚养比、老年抚养比及少儿抚养比对收入不平等的影响的估计结果表明,相关系数与预期一样高度显著,线性研究结果显示老龄化水平的提高对收入不平等有显著的不利影响,在1995—2019年的时间段,基尼系数的以老年抚养比为影响因素的数据表明,老年抚养比每上升1个百分点,会导致基尼系数上升0.178个百分点。非线性研究结果显示老年抚养比水平的提高对收入不平等的影响呈U形,老龄化对收入差距的影响为先弱化收入差距,过了临界点后转为扩大收入差距,少儿抚养比与收入不平等的关系呈倒U形,这表示少儿抚养比的提高与收入不平等的影响是先扩大后缩小。总体上从长远来看,根据样本覆盖的100国家的数据,在1995—2019年的时间段,顶部老龄化的加剧对收入不平等存在显著的不利影响。控制变量的系数基本与预期相同,失业率、城市化和经济发展水平在估计结果上显示正相关,表明这类因素扩大了收入差距,但以人均GDP为指标的经济发展水平对GINI系数的影响非常小。女性就业水平在估计结果均显示显著负相关,表明女性就业水平的提高有助于缩小收入差距。另外,通货膨胀和外国直接投资净流入显示对收入不平等的扩大效应,但系数不显著。

2. 不同收入组别的估计结果

为了了解在经济发展水平存在差异的情况下,老龄化效应对基尼系数的影响。根据收入分类,我们在表3中报告了同一时期不同国家组的总抚养比为主要老龄化指标的非线性研究估计结果。这既可以了解老龄化与收入差距的非线性关系在不同收入水平的国家分组是否存在差异,同时也可以有助于我们通过使用替代设置,进一步对模型的估计进行检验。引入交叉项后，非线性关系分组估计结果见表3。

表3　不同收入水平国家的老龄化与收入不平等的非线性关系

解释变量	GINI					
	HICS（8）	UMICS（9）	LMICS（10）	HICS（11）	UMICS（12）	LMICS（13）
ADR	−0.648***（0.35）	−0.007***（0.15）	0.651***（0.11）	−0.579***（0.312）	0.005***（0.150）	0.580***（0.121）
ADR²	0.007***（0.004）	0.002***（0.001）	−0.004***（0.001）	0.007***（0.003）	0.001***（0.001）	−0.003***（0.001）
GPC				0.000 2***（0.000 02）	0.000 2***（0.000 02）	0.000 2***（0.000 02）
UNEMR				0.152***（0.028）	0.152***（0.028）	0.152***（0.028）
FDIR				0.002（0.004）	0.002（0.004）	0.002（0.004）
URBAN				0.084***（0.001 6）	0.084***（0.001 6）	0.084***（0.001 6）
INF				0.003（0.003）	0.003（0.003）	0.003（0.003）
FLR				−0.101***（0.029）	−0.101***（0.029）	−0.101***（0.029）
Constant	34.38***（5.05）	34.38***（5.05）	34.38***（5.05）	31.82***（3.50）	31.82***（3.50）	31.82***（3.50）
Within R²	0.17	0.17	0.17	0.21	0.21	0.21
Observations	1 025	725	750	1 025	725	750

注：括号内为系数估计标准误；***、**、*分别表示1%、5%、10%显著水平。经检验存在时间固定效应，此次回归纳入了年份的虚拟变量。

结果显示，在不加入控制变量时，3组样本均具有显著性。同时在估计结果中，我们可以直观地观察到高收入国家组、中高收入国家组和低收入国家组之间存在明显的差异。对比三组数据，还可发现中等收入组的一次项系数明显低于另外两组。加入控制变量后，高收入组和低收入组模型结果比较稳定。从分组研究的估计结果推断，老龄化对收入不平等的影响效应在不同收入水平的国家表现并不相同，在高收入组，老龄化与收入差距的关系呈U形关系，即老龄化对收入差距的影响在1995—2019年经历了从弱化收入差距到扩大收入差距的变化，而在低收入组，老龄化对收入差距的影响呈倒U形。此外，虽然中高收入组的主变量系数显著，但已经失去了经济学意义，这可能和不同收入组别的老龄化特征存在差异有关，即不同经济发展阶段的国家在收入不平等和老龄化的问题上，表现并不相同。基于三个不同收入组别的样本进行指标的均值分析，发现高收入组的基尼系数均值最低，而老年抚养比和65岁以上人口占比最高；中高收入组的基尼系数最高；低收入组的总抚养比与少儿抚养比最高，65岁以上人口占比最低。这表明，在高收入国家，表现出较低的收入不平等和较高的老龄化特征；而在中高收入组，尤其是低收入组，则相反（详见表4）。

表4　不同收入水平国家分组的老龄化与收入不平等平均水平　　　　　　单位:%

收入组别	Gini 系数	总抚养比	老年抚养比	少儿抚养比	65 及以上人口占比
高收入组	33.32	49.74	22.64	27.1	15.09
中高收入组	42.28	53.83	12.05	41.78	7.98
低收入组	40.05	71.81	7.56	64.26	4.60

由于不同收入组国家在老龄化特征方面表现出极大的差异，为了对老龄化对收入分配的影响进行进一步了解，我们将总抚养比分解为老年抚养比和少儿抚养比，直接按分组分别独立进行研究，估计结果见表5。

表5　不同收入水平国家的老龄化与收入不平等的非线性关系

GINI						
解释变量	HICS (14)	UMICS (15)	LMICS (16)	解释变量	HICS (17)	UMICS (18)	LMICS (19)
ODR	−0.475 *** (0.096)	−2.387 *** (0.245)	0.756 ** (0.294)	YDR	−0.915 *** (0.085)	−0.012 (0.069)	0.584 *** (0.087)
ODR^2	0.008 *** (0.002)	0.065 *** (0.006)	−0.043 *** (0.014)	YDR^2	0.017 *** (0.001)	0.002 *** (0.001)	−0.004 *** (0.001)
GPC	0.000 1 *** (7.61e−06)	−0.000 03 (0.000 1)	−0.002 *** (0.000 2)	GPC	0.000 05 *** (0.000 01)	−0.001 *** (0.000 1)	−0.000 3 (0.000 3)
UNEMR	0.118 ** (0.047)	0.175 *** (0.049)	0.130 (0.085)	UNEMR	0.108 ** (0.042)	0.134 ** (0.051)	0.079 (0.084)
FDIR	0.001 (0.003)	0.014 (0.027)	0.079 (0.046)	FDIR	0.002 (0.003)	−0.017 (0.029)	−0.104 ** (0.044)
URBAN	−0.067 * (0.033)	0.420 *** (0.052)	−0.170 *** (0.024)	URBAN	−0.001 (0.025)	0.250 *** (0.029)	−0.152 *** (0.037)
INF	−0.060 *** (0.008)	0.013 *** (0.000 4)	0.016 *** (0.003)	INF	−0.051 *** (0.008)	−0.002 (0.001)	0.017 *** (0.003)
FLR	0.036 ** (0.016)	−0.257 *** (0.036)	−0.254 *** (0.046)	FLR	0.031 *** (0.020)	−0.210 *** (0.051)	−0.239 *** (0.030)

表5(续)

GINI						
解释变量	HICS（14）	UMICS（15）	LMICS（16）	解释变量	HICS（17）	UMICS（18）	LMICS（19）
Constant	39.52 ***（3.118）	45.878（3.136）	57.80 ***（2.679）	Constant	40.72 ***（3.017）	35.11 ***（5.45）	37.03 ***（3.93）
Within R^2	0.081	0.469	0.141	Within R^2	0.190	0.331	0.265
Observations	1 025	725	750	Observations	1 025	725	750

注：括号内为系数估计标准误；***、**、*分别表示1%、5%、10%显著水平。

从此次估计结果来看，以老年抚养比作为主变量时，影响显著，且影响趋势与前面的分析一致。老龄化对收入不平等的影响在低收入组的表现有别于其他两组，从各组抚养比的水平来看，上述老龄化对收入不平等作用异质性的分析表明，对于那些收入水平较高或者老龄化水平较高的国家，人口老龄化扩大收入不平等的影响更突出；反之，对于那些收入水平较低或者老龄化水平较低的国家，人口老龄化对收入不平等的影响较小。这意味着，老龄化对收入分配的影响是随着经济发展水平阶段性变化而逐渐释放的。从少儿抚养比的情况来看，少儿抚养比水平的提高会先降低后加剧高收入和中高收入组国家的收入不平等，而在低收入组的影响则相反。控制变量在不同收入组也表现出在影响上存在差异。人均GDP所代表的经济发展水平的提高在中高收入组和低收入组表现出弱化收入不平等的效应；失业率的上升在所有组别均具有扩大收入不平等的效应；通货膨胀因素的影响则不同，在高收入组，该因素对基尼系数的影响为负，但在中高收入组和低收入组的影响则表现为扩大收入差距；女性就业比例的提高在中高收入组与低收入组的国家，均表现出弱化收入差距的作用；城市化的推进在中高收入组具有扩大收入不平等的效应。

四、结论启示

从全球老龄化发展的趋势来看，不同收入组别的国家的发展趋势并不相同，高收入国家的老龄化趋势更明显，事实上，老龄化在全球的不均衡发展，给不同的国家带来的挑战是不一样的。联合国秘书处经济与社会事务部（UNDESA）在名为《2019年世界人口展望：重点》的最新报告中指出，世界人口正迈向老龄化，从现在起到2050年，一半的世界新增人口将集中在印度、尼日利亚、巴基斯坦、刚果（金）、埃塞俄比亚、坦桑尼亚、印度尼西亚、埃及、美国9个国家。负责经济和社会事务的副秘书长刘振民也在一份声明中说：人口增长最快的地方大部分都在最贫穷国家。对于迈向深度老龄化的国家，重视老龄化问题已成为劳动力供给、养老保障和调节收入分配等领域不可忽视的环节。由于收入分配不平等可能会引发社会矛盾，我国政府一直密切关注收入分配问题。本文通过对国际经验的研究，得到以下启示：①人口老龄化对收入不平等的影响总体呈扩大趋势，从人口结构变化的角度解释了收入不平等发展过程应注意的老龄化影响的原因，尤其是由于老龄化对收入差距的影响具有非线性的特点，关注拐点出现的条件，可有助于我国把握规律，积极应力对老龄化对收入差距的影响；②我国属于老龄化发展比较快速的中高收入国家，对收入分配的影响会更显著地表现出来；③在我国完成消灭绝对贫困的重大任务后，将进入推进共同富裕的阶段，这就需要国家充分考虑老龄化对收入分配带来的影响，从实施提高生育率的各项措施效果入手，缓解老龄化带来的负面影响。这也意味着需要深入思考在老龄化的影响下，参考国际经验，在实践中探索、应对老龄化带来的挑战。

参考文献

［1］ PAGLIN. The measurement and trend of inequality：a basic revision ［J］. American Economic Review, 1975, 65（4）：598-609.

［2］ ALMAS I, HAVNES T, TARJEI HAVNES, et al. Baby booming inequality? demographic change and earnings inequality in norway, 1967—2000 ［J］. The Journal of Economic Inequality, 2011, 9（4）：629-650.

［3］ DEATON A, CHRISTINA P. Saving, inequality and aging：an east asian perspective ［J］. Asia-Pacific Economic Review, 1994, 1（1）：7-19.

［4］ OHTAKE F, SAITO M. Population aging and consumption inequality in Japan ［J］. Review of Income and Wealth, 1998, 44（3）：361-381.

［5］ MOOKERJEE D, SHORROCKS A. A decomposition analysis of the trend in UK income inequality ［J］. Economic Journal, 1982, 92：886-902.

［6］ JÜRGEN F. Impacts of an ageing society on macroeconomics and income inequality：the case of Germany since the 1980s ［M］. Berlin：the German Socio-Economic Panel（SOEP）, 2012.

［7］ PEICHL, ANDREAS, PESTEL, et al. Does size matter? the impact of changes in household structure on income ［J］. The Review of Income and Wealth. 2013, 58（1），118-141.

［8］ GUERIN B. Demography & inequality：how Europe's changing population will impact on income inequality ［J］. Technical Report RR－183－EC, RAND Corporation. 2013：10.

［9］YAMADA T. Income risk, macroeconomic and demographic change, and economic inequality in Japan ［J］. Journal of Economic Dynamics&Control, 2012, 36 (1): 63-84.

［10］MORLEY S A. The effect of changes in the population on several measures of income distribution ［J］. The American Economic Review, 1981, 71 (3): 285-294.

［11］CHU C Y C, JIANG L. Demographic transition, family structure, and income inequality ［J］. Review of Economics and Statistics, 1997, 79 (4): 665-69.

［12］BARRETT G F, CROSSLEY T F, WORSWICK C. Demographic trends and consumption inequality in australia between 1975 and 1993 ［J］. Review of Income and Wealth, 2000, 46 (4): 437-456.

［13］MARTIN B, MARTIN U, MAX L. Why did income inequality in Germany not increase further after 2005 ［J］. German Economic Review, 2017: 1-34.

［14］MASON A, S H LEE. Population aging and the extended family in Taiwan: a new model for analysing and producing living arrangements ［J］. Demographic Research, 2004, 10 (8): 197-230.

［15］KARUNARATNE H. Age as a factor determining income inequality in Sri Lanka ［J］. The Developing Economics, 2000, 38 (2): 211-242.

［16］DAVID E H. Aging in Japan: causes and consequences ［J］. Interim Report, International Institute for Applied Systems Analysis Schlossplatz, 2002, 13 (4): 10.

［17］MIYAZAWA K. Growth and inequality: a demographic explanation ［M］. DARP, 75. Suntory and Toyota International Centres for Economics and Related Disciplines, London School of Economics and Political Science, London, UK, 2005.

［18］BLOOM D E, CANNING D, FINK G. Implications of population ageing for economic growth ［J］. Oxford Review of Economic Policy, 2010, 26 (4): 583-612.

［19］CHEN W, GUANGHUA W, ZHI L, et al. Aging and inequality: the perspective of labour income share ［J］. ADBI Working Paper. Tokyo: Asian Development Bank Institute, 2017: 764.

［20］魏下海, 董志强, 赵秋运. 人口年龄结构变化与劳动收入份额: 理论与经验研 ［J］. 南开经济研究, 2012 (4): 100-118.

［21］王笳旭, 等. 人口老龄化对城乡收入不平等的影响效应研究: 基于中国二元经济结构演变的视角 ［J］. 南方经济, 2017 (9): 118-134.

［22］董志强, 魏下海, 汤灿晴. 人口老龄化是否加剧收入不平等: 基于中国 (1996—2009) 的实证研究 ［J］. 人口研究, 2012 (9): 94-103.

［23］李飞越. 中国人口老龄化与收入不平等关系研究［J］. 西北人口，2015（5）：68-73.

［24］兆鹏，赵忠. 老龄化对我国农村消费和收入不平等的影响［J］. 经济研究，2008（12）：85-99.

［25］撒凯悦，罗润东. 人口老龄化问题的国际前沿研究解读：基于 CiteSpace 的文献计量分析［J］. 东岳论丛，2017（3）：67-77.

［26］王磊. 中等收入阶段应对人口老龄化挑战的国际经验及启示［J］. 老龄科学研究，2014（2）：69-79.

成渝地区双城经济圈
交通一体化发展水平评价

田　园　朱冬菊①

摘　要：交通一体化发展水平在一定程度上反映了区域经济发展的基础。交通基础设施的互联互通在成渝地区双城经济圈建设中起着重要的作用，对区域经济的发展有着显著影响。由此，本文基于交通一体化理论，运用熵值法、修正引力模型，从"点—线—面"三个层次出发构建交通一体化发展水平评价指标体系，对成渝地区双城经济圈的交通一体化发展水平进行定量测度。实证结果显示：①成渝地区双城经济圈的交通一体化发展水平不均衡，"双核"城市发展高，且存在明显虹吸效应，对周围城市的引领还有待加强。②渝东部地区存在明显边缘化现象，对整体的联动较弱。③双核辐射带城市对交通一体化水平发展有一定的支撑作用，毗邻地区间联系还有待加强。因此，成渝地区双城经济圈交通一体化发展，需进一步加强"双核"引领，强化边缘区域和毗邻地区跨地区合作与交流，提高交通基础设施质量。

关键词：成渝地区双城经济圈；交通一体化；修正引力模型；指标构建

一、引言

"成渝地区双城经济圈"概念的提出，是国家推进新格局形成的又一重大举措。2020年10月，中共中央政治局会议在《成渝地区双城经济圈建设规划纲要》中明确指出，要将成渝地区打造成带动全国高质量发展的重要增长极。后四川规划和重庆规划分别对成渝地区双城经济圈的建设做出了相关布局，重点发展双核城市，进一步提升双核的发展能级和综合竞争力，协同建设现代基础设施体系，支撑成渝地区双城经济

---

① 田园，重庆工商大学经济学院教师；朱冬菊，重庆工商大学2017级经济学专业学生。

圈建设等。2021 年，在《国家综合立体交通网规划纲要》中，成渝地区双城经济圈首次与京津冀、长三角和粤港澳大湾区并列，成为"四极"之一，"双核"城市也均入选国际性综合交通枢纽。成渝地区双城经济圈建设的提出，首先，更加明确了成渝经济区在西部地区和全国区域发展格局中的重要战略地位，有利于制定成渝地区双城经济圈新发展方向；其次，加强了西部陆海新通道的统筹协调，促进形成西部开发新格局，深化内陆开放高地建设，有利于扩大成渝地区双城经济圈开放新优势；再次，有利于深入推进新型城镇化战略，促进重大基础设施和公共资源继续向中西部城镇化地区倾斜，充分发挥核心城市带动功能，为成渝地区双城经济圈的发展提供有力支撑和发展新潜力；最后，提高了成渝双城经济圈对外交通网络通畅水平，促进先进产业和生产要素集聚，加速推进巴蜀文化旅游走廊建设和成渝一体化现代综合交通体系建设，有利于培育成渝地区双城经济圈发展新动力。

随着经济全球化和城市化进程的快速发展，区域经济发展变得尤为重要，在区域经济组织中，经济圈则是最重要的组织模式之一。经济圈是经历都市带和都市圈后逐渐形成的观点，又称大城市群或城市群集合，是以一个或多个具有明显综合优势的大城市为中心[1]，从不同地域的自然资源、经济实力、区位优势以及政府经济发展的宏观布局出发，形成有内在经济一体化联系的区域经济联合体[2]。就目前对成渝地区双城经济圈的研究，学者们从双核[3-4]、要素市场[5]、绿色发展[6]、一体化发展[7-9]、金融一体化[10]、交通一体化建议[11-12]等多个角度进行，可以看出学者对成渝地区双城经济圈的研究非常丰富，其中多位学者提到了加强交通基础设施的互联互通，但实证却非常少，交通一体化发展水平评价也几乎没有。交通一体化在基础上影响着区域经济协同发展，是区域一体化发展中的显著标志和重要前提[13-14]，因此成渝地区双城经济圈交通一体化发展水平评价就变得十分重要。本文从交通基础设施出发，进一步分析交通一体化。

交通基础设施建设受到毗邻地区之间的衔接程度、交通承载力水平以及交通运行效率的影响[15-17]。因此，强化交通基础设施建设，第一要加强毗邻地区衔接程度，打破行政界线，减少地区之间的限制与隔阂，推动跨区域基础设施建设[18]。第二要最大限度地挖掘现有交通运输方式、运输网络的流通潜力，尽力满足区域生产要素流动的现实需要[16]，极大限度提高基础设施承载力水平，为地区之间的发展提供有效保证。第三要通过合理分工，充分做到交通运输方式的互补[19]，提高交通运行效率。交通基础设施建设反映了区域交通一体化发展水平。交通一体化是一定区域范围内若干个城市之间，为促进经济社会协同发展而打破行政界线，并通过统一规划、管理、组织及协调，充分利用区域内交通资源，打造跨区域交通网络化体系，做到交通运输方式的互补，提高地区间互联互通水平，实现交通系统最优化的过程[18-20]。交通一体化有利于缓解我国交通紧张局面，进一步推动区域生产要素流动，缩短城市间的时空距离，再造区位发展优势[14][21]，在基础上影响着区域经济发展和城市的建设。

在交通一体化的研究中，不少学者运用加权灰色关联度评价模型[22]、结点模型和国土系数模型[23]、VAR 模型[24]、引力模型[25]、耦合分析模型[26]，对区域交通一体化进行了评价，虽然方法模型各有千秋，但这些研究都将交通基础设施引入指标体系，对区域交通一体化进行测度，以此考虑指标体系的构建。在指标体系的构建中，不少学者[27-31]将交通基础设施引入，并从不同的角度去衡量区域交通发展水平，就目前的文献来看，虽然大多学者采用构建指标体系的方法对区域交通一体化进行量化，但如何构建较为全面的指标体系仍是区域交通一体化研究的重点。

为加速推进成渝地区双城经济圈建设，本文从交通一体化的角度出发，将 2017 年成渝地区双城经济圈的交通基础设施相关数据引入引力模型，利用 ArcGIS 进行可视化表达，并对交通联系强度、内部交通基础设施分布情况进行了分析，探究成渝地区双城经济圈联系强度差异的原因。本文主要结构是：首先，本文对引力模型进行了修正；其次，本文从"点—线—面"三个层次出发构建了成渝地区双城经济圈交通一体化发展水平评价指标体系，并利用熵值法进行赋值，分析成渝地区双城经济圈交通发展的现实基础；再次，本文利用评价结果进一步分析成渝地区双城经济圈交通基础设施城市等级情况、交通联系强度以及在"点—线—面"层次下的发展状况；最后，本文提出完善成渝地区双城经济圈交通一体化发展的对策建议。

二、研究区域和方法

（一）研究区域

本文根据成渝地区双城经济圈规划图确定具体研究区域，范围包括重庆市 38 个区（县）以及四川省 18 个市，其中部分区县和市的行政区域并没有全部覆盖。考虑到重庆直辖市行政结构的特殊性，本文将主城区作为单独的研究单元与其他区县进行研究，主城区主要包括渝中区、大渡口区、江北区、沙坪坝区、九龙坡区、南岸区、北碚区、渝北区、巴南区[32]。所以，本次将提取 37 个研究单元探究成渝地区双城经济圈交通一体化发展水平（见表1）。

表 1　成渝地区双城经济圈交通一体化发展水平评价研究单元

重庆市区域	主城区、合川区、万州区、忠县、永川区、涪陵区、江津区、黔江区、潼南区、璧山区、大足区、铜梁区、梁平区、开州区、云阳县、垫江区、长寿区、武隆区、南川区、丰都县、彭水自治县、石柱自治县、綦江区
四川省区域	成都市、德阳市、绵阳市、眉山市、资阳市、遂宁市、乐山市、雅安市、自贡市、泸州市、内江市、南充市、宜宾市、达州市、广安市

注：根据研究思路整理而得。

由于本文主要侧重于研究单元的空间差异性，所以本文选取 2017 年的 37 个研究单元数据进行分析。

（二）研究方法

1. 修正引力模型

引力模型是在牛顿经典力学的万有引力公式的基础上提出的一个比较简便的经济模型，在空间互动领域研究中广泛应用的一种方法。Reilly 首先将万有引力应用到经济学领域[33]，后 ZipfGK 将引力模型引入城市空间相互作用体系，并进一步延伸和推展了该模型[34]。Tinbergen 则提出了较为完整的经济学引力模型，并认为两国双边贸易规模与他们的经济总量成正比，与两国之间的距离成反比[35]。美国经济学家 Taaffe 认为，城市之间的引力与人口成正比，与距离的平方成反比[36]。往后引力模型被不断拓展，用于更多的研究领域，主要包括空间布局、旅游、贸易和人口迁移等方面，其中标准引力模型是两个经济体之间与它们各自的经济规模成正比，与它们之间的距离成反比，基本公式为：

$$F_{ij} = k \frac{M_i M_j}{D_{ij}^2} \tag{1}$$

$$k_{ij} = \frac{g_i}{g_i + g_j} \tag{2}$$

其中，F_{ij} 代表两个区域间的空间经济吸引力；M_i 和 M_j 分别表示区域 i 和区域 j 的"质量"，$M_i = \sqrt{p_i g_i}$，其中 p_i、g_i 分别为 i 区域的人口总数和地区生产总值，$M_j = \sqrt{p_j g_j}$，其中 p_j、g_j 分别为 j 区域的人口总数和地区生产总值，D_{ij} 表示两区域间的距离；k 为经济引力系数，一般情况下是较大的地区生产总值在前，即两地区之间的经济引力系数分子是两者之间最大的地区生产总值。

现在前人研究的基础上，从城市质量和距离两个角度进行引力模型修正，在城市质量的评定中加入交通基础设施建设的相关情况后，最终评定出城市质量。因城市间距离不能简单地用直线距离或者道路路程来衡量，所以本次距离以公路为研究对象，从最短行驶距离、时间成本和货币成本三个方面进行修正。其公式为：

$$D_{ij} = \sqrt{U_{ij} T_{ij} C_{ij}} \tag{3}$$

其中，U 代表选择 i 地区与 j 地区之间标准化后的最短公路里程；T 代表选择 i 地区与 j 地区之间的公路最短里程标准化后的时间成本；C 代表选择 i 地区与 j 地区之间的最短公路里程标准化后的货币成本。

2. 熵值法

熵值法是根据各项指标指标值的变异程度来确定的指标权数，是一种客观的赋权方法[37]，避免了主观性确定权重所带来的误差。一般认为，熵值法能深刻反映指标信息熵值的效用价值，其计算得出的指标权重值具有一定的可信度[38]。所以，现将得到的指标权重 W_j 与 P_{ij} 相乘得到"点—线—面"指标综合得分，然后根据分数进行比较。计算公式如下：

$$S_{it} = \sum_{j=1}^{n} W_j \times P_{ij} * 100 \qquad 式（4）$$

式中，S_{it} 为样本待估值（t = 1，2，3，分别表示点、线、面），值越高，发展越好，n 为待评价样本个数，P_{ij} 为无量纲标准化后的值，W_j 为指标的权重值，i 为城市，j 为指标。

（三）评价指标及权重

交通一体化是以交通基础设施为基础，通过对交通基础设施的合理规划，提高区域之间互联互通水平，并以交通规则的统一制定为推进，构造跨区域的交通运行管理。它有利于区域之间的交流、协同、合作，促进区域间经济的再增长，是区域经济一体化的重要内容。从交通基础设施建设情况出发，结合指标数据的科学性、有效性、可得性的原则，构建成渝地区双城经济圈适用的交通一体化发展水平评价指标体系表。参考学者[39]对物流一体化的研究，本文认为交通基础设施也具有明显"点—线—面"结构联动的特征，所以从"点—线—面"层次构建交通发展水平评价指标体系，其中"点"是基础设施建设中的基点，是交通基础设施系统化的结构基准；"线"是基础设施建设中的纽带，是交通基础设施系统化的结构框架；"面"是基础设施建设中的联动，是交通基础设施系统化的整体联动与协调。通过对相关学者[28][29][31][40-41]研究进行梳理，结合"点—线—面"层次构建出交通发展水平评价指标体系，并运用熵值法确定各指标权重如表 2 所示。

表 2　交通一体化发展水平评价指标体系及权重

阶段	一级指标	指标层	指标含义	权重
交通一体化发展水平	"点"发展水平	客运站/个	反映站点服务水平	0.054
		客运二级以上站点数/个		0.063
	"线"发展水平	公路密度/公里/百平方公里	反映路网通达性水平	0.045
		人均道路面积/平方米		0.045
		全市客运客车/万辆	反映道路基础设施水平	0.053
		运营客船/艘		0.052
		道路装灯长度/公里		0.053
		道路桥梁固定投资/万元		0.057
	"面"发展水平	公路客运量/万人	反映交通服务力水平	0.050
		公路旅客周转量/万人		0.048
		铁路客运量/万人		0.090
		铁路旅客周转量/亿人公里		0.088
		水路客运量/万人		0.058
		水路客运周转量/万人公里	反映道路安全水平	0.059
		国、省道绿化里程/公里		0.048
		国、省道养护里程/公里		0.048
		交通事故数/起		0.045
		交通事故伤亡人数/个		0.045

注：根据研究思路整理而得。

（四）研究数据来源与处理

本文中所有的原始数据来源于《重庆交通统计年鉴 2018》《四川交通统计年鉴 2018》《中国城市建设统建年鉴 2017》，部分指标来源于重庆统计局、各城市统计公报和百度地图官网。数据搜集后，课题组通过 EXCEL、SPSS 和 ArcGIS 等软件进行数据处理与分析。

三、评价结果与分析

本文对成渝地区双城经济圈城市的质量和距离进行了评定，通过修正后的引力模型计算出了成渝地区双城经济圈城市之间的引力大小，现对成渝地区双城经济圈各城市进行评价结果分析。

（一）交通基础设施的城市等级分析

一般来说，区域中的城市等级关系可以利用城市间引力大小来进行判断，城市引力越大就认为该城市在本区域中的地位就越大，也意味着在区域的发展中该城市越重要，现利用城市交通基础设施综合引力来衡量城市等级水平，计算方法是将该城市对其他城市的引力大小进行加总[42]。表达式为：

$$G_m = \sum_{j=1}^{n} F_{mj} \tag{5}$$

G_m 表示 m 城市交通基础设施综合引力，n 表示对应的城市个数，F_{mj} 表示 m 城市对 j 城市的引力强度，计算得到成渝地区双城经济圈各城市的城市交通基础设施综合引力，利用 ArcGIS 进行自然断裂点分析和可视化表达，由此得到成渝地区双城经济圈城市交通基础设施城市等级分布图。

成渝地区双城经济圈交通基础设施城市等级特征表现为"整体差异大，双核等级高，核心带动弱，双核辐射带城市断层发展"。该区域有一级城市 2 个（成都市和主城区），二级城市 5 个（南充市、泸州市、宜宾市、内江市、绵阳市），三级城市 12 个（遂宁市、广安市、达州市等）和 18 个四级城市（长寿区、璧山区、大足区等）。首先，相对于其他成渝地区双城经济圈的城市来说，成都市和重庆主城区在交通基础设施建设上具有最高的地位，城市等级指数分别为 2 016.865 9 和 2 684.034 1，充分体现了双核态势，但是周围城市等级与"双核"城市等级相差至少一个等级，出现明显的断层现象，所以"双核"城市对周围城市的带动作用较弱。其次，双核辐射带城市等级较低，大致呈现出"三带"发展分布，上下两带城市等级较高，中带较弱。最后，成渝地区双城经济圈的高等级层次的城市较少，二级及其以上城市只有 7 个，主要分布在四川省区域，三、四级城市占据绝大多数，主要分布在重庆市区域，所以四川省区域与重庆市区域的交通基础设施存在一定的差异。

（二）"点—线—面"层面分析

利用 EXCEL 对数据进行图形化处理以及 ArcGIS 的自然断裂点分析和可视化表达对"点—线—面"层次做出以下分析（见图 1）。

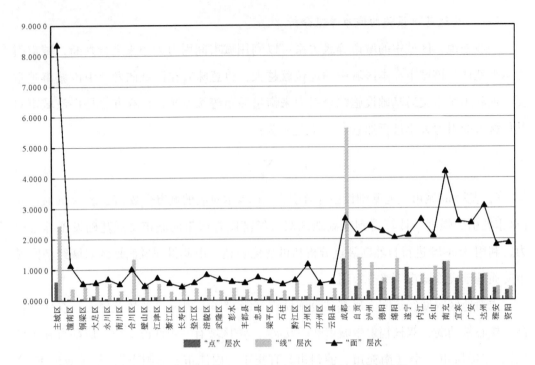

图 1 成渝地区双城经济圈"点—线—面"层面评价值

第一,"点"层面表现出较大的地域差异,重庆市区域出现明显的"单边塌陷"。成都市、南充市和遂宁市的评价值最高,分别为 1.33、1.24 和 1.04,是排名最末位的 6 810、6 328 和 5 312 倍。37 个城市的"点"层面评价值的均值为 0.32,其中高于均值的城市有 14 个,小于均值的城市有 23 个。此外,重庆市区域均值仅为 0.09,比整体均值低 0.23,这充分说明了重庆区域"点"层面发展较低。

第二,"线"层面大致呈现"单核高,西部高,东部低"空间布局。其中成都市"线"层面评价值为 5.62,是排名第二区域主城区的 2.3 倍。此外,在评价值排行前十的城市中,有 6 个(成都市、自贡市、绵阳市、泸州市、乐山市和宜宾市)位于成渝西部地区,其平均评价指数为 1.93,是整体均值 0.82 的 2.34 倍。在渝东部区域,评价值高的城市是主城区和合川区,值分别为 2.44 和 1.34,可以明显看出主城区对周围城市发展来说有明显断层现象。根据"线"层面指标影响占比排序发现,道路桥梁固定投资对"线"层面评价值的影响最为明显,占"线"层面指标比重的 18.55%,占全指标比重的 5.66%

第三,"面"层面呈现出明显的"单核高,四川省高,重庆市低"空间布局。首先,重庆市主城区评价值(8.35)是排名第二城市南充市的 1.98 倍,单核领先明显。其次,在"面"层面排名前十中,9 个城市来源于四川省,而且四川省城市在"面"层面评价值数中,均值为 2.48,是重庆市区域平均值 1.01 的 2.46 倍。根据"面"层面指标影响占比排序发现，铁路客运量和铁路客旅周转量是"面"层面影响占比最大的两个指标，分别占"面"层面指标比重的 15.52% 和 15.27%，占全指标比重的 9.00% 和 8.83%。

（三）交通联系强度分析

1. 成渝地区双城经济圈交通联系强度分析（见图 2）

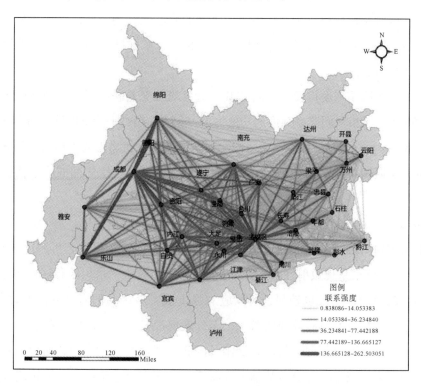

图 2　成渝地区双城经济圈交通联系强度分布

现用 ArcGIS 做各城市之间的交通联系强度的效果图，总的来说，成渝地区双城经济圈交通联系强度存在显著的不均衡，主要以"双核"城市为核心呈现出非均衡空间分布。

首先，交通联系强度排行前十的分别是：成都市—资阳市（262.503 1）、成都市—德阳市（236.187 0）、主城区—江津区（212.123 1）、主城区—合川区（192.530 6）、主城区—璧山区（172.280 1）、成都市—绵阳市（164.785 8）、成都市—乐山市（164.639 0）、主城区—铜梁区（136.665 1）、主城区—广安市（134.510 6）、成都市—雅安市（129.820 6），其中成都市对外交通联系强度主要对象为：资阳市、德阳市、绵阳市、乐山市、雅安市，主城区对外交通联系强度主要对象为：江津区、合川区、璧山区、铜梁区、广安市，可以看出，"双核"城市极化显著且对周边城市的引领也较为明显。

其次，交通联系强度排行后十名的分别是：开州区—铜梁区（1.430 9）、潼南区—云阳县（1.313 2）、开州区—潼南区（1.263 4）、雅安—綦江区（1.232 3）、万州区—雅安市（1.213 3）、雅安市—彭水（1.159 7）、雅安市—黔江区（1.066 3）、雅安市—开州区（1.043 7）、雅安市—石柱（1.016 4）、雅安—云阳县（0.838 1）。可以看出，城市之间距离越远，交通联系强度越弱，开州区、云阳县、雅安市、綦江区、万州区、彭水、黔江区以及石柱都属于边缘城市，之间的联系又最弱，所以存在明显的边缘化现象，而铜梁区、潼南区属于毗邻地区城市，交通联系强度较弱，说明毗邻地区存在联系强度凹陷情况。

最后，交通联系强度排行前十名的城市组合的总交通联系强度是排名后十位城市组合的 156 倍。城市之间联系强度的均值为 18.685 8，超过平均值的城市组合只占总组合的 27.48%，所以成渝地区双城经济圈交通联系强度存在显著的不均衡。从联系强度分布上看，交通联系强度也呈现出单翼发展趋势，渝西部地区之间的联系强度明显强于渝东部地区。

2. 成渝地区双城经济圈区域中心城市交通联系强度分析

现根据规划图对区域中心城市进行交通联系强度自然断裂点分析和可视化表达。首先，"双核"城市呈现放射性圈层分布，核心显著。其次，永川区和涪陵区在主城区的主要辐射范围内，联系也较强，所以应加强重庆主城区与两者之间的联动。再次，绵阳市与乐山市与成都市有较强的联系，充分展现带状分布。最后，对于"三区"区域中心城市分析，万州区对开州区和云阳县的联系强度大于达州市，所以应加强万—达—开—云四个区域之间的交通基础设施联系，南充市对遂宁市和广安市之间的联系明显，泸州市和宜宾市与自贡市联系呈现三角稳定，且宜宾市与自贡之间的交通联系较强。

四、结论与对策建议

（一）结论

本文从理论上探究了交通一体化的内涵，运用熵值法和修正引力模型对成渝地区双城经济圈的交通一体化发展水平进行了评价分析，得出以下几点结论：

（1）从成渝地区双城经济圈的交通基础设施城市等级以及交通联系强度（见图3）来看，成渝地区双城经济圈的交通一体化有"双核"独大现象，且双核城市对周围城市存在明显虹吸效应，以至于双核周围城市出现断层发展现象，从而导致交通一体化发展水平分布不均衡。

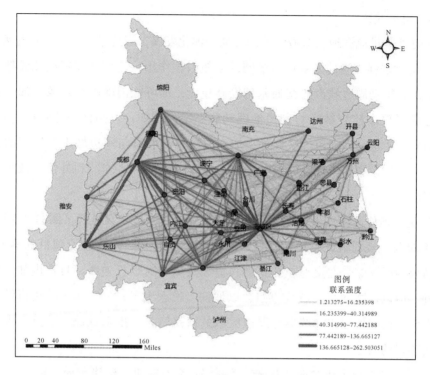

图3 成渝地区双城经济圈区域中心城市交通联系强度

（2）从成渝地区双城经济圈交通基础设施城市等级、交通联系强度以及"点—线—面"层次评价来看，成渝地区双城经济圈的交通一体化发展存在明显的边缘化现象，主要表现在渝东部地区，各种数据都处于较低的状态。因此，去边缘化应是带动渝东部地区更好服务成渝地区双城经济圈建设的重要着力点。

（3）从成渝地区双城经济圈的交通联系强度来看，联系强度呈现出"双核值高，辐射带强，城市边缘化，毗邻区域凹陷"的空间分布态势。双核对周边城市的联系是较强的，有明显的圈层结构，在辐射带上的城市联系较强，带动支撑作用也较为显著，但是边缘地区和毗邻地区之间的联系还有待加强。

（4）从成渝地区双城经济圈指标体系的"点—线—面"三个层次出发，发现在"点"层次评价值排名前十的城市中，有五个城市出现在"线"层次评价值排名前十的城市，"线"层次评价值排名前十的城市中，有七个城市出现在"面"层次评价值排名前十的城市中，这表明"线"指标层的支撑作用较强。

（5）本文对成渝地区双城经济圈的交通一体化发展水平和现状进行了评价分析，但仍然存在许多不足。首先，交通一体化的评价工作既复杂又系统，如何更加全面具体地去进行仍需探讨；其次，指标体系的构建也需要进一步思考完善；最后，发展水平是一个动态的过程，应该加入时间序列数据对其进行有效评价。

（二）对策建议

为更好地推进成渝地区双城经济圈交通一体化发展，现总结出以下几点对策建议。

（1）继续加强成渝地区双城经济圈的双核引领作用，充分发挥重庆和成都核心城市带动作用，推动周边城市的交通基础设施建设，尽可能消除断层现象。加强双核引领的重心应当放在核心城市与周边地区的联系上，例如：万州区—达州市—开州区、泸州—宜宾、重庆—广安市等。此外，加强成渝两大城市与周边城市和地区的铁路联系，促进核心城市和周边地区的资金、人才等要素流动，增进红利外流，减少双核城市虹吸影响。

（2）努力抓住"十四五"规划这一时代机遇，织密成渝双城经济圈的交通运输网，推进"十四五"规划中成渝地区双城经济圈相关交通基础设施建设项目的落地实施，合力打造成渝国际综合性交通枢纽集群，提高区域交通运行效率，打造内陆开放新高地。此外，应以铁路网络发展为重点，以地铁、长途汽车、公交车为辅进行综合交通网络的构建，同步加强成渝城市与周边区域的铁路联系，推动铁路、公路、港口建设重大联运项目的实施。

（3）科学规划建设成渝地区双城经济圈综合交通枢纽，构建布局合理、安全便捷、绿色高效的现代综合交通枢纽体系，努力推进交通枢纽间互补、协同、联动。加强四级城市和边缘地区的合作联动，注重万州区—达州市—开州区、泸州—宜宾—自贡区域全国性综合交通枢纽建设。综合枢纽的建立将成渝地区双城经济圈的地域板块重新进行划分，"抱团"的发展形式会让经济发展成果更加显著。

（4）消除成渝地区双城经济圈交通体制障碍，建立共商共建的智慧交通规则，统筹制定铁路、公路、水路、轨道交通等运营规则。统一规则制度是成渝地区双城经济圈之间合作的基础和关键，交通规则就是最重要的一部分。因区域城市间要素禀赋各异，基础条件各有不同，要推进成渝地区双城经济圈的建设，则需要成渝地区各城市之间生产和分工更加科学合理，而此前统一规划制定的制度则为合作提供现实基础，减少了制度阻碍。

参考文献

[1] 林细细，张海峰，张铭洪. 城市经济圈对区域经济增长的影响：基于中心—外围理论的研究 [J]. 世界经济文汇，2018（4）：66-83.

[2] 胡雯. 突出"双核带动"促进"中部崛起"[N]. 四川日报，2020-7-6（6）.

[3] 杨刚. 解读成渝双城：以新经济引领成渝地区双城经济圈崛起 [J]. 财富时代，2020（3）：34-35.

［4］刘小差，冯瑜. 统筹成渝双城经济圈产业要素合理流动和高效集聚［J］. 中国发展观察，2020（12）：51-55.

［5］郑坤，罗彬，王恒，等. 成渝地区双城经济圈自然生态保护协同监管问题与对策研究［J］. 环境生态学，2020，2（8）：51-54.

［6］李虹辉，宁健康. 成渝地区双城经济圈一体化增长的溢出效应研究［J］. 中南财经政法大学研究生学报，2020（3）：24-32.

［7］张志强，熊永兰. 成渝地区双城经济圈一体化发展的思考与建议［J］. 中国西部，2020（2）：1-12.

［8］姚乐野. 推动成渝地区双城经济圈一体化发展[N]. 重庆日报，2020-4-20（3）.

［9］卢飞. 加快成渝地区双城经济圈金融一体化发展［N］. 重庆日报，2020-5-25（10）.

［10］丁瑶瑶. 成渝建好"经济圈"需跨过三道坎［J］. 环境经济，2020（6）：11-15.

［11］冯可欣. 成渝地区双城经济圈铁路发展现状及存在问题浅析［J］. 科技经济导刊，2020，28（16）：168-169.

［12］曾青. 区域经济与区域交通一体化发展模式研究［J］. 武汉理工大学学报，2006（12）：133-136.

［13］熊娜，郑军，汪发元. 长三角区域交通高质量一体化发展水平评估［J］. 改革，2019（7）：141-149.

［14］孙孝文，推动交通一体化建设的关键路径［J］. 中国水运，2008（6）：230-233.

［15］王中和. 以交通一体化推进京津冀协同发展［J］. 宏观经济管理，2015（7）：44-47.

［16］孙明正，余柳，郭继孚，等. 京津冀交通一体化发展问题与对策研究［J］. 城市交通，2016，14（3）：61-66.

［17］殷江滨，黄晓燕，洪国志，等. 交通通达性对中国城市增长趋同影响的空间计量分析［J］. 地理学报，2016，71（10）：1767-1783.

［18］付建飞. 交通运输一体化是构筑都市圈发展的命脉［J］. 铁路运输与经济，2007（5）：13-15.

［19］王培宏，贺国光. 交通一体化：综合运输的发展方向［J］. 综合运输，2003（10）：10-11.

［20］单飞，李旭宏，张军. 基于 FAHP 和加权灰色关联度的区域交通一体化评价方法［J］. 交通运输系统工程与信息，2011，11（5）：147-154.

［21］李燕，侯树展. "十三五"时期杭州都市圈交通一体化发展问题研究：基于

结点模型理论的公路网问题分析［J］. 浙江社会科学，2016（12）：141-147，160.

［22］郑林昌，赵丹阳，郭世鹏，等. 京津冀协同发展背景下交通一体化对区域经济发展的影响［J］. 物流技术，2017，36（5）：12-17，36.

［23］马开森，李朝奎，杨文涛，等. 长株潭城市群交通通达性及一体化水平研究［J］. 测绘科学，2019，44（5）：55-60.

［24］聂正英，李萍. 京津冀交通一体化与区域经济耦合：基于熵权法的协调分析［J］. 综合运输，2019，41（4）：37-42.

［25］林发锦，张谢东，房瑞伟，等. 国家中心城市综合交通运输发展评价与比较研究［J］. 交通科技，2017（6）：83-86.

［26］杨长春，彭聚霞. 城市交通发展水平评价指标体系构建［J］. 统计与决策，2019，35（17）：63-66.

［27］梁仁鸿，龚露阳. 综合交通发展指数构建研究［J］. 交通运输研究，2019，5（1）：8-15.

［28］付一方，刘晓雷，路敖青. 交通运输发展国内外对比指标体系构建及现状分析［J］. 交通世界，2019（23）：20-24.

［29］王冬辉. 城市交通高质量发展评价指标体系构建研究［J］. 中国市场，2020（7）：34-35.

［30］涂建军，况人瑞，毛凯，等. 成渝城市群高质量发展水平评价［J］. 经济地理，2021，41（7）：50-60.

［31］REILLY J. Methods for the study of retail relationships［M］. Austin，TX：University of Texas，1929.

［32］ZIPF G K. The P1P2/D hypothesis：on the intercity movement of persons［J］. American Sociological Review，1946，11（6）：677-686.

［33］TINBERGEN J. Shape the world economy：suggestions for an international economic policy［J］. New York：Twentieth Century Fund. 1962，3：37-52

［34］TAAFFE J. The city level：airline passenger limit［J］. The Economic Geography，1962（1）：1-14.

［35］郭显光. 熵值法及其在综合评价中的应用［J］. 财贸研究，1994（6）：56-60.

［36］张卫民. 基于熵值法的城市可持续发展评价模型［J］. 厦门大学学报（哲学社会科学版），2004（2）：109-115.

［37］郭茜，康安安. 京津冀物流标准建设水平研究［J］. 物流科技，2019，42（2）：23-26.

［38］武平，王显光，宋茂灿，等. 交通运输先行度模型及指标体系研究［J］. 综合运输，2020，42（5）：16-19，48.

［39］李连成. 交通强国的内涵及评价指标体系［J］. 北京交通大学学报（社会科学版），2020，19（2）：12-19.

［40］苗洪亮，周慧. 中国三大城市群内部经济联系和等级结构的比较：基于综合引力模型的分析［J］. 经济地理，2017，37（6）：52-59.

重庆市财政科技支出绩效评价

——基于 DEA-Malmquist 指数的实证分析

黄廖鑫芮[①]

摘　要：为提升科技支出绩效评价水平，突出绩效评价在资源配置中的重要性，本文采用 DEA-Malmquist 指数方法，基于 2016—2018 年度重庆市 26 个区县的面板数据，结合相关指标体系，对财政科技支出水平进行实证分析。研究结果表明：重庆市的科技支出总体效率位于良好水平，且逐年稳步上升，但以区县为单位来看，效率值存在差异，主城区数值较为均衡，但并未达到最优效率值，受到投入冗余影响，其效率值低于预期；周边区县则出现显著波动，R&D 经费及人员等数值与均值差异较大，科技支出规模不足，结构不合理，抑制了科技支出效率水平的提升。

关键词：财政科技支出；绩效评价；DEA-Malmquist 指数

一、引言

近年来，重庆市不断加大科技投入力度，鼓励高新技术产业发展，通过一系列强有力的举措，实现了科研经费投入、科技人才投入、高新技术产业经济贡献值等多项指标的连续正增长，科技创新能力得到了有效的提升。尽管如此，重庆市各区县间仍存在部分地区科技支出绩效水平低、支出结构不协调等问题，在影响财政科技支出绩效评价结果的同时，也影响了重庆市科技创新中心建设工作的进一步推进。基于此，本文应用 DEA-Malmquist 指数法实证分析重庆市区县的财政科技支出绩效水平，为相关问题对策的提出提供有效的数据参考。

此前，在绩效评价的度量方法上，学者大多集中于数据包络分析法（DEA），陈丽

---

① 黄廖鑫芮，重庆工商大学经济学院，2018 级财政学专业本科生。

佳（2005）认为，要通过凸显综合效率指标与评价目标的契合程度来反映财政科技支出的强目标性；但只有充分考虑指标的可操作性和精准性，才能更好显示这种契合度[1]；罗卫平等（2007）借助规模效益和技术效率两大综合效率因子，分析了广东省21 个地市的财政科技支出综合效率，提出广东省近四分之一的地市财政科技投入绩效处于较高水平[2]；李伟红等（2011）基于 DEA-Malmquist 指数模型方法对各地区科研创新技术效率进行了测度，在合理配置资源和建立高效科研管理制度等方面提出了建议[3]；王晓珍等（2019）对省域高效创新经济价值和社会价值效率进行了测算，并深入分析了其影响因素[4]；孙涛（2020）在 CCR 模型的基础上对东北三省工业科技成果转化效率进行了实证分析[5]。综上所述，学者利用数据包络分析法进行了大量的实证研究，但无法对重庆市财政科技支出绩效水平形成较为完整的数据依托。为此，本文借助 DEA-Malmquist 指数对重庆市各区县的全要素生产率及其效率进行具体分析，为各区域的财政科技支出绩效评价提供更为有效、可靠的参考。

二、实证分析

（一）指标体系的选取

本文针对重庆市所辖 26 个区县的财政科技支出现状，通过综合考虑指标的综合性、有效性以及数据的可得性和可靠性，引入资本和劳动力作为科技成果转化的投入变量。参考张鹏（2021）等学者的研究，本文将地方财政科技支出（万元）和 R&D 经费内部支出（万元）作为资本角度的投入指标，R&D 人员全时当量（人年）作为劳动力角度的投入指标[6]，来反应科技创新过程中的 R&D 资源消耗。同时，引入科技型企业数、高新技术产品数和国内发明专利数作为产出阶段评价指标，用以衡量 R&D 活动的有效产出率。本文所选取相关原始数据均来源于《重庆科技统计年鉴》，选取的数据主要范围是 2016—2018 年度重庆市 26 个区的投入和产出相关指标，构建如表 1 所示的重庆是财政科技支出绩效评价指标体系。

表 1 科技支出绩效评价投入产出指标

指标类型	可测度指标	变量	单位
投入指标	地方财政科技支出	X_1	万元
	R&D 经费内部支出	X_2	万元
	R&D 人员全时当量	X_3	人年

表1(续)

指标类型	可测度指标	变量	单位
	科技型企业数	Y_1	个
产出指标	高新技术产品数	Y_2	个
	国内发明专利授权数	Y_3	件

（二）基于 DEA-Malmquist 指数的实证分析

本文利用 DEA 模型测算出各区的科技支出纯技术效率、规模效率和综合效率，得到科技支出效率如表2所示，通过分析和比较，进一步探讨影响重庆市区财政科技支出效率的内在原因，给出相应的建议。

表2 2016—2018 年 26 个区科技支出综合效率

地区	综合效率	纯技术效率	规模效率	地区	综合效率	纯技术效率	规模效率
北碚区	0.979	1.000	0.979	长寿区	0.957	1.000	0.957
大渡口区	1.000	1.000	1.000	合川区	0.766	0.859	0.891
渝北区	0.535	1.000	0.535	南川区	0.690	0.708	0.975
江北区	0.609	0.832	0.732	大足区	0.771	0.813	0.948
沙坪坝区	1.000	1.000	1.000	綦江区	0.451	0.460	0.980
璧山区	0.646	0.844	0.766	潼南区	0.893	1.000	0.893
南岸区	0.460	0.818	0.563	铜梁区	1.000	1.000	1.000
九龙坡区	0.670	1.000	0.670	万州区	0.107	0.119	0.900
江津区	1.000	1.000	1.000	渝中区	0.780	1.000	0.780
永川区	0.855	1.000	0.855	梁平区	1.000	1.000	1.000
巴南区	0.724	1.000	0.724	开州区	1.000	1.000	1.000
荣昌区	0.509	0.530	0.959	武隆区	1.000	1.000	1.000
涪陵区	0.377	0.480	0.786	黔江区	1.000	1.000	1.000
平均	0.761	0.864	0.881				

综合效率作为纯技术效率和规模效率的乘积，是评价效率的最终指标，根据表2所示，大渡口区、沙坪坝区、江津区、铜梁区、梁平区、开州区、武隆区、黔江区在科技支出发挥了较人有效性，而南岸区、綦江区、涪陵区、荣昌区等在内的5个区则处于较低水平，其中万州区的综合效率最低。尽管这一数据是 26 个区相对而言的比较数据，在数据样本有限的情况下，综合效率为1并不能完全说明发挥了科技支出的最大效用，但在一定程度上反映了在重庆市范围内较为合理的科技成果转化率，资源结

构配置合理。作为与平均值差距较大的地区，万州区等在资本和人力投入上存在协调不力、激励效果不明显的问题，要建立有效的科技支出绩效评价体系及奖励机制，打通科技成果转化的高效路径；同时，数据表明这些地区在资源配置、投入总量方面还存在较大改善空间，如何扩大支出规模并调整达到劳动力与资金的最适比是后续应当考虑的调整方向。综合效率较为接近平均值的渝中区、大足区、合川区、巴南区等及高于平均值的北碚区、长寿区、潼南区、永川区等可考虑适当削减投入量，避免因科技支出投入指标冗余所带来的综合效率下降，远离综合效率的有效状态。总体来看，重庆市内的26个区综合效率呈现出波动变化的状态，除少数地区数据外，大部分地区综合效率值分布较为均匀，表明整体支出水平较高，在不同年度中呈现出动态变化，进一步表明现有科技支出绩效评价具有合理性、有效性，但可以看出在实际的科技产出量和转化效率上，还有较大的提升空间，需要更进一步的调整和补充。

从纯技术效率来看，作为决策单元在一定规模时投入要素生产率的反应，受到地区技术发展水平和产业管理水平的影响。根据表2的结果来看纯技术效率值达到1的区占到半数以上，6个区的纯效率值处于较高水平，4个区则处于显著低于平均值的效率水平。纯效率值为1表明这些地区在劳动力和资本的投入上是有效率的，形成投入资源与产出结果之间的有效转化的良性局面，在6个处于较高效率值的地区，不同阶段、不同程度的资源浪费仍是不可忽视的主要问题，政府需要在科技支出的预算制订过程中实现更为科学有效的事前规划，避免过量投入的事后矫正。但总体来看，大部分区县处于较高的效率水平，也进一步证明了科技支出投入的发展是可持续的。但在4个纯效率值明显低于平均值的地区中，具有明显非主城区的地理特性，表明重庆市现有科技支出绩效评价体系存在覆盖面偏窄和拓展性不足等问题，导致了以上地区的财政科技支出分配不足，影响了R&D人员数量和R&D经费内部支出的水平，科研投入力度较弱，科技转化成果较少等问题凸显。因此，对较低水平的区县进行政策倾斜，以及加大相关人员和经费的投入力度，将是下一步提高纯效率平均值所必须解决的首要问题。

从规模效率来看，大渡口区、沙坪坝区、江津区、铜梁区、梁平区、开州区、武隆区、黔江区8个区达到了规模最优，这表明以上地区在财政科技支出水平与科技发展规模上实现了匹配，而8个区的综合效率值也在规模最优的条件下达到了1，可见规模效率对于整体的科技支出绩效评价水平的影响是显著的，同时也是衡量科技产业规模同最优规模之间的差距的数据。尽管如此，南岸区、渝北区的规模效率值仍与平均值产生了较大偏差，在现有支出水平下并没有带来最大化的规模化效益，需要更加注重这些地区科研规模化、体系化发展，提高科技成果的产出数量与质量，充分发挥其科技产业的活力，带动地区科技水平的发展。

（三）Malmquist 指数动态分析

Malmquist 指数可以动态反映各地区不同年度的科技支出效率的变动情况，包含综合技术效率变化及技术进步指数。本文应用 Malmquist 指数对 2016—2018 年重庆市 26 个区的科技支出效率进行分析，得到以下结果（见表 3）：

表 3 2016—2018 年重庆市 26 个区各年科技支出的平均 Malmquist 指数和分解

时间	技术效率 （effch）	技术进步 （techch）	纯技术效率 （pech）	规模效率 （sech）	全要素生产率 （tfpch）
2016—2017 年	1.054	0.950	0.980	1.075	1.001
2017—2018 年	1.064	1.154	1.070	0.994	1.228
平均值	1.059	1.047	1.024	1.034	1.109

由表 3 可知，重庆市科技支出全要素生产率总体逐年上升，平均年增长 10.9%，具体来看，研究阶段每一年的全要素生产率指数均大于 1，表明重庆市各区县的科技支出力度和效用处于稳步上升阶段，对全要素生产率指数进行进一步分解可见：①技术效率指数上升了 5.9%，技术进步指数上升了 4.7%，纯技术效率上升了 2.4%。可以看出技术效率、技术进步和纯技术效率共同促进了科技支出效率的提升，且三者指数的变化具有较强的趋同性，其中以技术效率和技术进步所带来的影响更为明显，引起了全要素生产率的大幅提升。②研究期间各年份的纯技术效率都呈波动变化，而规模效率则出现了先下降后上升的变化趋势，总体上规模效率仅增长 3.4%，受到 2017—2018 年度的较大影响，纯技术效率上升了 2.4%，表明纯技术效率和规模效率的变动情况存在一定程度的反向变动关系，纯技术效率的提高对于规模效率的提升可能存在抑制作用。

重庆市各区科技支出创新效率的 Malmquist 指数及其分解具体如表 4 所示。

表 4 重庆市 26 个区科技支出效率的 Malmquist 指数及其分解

地区	effch	techch	pech	sech	tfpch	地区	effch	techch	pech	sech	tfpch
北碚区	1.000	1.320	1.000	1.000	1.320	长寿区	0.994	1.433	1.061	0.937	1.425
大渡口区	1.000	1.325	1.000	1.000	1.325	合川区	1.440	1.357	1.439	1.000	1.953
渝北区	0.729	1.704	1.000	0.729	1.242	南川区	1.354	1.087	1.162	1.165	1.471
江北区	1.213	1.149	0.874	1.338	1.394	大足区	0.877	1.072	0.997	0.879	0.940
沙坪坝区	1.000	0.754	1.000	1.000	0.754	綦江区	1.702	1.028	1.130	1.506	1.750
璧山区	0.788	1.472	0.874	0.901	1.159	潼南区	0.872	1.176	1.000	0.872	1.025
南岸区	0.837	1.677	0.870	0.962	1.405	铜梁区	1.000	0.733	1.000	1.000	0.733

表4(续)

地区	effch	techch	pech	sech	tfpch	地区	effch	techch	pech	sech	tfpch
九龙坡区	1.338	0.870	1.000	1.338	1.164	万州区	1.415	1.055	1.630	0.868	1.492
江津区	1.000	1.381	1.000	1.000	1.381	渝中区	1.182	1.588	1.174	1.007	1.877
永川区	0.924	1.318	1.014	0.911	1.218	梁平区	0.956	1.197	1.000	0.956	1.145
巴南区	1.376	1.523	1.379	0.998	2.096	开州区	1.000	0.962	1.000	1.000	0.962
荣昌区	0.897	1.568	0.966	0.929	1.407	武隆区	1.000	0.256	1.000	1.000	0.256
涪陵区	1.383	1.408	1.673	0.827	1.948	黔江区	1.000	1.236	1.000	1.000	1.236
平均值	1.064	1.154	1.070	0.994	1.228						

由表4可得，2016—2018 年间重庆市近八成的区全要素生产率指数都大于 1，总体生产率均值提升了 22.8%，表明各区的整体科技支出效率在提升，财政科技投入处于合理区间水平，发展潜力较大。其中，巴南区的增长幅度达到最大，3 年间的增幅为 109.6%，渝中区、涪陵区、合川区的增幅也较为明显，达到九成以上，武隆区则出现了较大的下降，降幅达到了 74.6%。

进一步将 Malmquist 指数进行整理，可以将各区划分为以下类别：①北碚区、大渡口区、江津区、黔江区 4 个区的技术效率、纯技术效率和规模效率均为 1，这三个指标并未对全要素生产率的提升产生作用，技术进步和全要素生产率的相等数值，表明了技术进步对于这一比率提升的促进作用，且技术进步对于全要素生产率提升的贡献是显著的。而沙坪坝区、铜梁区、开州区、武隆区则受到技术进步指数下降影响，导致全要素生产率的同步下降，这表明在这 8 个区中技术进步与全要素生产率表现出极大的相关性。②渝北区、梁平区的科技支出生产率分别下降了 27.1% 和上升了 14.5%，其技术效率和规模效率值均小于 1，技术进步指标大于 1 且大于全要素生产率的最终值，由于纯技术效率值都为 1，表明技术进步引起了科技支出效率的提升，但技术效率和规模效率共同阻碍了这一提升作用。③巴南区、荣昌区、涪陵区、长寿区、万州区在技术效率、技术进步、纯技术效率上显示出较大的增长幅度，全要素生产率均大于 1，对提升科技支出效率起到有效推动作用，促使这些地区总体处于高于平均值的良好状态，但规模效率均小于 1，对技术效率、技术进步等带来的积极作用产生影响，起到抑制作用。④江北区、合川区、南川区、綦江区、渝中区的技术效率、技术进步、规模效率等指标数值均有不同程度的提升，共同作用促进了科技支出效率的提高。⑤璧山区、南岸区、永川区、大足区、潼南区各项指数值出现波动起伏，既有大于 1 的数值，也有小于 1 的数值，共同作用影响科技支出效率，总体来看全要素生产率均接近或大于 1，但仍与决策单元平均值有一定距离，效率提升作用尚不明显。

综上所述，重庆区各区财政科技支出效率变化程度和作用存在一定的差异，技术效率是引起重庆市各区科技支出效率提升的主要因素，同时要素投入和资源配置的合理性也会对效率提升产生影响。为此，各区政府要加强管理协调，优化资源配置，尤其是加大主城区周边区县科技投入力度，出台相关帮扶政策，引导建立重点科研平台和科研院所，鼓励科技型企业落户，加大 R&D 人员培养力度，将主城区投入适量向周边区县迁移。在提高主城区科技支出规模收益，实现最优科技支出规模的同时，有力支撑起周边区县科技发展和完善一整套绩效评价体系。

三、结论及建议

本文通过对重庆市 26 个区的财政科技支出效率进行实证研究，得出了下列结论及相关建议：①DEA 分析结果显示重庆市各区县科技支出的综合效率为 0.761、全要素生产率为 1.109，属于中上水平，但同时规模效率较低也阻碍了各区县提高科技支出绩效水平的提升；②各区县间科技支出效率水平存在差异，其中北碚区、大渡口区、江津区、黔江区处于 DEA 有效状态，技术效率并未对科技支出效率产生影响，其他区县则受到一定影响；③适当增加经济发展落后地区的财政科技投入，优化各地区间的资源配置，采取适当的政策倾斜，提升科技研发规模。而对于科技支出冗余的地区，应减少 R&D 经费的增长，提高科研人员质量，建立健全科研管理体制来充分调动科技人员与科技团队的创新积极性；④加强对科技支出绩效评价结果的考察评估，重点关注区域间协调性以及预算经费配置合理性是否提升等方面，加强评价结果应用同绩效评价全流程的有效联系，优化支出方向、调整支出结构，强化评价结果分析，为投入实际应用及改进提供参考依据。

参考文献

[1] 罗卫平，陈志坚. 基于 DEA 的广东省 21 个地市财政科技投入绩效评价 [J]. 科技管理研究，2007（3）：38-40，46.

[2] 陈丽佳，卢进. 科技三项费用投入绩效的内涵及特点研究 [J]. 科技管理研究，2005（5）：34-37.

[3] 李伟红，胡宝民. 基于 Malmquist 方法的我国区域 R&D 投入效率比较研究 [J]. 工业技术经，2011，30（8）：33-38.

[4] 王晓珍，蒋子浩. 我国高校创新效率及环境分析：价值类型视角 [J]. 科技管理，2019，40（10）：25-36.

［5］孙涛. 我国老工业基地科技成果转化效率评价研究：以东北地区为例［J］. 中国软科学，2020（1）：164-170.

［6］张鹏，李林欣. 基于 DEA-Malmquist 指数的粤港澳大湾区科技创新效率评价研究［J］. 工业技术经济，2021，40（2）：29-36.

企业"一带一路"投资风险及防范思考

陈玺岚　陈淑祥

摘　要： 随着"一带一路"倡议的推进，我国企业"一带一路"投资呈现出投资额增幅较大、投资合作领域广泛等特点。但由于"一带一路"沿线国家（地区）的社会政治、经济、法律法规与宗教文化等各不相同，企业投资还存在各种风险。基于法制角度，企业应从构建法律风险动态监控系统、文明守法投资、完善内部各种规章制度等方面采取措施。政府应从完善境外投资法律、加强国内外法规的高效衔接、完善守法投资监管机制等方面采取措施。

关键词： 企业；一带一路；投资风险；法制防范

"一带一路"倡议的实施，将东南亚、南亚、中亚、西亚以及部分欧洲国家连接起来，为沿线国家地区企业境外投资提供了机遇。目前沿线已经形成了 60 多个国家 40 多亿人口的庞大战略体系。从 2013 年"一带一路"倡议提出至 2020 年，我国企业在"一带一路"地区投资超过 1 000 多亿美元，年均增长 5% 左右。"一带一路"沿线国家国内生产总值 2020 年为 20 多万亿美元，占全球 GDP 的 20%。"一带一路"倡议为沿线国家创造了 20 多万个就业岗位。据海关总署报道，2020 年我国与"一带一路"沿线国家进出口总值增长约 13%。"一带一路"国家地区投资已成为我国企业投资热选地，投资规模呈快速增长势头。

一、企业"一带一路"投资现状

（一）投资额增幅较大

据商务部、国家外汇管理局统计，2020 年我国对外直接投资 1 329.4 亿美元。这是自 2016 年以来我国对外投资连续 4 年下降（见表 1），随着我国未来"双循环"格局的构建，对外投资可能还将有较大降幅。但与对外投资整体下滑相反，"一带一路"

沿线国家投资出现增长。2020年,中资企业在"一带一路"沿线国家的直接投资达到186.1亿美元。2013—2020年,中国对"一带一路"沿线国家累计的直接投资约1 200亿美元,占同期中国对外投资流量总额的12%,呈比较稳定增长态势。我国近年"一带一路"直接投资情况见表1。

表1　我国近年"一带一路"直接投资情况

项目	2016年	2017年	2018年	2019年	2020年
对外直接投资金额/亿美元	1 961.5	1 582.9	1 430.4	1 369.1	1 329.4
对外投资增(减)幅/%	34.77	−19.3	−9.6	−4.3	−2.8
一带一路直接投资金额/亿美元	153.4	201.7	178.9	186.9	186.1
一带一路投资增(减)幅/%	−18.9	31.5	−11.3	4.5	−4.2
一带一路投资占总投资比重/%	7.8	12.7	12.5	13.7	14

资料来源:依据有关资料整理

（二）对中东欧的投资急剧增长

自2013年"一带一路"倡议提出以来,我国对东盟和中东欧的投资不断增长。但我国对东盟的新加坡、印度尼西亚、越南、泰国、马来西亚等国家投资曾占"一带一路"投资总额约70%。近年来我国对中东欧的投资急剧增长,2019年投资总额达146.9亿美元,比2010年增长了47倍[1]。对中东欧的投资呈现以国有企业（尤其是央企）为主要投资主体,以能源和交通运输行业为主要目标的投资特征。

（三）投资合作领域广泛

我国企业"一带一路"投资领域涉及国民经济10多个行业。主要有能源、金属、化工、农业、房地产、科技、交通、金融、娱乐等,其中能源、金属、交通、信息是中国对沿线国家直接投资较集中的行业,占投资总额的70%以上。

（四）投资主体趋于多元化

在"一带一路"国家投资的企业来自北京、上海、广东、江苏和浙江的较多,并且前几年以国有企业为主,然而近年来,民营公司越来越热衷于海外投资,投资领域集中在食品、房地产、汽车、电器等方面,呈现多元化趋势和良好的增长势头。非国有企业境外非金融类投资占当年中国境外投资总额的近50%[2]。

（五）投资模式主要有跨国并购、绿地投资、研究开发、战略联盟

（1）跨境并购是指一国企业为了达到一定目的,通过兼并收购等形式手段,实现对另一国家内企业资产达到一定比例的控制,从而实现对其经营管理实施实际控制权的行为。2000年—2018年,我国企业境外投资项目中,跨国并购占比为88%,呈井喷

式增长。2016 年，海尔、中联重科、中国化工等企业都开展了一系列海外收购。跨国并购有四种方式：资源开发型，生产与营销并购型，逆向代工型，技术并购型。四种方式可单独应用，也可混合或综合应用。

（2）绿地投资是指在东道国境内，按照东道国法律法规要求投资创办的境外企业。创建的企业可以是独资公司，也可以是合资合作公司。因为这样的投资需要在当地创建新的企业，它有更大的就业创造效应，受到当地政府欢迎。

（3）研究开发是指境外投资企业直接在东道国设立研发机构，并在东道国境内为自己研发成果申请专利或注册商标以获得国际先进知识产权的行为。这是我国企业迈向高端市场的必由之路。

（4）战略联盟。中国企业通过与国外实力雄厚的跨国公司在生产、销售等方面的联合，实现优势互补与跨国发展相结合的目标。这是跨国公司境外投资战略中的一种常见做法。

（六）投资风险增多

随着"一带一路"倡议的推进，企业境外投资会面临沿线国家政局不稳、政策多变、经济失衡、文化习俗不同、法制差异等风险。

二、企业"一带一路"投资风险表现

（一）政治政策多变风险

指投资者可能因东道国政权变更、战争冲突以及不利政策实施等因素造成的投资风险。斯里兰卡 2015 年政府换届后，新政府马上就暂停了包括科伦坡港城在内的多个中国建设项目，这是中国提出"一带一路"倡议后周边地区投资进程中的第一次重大挫折。2017 年，中国驻利比亚使馆由于安全原因关闭。同年，安哥拉受大选影响，驻当地政府大使馆提醒投资企业的公民少出门，避免待在拥挤的地方。近年来，叙利亚、伊朗、伊拉克、阿富汗、利比亚等"一带一路"沿线国家武装冲突和争端不断。这些国家的政治风险具有偶然性和不可预测性，可能会直接导致投资项目的失败、搁浅或中止，然后进入漫长的法律维权过程。

（二）经济不稳定风险

经济不稳定风险指因东道国经济前景的不确定性，各投资主体在从事正常的经济活动时，蒙受经济损失的可能性。"一带一路"沿线一些国家经济发展水平和市场容量不高，市场发展不稳定，市场机制不健全，投资发展易受到国际市场汇率等变化的影响，容易产生各种经济纠纷。

（三）文化习俗差异风险

文化习俗差异风险指沿线国家因社会文化差异、人口结构不同、传统习俗等有别所导致的投资风险。"一带一路"沿线国家的宗教信仰较为复杂。宗教与文化相伴而生，习俗不同，文化理解要求不同。如在广泛信奉伊斯兰教、禁止饮酒和吃猪肉的阿富汗，人们尊崇《古兰经》（Koran），妇女外出时戴头巾。在海外投资的中国企业如果不了解这些习俗，就很容易形成文化冲突甚至纠纷，影响企业的正常经营。

（四）自然环境变化风险

自然环境变化风险指企业由境外投资所依赖的自然环境恶化、资源禀赋变化及违背环境保护法所导致的投资风险。世界上越来越多的国家都很注重对环境的保护并将此上升到法律层面。世界上关于保护环境的公约也比较多，如《全球契约》《联合国气候变化框架公约》《世界自然宪章》等。我国企业海外投资更多集中在容易造成环境污染的能源、矿产资源和基础设施行业，加之这些项目国家的地形多以沙漠为主、自然环境保护法律体系不健全和我国部分企业的环保意识又不很强等原因，就容易造成对投资东道国一些不可逆转的环境损害和经济损失。例如，2011年9月，中国企业投资的密松大坝项目因不符合东道国环境保护要求而被叫停。2015年1月，中国企业在墨西哥加勒比海岸坎昆郊外投资建设的购物中心项目坎昆城，因违反生态平衡和环境保护法规及长期欠缴罚款，被墨西哥联邦环境保护署全面叫停。

（五）法制风险

法制差异风险指投资东道国法律法规不健全、执法不公或投资者对东道国法律环境不熟悉而导致的投资利益受损风险。主要有：

（1）东道国法律不完善造成的投资风险。如果一个国家有健全的法律，投资者在该国的行为就会有法可循，出现问题也会依法处理，一切行为的法律风险就在可预测的范围内。但是，如果投资东道国的法律不完善，投资者就无法为自己的一些行为找到法律依据。当问题发生时，东道国很可能为了自己的利益而任意处理，从而损害投资者的利益。

（2）东道国执法不公造成的投资风险。外资的投入可能带动东道国的经济增长，也可能冲击东道国的相关产业。因此，东道国对待外来投资的态度是以自身利益为导向，这可能会导致东道国的执法歧视和对我国投资者的歧视性待遇。

（3）沿线国家法律与我国法律标准差异造成的投资风险。由于意识形态、发展水平、法律制度等方面的差异，沿线国家法律与我国法律存在较大不同。"一带一路"沿线有60多个国家，法律体系包括大陆、英美和伊斯兰法系。属大陆法系的主要是俄罗斯、泰国、蒙古、缅甸、老挝，属英美法系的主要是印度和巴基斯坦，属伊斯兰法系的主要是阿富汗等中东国家。不同国家在法律制度上存在很大差异，如法律分类、适用规则、审判模式等都有区别。这些都可能给投资者带来难以预知的风险。

（六）进入市场风险

进入市场风险是指在东道国投资过程中存在各种投资壁垒所造成的风险。"一带一路"倡议背景下，我国企业沿线投资主要集中在能源、矿产、基础设施等关系到东道国国计民生领域。东道国一般都会对这些领域的外国投资企业的市场准入权利、范围和行为进行严格限制。如缅甸用"肯定清单"规定允许投资于农业、林业、矿业、能源、电力、建筑业和贸易等产业；印度、沙特阿拉伯用"否定清单"明确禁止和限制投资的领域；俄罗斯、哈萨克斯坦、乌兹别克斯坦、塔吉克斯坦等国的进出口文件比其他国家多十几个，主要表现为国家安全审查风险和特许审查风险。我国企业在招标投资前，如果不清楚进入准则就盲目竞标投产，最终会导致项目无法进行，造成不必要的损失的风险。

（七）劳工风险

企业在生产经营活动中，必须保障工人的安全，这是各国法律的强制性规定。劳工风险是指在境外投资市场上，由于东道国有不同的劳动保护法规但境外投资企业不清楚或不遵守这些规定而造成的劳动合同违约带来的投资风险。例如，汉堡的一家中国公司在收购时因对未来发展估计太乐观而雇佣了更多工人，后来发现工人供大于求，并且德国工人的工资至少是国内工人的20倍，于是公司就解雇了几名德国工人。但根据德国法律，公司不能随意解雇员工，企业因此引来了无休止的官司。保护劳动权益的法律风险主要应从工会、劳动者分类和用工制度三个方面来考虑。

（八）税收风险

税收风险是指企业纳税行为不符合税收法律规定，出现多纳税或少纳税行为而面临补税、罚款或被多纳税等风险。"一带一路"沿线国家因国情不同，有不同的税收制度及优惠税率，当然也有国家没有优惠税率。如巴基斯坦、科威特、孟加拉国等国的法定税率就明显高于我国。巴基斯坦对外国技术、专利、商标和其他许可证要征收12.5%的所得税。我国虽然已经与"一带一路"沿线60多个国家中的50多个签署了税收协定，各自自愿将自己的税收管辖权限制在一定范围内，但我国实行的税收抵免法在不同的国家或同一国家并没有明细化，因而税收抵免法并没有完全消除双重征税，重复征税的风险依然存在。

（九）知识产权风险

知识产权风险是指境外投资企业因未遵守东道国有关知识产权保护法而造成的投资风险。如华为、中兴、联想、东风、福田、长虹、中化等企业近年来都遇到过。知识产权具有地域性特征，其只在申请注了册的国家受到法律保护。并且不同国家或地区的知识产权保护内容不尽相同，对知识产权保护的不同带来的法律风险应引起我们的足够重视。我国以前上诉的企业常常是赢家少，在已判决的案件中败诉的占60%，远比全球26%的平均水平高。

（十）保险风险

保险风险是指因投资地国内政治、信用等原因或投资者国内保险法规不健全而遭受投资损害的危险或事故。我国主要存在保险立法缺位、保险担保机构设置不科学和保险模式单一风险。目前我国承担境外投资担保职能的机构主要是"中国信保"，该机构是一家国家出资专门负责我国境外投资保险业务的国有政策性公司，其既是审批机构又是承保机构，一身二任，不利于对外投资保险业务的发展。并且目前"中国信保"的保险模式单一，难以保障投保人利益。即"中国信保"在境外投资保险业务中实行的是单边模式，并不要求东道国与我国签订双边投资保护协定；同时，"中国信保"无法律代位求偿权，一旦投资发生纠纷，其在与东道国之间的争端解决中就处于不利地位，进而影响到投保人利益[3]。

（十一）基础设施投资收益较低风险

基础设施互联互通是"一带一路"建设的重点，但基础设施投资具有投资规模大、建设周期长、投资回报率低的特征。现阶段我国政府对投资企业主要是采用补贴的方式提升其收益率，这使实际投资回报率与项目本身产生的回报率存在较大偏差，存在回收风险[4]。

三、企业"一带一路"投资风险成因

（一）企业原因

（1）企业不完全了解东道国法制环境。"一带一路"沿线国家和地区经济发展差距较大，各国对不同行业投资项目有不同的进入及生产法规标准要求。如果企业不熟悉这些标准，必将导致投资无效。例如，2010年沙特政府在实施沙特铁建项目过程中，突然要求我方采用欧美标准，这极大地增加了项目的建设成本，最终导致投资失败。

（2）企业技术和经营管理水平不高，履约意识和能力不强。我国"一带一路"投资企业技术水平普遍较低，技术研发人员的数量和质量与实际发展需要不相适应，并且企业技术创新意识、创新动力、创新能力都不是很强，经营管理和市场营销能力也不够高，容易违约，特别是民企。

（3）高素质国际经贸管理及法律人才严重短缺。我国境外投资企业普遍缺乏具有国际视野和开拓市场能力的国际经贸管理及法律专业人才。高素质人才往往是决定企业成败的关键要素，特别是在国际市场上。

（二）政府原因

（1）境外投资法规不健全。目前全国人民代表大会还没有颁布专门的境外投资国家法律，只有一些政府文件和行政法规对复杂多变的境外投资进行规范。并且这些既有的规章也仅涉及投资的审批和征税，存在标准定位低、宏观调控乏力等问题。并且专门针对民营企业境外投资的法规也相当少，不利于调动民企境外投资的积极性。

（2）已经签署的合作投资和发展协定没有得到全面有效落实。如与巴西签署的200多项合作发展协议中，一半以上的协议执行得不够深入；与"一带一路"沿线国家签署的一些税收协定也没有执行，重复征税仍在继续。这些情况的存在影响了企业的顺利发展，大大增加了海外投资的风险。

（3）与沿线国家经贸关系缺乏法规化。我国政府在建立维护国际经贸关系时常采用技术帮扶，经济金融支持和政治交流访问方式，但这些方式有一定时限性，会随着其他国家经贸依存度的不断提高，有可能导致国家间的经贸摩擦，出现国家间双边或多边关系的不协调。因此政府必须加强与"一带一路"国家地区关系的建立维护并签订一些法规协议，加强法规化建设，为企业境外投资减少风险奠定基础[5]。

四、企业"一带一路"投资风险法制防范对策

（一）企业方面

（1）构建法律风险动态监控系统。境外投资法律风险会给企业带来巨大损失，即便东道国发生很小事件，也可能产生"蝴蝶效应"。投资企业可以考虑与国内外具有相当专业知识的律师事务所、保险机构和会计师事务所等组织合作，了解东道国的司法制度、法律适用和仲裁程序等，建立投资风险动态监控系统。该系统应贯穿于项目投资的全过程，包括投资前的风险调查分析、投资过程中的风险识别、评估等。为企业海外投资决策及行动提供真实可靠的依据。

（2）遵纪文明守法投资。企业在海外投资时要遵守当地法律法规，在高速路、机场、港口建设时，在矿产资源开采时，要特别注意文明施工、绿色建设，保护好当地环境。"一带一路"沿线五分之四的国家和地区是荒漠化地形，如吉尔吉斯斯坦等国家荒漠化比较严重[4]。目前我国在沙漠治理能力方面在世界处于比较领先地位，企业可积极帮助东道国在项目开发过程中恢复生态，快速融入东道国社会经济发展中，促进项目合作工作顺利进行。

（3）善于用法律保护自己。企业在生产经营过程中，在履行税收、知识产权保护、劳工协议时，要善于用法制保护自己，要留有相关法律法规依据证据。

（4）完善内部各种规章制度和提高企业履法意识和能力。企业在购销运存、财务、人事等经营管理方面，应依据投资地法律法规要求，建立健全各种规章制度。如产品质量达标制度、用工制度、文化建设规定等，做到行事有法有章可循。同时企业应进一步提升自身的技术水平，努力扩大境外投资人才储备、不断完善企业法务管理工作，提高企业防范抵御风险能力和履约能力。

（二）政府方面

（1）完善境外投资法律关系的相关内容。2018年1月25日，商务部、中国人民银行、国资委、中国银监会、中国证监会、中国保监会、国家外汇管理局联合发布《境外投资备案暂行办法》（以下简称"《办法》"）。该《办法》作为新时期海外投资管理的一项重要制度，在信息统一汇总、事中事后监管等方面推出了一系列新举措，有利于推进境外投资健康、规范和可持续发展。但《办法》属部门规章，法律位阶较低。政府应努力构建完善企业境外投资法规体系，为企业积极参与境外投资搭建好发展的平台。同时，政府对企业海外投资的态度应该从"监管和限制"上升到"服务和保护"，否则由于中国国内有关部门审批缓慢，导致2009年中铝注资并购错过最佳时机而失败的案例还会发生。

（2）加强国内法规与沿线国家法规及协定的高效衔接。"一带一路"投资建设中，政府很重要的任务是做好与沿线国家法律法规的沟通协调工作，切实落实好双方签署的各项协议。政府应健全有关服务机构、针对性地采取多种利于化解投资实现障碍的方式，提供一些扶持企业发展的政策，以促进投资的快速实现。

（3）完善守法投资监管机制。政府可在投资项目审批标准要求、政策支持力度、提供服务内容限制、企业投资跟踪考核、违规违法处罚等方面采取不同对策，使企业投资有法可依、违法受罚，形成文明守法投资联动机制，提高投资效率。

（4）不断完善境外投资保险法律制度。一是改进境外投资保险模式。目前比较适宜采取双边模式为主、单边模式为辅的保险制度[7]。二是拓展境外投资保险主体范围，明确自然人的境外投资主体资格。三是扩大承保范围。目前我国对外投资保险类型有征收、汇兑限制、战争以及政府违约四大类。随着国际形势的不断变化，"一带一路"沿线有些国家地区安全问题堪忧，应将恐怖险纳入境外承保范围。四是设立专门解决投资者与担保机构之间纠纷的机构。可以尝试由最高人民法院行政审判庭担任。五是完善境外投资保险机构工作机能。应将"中国信保"的审批与经营职能分离，即保险业务的审批由国家有关机构进行，可由商务部、财政部、外交部等部门组成专门委员会，负责境外投资保险项目的审批，有效保障境外投资安全。"中国信保"集中精力做好保险经营服务工作，并且要注重与多边投资担保机构之间建立信息共享平台，如加强与英国劳合社等有影响力的海外投资保险机构合作，更好地为投资者服务。

（5）创新合作模式，提升投资收益率。针对基础设施投资收益低问题，可以通过创新项目投融资合作模式，吸引更多国家或其企业资金的参与。如可采取与东道国或其有影响力的企业合作，与第三方合作，与国际金融机构合作等方式，让更多利益相关方共同参与、共担风险、共享收益。

参考文献

［1］唐廷凤，范琳琳，杨巧研."一带一路"背景下中国与中东欧投资合作的典型特征、风险及对策［J］.欧亚经济，2021（3）：40-52.

［2］龚柏华.上海企业参与"一带一路"海外投资的法律风险与应对［J］.上海法学研究，2019（4）.

［3］郭德香，李璐伟."一带一路"倡议下我国对外投资保险法律制度的完善［J］.中州学刊，2018（10）：63-67.

［4］葛天任，张明."一带一路"精细化发展阶段隐形风险的连锁机制与精准对策［J］.探索与争鸣，2021（3）：94-105.

［5］韩萍."一带一路"倡议下中国企业境外投资风险评估与对策研究［J］.价格月刊，2018（2）：83-88.

RCEP 背景下企业对外直接投资面临的所得税风险浅析①

杨　娟　刘一波②

摘　要： RCEP 协定签订后引发社会各界的广泛关注，我国企业"走出去"面临着更广泛的税收机遇和挑战。本文通过梳理我国对 RCEP 国家直接投资的领域、规模、方式，根据直接投资重要性，研究分析各梯队国家所得税政策，据此分析我国企业对外投资面临的所得税风险并在政府政策制定、企业合规性等方面提出应对措施及建议，这对促进我国企业对外直接投资，防范化解所得税风险有着积极的意义。

关键词： RCEP；直接投资；所得税风险；风险应对

《区域全面经济伙伴关系协定》（RCEP 协定）是在自由贸易协定的基础上，以 RCEP 国家经济发展特性与需求为基础签订的货物、服务以及与投资准入为主要内容的区域性合作协议。RECP 协定对各个会员均采取了投资负面清单制度，通过约定审慎节制的投资保护条款、渐进务实的投资准入自由化条款、具体细化的投资促进与便利化条款、以例外条款为主的东道国规制权和社会条款、灵活包容的发展条款、暂时搁置的投资者与国家间争端解决条款等来推进投资保护促进、投资自由化和便利化，并兼顾东道国正当公共政策目标向高水平、平衡化发展。该协定旨在从多角度促进亚太地区投资自由便利化，鼓励成员在遵守严格的市场竞争秩序下积极对外投资。

---

①　基金项目：数字经济背景下税收遵从促进机制研究（2019BS107）。
②　杨娟，重庆工商大学经济学院；刘一波，重庆工商大学经济学院，2020 级税务专硕研究生。

一、我国企业对 RCEP 成员国投资的现状分析

2020 年中国成为唯一实现经济正增长的经济体，为世界贡献了中国力量。拉动中国经济增长、助力世界经济复苏离不开对外投资，对其进行分析有利于掌握我国对外投资的情况，梳理对外投资重点区域，分析重点被投资国家所得税税收政策。在投资区域上，亚洲是中国对外投资的重要区域，占到对外投资总量的 81%（见图 1）。

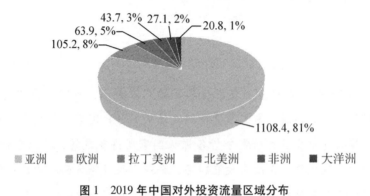

43.7, 3% 27.1, 2% 20.8, 1%
63.9, 5%
105.2, 8%
1108.4, 81%

亚洲 欧洲 拉丁美洲 北美洲 非洲 大洋洲

图 1　2019 年中国对外投资流量区域分布

在投资方式上中国对外投资主要是以直接投资为主，间接投资为辅（见图 2）。

单位：亿美元

279.4, 21%
483.5, 35%
606.2, 44%

新增股权 当期收益再投资 债务工具投资

图 2　2019 年中国对外投资流量构成

我国企业主要通过设立企业、收购股权等方式在他国设立覆盖能源、矿产等领域的大型合营或独资企业进行对外直接投资，以直接控制的形式掌握公司经营，通过对外输出资本和劳动力直接有力地促进我国的产业结构调整、经济的增长。而间接投资则主要投资于他国的资本市场投资股票、债券，不参与经营决策只享受分红和资本增值，间接投资方式对我国的经济促进作用要比前者低。虽然 2020 年中国对外全行业直接投资流量 1 329. 4 亿美元，较 2019 年的 1 369. 1 亿美元降低了 39. 7 亿美元，但该下

降趋势仍在合理区间。在 2019 年对外直接投资流量中投资 RCEP 国家总流量为 155.67 亿美元（见图 3），占到总流量的 11.37%，RCEP 国家是除中国香港外的第二大投资区域。

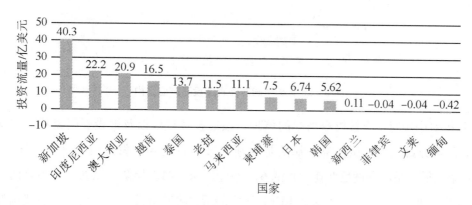

图 3　2019 年中国对 RCEP 国家直接投资流量

新加坡、印度尼西亚、澳大利亚是投资的重点地区，占到总投资流量的 53.57%。此外，2011—2019 年中国对外直接投资存量为 21 988.8 亿美元。截至 2019 年年底，对 RCEP 国家投资存量总规模为 1 562.3 亿美元（见图 4），占总投资存量的 7.1%，是除中国香港、开曼群岛（避税天堂）外第三大投资区域。

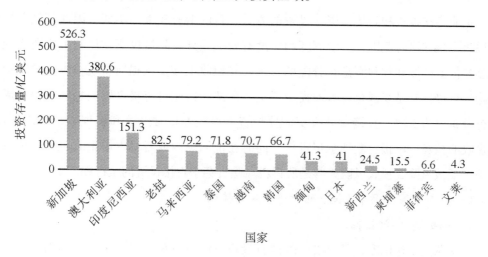

图 4　2019 年底中国对 RCEP 国家直接投资存量

2019 年中国对外直接投资依然主要流向服务业（第三产业），当年流向服务业 1 142.3 亿美元（见图 5），占全部对外投资的 83.4%；流向第一产业 24.4 亿美元，占全部对外投资的 1.8%，保持稳定。流向制造业（第二产业）为 202.4 亿美元，占当年中国全部对外直接投资流量的 14.8%。

24.4, 2%　　　　　　单位：亿美元

202.4, 15%

1142.3, 83%

■ 第一产业　　■ 第二产业　　■ 第三产业

图 5　2019 年中国对外直接投资产业结构

根据对中国对外直接投资情况的梳理，按照投资规模以及被投资国家状况本文将 RCEP 国家分为三个梯队：第一梯队是以新加坡为首的 4 个发达国家（新、澳、日、韩）；第二梯队是以印度尼西亚为首的 6 个东盟国家；第三梯队是以新西兰为首的四个国家（新、菲、文、缅）。本文对 RCEP 国家的所得税政策进行了分析，按照我国对外直接投资规模的重要程度梳理被投资国家所得税政策以及我国企业对外直接投资面临的所得税风险，提出应对风险的建议措施，为我国企业化解风险提供参考。

二、企业对外直接投资面临的所得税风险分析

企业直接投资和间接投资在投资的方式、目的上有较大的不同，因此其经营风险和税收风险在风险范围、风险深度和广度有较大差异。间接投资在风险上主要表现为受公允价值的波动和利润是否分配的影响，在税收上涉及预提所得税，税收的抵免等风险。直接投资是我国企业对外投资的主要形式，因此对直接投资面临的所得税风险进行分析更为重要。直接对外投资需要投资方对企业日常经营和管理承担最终责任，对税收的核算、申报、缴纳承担责任，同时在汇回国内或者境内申报时也面临税收的减免、抵减风险，税收风险尤其是所得税风险贯穿于直接投资的全过程。

（一）东道国关于外商投资的所得税政策梳理

1. 一梯队：新澳日韩

一梯队是发达国家，其对吸引外国直接投资的所得税税收政策在发达的经济基础和较为完善的税制上具有广泛的相似性和共性，此外中国在 2019 年度对其的直接投资现金流量占对 RCEP 国家总流量的 47.25%，截至 2019 年年底的直接投资存量中第一梯队更是占据了 64.94%，因此对上述四国的所得税税收政策进行梳理分析是重点。

（1）新加坡对外投资的所得税政策

新加坡是中国对外直接投资除香港特别行政区外的第一大目的地，投资资本主要流向租赁、商务服务业和批发零售业，而制造业虽有投资但不是重点领域。中国资本

通过在新加坡设立企业为活跃的投资活动提供载体，该国的所得税政策为吸引中国资本在新加坡扎根生长开枝散叶提供了重要的营养元素。

新加坡企业所得税制度与中国类似，包括了纳税人身份认定、征税范围、税率、税收优惠激励、税基扣除、亏损弥补等税制要素内容，和所得税税收征管制度共同发挥着吸引投资的作用。所得税税制规定按照属地兼属人（法人）原则，产生或来源于新加坡的收入以及境外汇回的收入均须在新加坡纳税，除非另有豁免。按照管理和实际控制机构是否在该国境内把纳税人分为居民纳税人和非居民纳税人。居民纳税人在新加坡境内取得的境外收入应缴纳所得税。非居民纳税人在新加坡与居民纳税人同等待遇，但制定了预提所得税制度以及适用防止税基侵蚀和避税条款。例如通过特别纳税调整、税收协定以及相互协商程序、关联交易、转让定价、预约定价安排等方式核定税基，确定税额来减少税源的流失。

税率是衡量税收负担的一个重要参考指标，新加坡的所得税税率（见表1）相较于我国具有较为明显的优势。

表 1 新加坡企业所得税与预提税税率

税目	对应税率
企业所得税税率/%	17%
分支机构税率/%	17%
预提税税率/%	10%，15%税率，或者净额22%，股息支付不征预提所得税
股息	0
利息	15%
特许权使用费	10%
分支机构汇回利润	不适用（免税）

新加坡对于股息规定了零税率且不征收预提所得税，并且根据与中国的税收协定，对利息和特许权使用费适用较低税率（见表2），并且有条件的实行免税。

表 2 新中利息、特许权使用费预提税协定税率

中国（大陆地区）	7/10（a）（b）	6/10（p）

注：（a）表示特定情形下可免税。（b）表示向银行或金融机构支付的利息适用7%的税率。（p）表示为使用工业、商务、科技设备或获得其使用权而支付的特许权使用费适用较低的税率（来源于中国居民赴新加坡投资税收指南）。

在税收投资优惠激励政策方面，新加坡有如下政策：一是对投资及资本利得免税，

对经核准的支付给非居民企业的特许权使用费、技术支持费用和研发费用可免征或减征预提所得税，鼓励投资。二是根据企业性质以及所从事行业规定了减免税待遇，扶持外国投资资本在新加坡境内设立企业经营高增长和高附加值的金融、高科技业务并且最高可获得十五年的免税待遇以及适用较低的优惠税率（5%、10%、12% 或13.5%）。三是鼓励研发投入，不限制研发扣除并且制定最高达除研发费用本身外150%的加计扣除，贸易亏损超年限无限期结转。

在税收征管方面，新加坡规定了申报期限、税收抵免政策、纳税调整及打击转让定价安排等内容。比如要求境外企业有来源于新加坡的应税所得且该所得未经支付企业代扣税款，必须向新加坡税务局进行纳税申报；境外税收抵免（FTC）采用分国分项的方式等。

（2）澳大利亚对外投资的所得税政策

澳大利亚是中国对外直接投资的第二大国，其与中国的经济互补性较强，中国对其投资的领域以采矿业为主，占比50.9%，此外金融业的投资正快速增长。中国累计在澳大利亚设立企业近 1 000 家，2019 年投资分布领域按照规模主要是采矿业（7.81亿美元，37.4%）；租赁和商务服务业（4.19 亿美元，20.1%）；金融业（3.93 亿美元，18.8%）。根据中国对澳大利亚的投资领域以及特点，分析澳大利亚的所得税政策有利于吸引中国资本的方面。

澳大利亚企业所得税政策规定按照企业成立或主要管理机构是否在该国确定纳税人居民或非居民身份。按照居民企业和非居民企业划分认定，在税率方面规定统一税率30%，并对小型企业根据每年营业收入累计的金额不超过 5 000 万澳元规定了 27.5%，在2025 年、2026 年分别实行 27%、26% 的优惠税率，此后实行 25% 的优惠税率。

在税收优惠政策方面。澳大利亚的政策如下：一是鼓励研发，以 2 000 万澳元为分界线，研发费用可按照适用所得税税率加上附加扣除比例进行可退税和不可退税的税收抵免，超过返回退税额度 400 万澳元的部分和不可退税税收在未来纳税年度继续抵免。二是初创公司投资者税收优惠政策，对于初创公司，制定了税额扣除、资本利得税减免。三是其他类型的税收优惠政策，如针对资本性支出的税收优惠政策，小型企业的税收优惠政策，天使投资基金的税收优惠政策等。四是对矿产勘探优惠，允许它们放弃因勘探未开发矿产地产生支出而形成的税务亏损，来换取可以分配给新股东的所得税税额抵免。

对于预提所得税，已经缴纳了居民企业所得税的股息在分配给非居民企业时将不再征收预提所得税。利息、特许权使用费和资本利得分别按照 10%、30% 和 12.5% 的税率缴纳预提所得税，并由居民企业代扣代缴预提所得税。此外跨国企业对澳大利亚的投资及澳大利亚企业的对外投资产生的利息费用的税务扣除的金额受到资本弱化规定的限制。

（3）日本与韩国对外投资的所得税政策

日本、韩国与中国一衣带水久为邻邦，两个发达国家以其发达的经济为建立良好的企业所得税（法人税）制度提供了基础。从 2019 年的中国对 RCEP 国家直接投资流量和年底存量可以看出两国的占比不高，仅分别为 4.33%、2.62% 和 3.61%、4.27%，不是中国对外直接投资的热门地域甚至不是重要区域。

日本对企业所得征收法人税、法人居民税和法人事业税，前两者为中央政府和地方政府收入，后者则是都道府县税。法人税对法人的业务活动产生的所得征收税金，是广义的所得税的一种。日本根据企业总部或主要事务所的法人是否在国内划分居民企业和非居民企业，对非居民企业征税是按照所得来源地标准纳税。

第一，法人税。法人税的税率原则上确定为 23.2%，对注册资本金小于等于 1 亿日元的法人的 800 万日元以下的所得部分适用 15% 的税率。日本将企业社团分为普通法人、公益法人、特定医疗法人以及没有法人资格的社团等，此外还对其中的公益法人做了进一步的细分，其税率根据所得金额以及资本金制定了差异性税率，最低 15%，最高 23.2%。非居民企业根据所得来源地来判断所得类型并按照居民企业的税率纳税，在预提所得税税率方面按照不同的所得分别制定了 15%~20% 的预提税。

在税收优惠方面，日本为鼓励特定产业发展制定了特别折旧以及特别扣除的政策；对收入中的全部红利收入，做出了细分免税规定。

第二，法人居民税。法人居民税又分为法人均摊税与所得均摊税，二者税基有所区别。法人均摊税根据资本金的金额和从业人数在市町村和都道府县分摊，均摊税从 2 万日元到 300 万日元；所得均摊税都道府县标准税率 1.0%，市町村标准税率 6.0%。此外，对非居民企业不征收法人居民税。

第三，法人事业税。法人事业税为都道府县税，纳税人为在都道府县内设有事务所、营业所从事营业活动的法人。征税对象不区分居民与非居民企业，非居民企业不征收法人事业税；国外法人有资产但不从事经营活动不承担纳税义务。

以收入为征税对象的法人事业税的标准税率为 1%，以所得为征税对象的标准税率根据所得金额实行 3.5%~7.0% 的累进税率。

韩国征收的法人税，是对包括财产收益在内的一切法人所得征收的税种。纳税人分为国内、国外公司，采用比例税率，国内公司就全球所得按照韩国适用税法纳税，国外公司就在韩所得根据代扣代缴规定履行有限纳税义务（见表 3）。

在韩应税所得为营业所得，包括转让不动产所得，清算所得；但是来源于公益信托财产的所得不征税。韩国对股息所得制定了避免重复征税规定，按照子公司类型和持股比例的不同规定了可以扣除股息所得的比例。

在税基扣除项目上，成本、损失、费用类按照规定税前扣除，其中具有特色的免税准备金（坏呆账准备金，债务、应急准备金等）可以扣除。与我国所得税法里面的扣除规定有类似条款，比如对于合理捐赠可以本年 50% 内扣除、剩余以后三年结转；招待费按照总收入划分三级，适用固定额度加上比率超额累进扣除（100 亿~500 亿韩元，2 000 万+0.1%×超出 100 亿部分）。

表 3　法人税税率

营业期间	税基≤2 亿韩元	税基为 2 亿韩元~ 200 亿韩元	税基为 200 亿韩元 ~ 3 000 亿韩元	税基> 3 000 亿韩元
2010 年 1 月 1 日至 2011 年 12 月 31 日期间的	10%	2 000 万元+22%×超过 2 000 万韩元的部分		
2012 年 1 月 1 日以后的	10%	20%	22%	22%
2018 年 1 月 1 日以后的	10%	20%	22%	25%
营业年度不足一年	税额 =（税基×12÷营业年度所含月数）×税率×（营业年度所含月数÷12）			

注：来源于《中国居民赴日本投资税收指南》《中国居民赴韩国投资税收指南》。

2. 二梯队：东盟 6 国

中国与第二梯队所属的东盟有着较长时间的友好交往的历史，东盟国家是中国签署的 RCEP 协定和"一带一路"倡议的重大交汇点。其中以印度尼西亚为首的二梯队国家占据了我国 2019 年对 RCEP 协约国直接投资流量的 53%，占截至 2019 年年底投资存量的 30.15%；在投资行业上基于以上国家本国人口、资源、产业的特点，我国企业主要是投向制造业、租赁和商务服务业。立足于我国国内淘汰落后产能提质增效的目标，我国根据产业转移指导目录转移部分纺织加工、贴牌组装等相关产业，在促进东南亚国家经济发展的同时有力朝着构建人类命运共同体前进。

二梯队国家的所得税政策具有东南亚发展中国家的共性，也有成员国家的个性。总体而言，为实现吸引外资发展本国经济，承接劳动密集型产业的转移，努力提高人民生活水平等目标，诸国对所得税政策的制定就表现出了吸引投资的目的。对印度尼西亚、泰国、越南的所得税政策分析，可以推断至整个东盟整体。

（1）印度尼西亚（印尼）对外投资的所得税政策

印尼根据是否在境内设立或定居标准，对税务居民企业和非居民标准做出判定，并就来源于该国国内和国外的居民企业征收所得税，对非居民企业征收预提所得税。

在税率规定上，居民企业与非居民企业适用相同税率（见表 4），对于不同所得具有不同的税率规定，印尼按照收入、资本收益规定了复杂的税率和优惠政策，税款抵扣政策也比较复杂。其主要目的在于减轻中小微企业税收负担，减轻资本收益（股票、利息）的税收负担。但其对奢侈品征收较高的税收。

表 4　企业所得税税率

企业类型	适用税率/%
适用于居民企业和常设机构	25
中、小、微型企业	12.5（减免 50% 的所得税）

注：来源于《中国居民赴印度尼西亚投资税收指南》。

在预提所得税上，无论以任何名称和形式支付、应付或达到付款日期需要由政府组织、居民应纳税实体、活动组织者、常设机构或任何其他非居民企业的代表向常设机构以外的非居民企业支付的下列款项，都需要扣缴 20% 的预提所得税。

在特别的税收优惠上，新成立 12 个月以内的公司，同时满足先进企业、投资资本、资本金限制条件，可以享受 5~10 年免税期待遇；符合条件的企业可以享受 5~10 年的免税期，从初次生产经营的时间开始计算，在免税期结束后，仍可以享受 2 年的所得税减半征收优惠；年度总收入达到 500 亿印尼盾的居民企业可以享受 50% 的所得税税收减免，适用减免的年度总应税收入最高不超过 48 亿印尼盾；在前一个纳税期已履行全部纳税义务的境内纳税企业或者常设机构可享受就固定资产评估增值的所得，在不超过 12 个月的期间内延期缴纳所得税的税收优惠，该所得对应的税率为 10%；在特定领域或具有国家鼓励发展的特定地区投资资本的纳税人可以享受以下税收优惠政策，最高 30% 的投资津贴、加速折旧和摊销、不超过 10 年的亏损结转。

（2）泰国对外投资的所得税政策

泰国对外国投资经营活动所得在泰的收入认定、税率适用、优惠减免等方面做出了一系列的规定。

在所得税税率（见表 5）上，除特殊规定，非居民企业适用税率同居民企业。外国航空或运输企业在泰国境内经营，按照其取得的收入全额按 3% 税率计算缴纳企业所得税。

表 5　会计期间自 2017 年 1 月 1 日起适用以下所得税税率

应课税净额（泰铢）	所得税税率/%
0~300 000（含）	免税
300 001~3 000 000（含）	15
超过 3 000 000	20

注：来源于《中国居民赴泰国投资税收指南》。

在预提所得税税率（见表6）上，泰国规定纳税义务人在向外国法人实体支付不同收入时代扣代缴税金适用的税率。按照与泰国签订税收协定，外国企业可按税收协定规定免除或降低扣缴税率。

表6 各项收入预提所得税税率

收入类型	税率/%
特许权使用费	15
利息	15
股息	10
资本利得	15
租金	15
经纪服务费	15
专业服务费	15

注：来源于《中国居民赴泰国投资税收指南》。

在税收优惠上，纳税人取得以下各种所得，免征企业所得税。

未在泰国境内从事经营活动的外国企业取得泰国政府债券的利息收入；在特定法令下由外国政府全资持有的金融机构取得的外国贷款利息收入；泰国非居民、未在泰国境内经营的外国企业、外国金融机构（包括外国机构的泰国分公司及泰国办事处）取得金融机构提供给泰国非居民使用的外汇存款或借款所产生的利息；与泰国投资促进委员会（BOI）相关的税收优惠经核准，在特定期间内符合规定的企业可享受减免企业所得税优惠（最长优惠期限为15年）；在未适用任何税收优惠的情况下，减免50%的企业所得税，最长优惠期限为10年；用于投资的支出可额外扣除最高70%的费用，最长优惠期限为10年；除此之外，BOI亦针对设立在20个目标省份的企业经营活动给予额外的税收优惠，包括税收减免、运输费水电费加倍扣除，折旧费额外扣除25%。

（3）越南对外投资的所得税政策

境外投资者可以在越南境内成立居民企业或者设立常设机构进行投资业务。越南政府努力进行较多的税制改革，以改善越南的贸易环境，特别注重发挥企业所得税税收优惠在经济结构调整以及吸引外资中的积极作用。越南政府希望通过这些优惠政策能够较大程度地吸引投资、促进企业生产经营，推动越南经济社会发展。其所得税的征税范围为生产经营收入、提供劳务收入和其他收入（见表7）。

表 7　越南所得税税率

应税项目	税率
平常生产经营活动	20%（基本税率）
油气勘测、勘探、开采活动	32%~50%
勘测、勘探、开采其他稀有资源	50%
珍贵矿山和稀有自然资源，若其有70%及以上的面积位于社会经济条件特别困难地区	40%

注：来源于《中国居民赴越南投资税收指南》。

　　越南要求企业实行自核自免，年终清算的办法履行纳税义务。现行企业所得税法采用双重税收管辖权，即居民税收管辖和来源地税收管辖权。为吸引外资以及发展本国经济，越南设立了一系列的经济区并制定了许多的税收优惠（税率、预提所得税税率、折旧方法和折旧率等）（见表8、表9）。

表 8　特殊地区企业所得税（CIT）优惠政策

序号	描述	经济区（包括一般、门户经济区）	高科技区	工业区	出口加工区
1	CIT 税率	15 年内 10%	15 年内 10%	税率 20%	税率 20%
2	免 CIT	4 年内	4 年内	2 年内	无
3	减 CIT	9 年内减半	9 年内减半	5 年内减半	无
4	总结	CIT 税率自获得利润第 1 年起开始适用；CIT 减免自获得应税收入第 1 年起开始适用，如果前 3 年内无应税收入，CIT 减免从第 4 年开始	CIT 税率自获得利润第 1 年起开始适用；CIT 减免自获得应税收入第 1 年起开始适用，如果前 3 年内无应税收入，CIT 减免从第 4 年开始	CIT 减免不适用全部工业区企业，处于经济、社会优势名单的企业不享受此优惠；CIT 减免自获得应税收入第 1 年起开始适用，如果前 3 年内无应税收入，CIT 减免从第 4 年开始	CIT 减免不适用全部出口加工区，视企业具体情况而定

表9　预提所得税税率

预提税项目	税率
股息 利息	股息预提税税率10%，但目前暂不征税 协定税率为10%，按照孰低原则执行越南国内低税率，为5%；
特许权使用费	税率为10%
外国企业提供线上广告服务	越南境外提供的广告服务和营销服务免征预提税国内公司代扣代缴，该豁免不适用于线上的广告服务和营销服务。

注：来源于《中国居民赴越南投资税收指南》。

3. 三梯队：新西兰、文莱、缅甸、菲律宾

中国对三梯队国家的直接投资表现为流量少，存量低。从2019年的数据中可以看出，中国对该梯队的直接投资在RCEP协约国中投资流量负增长（-0.24%），意味着投资存量减少，而截至2019年年底的投资存量也仅为4.91%。由此可见，三梯队国家并不是我国的投资重点区域，因此其所得税政策对我国企业对外投资的影响情况相对不重要，所以本文就简单介绍一下新西兰、缅甸的所得税政策。

新西兰对居民企业和非居民企业分别就来源于全球所得和新西兰所得征收所得税。所得税税率为28%，股息收入在持股比例为100%的情况下免税。新西兰的所得税的费用扣除项目类似于中国的所得税税前扣除规定，其在利息费用、捐赠支出、研发费用等方面设定了扣除限制和加计扣除规定，对折旧和损耗扣除可以采取直线法和双倍余额递减法等。研发费用税收抵免率为15%，抵减应交所得税额；研发费用最低支出为50 000新西兰元，上限为1.2亿新西兰元；允许总体符合条件的研发费用的10%发生在海外。非居民企业利润适用一般的企业所得税税率，分公司汇回利润不用缴纳预提所得税。对于股息征收的非居民预提所得税，视持有股份的比例、是否是现金股息等因素的不同，可能适用0%、15%或30%的税率。对外支付的特许权使用费则适用5%、10%或15%的税率。非居民承包工程扣缴税税率通常是15%。

缅甸居民企业就全球所得纳税，居民及非居民企业需就净利润按25%的税率缴纳企业所得税。在仰光上市的企业，减按20%缴纳。对连续三年收入未超过1 000万缅元的中小型企业免征企业所得税。此外，对于不动产租赁收入，按10%的税率纳税。按照缅甸《外国投资法》注册成立并获得了投资委员会许可的公司，在缅注册地为发达、中等发达、不发达地区的可分别免征3、5、7年企业所得税。此外，缅甸制定了出口减免所得税，三年亏损结转弥补，研发费用扣除等内容。

三、RCEP 国家所得税政策评析

（一）RCEP 国家所得税政策对我国企业直接投资的影响

根据我国对 RCEP 协约国直接投资的方式、规模和领域以及三个梯队所得税制度的分析，东道国所得税制度对我国企业对外直接投资的影响既有税制的共性又有国情个性。税制的共性主要表现在对投资设立企业的身份认定、所得范围的划分、所得税税率的适用、税基扣除税额抵减免以及预提所得税等方面，例如把外商投资企业根据公司组织形式或管理机构所在分为居民和非居民企业，在税率上把外商投资企业根据所投资领域、地域适用不同税率，对预提税率根据税收协定规定不同税率等。国情个性的影响主要表现在具体国家由于自身对外国投资促进本国人口就业、科技水平提高、经济发展等方面的渴望程度而对所得税制度做出特别规定以便更好地达成公平竞争、吸引投资等目的。

根据对同属经济发达国家的一梯队的所得税制度的分析可知，在吸引外资方面其政策目的为：一是保证外资企业享有与本国企业公平竞争的地位。比如新加坡规定非居民企业与本国企业享受同等待遇，内外资企业适用同样的税率。二是吸引高科技、金融等企业发展本国新兴产业。这方面可以从新加坡规定外资投资新产业最高可获得十五年的免税待遇以及适用较低的优惠税率；对研发费用的加计扣除；科技型初创公司所得税减免等方面窥得一斑。三是依托本国地理、资源等优势，积极引进外资。如新加坡基于海上交通枢纽地位积极发展金融、科技，澳大利亚对矿产勘探提供税额抵免。四是重视外资、吸引外资。对投资及资本利得免税，对经核准的支付给非居民企业的特许权使用费、技术支持费用和研发费用可免征或减征预提所得税，鼓励投资。

一梯队所得税政策对我国对外直接投资的影响体现在：一是税制的复杂程度以及税收优惠、抵免等适用限制的多寡直接影响投资总量和效率。日本的三级所得税制度复杂的征收规则和税收优惠条件直接提高了投资的门槛，对吸引外资产生消极作用。二是对我国企业对外投资的企业组织方式、领域产生影响。我国企业更多地选择在当地注册法人公司来适用居民企业税法利用税收优惠，截至 2019 年年底我国在澳大利亚注册成立的境外企业近 1 000 家；对具有重大所得税收优惠的领域加大投资，比如我国对澳大利亚的金融业投资在 2019 年同比上涨 48.6%，达到 46.8 亿美元。三是所得税税负水平影响我国企业对东道国投资规模和方式。税率是衡量企业所得税税收负担的重要指标，较低的企业所得税税率对吸引投资具有更大虹吸作用；而较低的预提税率也具有同样的作用。比如新加坡在 17% 的低所得税税率情况下与特殊收入预提税低税率配合，助力新加坡成为接收中国对外直接投资的高地；而日本复杂的法人税制度以及较高的税率则对吸引外资产生明显的斥力，这从中国对日投资规模上可见一斑。

中国与东盟交往密切，尤其是与第二梯队的六国在经贸往来、投资促进方面有着深入合作。二梯队国家本身仍处于发展中国家状态，其不发达的工业体系，国内极大的贫富差距，易受金融国家资本、工业国产品冲击的国内不统一不稳定的市场均对国家的发展和富强产生较大副作用，因此谋求吸引外资发展经济的强烈愿望在所得税制度上具有深刻表现。一是外资直接投资所得税总体税负低。具体表现为印度尼西亚对外资设立企业规定了所得在规定年限免税、适用低所得税率；泰国对不同所得规定较低的预提税税率，给予符合条件的所得最长十年的免税期。二是鼓励外资对特定区域投资。如越南设立不同类型的经济区，在以上特定区域的投资设立企业可适用最长 9 年的减免税优惠期并适用低税率。

二梯队国国的税收制度对我国企业直接投资的影响与一梯队有相似之处，但又有不同的地方。不同之处具体来说一是影响我国企业对外投资的地域。二梯队国家摸着邻国发展路径模式过河，设立经济特区积极发展本国工业及新兴产业，对特定区域制定了大力度的所得税优惠政策，吸引外资进入。二是影响我国企业投资的产业。乘着 RCEP 的东风，二梯队国家积极承接产业的转移，背靠自身的人力、资源等优势发展有前途的制造业等。

三梯队国不是我的重点投资区域，其所得税政策对吸引我国企业投资的影响表现不明显。但是通过分析其所得税政策发现，三梯队国家为吸引外资制定了优惠税率，中小微企业税收减免，预提税区别低税率等政策，这些都会对吸引外资产生积极影响。

（二）RCEP 国家所得税政策对我国企业直接投资带来的风险

三个梯队国家的所得税制度使我国企业对外直接投资面临的风险具有相同点和不同点。相同点主要是各国针对企业所得税的反避税的措施、我国企业自身风险等，不同点主要表现为各国所得税制的内生性的风险。

各个国家的所得税制是依照共同税制设立基础建立起来的，都是对企业所得征税，并相应制定所得税制要素以及反避税措施等。我国企业对 RCEP 国家直接投资过程中，会面临着一些相同的所得税风险，具体如下：

一是所得税纳税申报风险。各国对纳税申报均制定了相应的申报规则和期限要求等，我国企业在对外投资过程中如果不了解或没有及时进行申报可能会面临着相应的处罚，比如越南规定如果不及时纳税申报将会面临着缴纳罚款和滞纳金以及行政处罚的风险。

二是未享受税收协定待遇及所得税税务抵免的风险。在我国与 104 个国家签订的税收协定中，RCEP 国家中除缅甸、菲律宾外均与我国签订了税收协定。我国企业在外经营企业或投资业务时，汇回国内的如股息、红利等权益性投资收益和利息、租金、特许权使用费所得、转让财产所得以及其他所得应当缴纳的企业所得税等项目，要享受税收协定待遇，如在纳税义务发生之前未到东道国主管税务机关办理审批申请的，将无法享受优惠待遇。同时如果不正确适用规定而多缴所得税款，不适用税收抵免而重复征税，不了解税收饶让政策而在国内不抵扣已缴税款、滥用税收协定待遇等都会给我国企业带来风险。

三是调查认定风险：转让定价调查。转让定价很可能存在低估交易价格减少应纳税所得额从而逃避缴纳所得税款。企业在关联交易中需要提交相关资料、数据应合法、合理或能清楚说明其来源；企业不得造假独立交易或将关联交易伪造成独立交易；企业在发生关联交易时应及时并完整申报，如果仍被怀疑未正确适用相关规定需要在 90 天内做出说明。否则，将会遭到调查重新核定应纳税所得额以及缴纳罚款的处罚。

四是境外遭受不公正税收待遇，未及时启动相互协商程序的风险。企业在境外遇到税收争议，对方税务机关不执行与中国签订的税收协定，导致企业缴纳了不必要的税款或多缴税款等。若企业缺少利用税收协定的意识，不了解税收协定的内容和作用、未及时向境内税务机关反映税收争议等，都将影响税收协定"保护伞"作用的发挥。

RCEP 协定国家国情差距巨大，法律、所得税制度完善等方面均存在着差距，因此三个梯队国家的所得税制使我国企业面临的环境更加复杂也将产生更多的不同税制风险。具体情况如下：

一是所得税政策的变动风险。第二梯队国家总体来说仍处于低端、无质量的发展过程中，其国内复杂的政治环境、不统一的市场和政府均会对所得税制的稳定及延续造成损害，频繁的税制变更和优惠政策变动均会对我国企业投资产生巨大风险。

二是东道国所得税政策执行风险。虽然一些落后国家制定了吸引力巨大的优惠条件和减免政策，但是其国内严重的政府腐败、恶化的营商环境及落后的监控征收手段等，将会造成有法未必能依、能依也未必有能力征收的情况发生。如此情况，将会对我国企业的投资产生重大的所得税风险。

三是东道国完善严苛的所得税制适用风险。一梯队国家经过不断发展的历程，其税制不断更新完善，监管条件也不断提升。在这样的情况下，其要求企业在经营过程中不断地提高自身的合规水平，利用专业的人才和机构引进涉税服务来迎合东道国的税制监管要求和优惠适用。企业如果不能满足东道国税制要求将会给企业自身带来如多交所得税、罚款等风险。

四、我国企业"走出去"的相关所得税政策

本文梳理我国企业所得税政策尤其是国际税收部分后得出，对推动我国企业更好"走出去"对外投资发挥所得税制的促进作用有以下几个方面：亏损弥补结转、减免所得税、消除重复征税（抵免与饶让）。

1. 亏损结转弥补

我国税法规定企业境外业务之间发生的盈亏可以相互弥补，但是境内外间则不可以相互弥补。企业在汇总计算缴纳企业所得税时，其境外营业机构的亏损不得抵减境内营业机构的盈利。此外，税法规定将企业境外亏损划分为超过境内盈利部分的实际亏损和未超过境内盈利部分的非实际亏损，实际亏损可以用在东道国分支机构所得在 5 年内结转弥补；非实际亏损没有弥补期限限制。

2. 所得税减免

为了减轻企业在对外直接投资中遇到不可抗力因素（地震、水灾、战争、动乱等）而蒙受巨大损失无法再进行投资经营活动的税收负担，税法规定可以给予其境外所得 1 年减征或免征企业所得税的优惠。

3. 消除重复征税（抵免与饶让）

税收抵免和饶让是切实减轻企业投资收益汇回税收负担的最有效的税收优惠之一。消除重复征税主要有扣除法、免税法、抵免法，而我国为了在来源地税收管辖权优先的基础上，同时也兼顾到居民税收管辖权而主要采用抵免法。我国适用的抵免法分为直接抵免和间接抵免直接抵免。

直接抵免是指国内企业就其在境外经营所得，取得境外的股息、红利等权益性投资所得，利息、租金、特许权使用费、财产转让等所得在境外被源泉扣缴的预提所得税在我国应纳税额中按照国外所得依据我国税率计算的应纳税额为最高抵免限额进行抵免。在境外缴纳的所得税额在我国应纳税额中抵免，超过部分可在五年内结转抵免，直接抵免是我国消除国际重复征税行使税收管辖权的最主要办法。

为进一步减轻企业对外投资负担，我国企业所得税法也制定了间接抵免条款。根据我国与他国签订的税收协定，我国与 RCEP 协约国中除新西兰、菲律宾、老挝、文莱外均包含了间接抵免条款。间接抵免是指境外企业就分配股息前的利润缴纳的外国所得额中由我国居民企业就该项分得的股息性质的所得间接负担的部分，在我国应纳税所得额中抵免。但与直接抵免类似制定了限额抵免和可结转年限 5 年的限制条款，此外还规定了我国居民企业以直接或间接（三层）持股方式合计持股 20% 以上（含

20%）的外国企业分回股息、红利才可以享受间接抵免。我国实行分国不分项的抵免限额，要求居民纳税人对来自每一个国家的所得分别计算抵免限额，不同国家之前的超限额和不足限额不能互相冲抵。

饶让抵免也是减轻国际间重复征税的重要税法优惠规定，其可分为普通饶让抵免和针对股息、利息、特许权使用费投资所得的定率饶让抵免。我国与 RCEP 协约国家中的马来西亚、泰国等 6 个国家签订了双向税收普通饶让抵免，与越南签订了定率饶让抵免。

五、RCEP 背景下我国企业对外直接投资所得税风险应对

中国作为第一个批准 RCEP 协定的国家，标志着该协定正在向着既定方向深入推进。面对上述我国企业在对外直接投资过程中面临的种种所得税风险，为了更好地促进我国企业"走出去"开展对外投资活动，减少所得税制上的影响和阻碍，本文提出以下方法和建议措施。

一是对外投资企业必须在投资前做好所得税风险评估和投资后风险防控。"工欲善其事，必先利其器。"在做出投资决定前，企业对东道国进行全面的考察与评估是必要的，东道国营商环境、税制建设情况、民风民俗等都是需要考虑的情况。对所得税风险的评估主要考察东道国所得税制完备程度，是否严格执行所得税规定，是否与我国签订了具有效力的税收协定，所得税优惠政策是否落地等。在投资后，企业要注意在所得税税收优惠适用等方面可能发生的不利情况，积极捍卫自身合法权益，利用我国与东道国建立的正规途径平台维护自身合法权益。

二是对外投资企业必须不断提高自身合规、适用能力建设。"打铁还需自身硬"，面对异国不同国情、不同所得税制、不同税收监管等情况，企业务必要遵守东道国所得税制度的信息报告、资料提交等要求，服从东道国相关部门的监管，主动了解所得税税收优惠政策积极适用并做好应对东道国税务部门检查、批准的合规材料准备。此外，聘请专业人士或指导人员推动合规能力、适用所得税优惠能力提升是必要的，结合我国对跨国所得的优惠条款切实减轻本企业税收负担。

三是我国政策制定部门需要合力完善我国对外投资相关所得税制。完善的涉外投资所得税制度（抵免、对外投资税收优惠等），将会为我国企业更好走出去对外投资发挥巨大的推动作用。中国与 RECP 协约国中一些国家仍未签订税收协定和税收抵免条款，积极推动协定签订和抵免条款的落地，是推动我国企业更好走出去的有效方法。

参考文献

［1］中华人民共和国国家税务总局：中国居民赴新加坡投资税收指南［R/OL］.（2020）.http：//www.chinatax.gov.cn/n810219/n810744/n1671176/n1671206/index_2.html.

［2］中华人民共和国国家税务总局：中国居民赴泰国投资税收指南［R/OL］.（2020）.http：//www.chinatax.gov.cn/n810219/n810744/n1671176/n1671206/index_2.html.

［3］中华人民共和国国家税务总局：中国居民赴澳大利亚投资税收指南［R/OL］.（2020）.http：//www.chinatax.gov.cn/n810219/n810744/n1671176/n1671206/index_2.html.

［4］中华人民共和国国家税务总局：中国居民赴日本投资税收指南［R/OL］.（2020）.http：//www.chinatax.gov.cn/n810219/n810744/n1671176/n1671206/index_2.html.

［5］中华人民共和国国家税务总局：中国居民赴韩国投资税收指南［R/OL］.（2020）.http：//www.chinatax.gov.cn/n810219/n810744/n1671176/n1671206/index_2.html.

［6］中华人民共和国国家税务总局：中国居民赴马来西亚投资税收指南［R/OL］.（2020）.http：//www.chinatax.gov.cn/n810219/n810744/n1671176/n1671206/index_2.html.

［7］中华人民共和国国家税务总局：中国居民赴印度尼西亚投资税收指南［R/OL］.（2020）.http：//www.chinatax.gov.cn/n810219/n810744/n1671176/n1671206/index_2.html.

［8］中华人民共和国国家税务总局：中国居民赴越南投资税收指南［R/OL］.（2020）.http：//www.chinatax.gov.cn/n810219/n810744/n1671176/n1671206/index_2.html.

［9］中华人民共和国国家税务总局：中国居民赴新西兰投资税收指南［R/OL］.（2020）.http：//www.chinatax.gov.cn/n810219/n810744/n1671176/n1671206/index_2.html.

［10］中华人民共和国国家税务总局：中国居民赴文莱投资税收指南［R/OL］.（2020）.http：//www.chinatax.gov.cn/n810219/n810744/n1671176/n1671206/index_2.html.

［11］中华人民共和国国家税务总局：中国居民赴老挝投资税收指南［R/OL］.（2020）.http：//www.chinatax.gov.cn/n810219/n810744/n1671176/n1671206/index_2.html.

［12］中华人民共和国国家税务总局：中国居民赴缅甸投资税收指南［R/OL］.（2020）.http：//www.chinatax.gov.cn/n810219/n810744/n1671176/n1671206/index_2.html.

［13］中华人民共和国国家税务总局：中国居民赴菲律宾投资税收指南［R/OL］.（2020）.http：//www.chinatax.gov.cn/n810219/n810744/n1671176/n1671206/index_2.html.

［14］国家税务总局国际税务司.中国避免双重征税协定执行指南［R］.北京：中国税务出版社，2013：114.

［15］傅丽妹.我国境外所得税收抵免法律制度研究［D］.上海：华东政法大学，2012.

[16]《中华人民共和国政府和新加坡共和国政府关于对所得避免双重征税和防止偷漏税的协定》第二议定书［N］. 中国税务报，2010-2-1（10）.

[17] 曾金华. 财政收支紧平衡状态未变［N］. 经济日报，2021-6-24（5）.

[18] 张建梅，郭艳芳. 调整完善财经政策 促进边区经济恢复和发展［N］. 吕梁日报，2021-6-24（4）.

[19] 崔日明，李丹. 东道国制度质量对中国对外直接投资效率的影响：基于RCEP 国家的实证分析［J］. 信阳师范学院学报（哲学社会科学版），2021，41（5）：40-48.

[20] 杨博飞，朱晟君，高菠阳. 基于文献视角的海外对华投资和中国对外投资的比较［J］. 经济地理，2021，41（5）：122-133.

[21] 胡翔. 论我国所得税法律制度的完善：基于新常态下规范外国投资与对外投资的税制检视［J］. 福建质量管理，2015（9）：29-30.

[22] 傅丽妹. 我国境外所得税收抵免法律制度研究［D］. 上海：华东政法大学，2012.

基于复杂网络的中国城市创新发展研究

王疏影　谢　珂

摘　要：创新是引领经济发展的第一动力。城市是创新的重要载体，城市创新发展的研究受到越来越多学者的关注。本文通过构建中国城市创新发展的动态化复杂网络，采用复杂网络分析方法对中国城市创新发展的时空演变特性进行探讨。结果表明，中国城市间创新发展的相关性、局部聚集性以及协同性逐年增强。

关键词：城市创新发展；复杂网络；协同发展

一、引言

党的十九大报告指出，"我国经济已由高速增长阶段转向高质量发展阶段，正处在转变发展方式、优化经济结构、转换增长动力的攻关期"①。当今世界正经历百年未有之大变局，面对错综复杂的国际形势和艰巨繁重的国内改革发展稳定任务，《中共中央关于制定国民经济和社会发展第十四个五年规划和 2035 年远景目标的建议》强调指出，要"坚持创新在我国现代化建设全局中的核心地位，把科技自立自强作为国家发展的战略支撑"②。"十四五"时期，中国将进入新发展阶段，发展的内部条件和外部环境正在发生巨大且复杂的变化，仅靠要素驱动已不再适合中国高质量发展的需求，以创新驱动发展将是大势所趋。实践证明，创新是推动经济快速发展和社会全面发展的强大动力[1]。坚持创新是党中央把握大势、立足当前、着眼长远做出的战略布局，实施创新驱动是应对国内外发展环境变化、破解经济发展深层次矛盾、保持中国经济高质量发展的必然选择。

---

① 习近平. 决胜全面建成小康社会夺取新时代中国特色社会主义伟大胜利：在中国共产党第十九次全国代表大会上的报告[EB/OL].(2017-10-27).http://www.gov.cn/zhuanti/2017/10/27/content_5234876.htm.

② 习近平. 中共中央关于制定国民经济和社会发展第十四个五年规划和二〇三五年远景目标的建议[EB/OL].(2020-11-03).http://www.gov.cn/zhengce/2020/11/03/content_5556991.htm.

近几年，经过共同努力，中国创新力水平逐年增强，已成为世界上不可忽视的中坚力量。据国家统计局测算，中国创新指数逐年攀升，由 2005 年的 100 提高至 2019 年的 228.3，年均增长达到 6.07%。世界知识产权组织发布的《2020 年全球创新指数（GII）报告》显示，在全球 131 个经济体中，中国保持在全球创新指数榜单第 14 名，是唯一进入全球前 30 位的中上等收入国家。然而，由于历史、政治、经济和地理等原因，中国区域发展一直处于不平衡状态，区域之间的创新能力也存在较大差距。《中国城市和产业创新指数报告 2017》① 显示，中国城市创新能力呈现"东强西弱"的态势。2016 年创新指数排名前 15 的城市中，10 个城市位于东部地区。同时，交通、网络和信息技术的发展极大地促进了知识、资本与人才的区域流动，城市之间各创新主体的创新合作关系日渐增多，城市创新发展之间既存在差异性又存在着较强的关联性。全局把握中国创新发展的时空演变规律，是实施差异化的创新政策，寻求创新资源配置优化路径的关键。

随着科技与经济社会日趋融合，城市作为创新要素的集中地，逐渐成为推动创新的重要载体。智慧城市建设更推动了城市创新能力的提升[2]。近年来，学界对区域内城市创新发展水平的空间异质性多是选取某些经济发达城市或城市群，围绕创新能力[3-5]、创新绩效[6][7]等方面，并运用多种聚类分析方法从多元化空间尺度进行探究[8][9]。何舜辉等（2017）基于中国 287 个地级以上城市的专利、论文数据测度中国城市创新能力，揭示了 2001 年至 2014 年中国创新格局的时空演变特征[10]。李星（2020）通过探索性空间数据分析和基尼系数对中国城市群创新能力进行了空间差异性研究，发现各城市群创新能力的总体差距呈减弱趋势[11]。吕拉昌等（2015）采用引力模型，测度了中国主要城市间的创新联系强度及格局[12]。同时，越来越多的学者通过合作论文、合作专利等指标测度创新联系，并进一步构建城市创新网络对中国城市创新发展的时空特性进行研究。段德忠等（2018）以国家知识产权局专利转让记录为数据源，系统描绘了 2001—2015 年中国城市创新网络的拓扑结构、空间结构和生长机制[13]。刘佳等（2020）采用合著论文构建知识创新合作网络，借助社会网络分析方法研究粤港澳大湾区知识创新合作网络的结构以及其演化情况[14]。

综上所述，城市创新研究已从不同层面对城市创新水平的空间异质性以及创新联系进行了研究。然而，较少的研究从城市创新发展的关联性角度进行探讨，即揭示创新发展水平具有较大差异的城市，在创新发展趋势上（例如年增长率）表现出的相关性。同时，创新网络的研究较多集中于企业和产业集群的层面[15][16]，较少涉及城市创

---

① 数据来源于复旦大学产业发展研究中心、第一财经研究院、复旦大学中国经济研究中心·智库共同发布的《中国城市和产业创新指数报告 2017》。

新网络的研究。本文基于全国 284 个地级及以上城市创新发展指数（2001 年至 2015 年）的相关性系数建立复杂网络；然后结合滑动时间窗获取各城市创新发展复杂网络状态信息；最后采用复杂网络分析方法，通过聚集系数、模块数、模块度等网络特性指标探讨城市创新发展网络的动态演化状况，以揭示中国城市创新发展的时空演变特性。

二、研究对象与方法

（一）研究范围与数据来源

本文以中国地级及以上城市的创新力（表现为城市创新指数）为研究对象。基于数据可得性和质量可靠性，样本选取了 2001—2015 年全国 284 个地级及以上行政单位。

本文的数据来源为《中国城市和产业创新指数报告 2017》。该报告基于国家知识产权局的专利数据和国家工商总局的新注册企业数据这两组微观大数据，通过专利更新模型估算出不同年龄专利的价值，并计算每一类专利的平均价值，在此基础上将专利价值加总到城市层面构造了一系列反映中国创新能力的指数，以创新指数来测量中国不同地区和产业的创新水平。该数据基于公开、客观、更新及时的专利数据构建创新指数，更能准确反映技术变化趋势。同时，该数据利用专利更新模型考虑了不同年龄专利的价值差异，创新力的测度更为准确。因此，本文选用《中国城市和产业创新指数报告 2017》构建的城市创新指数作为城市创新力的衡量指标。

图 1 是 2001—2015 年中国 284 个地级及以上城市创新指数年增长率均值曲线图。该图展示了 2001—2015 年中国城市创新指数随时间的变动趋势。从图 1 中可看出，2001—2015 年中国城市创新指数始终保持正向增长，年增长率保持在 30% 左右，在 2010 年高达到 45.63%。这说明 2001—2015 年中国城市创新能力始终呈现波动性的正向增长趋势。

我们进一步将其分为四个区域并分析各区域的创新发展情况。四个区域为：东部地区[①]（包括河北省、北京市、天津市、山东省、江苏省、上海市、浙江省、福建省、广东省、海南省），西部地区（包括重庆市、四川省、云南省、贵州省、西藏自治区、陕西省、甘肃省、青海省、新疆维吾尔自治区、宁夏回族自治区、内蒙古自治区、广西壮族自治区），中部地区（包括山西省、河南省、安徽省、湖北省、江西省、湖南省），东北地区（包括辽宁省、吉林省、黑龙江省）。从图 2 可以看出，2001—2015

---

① 由于数据的可获得性，本文数据未包括中国台湾、香港特别行政区、澳门特别行政区。

年，东部地区的创新力水平一直遥遥领先于其他三个区域，呈现逐年稳步增长的态势，创新指数的年平均增长率达到 35%。在 2015 年，东部地区的城市创新指数均值达到 43，远超过其他三个地区（西部地区 6.3，中部地区 7.3，东北地区 8.2）。相对而言，中西部两地区创新力水平基础较弱，2001—2015 年呈现出较强的增长态势，创新指数的年平均增长率达到 30% 左右。在初期，东北地区的创新力水平相较中西部地区是有较大优势的。但 2001—2015 年东北地区的创新力发展较缓慢，创新力指数年平均增长率仅 24%。

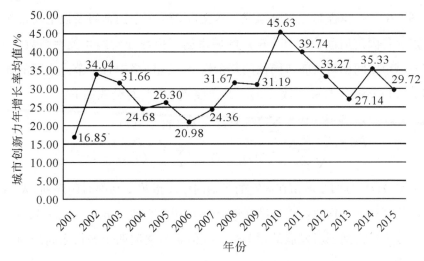

图 1 2001—2015 年城市创新指数年增长率均值

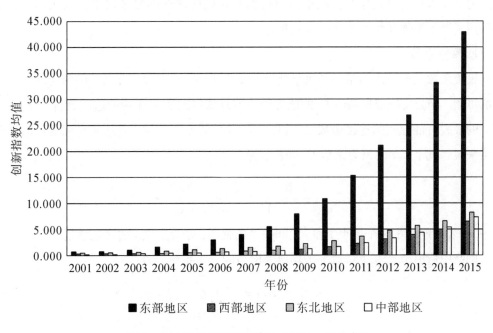

图 2 四大区域创新发展情况（2001—2015 年）

（二）研究方法

本研究主要采用复杂网络的分析方法对城市创新发展的协同性进行研究。现实生活存在的大量复杂系统可用复杂网络进行分析。复杂网络是指一种呈现高度复杂性的网络，其特点主要体现在：小世界特性[17]，无标度特性[18]和社区结构特性[19]等。复杂网络不仅是一种数据的表现形式，也是一种科学研究的手段，被应用于通信科学、电力科学、生命科学、和社会学等不同学科的研究。

图论是目前复杂网络分析领域最主要的数学工具。在图论中，一个复杂网络可以表述为一个图，由节点集合与边集合组成。本文以 284 个中国地级及以上城市作为复杂网络的节点，将固定时间窗口（5 年）的城市创新指数变动的相关性系数作为连边，构建反映各城市之间创新发展协同性的复杂网络。此网络中各个节点之间的邻接关系采用皮尔逊（Pearson）相关系数（$\rho_{X,Y}$）来度量，其计算公式如下：

$$\rho_{X,Y} = \frac{\sum_{t=1}^{T}(X(t)-\bar{X})(Y(t)-\bar{Y})}{\sqrt{\sum_{t=1}^{T}(X(t)-\bar{X})^2}\sqrt{\sum_{t=1}^{T}(Y(t)-\bar{Y})^2}} \tag{1}$$

其中，$X(t)$ 和 $Y(t)$ 是两个城市在固定的 T 期内创新指数变动的时间序列，$\bar{X}$ 和 $\bar{Y}$ 分别是这两个时间序列的平均值。皮尔逊（Pearson）相关系数 $[\rho_{X,Y} \in (-1, 1)]$ 可表示一定时间段内城市间创新发展的相关性，数值越高表明两个城市之间的创新发展相关性越强。

为了深入探讨所构建的反映中国城市创新发展协同性的复杂网络的聚集情况，本文采用了聚集系数和模块度两个度量指标。

1. 聚集系数

聚集系数是衡量的网络局部聚集情况的重要指标，表示某一节点 i 的邻居间互为邻居的可能。节点 i 的聚集系数 C_i 的值等于该节点邻居间实际连接的边的数目（e_i）与可能的最大可能存在的连接边数（$k_i(k_i-1)/2$）的比值。对于连边具有强弱性的复杂网络来说，其节点 i 的聚集系数 C_i 可表示为：

$$C_i = \frac{2e_i}{k_i(k_i-1)} = \frac{\sum_{j,m}w_{ij}w_{im}w_{mj}}{k_i(k_i-1)} \tag{2}$$

其中 w_{ij} 表示网络中两个节点 i 和 j 之间关系的强弱，k_i 为节点 i 的连边总量。

网络中所有节点聚集系数的平均值为网络的聚集系数，即：

$$C = \langle C_i \rangle = \frac{1}{N}\sum_{i \in V}C_i \tag{3}$$

2. 模块与模块度

我们也常采用社区检测的方法对网络聚集行为进行揭示。这里的"社区"或称为"模块"，我们可以将其理解为一类具有相同特性的节点的集合。模块内部连接密集，表现为更强的连边关系，但对外连接稀疏。一个复杂网络可能存在多个模块，从而构成网络社区结构。如图 3 所示，该网络存在 3 个模块，模块内部的节点演化表现出更强的协同性。

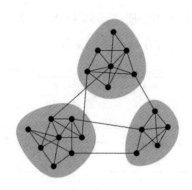

图3　复杂网络社区结构

对复杂网络进行社区检测的方法有多种，主要为图划分方法[20]和层次聚类方法[21]。本文采用基于模块矩阵与特征向量的分析方法[22]。该方法不需预设网络中的模块数，更加客观准确。

对网络社区划分的优劣进行量化评价，我们常采用 Newman[19] 提出的模块度这个指标。模块度的实质为一个网络在某种社区划分下与随机网络的差异，差异越大说明该社区划分越好。

本文以 5 年作为一个时间窗口，分别计算 284 个地级及以上城市之间创新发展的相关性系数，以构建该时间段内反映各个城市之间创新协同发展关系的复杂网络。在此基础上，本文通过聚集系数、模块数、模块度等网络特性指标探讨该复杂网络的动态演化状况，进而对中国城市之间协同创新发展的动态演化规律进行深入探讨。

三、结果分析与讨论

（一）中国城市创新发展网络构建

在本文中，我们选取 5 年作为时间窗宽度，将计算出的这个时间窗内 284 个城市两两之间创新指数增长的皮尔逊（Pearson）相关系数，作为复杂网络的连边，以此构建这 5 年中国城市创新发展网络。分别构建 2001—2005 年，2002—2006 年，……，

2011—2015 年这 11 个连续演化的动态复杂网络。图 4 为 11 个复杂网络节点之间的连边情况。两个城市节点的网络连边强弱反映了在特定的 5 年内两个城市创新指数增长的相关性。城市间创新发展的相关性越强，越接近 1，表明网络连边的强度越强。从图 4 可看出，在早期中国城市创新发展网络中，网络连边强度覆盖了从 0 到 1 的所有区间，其概率分布较均匀。随着时间的推移，网络连边强度向强强度区间聚集，连边强度位于 0.9 至 1 区间的概率不断增加。2011 年至 2015 年这五年中国城市创新发展网络的网络连边强度位于 0.9 至 1 区间的概率达到 45.5%。2008 年之后，中国城市创新发展网络的网络连边强度几乎不存在小于 0.5 的情况。

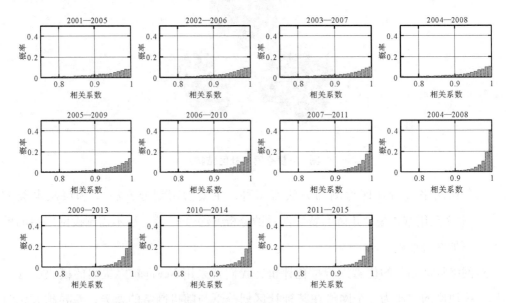

图4　不同时期中国城市创新发展网络中相关系数分布

对图 4 进行分析后，我们发现，随着时间的推移，越来越多的城市间表现出创新发展趋势的强关联性。

（二）中国城市创新发展网络聚集情况

在构建的 11 个连续演化的中国城市创新发展动态网络的基础上，我们进一步探讨网络聚集随时间的演化过程。图 5 显示了 2001—2015 年中国城市创新发展网络的聚集系数随时间的演化情况。从图中可以看出，中国城市创新发展网络的聚集系数随时间呈上升趋势。在初期，2001—2005 年的中国城市创新发展网络的网络聚集系数为 0.780，到 2011—2015 年增加到 0.976。中国城市创新发展网络的聚集性逐年增强，意味着中国城市创新集群式发展的趋势愈加明显。

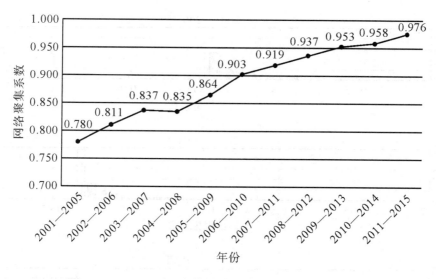

图 5　2001—2015 年中国城市创新发展网络聚集系数演化情况

为了探讨城市创新力发展网络局部聚集情况，我们选取三个典型时期进行分析，包括"十五"计划期间（2001—2005 年）、"十一五"计划期间（2006—2010 年）和"十二五"计划期间（2011—2015 年）。由图 6 可看出，在"十五"计划期间，城市创新发展网络中城市的局部聚集程度均不太高，少数城市聚集性相当低，说明有少部分城市未跟上大多数城市创新发展的步伐；到"十一五"计划期间，城市创新发展网络中局部聚集性高的城市增多，近 50% 的城市的聚集系数达到 0.93 左右，仍旧存在少数城市聚集性低；到"十二五"计划期间，城市创新发展网络中局部聚集性高的城市进一步增多，97% 的城市的局部聚集系数超过 0.95，已不存在聚集性低的城市。这也说明，中国城市之间协同创新发展的趋势不断增强，绝大部分城市创新发展速度趋同性增强。

我们再分四个区域（东部地区、西部地区、中部地区和东北地区）进一步探讨不同区域城市创新发展网络的聚集情况。图 7 展示了 2001 年至 2015 年四大区域城市创新发展网络聚集系数演化情况。从图 7 可看出，第一，区域间城市创新发展网络的聚集性存在差异，尤其在 2010 年前区域间的聚集性差异更大；第二，从聚集性的演化趋势来看，四个区域均呈现出区域内部城市的创新发展网络的聚集性逐年增强的趋势，也就是说区域内部城市之间协同创新发展的趋势逐年增强；第三，东部地区城市间一直呈现出较强的协同创新态势；第四，最初，中西部两地区区域内创新发展网络的聚集系数较低，逐年大幅度增强，说明这两个地区区域内的城市之间创新发展的趋势不断趋同；第五，2004 至 2011 年，东北地区区域内创新发展网络的聚集系数减少，呈现出较低的状态，说明这期间，东北地区区域内的城市之间创新发展速度差异较大。

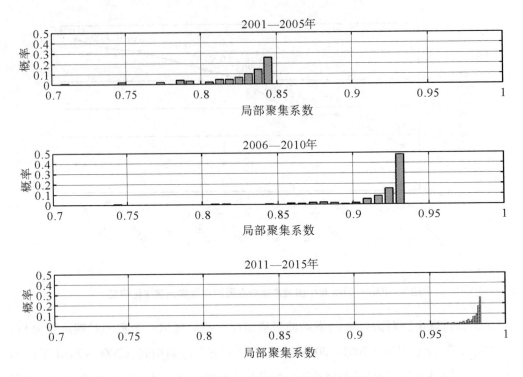

图6　中国城市创新发展网络局部聚集系数分布

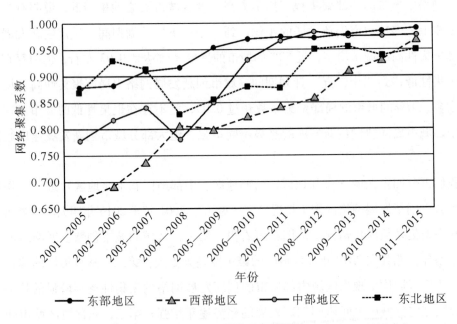

图7　四大区域城市创新发展网络聚集系数演化情况（2001—2015年）

（三）中国城市创新发展网络社区检测

本文进一步采用复杂网络社区检测方法对构建的11个复杂网络进行社区结构分析，进一步揭示各网络的聚集行为。

　　首先，我们采用基于模块矩阵与特征向量的方法进行模块化分析得到模块数。然后采用 Newman[19] 提出的模块度（modularity）指标对网络社区划分的优劣进行量化评价。模块数和模块度随时间的变化规律如表 1 所示。11 个以 5 年时间窗口构建的中国城市创新发展网络的模块数随着时间推移大体呈现增长的趋势。我们再进一步观察对应的模块度，发现模块度均小于 0.02，近几年的中国城市创新发展网络的网络模块度甚至小于 0.002。

　　根据复杂网络中模块的定义，我们知道在同一模块中，城市间创新发展的协同性较强，联系紧密，城市选择的创新发展模式更接近，而不同模块之间的关联性较弱。我们仍旧选取三个典型时期进一步说明，这三个时期中国城市创新发展网络的模块数分别为 2 个、2 个和 28 个。在"十五"计划期间，根据城市创新发展的相关性划分为两个模块，其模块度为 0.017 4。在"十一五"计划期间，模块数仍为 2 个，模块度降为 0.004 6，表明在此期间城市创新发展模式主要分为两种，而选择这两个不同创新发展模式的城市间创新发展的联系较"十五"期间强，模块之间的分界不太明确。在"十二五"计划期间，网络模块数增加到 28 个，前四大模块分别包含 138 个节点城市、106 个节点城市、12 个节点城市和 3 个节点城市，其余模块均为包含独立节点城市的模块，其模块度仅为 0.001 8。这说明对于这一段时期的中国城市创新发展网络，我们通过优化算法获取的最优网络结构接近于随机网络，模块之间的界限不明显。综合考虑这一时期城市创新发展的相关性与局部聚集性，我们可以发现中国城市创新发展整体协同性增强，处于不同模块的城市之间也表现出很强的协同创新发展趋势。

表 1　中国城市创新发展网络模块数和模块度随时间的演化

年份	模块数	模块度
2001—2005	2	0.017 4
2002—2006	2	0.015 1
2003—2007	2	0.014 4
2004—2008	2	0.011 2
2005—2009	2	0.010 9
2006—2010	2	0.004 6
2007—2011	2	0.002 7
2008—2012	15	0.000 4
2009—2013	2	0.000 8
2010—2014	39	0.000 7
2011—2015	28	0.001 8

　　总之，随着时间的推移，中国城市创新发展协同性不断增强。

四、结论与展望

本文引入动态复杂网络的思想，对 2001—2015 年期间中国 284 个地级及以上城市的创新发展进行研究，并且通过皮尔逊相关系数按照五年的滑动时间窗建立动态城市创新发展网络，在此基础上对网络的聚集性进行分析。本文首先讨论了网络的聚集系数，然后采用准确、高效的基于模块矩阵与向量的模块化分析算法对网络的社区结构进行分析，并结合模块度指标对网络社区划分的优劣进行量化评价。对中国城市创新发展网络的分析结果显示，随着时间的推移，中国城市间创新发展的相关性不断增加，中国城市创新发展网络的聚集性逐年增加，但网络并未形成严格划分的网络结构。可以说，整体来看，中国城市创新发展的协同性不断增加。

同时，本文采用了基于复杂网络的研究方法对中国城市创新发展的聚集性进行探讨。该方法有别于传统聚类算法，弱化了城市创新指数是否接近的考察角度，而突出创新发展趋势是否一致的观察视角。城市的资源禀赋不一样，创新的基础也有高低之分。初始创新能力不同的城市，创新发展趋势可能趋同。本文采用的方法可分析城市创新发展趋势的空间分布特性。滑动时间窗的设置使得复杂网络的建立本身包含时间域的动态发展信息，适合对网络演化规律进行探讨。因此，基于复杂网络的研究方法可以作为常规时空分析的重要补充。

参考文献

[1] 陈子韬，孟凡蓉，袁梦. 科技经济融合水平对经济增长的影响研究：基于科技资源、科技创新、经济增长的耦合视角 [J]. 软科学，2020，34（11）：7-13.

[2] 张龙鹏，钟易霖，汤志伟. 智慧城市建设对城市创新能力的影响研究：基于中国智慧城市试点的准自然试验 [J]. 软科学，2020，34（1）：83-89.

[3] 李习保. 中国区域创新能力变迁的实证分析：基于创新系统的观点 [J]. 管理世界，2007，12（12）：18.

[4] 曹勇，秦以旭. 中国区域创新能力差异变动实证分析 [J]. 中国人口资源与环境，2012（3）：164-169.

[5] 曹勇，曹轩祯，罗楚珺，等. 我国四大直辖城市创新能力及其影响因素的比较研究 [J]. 中国软科学，2013（6）：162-170.

[6] 谭俊涛，张平宇，李静. 中国区域创新绩效时空演变特征及其影响因素研究 [J]. 地理科学，2016，36（1）：39-46.

［7］兰海霞，赵雪雁. 中国区域创新效率的时空演变及创新环境影响因素［J］. 经济地理，2020，40（2）：100-110.

［8］易明，高璐，杨丽莎. 长江中游城市群创新能力的时空动态演化规律研究［J］. 统计与决策，2017（5）：134-138.

［9］蒋天颖. 浙江省区域创新产出空间分异特征及成因［J］. 地理研究，2014，033（10）：1825-1836.

［10］何舜辉，杜德斌，焦美琪，等. 中国地级以上城市创新能力的时空格局演变及影响因素分析［J］. 地理科学，2017（7）：51-59.

［11］李星. 城市群创新能力的空间差异研究［J］. 经济体制改革，2020（1）：66-72.

［12］吕拉昌，梁政骥，黄茹. 中国主要城市间的创新联系研究［J］. 地理科学，2015，35（1）：30-37.

［13］段德忠，杜德斌，谌颖，等. 中国城市创新网络的时空复杂性及生长机制研究［J］. 地理科学，2018，38（11）：1759-1768.

［14］刘佳，蔡盼心，王方方. 粤港澳大湾区城市群知识创新合作网络结构演化及影响因素研究［J］. 技术经济，2020，39（5）：68-78.

［15］田真真，王新华，孙江永. 创新网络结构、知识转移与企业合作创新绩效［J］. 软科学，2020，34（11）：77-83.

［16］蒙大斌，张诚，李宁. 空间交易成本对创新网络空间拓扑的影响研究：以京津冀医药产业为例［J］. 软科学，2019，33（11）：22-28.

［17］WATTS D J, STROGATZ S H. Collective dynamics of 'small-world' networks［J］. Nature, 1998, 393（6684）：440-442.

［18］AACUTE B, SI A. Emergence of scaling in random networks［J］. Science, 1999, 286（5439）：509-512.

［19］NEWMAN M E J, GIRVAN M. Finding and evaluating community structure in networks［J］. Physical Review E Statistical Nonlinear & Soft Matter Physics, 2004, 69（2）：26113.

［20］NEWMAN M. Algorithms for graph partitioning：a survey［J］. Social Networks, 2004, 6（2）：1-34.

［21］WOLFE A W. Social network analysis：methods and applications［J］. Contemporary Sociology, 1995, 91（435）：219-220.

［22］NEWMAN M. Finding community structure in networks using the eigenvectors of matrices［J］. Physical Review E, 2006（74）：36104.

第三篇
数字经济发展创新

数字普惠金融能提升农产品流通效率吗？

——基于省级面板数据与空间杜宾模型的验证

杨海丽　丁方伟　李才帅[①]

摘　要：本文选取了 2015—2019 年中国内地 30 个省（直辖市、自治区）的相关数据，和北京大学数字金融研究中心对于数字普惠金融指数的数据，运用空间计量模型，实证检验了数字普惠金融对农产品流通效率提升的空间溢出效应。研究表明：数字普惠金融发展在中国不同省域之间均对农产品流通效率存在正向溢出效应；数字普惠金融的发展和普及不仅对本地区农产品流通效率的提高具有显著的促进作用，而且对相近省份农产品流通效率提升有正向溢出效应。本文在研究结论基础上，提出加强农村网络基础设施建设，加大农村金融产品和数字普惠金融创新力度，借助乡村振兴政策提高农村固定资产投资，加快推动偏远农村地区农业种植模式创新与农产品流通数字化转型等政策，以提高农产品流通效率。

关键词：数字普惠金融；农产品流通效率；空间溢出效应；金融创新

一、前言

"三农"问题是关乎我国国计民生的重要问题，习近平总书记于 2020 年强调："农为邦本，本固邦宁，脱贫攻坚取得胜利后，要全面推进乡村振兴，这是'三农'工作重心的历史性转移。""三农问题"的解决程度，代表着我国农村、农业建设现代化程度和农民生活水平提升状况，进而影响了中国走向共同富裕的建设进程。

---

①　杨海丽，女，汉族，重庆工商大学经济学院副教授，经济学博士，长江上游经济研究中心兼职研究员，贸易经济系主任，硕士生导师，研究方向为零售与现代流通，农产品流通；丁方伟，男，汉，重庆工商大学经济学院 2019 级贸易经济专业本科，主要研究方向为流通经济；李才帅，男，汉，重庆工商大学 2019 级贸易经济专业本科生，主要研究方向为流通经济。

为解决"三农"问题，党的十九大报告提出了"实施乡村振兴战略"，这是继建设社会主义新农村后，党对农村发展问题做出的又一大战略规划，标志着中国农村经济改革和发展进入了新时代。2020年中央经济工作会议也进一步提出，要充分挖掘国内市场潜力，以改善民生为导向扩大消费和有效投资。要把扩大消费同改善人民生活品质结合起来。要全面推进乡村振兴，推进农村改革和乡村建设。实施乡村振兴战略，就是要解决人民日益增长的美好生活需要和不平衡不充分发展之间的矛盾，其在农业中的一个典型表现是基础设施有效供给不足，难以满足人民日益增长的农产品需求。中国宽广的国土面积和分布较为分散的农户，制约了农产品流通效率，农产品流通受阻，进而影响到了区域农业的发展。因此，解决农产品流通问题就显得尤为重要。

解决农产品流通问题，主要在于如何开源和扩渠，其中，最重要的就是解决资金问题，这就对农村金融基础设施建设提出了更高的要求。2016年，中央一号文件首次在"三农"领域发布普惠金融发展规划，随着互联网、数字农业、大数据、网络支付的发展的普及，数字普惠金融的渗透力也有了一定的提升，而我国农产品流通现状、数字普惠金融的发力点以及数字普惠金融的溢出效应都是有待商榷的问题。

基于此，本文选取了2015—2019年中国内地30个省（直辖市、自治区）的相关数据，借助北京大学数字金融研究中心对于数字普惠金融指数的研究成果，采用空间计量模型，探讨了数字普惠金融是否对农产品流通效率具有空间相关性。本文丰富了数字普惠金融的溢出效应等方面的理论研究，也为政府提高普惠金融发展水平，农产品流通效率提供政策建议以供参考。

二、文献回顾

在农产品流通方面。随着流通理论在我国的传播和研究的广泛深入，国内一些学者开始尝试将现代物流理论引入农产品流通领域，关注农村和农产品物流的现状，提出以现代物流理论指导农村农产品流通实践的建议。刘东英（2005）提出了农产品现代物流研究的整体框架，并指出组织与制度分析将是农产品物流理论研究的很重要的理论支撑，物流技术和基础设施则是农产品现代物流战略实施的客观条件[1]。黄祖辉和刘东英（2005）指出，制度创新将推动我国农产品物流体系的演进[2]。对当前农产品流通存在的问题，国内学者一致认为，当前我国尚未形成高效的农产品物流体系，在农产品物流领域还存在诸多问题。首先，农产品供应链中产销之间的行政壁垒、技术瓶颈以及缺乏标准化体系导致物流成本居高不下（王新利、张襄英，2002；万寿桥、李小胜，2002等）[3][4]。其次，物流主体发育不良，农民呈无组织分散状态进入市场，缺乏市场竞争力和自我保护能力，多数农产品物流企业规模小，网络不健全，市场覆盖面狭窄，带动作用较低（秦代红和刘学，2002）[5]。我国是农业大国，实现农业现代化离不开现代农产品物流的支持。但由于我国农业发展滞后，农产品物流相对落后，与制造业和商业领域现代物流理论与实践的快速发展相比，仍具有较大的差距。

在数字普惠金融方面，我国数字普惠金融近年发展较快。2018年我国出台了《G20数字普惠金融政策指引：数字化与非正规经济》，积极推进数字普惠金融发展。《金融科技蓝皮书：中国金融科技发展报告（2019）》研究表明：推进数字普惠金融发展的条件已经日趋成熟，我国数字普惠金融生态环境正不断完善。杨竹青（2019）利用2011—2015年我国31个省市数字普惠金融和扶贫等数据实证发现，数字支持服务和普惠信贷对农村扶贫效率有积极作用。从现有的文献研究中发现，国内对数字普惠金融的研究当前主要集中于概念、意义、方向等宏观范畴，对地区影响、实际问题方面研究较少[6]。如刘锦怡和刘纯阳（2020）研究发现数字普惠金融发展指数每提高1个单位，农村贫困发生率平均下降约0.027～0.032个单位。就关注度而言，现有研究对农村特别是落后县域数字普惠金融的关注度比较少[7]。实证文献大多立足于全国层面和宏观省际数据，且多以定性分析为主，涉及数字普惠金融对广大农村地区的影响的文献较少。

相比国内，国外学者对普惠金融发展影响因素的探讨较多，如Mandira和Jesim研究发现，一个国家的普惠金融发展水平与经济社会发展程度呈现同向变动关系。Chakravarty和Pa[8]研究表明普惠金融的发展在一定程度上要受到当时国家政策的制定和实施效果的影响，此外，还要受到区域经济发展及其经济结构的影响。Diniz[9]等认为普惠金融的发展还会受到信息技术的发展状况的影响。Appleyard[10]以英国和美国为例，认为金融机构网点分布密度失衡抑制了普惠金融的发展。Demirguçkunt[11]等在对美国移民的研究中发现，金融服务需求者的个人特征，比如年龄阶段、收入层次、性别、行为偏好以及所从事的职业等，都会对普惠金融的发展产生显著影响。近几年，数字普惠金融和普惠金融的影响因素逐渐成为国内研究热点。

总体来看，国内外对数字普惠金融的研究侧重点不同：国外研究多为基础性研究，着眼于数字普惠金融的基础理论、指标构建等原理性问题；国内学者则相对更加注重实用性研究。对数字普惠金融的基础理论研究较少，而且对数字普惠金融的发展逻辑、微观机制等研究还可以进一步丰富。

三、理论机制、研究假设与模型设定

（一）理论机制与研究假设

研究数字普惠金融对农产品流通效率的影响机理，孙中刚等（2015）强调互联网金融、供应链金融等理论创新，物流主体组织专业化程度提高，供应链管理水平提升，使得农产品上下游流通主体成为战略伙伴，农产品流通链条协调性增强[12]；杨丽丽（2018）认为多元化农村物流金融组织模式的实行与强有力的金融资金扶持是农村发展农产品流通的传导机理[13]，农村数字普惠金融通过资本改善农村基础设施、提高农业经营效率、改变农业经营模式，提升农产品流通效率，且对周边相邻省份产生示范和资源共享效应，带动周边农产品流通效率的提升。据此提出：

假设1：数字普惠金融与农产品流通效率具有空间相关性

陈治国等（2015）提出农村金融主要通过为农产品流通产业提供资金支持、创新物流组织模式和增强物流主体抵御风险能力三个传导路径带动农产品物流发展[14]。张勋等（2019）认为中国数字普惠金融的发展显著提升了农村地区低收入人群的家庭收入。家庭收入的增加会导致农村家庭消费支出的增长，进而提高对产品流通的需求[15]。农村数字普惠金融通过资本赋能改善农产品流通模式，刺激农产品创新，提升农超流通效率提升。据此提出：

假设2：数字普惠金融对农产品流通效率具有正向促进作用

徐良培和李淑华（2013）[16]认为数字普通金融改善农村产业结构调整会改变资源配置的流向，同时，农产品的进出口发展形态也会影响资本存量和人力资源的配置，对农产品流通产生一定程度的影响。据此提出：

假设3：农村数字普通金融通过产业结构优化对农产品流通效率具有正向的促进作用。

（二）模型设定

研究数字普惠金融发展程度对农产品流通综合技术效率的空间溢出效应，考虑到其他可能影响农产品流通效率的因素，引入农村经济发展水平（X2）、农村城镇化水平（X3）、农村投资水平（X4）、农村消费水平（X5）与产业结构（X6）共五个控制变量，构建下文中的空间计量模型：

1. 空间权重矩阵

为了检验数字普惠金融与农产品流通效率是否具有空间相关性，我们首先建立要空间权重矩阵。本文使用经济距离空间权重矩阵（W）来表示（林光平、龙志和和吴梅，2005)[17]。其计算公式为：

$$
\begin{cases}
W_{ij} = \dfrac{1}{\dfrac{1}{n} \mid \sum\nolimits_{2015}^{2019} X_i - \sum\nolimits_{2015}^{2019} X_j \mid} \\
W_{ij} = 0
\end{cases}
\tag{1}
$$

其中，n 为时间。因而 W 中的元素组成的矩阵为：

$$
\sum_{i=1}^{n} W_{ij} = \begin{bmatrix} W_{11} & \cdots & W_{1n} \\ \vdots & \ddots & \vdots \\ W_{n1} & \cdots & W_{nn} \end{bmatrix}
\tag{2}
$$

其中，$W_{ij} = W_{ji}$，对角线上元素为 0，即为 N 阶对称矩阵。接下来对空间权重矩阵进行行标准化处理，避免误差：

$$
\widetilde{W_{ij}} = \frac{\widetilde{W_{ij}}}{\sum_{i=1}^{n} \widetilde{W_{ij}}}
\tag{3}
$$

最后经过标准化的空间矩阵为：

$$
\sum_{i=1}^{n} \widetilde{W_{ij}} = \begin{bmatrix} \widetilde{W_{11}} & \cdots & \widetilde{W_{1n}} \\ \vdots & \ddots & \vdots \\ \widetilde{W_{n1}} & \cdots & \widetilde{W_{nn}} \end{bmatrix}
\tag{4}
$$

2. 模型估计方法

空间面板数据模型的一般表达式为：

$$
\begin{cases}
y_{it} = \tau y_{i,\,t-1} + \rho W_i' y_t + x_{it}\beta + D_i' X_t \delta + u_i + \gamma_t + \varepsilon_{it} \\
\varepsilon_{it} = \lambda M_i' \varepsilon_t + v_{it}
\end{cases}
\tag{5}
$$

其中，$y_{i,\,t-1}$ 为被解释变量 y_{it} 的一阶滞后，ρ 为空间自相关系数，体现样本数据内在的空间相关性。$\rho W_i' y_t$ 表示被解释变量 Y 的空间滞后，体现相邻区域被解释变量对本地区被解释变量的影响，W_i' 为对应空间权重矩阵 W 的第 i 行。$D_i' X_t \delta$ 表示外生解释变量 X 的空间滞后，体现相邻区域解释变量对本地区被解释变量的影响，D_i' 为对应空间权重矩阵 D 的第 i 行。λ 为随机扰动项的空间自相关系数，$\lambda M_i' \varepsilon_t$ 表示扰动项 ε 的空间滞后，体现相邻区域扰动项对本地区被解释变量的影响，M_i' 为扰动项对应空间权重矩阵 M 的第 i 行。u_i 为区域 i 的个体效应，γ_t 为时间效应。当 $\tau \neq 0$ 时，则式（5）为动态空间面板数据模型；当 $\tau = 0$ 时，则式（5）为静态空间面板数据模型。

（1）空间自回归模型（SAR）

当式（5）中 $\lambda=0$ 且 $\tau=0$ 时，其为空间自回归模型：

$$y_{it} = \tau y_{i,\,t-1} + \rho W_i' y_t + x_{it}\beta + u_i + \gamma_t + \varepsilon_{it} \tag{6}$$

（2）空间误差模型（SEM）

当式（5）中 $\tau=0$、$\rho=0$、$\delta=0$ 时，其为静态空间误差模型：

$$\begin{cases} y_{it} = x_{it}\beta + u_i + \gamma_t + \varepsilon_{it} \\ \varepsilon_{it} = \lambda M_i' \varepsilon_t + v_{it} \end{cases} \tag{7}$$

（3）空间杜宾模型（SDM）

当式（5）中 $\lambda=0$ 时，其为空间杜宾模型：

$$y_{it} = \tau y_{i,\,t-1} + \rho W_i' y_t + x_{it}\beta + D_i' X_t\delta + u_i + \gamma_t + \varepsilon_{it} \tag{8}$$

若式（8）中 $\delta>0$，则表示相邻地区解释变量对本地区被解释变量存在正的空间溢出效应；当 $\delta<0$ 时，则表示存在负的空间溢出效应。空间杜宾模型因为解释变量和被解释变量的空间滞后项均在模型中存在，使得空间依赖性可同时体现在解释变量与被解释变量上，不仅可以解决建模过程中人为遗漏变量的问题，还能够对空间异质性等问题进行更有效的处理。

四、研究设计与实证检验

（一）研究设计

1. 变量选取与说明

（1）被解释变量：农产品流通水平（Y）。本文把运用熵权法和 Excel 工具测算出的农产品流通效率作为被解释变量。该变量数值越大，表明该区域的农产品流通水平能力越强。

（2）关键变量：数字普惠金融发展水平（$X1$）。本文选取北京大学数字金融研究中心编制的"北京大学数字普惠金融指数"省级层面的数字普惠金融指数作为关键性解释变量。

（3）控制变量：①农村经济发展水平（$X2$）：本文用农村人均 GDP 来衡量该指标（张兵、刘丹和郑斌，2013）[18]。②农村城镇化水平（$X3$）：使用各省非农人口所占比例表示（张占贞和王兆君，2010）[19]。③农村投资水平（$X4$）：农村投资包括农村固定资产投资、农业基本建设投资和农业更新改造投资，本文使用农村固定资产投资率来反映农村投资水平，这个指标是农村固定资产投资完成额与农村 GDP 的比值（赵洪丹和朱显平，2015）[20]。④农村消费水平（$X5$）：钟昌宝和钱康（2017）[21]认为农村消费水平的提升会促进对流通需求的增长，进而倒逼流通效率的提升。选取地区社会消费品零售总额来表示地区消费水平。⑤产业结构（$X6$）：各个产业间的合理占比，会促进农产品流通过程中的效率提升，随着产业结构的升级，第三产业的比重也会不断上升。因此我们采用第三产业产值占 GDP 的比重来衡量产业结构的现状（刘双双，2019）[22]。表 1 是具体指标与相应的说明。

表 1　变量与指标说明

变量类型	变量符号	变量名称	变量含义
被解释变量	$Y1$	农产品流通水平	农产品流通效率
关键变量	$X1$	普惠金融发展水平	数字普惠金融指数
控制变量	$X2$	农村经济发展水平	农村人均 GDP
	$X3$	农村城镇化水平	非农业人口比例
	$X4$	农村投资水平	农村固定资产投资率
	$X5$	农村消费水平	地区社会消费品零售总额
	$X6$	产业结构	第三产业产值与 GDP 的比值

2. 数据来源与测算

本文研究所用的农产品流通的数据来自国家统计局网站，并且通过熵权法和 Excel 工具计算整理得到。数字普惠金融发展指数参考《北京大学数字普惠金融指数（2011—2020 年）》，该指数概括全面。农村 GDP 用农业生产总值代替。农村人口的数据均来自国家统计局网站，通过农村 GDP 与农村人口的比值计算得出农村人均 GDP。城镇化水平指标来源于《中国统计年鉴》。农村固定资产投资完成额的数据来自国家统计局网站与《中国住户调查年鉴》，其数额与农村 GDP 之比即农村固定资产投资率。农村消费水平中，地区社会消费品零售总额的数据来自国家统计局。

本文运用现阶段学术界常用的熵权法对我国的 30 个省（自治区、直辖市）的农产品流通效率进行定量分析。构建了相应的指标模型，通过熵权法的运算，得到我国 30 个省（自治区、直辖市）近年来的农产品流通效率（见表 2）。

有别于片面的从供求关系和物流环境来描述当地的农产品流通效率。本文选择了流通规模、流通速度、流通效益和流通基础 4 个二级指标与 13 个三级指标从可行和全面的角度出发，构建起当地农产品流通测度体系。本文所有数据来源于国家统计局网站的相关统计年鉴和各省市统计年鉴、中国电子商务发展指数报告，以及相关数据分析网站、研究所报告。

表2 农产品流通效率综合指标体系

一级	二级	三级	权重
农产品流通效率	流通规模 D1	正向，批零系数 D11	6.88%
		正向，电子商务水平 D12	35.16%
		正向，农产品批零业集中度 D13	8.55%
	流通速度 D2	正向，农产品批零业总资产周转率 D21	1.37%
		逆向，农产品批零业存货周转率 D22	2.91%
		逆向，农产品批零业库存率 D23	26.12%
	流通效益 D3	逆向，农产品批零业购销率 D31	1.31%
		正向，农产品批零业利润率 D32	2.61%
		正向，农产品批零企业盈利率 D33	0.10%
		逆向，单位农产品流通成本 D34	0.90%
	流通基础设施 D4	正向，区域道路密度 D41	7.25%
		逆向，运输设备条件 D42	3.67%
		正向，信息基础设施 D43	3.18%

3. 变量描述性统计结果

应用stata16.0软件对相关变量进行分析，可得到描述性统计结果如表3所示。

表3 描述性统计结果

变量名称	观察数	均值	标准差	最小值	最大值
农产品流通效率	150	0.221	0.126	0.0868	0.545
数字普惠金融发展水平	150	270.2	47.63	193.3	410.3
农村经济发展水平	150	1.049	0.432	0.354	2.573
农村城镇化水平	150	0.598	0.111	0.42	0.883
农村投资水平	150	0.191	0.117	0.0197	0.751
农村消费水平	150	11549	9087	694.6	42952
产业结构	150	0.517	0.0794	0.399	0.837

2. 实证检验

（1）空间自相关性检验

检验空间相关性通常采用空间自相关系数 Moran's I 指数，定义如下：

$$\text{Moran's I} = \frac{\sum_{i=1}^{n} \sum_{j=1}^{n} W_{ij}(X_i - \bar{X})(X_j - \bar{X})}{S^2 \sum_{i=1}^{n} \sum_{j=1}^{n} \widetilde{W_{ij}}}$$

其中，$S^2 = \dfrac{\sum_{i=1}^{n}(X_i - \bar{X})^2}{n}$，$\bar{X} = \dfrac{1}{n}\sum_{i=1}^{n} X_i$，$n = 30$。一般情况下，$-1 < \text{Moran's I} < 1$：Moran's I 为正，表示空间正相关；Moran's I 为负，表示空间负相关。莫兰指数空间自相关检验结果如表4所示。

由表4可知，Moran's I 指数大于0且在1%的显著性水平下显著，表明中国各省份间均具有空间正相关。2015—2019年，Moran's I 指数在4.03~4.27间浮动，表明空间相关性虽有波动，但整体较为稳定。但是，全域莫兰指数反应的是整体相关性，需要进一步检验各省区市的局部空间相关性。因此，本文运用局部 Moran's I 指数散点图进行分析，如图1所示。

表4　数字普惠金融指数与农产品流通效率的空间相关性检验

变量	指数	2015 年	2016 年	2017 年	2018 年	2019 年
Y	Moran's I	0.411 *** （5.001）	0.403 *** （4.890）	0.411 *** （4.969）	0.403 *** （4.887）	0.427 *** （5.124）
$X1$	Moran's I	0.458 *** （5.563）	0.446 *** （5.445）	0.430 *** （5.272）	0.402 *** （4.905）	0.413 *** （5.018）

注：以上数据通过 stata16 输出结果整理得到，括号外表示空间相关性系数，括号内表示 z 值；***、**、* 分别表示在1%、5%、10%的显著性水平上显著。

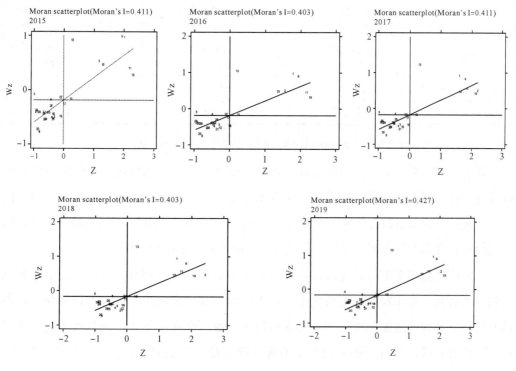

图1　2015—2019 年农产品流通效率莫兰散点图

由图 1 可以看出，中国绝大部分省份都具有空间正相关性，说明数字普惠金融和农产品流通效率存在显著的空间正相关集聚效应。

（2）实证结果分析

采用面板数据需要在固定效应和随机效应估计方法中进行选择，此时需要进行 Hausman 检验，结果表明固定效应模型更合适。接着对空间自回归模型、空间误差模型和空间杜宾模型分别进行估计，最优模型根据对数似然函数值和拟合优度系数等统计量（一般取统计值较大的模型）进行选择，估计结果如表 5 所示。

表 5　空间面板回归模型估计结果

变量	空间自回归模型（SAR）	空间误差模型（SEM）	空间杜宾模型（SDM）	
	解释变量	解释变量	解释变量	空间变量
X1	0.064 6 (0.22)	0.056 9 (0.19)	0.460 4 (1.46)	0.201 0 (0.28)
X2	0.008 6 (0.09)	0.005 8 (0.07)	−0.042 3 (−0.45)	0.346 8 (1.38)
X3	−0.127 6 (−0.31)	−0.111 8 (−0.29)	−0.849 4* (−1.65)	1.558 1 (1.39)
X4	−0.074 2** (−2.21)	−0.072 7** (−2.18)	−0.038 4 (−1.10)	0.057 9 (0.56)
X5	−0.227 0 (−1.41)	−0.231 4 (−1.41)	−0.135 8 (−0.76)	−0.437 7 (−0.80)
X6	0.678 2*** (3.19)	0.708 1*** (3.37)	0.407 4* (1.82)	2.923 9*** (3.04)
Log Likelihood	250.069 2	250.707 5	256.355	
Hausman 检验	固定效应	固定效应	固定效应	

注：括号内表示 z 值；***、**、* 表示分别在 1%、5%、10%的显著性水平上显著

表 5 检验结果显示，使用固定效应进行分析更为合适。综合对比三种模型结果可以发现，各解释变量的系数符号和显著性水平基本相同，表明实证结果较为可靠。同时，空间杜宾模型对数似然值为 256.355，均高于另外两个模型，说明空间杜宾模型的空间拟合程度高于另外两个模型，因此选取空间杜宾模型进行分析。

空间杜宾模型实证结果显示，数字普惠金融正向影响农产品流通效率，数字普惠金融发展有利于提高农产品流通效率。由于中国城乡一直呈现二元化经济结构，在经济基础以及基础设施建设较为薄弱的农村地区，数字金融服务尚不能有效满足农业农产品的流通需求，导致一部分农产品被排斥到了数字金融服务之外，产生金融排斥。通过发挥数字技术和互联网的优势，农村地区也能享受到同等的金融服务，在一定程

度上能够缓解金融排斥，帮助有产品流通需求的乡镇企业、农户融通资金或促进农村基础设施建设，最终促进农产品流通效率的提升，提高农民收入，进而推动农村经济发展。从空间变量回归来看，数字普惠金融发展水平的空间变量具有正向空间溢出效应，说明数字技术延伸了金融服务的覆盖面，金融普惠到邻近省份及周边地区，促进周边地区农产品流通效率的增加。同时，农村经济发展水平、农村城镇化水平、农村投资水平和产业结构的空间变量具有正向空间溢出效应，其中以产业结构最为显著，说明进一步促进农村经济水平发展、加大农村投资、推动农村城镇化进程并且推进第三产业的发展有利于提高临近省份的农产品流通效率，三个假设均得到证实。

五、结论与建议

（一）结论

1. 各省市农产品流通效率逐年上升，但仍旧处于较低的水平。近两年来，党中央、国务院高度重视农产品流通，国务院各部门根据实际情况，出台了一系列扶持农产品流通举措：启动农产品仓储保鲜冷链物流设施建设工程、政府主导建立消费扶贫交易市场的东西部扶贫协作模式、严格落实"菜篮子"市长负责制等，进一步促进了农产品流通效率的提升。但是从数值上看，截至 2019 年，除了京、津、沪、粤、浙、闽、苏等少数直辖市和东南沿海省份外，其余省份的农产品流通效率测算水平大多在 0.2以下，说明我国农产品流通效率大多处于低发展水平，还有较大的发展潜力。

2. 数字普惠金融促进农产品流通效率的发展。数字普惠金融的发展对农产品流通效率的提高具有促进作用，同时数字普惠金融发展对邻近省份的农产品流通效率具有正向的溢出效应。农村经济发展水平、农村城镇化水平、农村投资水平和产业结构的空间变量具有正向空间溢出效应，其中以产业结构对农产品流通效率的影响最为显著。

（二）政策建议

1. 进一步加强农村网络基础设施建设，提升农村数字普惠金融赖以发展的基础条件。数字普惠金融的发展水平与区域网络基础设施建设水平密切相关。在现代农产品流通过程中，对农产品物流信息的时效性要求也越来越高。目前，我国广大农村地区，特别是西部或边疆等落后地区，网络建设薄弱，极大地阻碍了数字普惠金融和农产品流通业的发展。有关部门要因地制宜，实事求是，通过不断普及智能电子移动设备、改善农村网络条件，加大对农村网络基础设施的投入。

2. 促进金融产品的改进和数字普惠金融创新。农村金融机构应开发符合农村弱势经济主体"小而急"的经济活动的新型金融产品，因为大多数农业企业和个人规模小、信用记录缺乏或抵押品价值不足，传统金融机构的贷款流程复杂，审计周期长，导致企业发展需要无法及时被满足。此外，农业物流涉及许多环节，每个环节都有不同的金融需求。针对这种情况，农村金融机构应充分利用数字技术的优势，利用大数据、人工智能、云计算等新型技术手段推出功能各异的金融产品。

3. 充分运用数字普惠金融政策对农村发展的资金支持，加快落实乡村振兴战略，着力推进落后地区的农村基础设施和新型基础设施建设，提升农村产业结构调整，充分利用农村资源，提升农产品流通效率。一方面，提高农村固定资产投资率，当前农村地区物流速度与地区基建水平息息相关，应加大对农村地区基建尤其是马路修建的投资，使得广大农村地区内外交流通畅；另一方面，加快推动偏远农村地区城镇化与产业的转型升级，实证结果显示，农村地区城镇化与第三产业所占比重的高低对农产品流通效率具有正向影响，其中以产业结构中第三产业占比的影响最为显著。因此，推动偏远农村地区城镇化率的提高和加大偏远地区服务业的发展，促进农村经济水平合理健康发展，对提高农产品流通效率亦有重要作用。

参考文献

［1］刘东英. 农产品现代物流研究框架的试构建［J］. 中国农村经济，2005（7）：64-70.

［2］黄祖辉，刘东英. 我国农产品物流体系建设与制度分析［J］. 农业经济问题，2005（4）：49-53，80.

［3］王新利，张襄英. 构建我国农村物流体系的必要性与可行性［J］. 农业现代化研究，2002（4）：263-266.

［4］万寿桥，李小胜. 农产品物流的改善［J］. 中国物流与采购，2003（8）：36-37.

［5］秦代红，刘学. 加快发展农产品物流业提高农业竞争力：以四川省成都市为例［J］. 农村经济，2002（12）：22-24.

［6］杨竹清. 数字普惠金融的扶贫效率及其影响因素分析：基于31省市的经验证据［J］. 浙江金融，2019（7）：66-74.

［7］刘锦怡，刘纯阳. 数字普惠金融的农村减贫效应：效果与机制［J］. 财经论丛，2020（1）：43-53.

［8］SATYA R C，RUPAYAN P. Financial inclusion in India：an axiomatic approach［J］. Journal of Policy Modeling，2013，35（5）：813-837.

［9］EDUARDO D，RENE B，MARLEI P. Triggers and barriers to financial inclusion：the use of ICT-based branchless banking in an Amazon county［J］. Electronic Commerce Research and Applications，2012，11（5）：484-494.

［10］LINDSEY A. Community Development Finance Institutions（CDFIs）：geographies of financial inclusion in the US and UK［J］. Geoforum，2010，42（2）：250-258.

［11］ASLI D K，LEORA K. Measuring financial inclusion：the global findex database［M］. 2th ed. Washington D. C：World Bank Publications，2012.

［12］孙中刚，卢凤君. 鲜活农产品流通与金融服务的模式匹配及主体共生关系分析［J］. 农村金融研究，2015（11）：63-69.

［13］杨丽丽. 农村金融对农产品物流传导效应实证研究［J］. 商场现代化，2018（6）：50-51.

［14］陈治国，李红. 中国农村金融对农产品物流传导效应的实证研究［J］. 华中农业大学学报（社会科学版），2015（1）：61-67.

［15］张勋，万广华，张佳佳，等. 数字经济、普惠金融与包容性增长［J］. 经济研究，2019，54（8）：71-86.

［16］徐良培，李淑华. 农产品物流效率及其影响因素研究：基于中国2000—2011年省际面板数据的实证分析［J］. 华中农业大学学报（社会科学版），2013（6）：71-79.

［17］林光平，龙志和，吴梅. 我国地区经济收敛的空间计量实证分析：1978—2002年［J］. 经济学（季刊），2005（1）：67-82.

［18］张兵，刘丹，郑斌. 农村金融发展缓解了农村居民内部收入差距吗：基于中国省级数据的面板门槛回归模型分析［J］. 中国农村观察，2013（3）：19-29，90-91.

［19］张占贞，王兆君. 我国农民工资性收入影响因素的实证研究［J］. 农业技术经济，2010（2）：56-61.

［20］赵洪丹，朱显平. 农村金融、财政支农与农村经济发展［J］. 当代经济科学，2015，37（5）：96-108，127-128.

［21］钟昌宝，钱康. 长江经济带物流产业集聚及其影响因素研究：基于空间杜宾模型的实证分析［J］. 华东经济管理，2017，31（5）：78-86.

［22］刘双双. 电子商务发展对我国农产品流通效率的影响研究［D］. 太原：山西财经大学，2019.

数字化能提升零售业经营效率吗？

——基于电子商务业绩的中介效应的验证

刘　瑜　胡力文　黄丽云　刘思颖[①]

摘　要：当前数字化发展态势迅猛，零售业作为第三产业的重要组成部分，受数字经济的影响极为深刻。在这样的局势之下，本文从实际角度发出疑问——数字化能提升零售业经营效率吗？基于此，本文选取 2010—2019 年除西藏、香港、澳门、台湾四个省区以外的 30 个省、自治区、直辖市的面板数据作为研究样本，对数字化影响零售业经营效率的机制与效果进行了实证检验。研究结果表明：①数字化水平提高刺激了新型商业模式的出现，降低了经营成本，提高了零售业的经营效率；②数字化方便了顾客支付和购买，促进了消费升级，促进零售业转型，提升了零售业经营效率；③数字化对零售业经营效率提升具有长期作用，且边际效应递减趋势明显。

关键词：数字化；数字消费；零售业经营效率

一、引　言

零售业数字化是当前零售业转型的重要方向。零售数字化已成为零售业模式创新的主要方向。零售数字化就是要借助互联网技术，构建一个能够实现商品采购、供应、营销、销售和售后服务于一体的线上线下销售模式，基于云计算和人工智能进行数据挖掘，实现精准决策、精准营销。在当前的国内国际大背景之下，互联网技术和信息技术不断创新升级，零售业逐渐成为流通业的重要组成部分，数字化对零售业转型发

---

①　刘瑜，女，汉，重庆工商大学经济学院教师，研究方向为连锁与零售，消费经济；胡力文，女，汉，重庆工商大学经济学院 2019 贸易经济专业本科生，主要研究方向为零售业数字化转型；黄丽云，女，汉，重庆工商大学经济学院 2019 贸易经济专业本科生，主要研究方向为零售业数字化转型；刘思颖，女，汉，重庆工商大学经济学院 2019 贸易经济专业本科生，主要研究方向为零售业数字化转型。

展的助力也越来越明显。在此背景下，探讨数字化是否对零售业经营效率产生提升作用具有十分重要的现实意义。

影响零售业经营效率的因素具有复杂性和多样性的特征，其影响方式也十分丰富。本文主要探讨数字化发展水平通过提高数字消费水平从而影响零售业经营效率的模式，建立中介效应模型，进行实证检验。进入 21 世纪以来，随着数字技术的迅猛发展及其与经济社会生活的快速融合，我国正在经历由传统的经济社会形态向数字经济形态转型的数字化过程。数字经济能否与零售业更好地融合，能否通过促进零售业改革，转变零售业发展方式，提高零售业数字消费水平，从而提高零售业经营效率，推动零售业的高质量发展，在势不可挡数字化的发展趋势之下，对这些问题进行探讨，对于零售业的发展以及数字经济在零售业范围内发挥作用具有重要的现实意义。

本文讨论的主要有数字化发展水平，数字消费，零售业经营效率。数字经济的发展对于零售业的影响渗透在了零售业的方方面面。但正如前文所述，零售业经营效率的影响具有复杂性和多样性，是多方因素参与的共同结果，因此，为了研究结论的准确性与合理性，本文根据实际情况，添加经济发展水平、财政分权、经济开发程度、人口密度、城市化水平等指标，建立模型进行回归分析，并进行实证检验，以弥补研究过程中存在的一些不足。基于此，本文探讨了数字化对零售业经营效率的影响机理，在此基础上利用 2010—2019 年中国 30 个省区市（西藏、香港、澳门、台湾除外）的面板数据，对数字化影响零售业经营效率的机制与效果进行了实证检验。本文理清了数字化如何影响零售业经营效率，并从数字消费视角剖析了数字化影响零售业经营效率的中介机理，并采用多种计量方法，在充分考虑内生性、稳健性等问题的基础上，对数字化影响零售业经营效率的机制及效果提供了检验证据。本文的研究结论部分，对数字化如何影响零售业经营效率，未来如何更好地利用数字化提升零售业经营效率的作用提出了部分建议。

二、文献综述

在现有的文献中，针对零售业经营效率的研究较少，在中国知网中检索，结果显示仅有 59 篇有关于零售业经营效率的文章，且其中大多数研究是针对零售业经营效率本身展开，或者仅将数字化作为一个宏观背景。在对零售业上市公司的经营效率进行研究的文献中，已经充分意识到零售业数字化转型是必然趋势，初级阶段的零售业数字化转型会提高企业运行效率。但对数字化影响零售业经营效率的机制如何运作，没有进行深入的探讨（郭馨梅，2020；陈鑫鸳，2020；樊秀峰等，2011）[1-3]，且当前对于零售业经营效率的测量方法以及研究方式，多以 DEA 模型为主。学者们在研究零售业经营效率时，虽从不同角度入手，研究的内容也不尽相同，但都采用了 DEA 模型作为主要研究方法。目前，仍有其他的一些方法用于研究零售业经营效率，如余值法、随机前沿生产函数法（SFA）等（杨波，2012；莫修梅，2020；文拥军，2009）[4-6]。但此前没有学者利用中介效应建立模型研究数字化对零售业经营效率的影响。本文的研究方法，研究路径，研究角度，都具有独特性以及创新性。

对于数字化发展水平，数字化创造了强大的数字功能，通过支持激进的商业模式创新，对经济活动的组织产生变革性影响，数字技术的应用过程即为数字化，认为企业数字化是通过利用数字技术实现企业数据化，以提高企业竞争力、实现利润增值的战略行为。可见，虽然数字技术的应用是数字化的基本表现，但从根本上看，数字化并非单纯的技术应用，而是一个涉及各个领域、引发经济社会生活各方面不断嬗变的复杂过程（Autio，2018；Ritter，2020；戚聿东，2020）[7-9]。数字化发展具有高渗透性，随着数字技术更加成熟，数字技术同传统实体经济相互融合，渗透到经济社会的各个方面。且数字经济已经在零售企业具有一定的实践。物联网技术的发展助力零售企业获取用户行为数据，深度挖掘企业核心盈利点，提高企业经营效率。数字化转型投资项目的投资效率具有明显异质性特征，同时会随着企业规模的扩大产生相应的递增或递减效果。随着数字经济的不断融合，线上线下的零售创新都能够依靠大数据技术形成合力，数字化经济能够提升出流通效率的潜力，并实现传统零售业的转型（赵宸宇等，2021；刘淑春等，2021；谢莉娟，2019）[10-12]。

关于数字消费与零售业经营效率，当前零售业向数字化转型还处于初级的探索阶段，还存在数字化战略规划缺失、数字化能力和基础较弱、数字化组织架构改革相对迟缓等问题。因此我国的零售业迫切需要通过数字化技术驱动来打造以消费者需求为核心的生产供给体系和商贸流通体系，从而加速供应链整合和数据资源积累，加快大数据挖掘实现业务流程再造和组织架构体系变革实现数字化发展（李晓雪，2020；郑斌斌、依绍华，2020）[13][14]。随着信息技术的迅猛发展，人类社会已经进入了一个以数字化为表征的新时代。零售业作为信息数据最丰富的行业之一，正逐步成为数字化应用的试验田。零售业无好坏之说，因而也无新旧差别，新零售概念不能简单地以产业融合理念解释，需要从其本质、内涵等几个方面进行界定。雷军认为新零售的本质是效率竞争，只有高效率的企业才能最终占据市场（谢莉娟等，2021；陈剑等，2021）[15][16]。

数字化具有高渗透性，近年来零售业受数字化影响愈发明显。数字化基础设施的不断完善，为数字消费奠定基础，提供支持。当前的零售业虽仍处于数字化转型的初级阶段，但总体来看已经初具规模，未来数字化对零售业的影响会越来越深入，零售业数字消费也会逐步增加。本文参考数字化以及零售业经营效率有关文献，证明数字化如何影响零售业经营效率，从数字消费视角剖析数字化影响零售业经营效率的中介机理，对数字化影响零售业经营效率的机制及效果提供检验证据。

三、研究机理与假设

本文主要探讨数字化发展水平通过提高数字消费水平从而影响零售业经营效率的模式，在研究过程中，设置经济发展水平、技术创新水平、人均可支配收入、人口密度、城市化水平等指标，建立模型进行回归分析，并进行实证检验。随着人工智能和5G的快速落地和应用，数字化、智能化在驱动零售行业发展、重塑零售新增长格局中扮演着越来越重要的角色。姚战琪[17]认为技术创新推动零售业不断发展，零售业通过使用大数据、地理信息系统、新型时空数据等方式，使其经营效率得到显著提升。易芳等[18]认为大数据挖掘技术目前在国内外的线上零售商应用非常广泛，京东的"千人千面"、淘宝的商品推荐等都是大数据挖掘技术的实际应用。越来越多的实体零售企业与互联网企业合作，借助数字化技术和工具，创造了新的消费场景。数字化转型成为许多零售企业度过疫情危机的"秘籍"。郭馨梅等[1]提出，从零售的三要素来看，零售企业通过"人、货、场"三要素的数字化建设促进数字化转型。第一，从人的层面来说，零售企业通过大数据对消费者的行为进行全面分析，描绘出消费者的精准画像，实现"千人千面"的差异化营销；第二，从货的层面来说，利用大数据进行选品，可以实现精准的商品供应，提高物流配送的效率；第三，从场的层面来说，零售企业应用智能货架货柜、智能购物车、智能导购及自助收银台等实现场地的数字化。基于上述观点，本文认为，在目前我国数字技术蓬勃发展的时代，数字化可能会对零售业经营效率产生有利影响，并据此提出假设 H1：

H1：数字化水平提高刺激了新型商业模式的出现，降低了经营成本，提高了零售业的经营效率。

就数字化影响零售业经营效率的机制而言，结合现有文献和经济学逻辑，本文认为数字化将通过数字消费影响零售业经营效率，同时受到经济发展水平、技术创新水平、人均可支配收入、人口密度、城市化水平等宏观因素的影响。

数字消费是指消费市场针对商品的数字内涵而发生的消费。2020 年，我国经济总量首次突破 100 万亿元大关，人均国内生产总值连续两年超过 1 万美元，网民规模达9.89 亿，互联网普及率达 70.4%。在此背景下，以网络购物、网络直播、网络视频、网络娱乐、数字文化、在线教育、在线医疗等为代表的数字消费新业态新模式迅猛发展，成为引领消费扩容升级的新亮点。虽然数字消费依然存在基础设施不完善、高品质数字产品供给不足、数字消费市场秩序有待提升等问题，但数字消费在推动中国零售业进步中的作用是毋庸置疑的。2020年由于新冠肺炎疫情的冲击，社会消费品零售总额在第一季度累计下降19%，到8月才实现正增长。但网上零售额在4月就已经实现了1.7%的正增长，对社会消费品零售总额的增长做出了显著贡献。而数字消费的发展是以数字化发展水平为基础的。数字化消费需要构建数字化基础设施，数字消费所需的场景、数字产品也依赖于数字技术的发展。基于此，本文提出假设H2：

H2：数字化方便了顾客支付和购买，促进了消费升级，促进零售业转型，提升了零售业经营效率。

四、变量与数据

（一）变量选择

1. 被解释变量

零售业是一个具有多种投入与多种产入的行业系统，投入包括房屋和货架等固定资产、员工工资、销售费用、管理费用以及广告费用等，产出包括主营业务收入、增值服务收入、通道费用、净利润和每股收益等。因此，测量零售业经营效率，参考王晓东[19]的研究，本文选取投入产出指标体系，以限额以上零售企业总资产、限额以上零售企业门店数、限额以上零售业从业人员数作为指标，运用熵值法算出零售业经营效率（eff）。

2. 核心解释变量

目前，对数字化发展水平的量化研究相对较少，且并未形成一致的评估标准。其中，一部分文献采用互联网普及率和人均互联网宽带接入用户数等单一指标来衡量，一部分研究采用数字经济的衡量指标（如欧盟颁布的数字经济与社会指数DESI）进行表征[20][21]；还有部分研究从不同视角通过构建指标体系进行测度评价。数字基础设施是地区数字化的硬件条件，基础设施的水平在一定程度上决定着一个地区的数字化水平和数字化普及程度，对于研究数字化的影响具有极其重要的研究意义。参考上述研究，根据可行性角度出发，本文拟从数字基础设施水平入手，通过长途光缆线路长度、移动电话交换机容量、互联网宽带接入端口数进行综合测度，在此基础上，采用熵值法构建得到反映各地区数字化发展水平的综合指数（dig）。

3. 机制变量

机制分析主要集中在数字消费。本文主要探讨的是数字化发展水平对零售业经营效率的影响。数字化对零售业的影响，可以通过数字消费得到明显的体现。零售业数字消费的提高，说明数字化在零售业的渗透程度越来越高，对零售业经营效率的影响作用也将越来越大。消费是零售的一个最终目的，消费水平的提高也恰恰可以证明零售业的经营效率得到了提升[22]。因此，本文以电子商务销售额（单位：亿元）作为主要数据进行测算（sale）。

4. 控制变量

在借鉴相关文献的基础上，本文选取以下控制变量：经济发展水平（GDP），以人均国内生产总值（年人均，单位：万元）来反映当前我国整体的经济发展的程度、财政分权（fisd），以地区财政收入与财政支出的比值来衡量、经济开放程度（open）以货物进出口总额（单位：万美元）来表示、人口密度（pd），以各省人口总和除去各省面积得到各省人口密度（单位：人/每立方千米）、城市化水平（ur），以城镇化率（%）来表示。

（二）数据来源

鉴于样本连续性和数据可得性，选取 2010—2019 年除西藏、香港、澳门、台湾四个省区以外的 30 个省、自治区、市的面板数据作为研究样本。所涉及的相关数据均来源于历年《中国统计年鉴》《中国贸易外经统计年鉴》《中国电子信息产业统计年鉴》《中国基本单位统计年鉴》《中国互联网络发展状况统计报告》和中国知网数据库以及各省、自治区、市统计年鉴。

评价零售业经营效率的指标有正向指标和逆向指标。采用线性标准化技术对零售业经营效率相应指标数据进行标准化处理，收益性质的正向指标标准化为 $z_{\theta ij} = \dfrac{x_{\theta ij}}{x_{\max}}$；

对于成本型负向指标来说，$z_{\theta ij} = \dfrac{x_{\min}}{x_{\theta ij}}$，$x_{\max}$ 和 $x_{\min}$ 分别表示第 j 项指标的最大值和最小值。

本文参考许晓冬等[23]的研究方法，运用熵权指数法测算零售业经营效率（见表 1）。

表 1　零售业经营效率的评价指标体系

一级指标	二级指标	指标单位	指标属性
投入指标	限额以上零售企业总资产	亿元	正向
	限额以上零售企业门店数	百个	正向
	限额以上零售业从业人员数	万人	正向

表1(续)

一级指标	二级指标	指标单位	指标属性
产出指标	限额以上零售企业主营业务收入	亿元	正向
	限额以上零售企业主营业务利润	亿元	正向

应用 Stata16.0 软件对相关变量进行分析，可得到描述性统计结果如表2所示。

表2 主要变量的描述性统计

变量名称	均值	标准差	最小值	最大值
零售业经营效率（eff）	0.100	0.045	0.016	0.147
数字化发展水平（dig）	0.100	0.061	0.018	0.196
数字消费（sale）	2 793.085	4 496.765	6.830	30 162.800
经济开放程度（open）	14 788 783.58	21 622 868.23	54 481.517	109 158 144
财政分权（fisd）	0.155	0.190	0.148	0.931
人均国内生产总值（GDP）	1.951	2.649	1.288	16.456
城镇化率（ur）	9.451	12.445	33.810	89.600
人口密度（pd）	379.937	688.975	2.443	3 853.968

五、数字化对零售业经营效率影响的实证分析

（一）模型构建

为验证数字化对零售业经营效率的影响，参考庞瑞芝等[24]的研究，本文构建了如下基本模型：

$$eff_{i,t} = \alpha_0 + \alpha_1 dig_{i,t} + \alpha_j \sum_{j=2}^{m} x_{i,t}^j + \varepsilon_{i,t} \tag{1}$$

式（1）中，i 表示地区；t 表示时间，$eff_{i,t}$ 表示零售业经营效率；$dig_{i,t}$ 表示数字化发展水平；$x_{i,t}^j$（$j = 1,2,\cdots,m$）为第 j 个控制变量，表示影响零售业经营效率的其余因素；α_j 为相应控制变量的回归系数；$\varepsilon_{i,t}$ 是随机误差项。

进一步，为检验上述数字消费影响机制是否存在，本文借鉴温忠麟等[25]的研究，构建了如下检验模型：

$$eff_{i,t} = \alpha_0 + \alpha_1 dig_{i,t} + \alpha_j \sum_{j=2}^{m} x_{i,t}^j + \varepsilon_{i,t} \tag{2}$$

$$M_{i,t} = \gamma_0 + \gamma_1 dig_{i,t} + \gamma_j \sum_{j=2}^{m} x_{i,t}^j + \theta_{i,t} \tag{3}$$

$$\text{eff}_{i,\,t} = \beta_0 + \beta_1 dig_{i,\,t} + \beta_2 M_{i,\,t} + \beta_j \sum_{j=3}^{m} x_{i,\,t}^{j} + \theta_{i,\,t} \tag{4}$$

式（2）~（4）中，$M_{i,\,t}$ 表示中介机制变量，即数字消费；γ 和 β 分别表示回归系数；$\delta_{i,\,t}$ 和 $\theta_{i,\,t}$ 分别表示随机误差项。式（2）为基准模型；式（3）为数字化发展水平影响中介变量的估计模型；式（4）为同时考虑中介变量和数字化发展水平的估计模型。依据温忠麟等[24]的研究，如若 α_1 显著，则可能存在中介效应；进一步，如若 γ_1 和 β_2 显著，则说明本文阐述的机制存在；但是，如果 γ_1 和 β_2 至少一个不显著，则需针对中介效应的估计值 γ_1、β_2 进行稳健性检验，若稳健性检验拒绝原假设，则认为本文提出的机制存在，否则不成立。

（二）结果与说明

本文采用多元回归模型对式（1）进行估计，同时考虑到构建的指数在整个值域中的不同区间的差异带来的影响，对所构建的指数进行取对数处理，回归结果见表3：

表3　基准回归结果

变量	coef.	Std. Err	|t|	P>|t|	［95%Conf. Interval］	
dig	0.000 179	0.000 138 1	1.30	0.100	−0.000 092 9	0.000 450 8
sale	0.000 631 3	0.000 087 3	7.23	0.000	0.000 459 4	0.000 803 2
GDP	0.000 176 8	0.000 067 7	2.61	0.010	0.000 043 4	0.000 310 1
pd	−5.17e−07	1.74e−07	−2.96	0.003	−8.60e−07	1.74e−07
ur	0.000 065 4	0.000 014 8	4.41	0.000	0.000 036 2	0.000 094 6
open	−1.13e−11	6.16e−12	−1.83	0.068	−2.34e−11	8.29e−13
fisd	0.005 951 5	0.000 887 5	−6.71	0.000	0.007 698 2	0.004 204 8

如表3所示，数字化发展水平的 $P \leqslant 0.1$，表明了数字消费也能促进零售企业经营效率的提高，假设H1成立。互联网技术在零售业中应用越来越广泛，促进了中国零售业的转型升级，同时也促进了消费的转型升级，数字消费蓬勃发展。数字消费为零售业提供了更加准确的消费者画像，使零售企业可以从消费者行为特点、活动管理等方面入手，更细致地了解顾客群体的特征。数字消费同时也提高了商品管理的效率，从而提高零售企业经营效率。经济开发程度（open）与 GDP 的 P 均小于 0.1，表明经济发展水平显著影响零售企业经营效率。此外，财政分权（fisd）也有利于提高零售企业经营效率，政府通过宏观调控促进商品流通提高零售企业的经营效率。城镇化率（ur）和人口密度（pd）显著影响零售企业的经营效率。一般来说，城市的零售基础设施更加完善，人口密度越大，越有利于零售的展开。

（三）稳健性检验

1. 内生性问题

零售企业经营效率对数字化可能存在反向因果，这会导致内生性问题。为解决内生性问题，本文采用解释变量数字化发展水平滞后 1 期的数据作为自变量进行回归分析，结果见表 4。解决内生性的滞后回归结果显示｜t｜大于 1.96，说明在考虑内生性问题的情况下，数字化发展水平依然能够提高零售企业的经营效率，本文结论具有稳健性。

表 4　内生性估计结果

eff	coef.	Std. Err	｜t｜	P>｜t｜	［95％Conf. Interval］	
dig L1.	0.476 930 9	0.040 232 6	11.85	0.000	0.397 718 7	0.556 143 1
_ cons	0.002 152 9	0.000 138 8	15.51	0.000	0.001 879 6	0.002 426 2

2. 变换被解释变量

为避免变量选取导致结果的偶然性，本文从零售业规模和零售收入两个角度，选取零售行业总资产、零售企业总数、零售从业人员总数、零售业主营业务收入和零售业主营业务利润七个指标利用熵值法构建了新的零售经营综合指数（EFF）。并重新进行回归估计，结果如表 5 所示，结果显示 t 的绝对值大于 1.96，且与前文基本保持一致，说明本文结论具有稳健性。

表 5　变换被解释变量估计结果

EFF	coef.	Std. Err	｜t｜	P>｜t｜	［95％Conf. Interval］	
dig	0.628 391 1	0.034 267 2	18.34	0.000	0.560 954 6	0.695 827 5
_ cons	0.001 199 7	0.000 130 7	9.18	0.000	0.000 942 5	0.001 456 9

（四）机制检验

理论机制分析表明，数字化可能通过电子商务销售额影响零售经营效率。本节基于经验数据及构建的模型对比进行检验，通过借鉴温忠麟等[25]研究构建中介效应模型，结果如表 6、表 7、表 8。我们首先用零售效率（eff）对数字化水平（dig）进行回归估计，然后再用中介变量电子商务销售额（sale）对自变量数字化水平进行回归估计，最后用零售效率（eff）对中介变量以及自变量进行混合回归估计，回归结果如下，逐步进行的三次回归结果的 t 值得绝对值都大于 1.96≠0，拒绝原假设，H2 成立，说明数字化方便了顾客支付和购买，促进了消费升级，促进零售业转型，提升了零售业经营效率。且数字化水平对电子商务销售额的影响也是显著的，对比表 7 和表 8 可以发现，表 8 的 Coef 值＝0.583 381 2＜表 6 的 Coef 值＝0.615 249 3，这说明自变量数字化水平、中介变量电子商务销售额、因变量零售经营效率之间存在中介效应，其中介效应为不完全中介效应。因而，可以认为本文提出的机制成立，即数字化通过提高电子商务销售额，进而对零售经营绩效产生促进作用，假设 H2 成立。

表 6　直接回归结果

eff	coef.	Std. Err	∣t∣	P>∣t∣	[95%Conf. Interval]	
dig	0.615 249 3	0.033 903 9	18.15	0.000	0.548 527 9	0.681 970 7
_ cons	0.001 242 2	0, 0 001 293	9.61	0.000	0.000 987 7	0.001 496 6

表 7　中介变量对自变量回归结果

sale	coef.	Std. Err	∣t∣	P>∣t∣	[95%Conf. Interval]	
dig	304.282	39.348 1	7.73	0.000	226.846 7	381.717 4
_ cons	6.101 059	0.150 077 4	40.65	0.000	5.805 714	6.396 405

表 8　中介效应回归结果

eff	coef.	Std. Err	∣t∣	P>∣t∣	[95%Conf. Interval]	
dig	0.583 381 2	0.036 936 9	15.79	0.000	0.510 690 1	0.656 072 3
sale	0.000 140 7	0.000 049 6	2.11	0.036	7.07e-06	0.000 202 4
_ cons	0.000 603 2	0.000 328 9	1.83	0.068	−0.000 044 2	0.001 250 5

六、结论建议

（一）结论

影响零售业经营效率的因素复杂多样，但数字化发展水平对零售业经营效率的影响作用确实不容忽视的。本文基于 2010—2019 年的省际面板数据，在理论机制分析基础上，利用计量经济学方法解析了数字化对零售业经营效率的影响及其内在机理，结果表明：①数字化水平提高刺激了新型商业模式的出现，降低了经营成本，提高了零售业的经营效率。该结论在考虑内生性检验的前提下依然成立，表明数字化发展能显著地提高零售企业的经营效率，并且数字消费也能促进零售企业经营效率的提高。②数字化方便了顾客支付和购买，促进了消费升级，促进零售业转型，提升了零售业经营效率。③数字化对零售业经营效率提升具有长期作用，且边际效应递减趋势明显。

（二）建议

本文通过回归分析以及进一步检验，证实了数字化发展水平可以通过数字消费影响零售业经营效率，数字化发展水平对零售业经营效率具有正向的影响作用。在此条件之下，零售企业等可以对这一规律进行充分利用，对此，本文提出以下建议：

1. 加大数字基础设施建设，确保数字化水平提升的基础保障。

从目前的数字化基础设施的发展现状来看，中国在网络通信层的设施建设处于世界领先地位。2020年底，我国5G基站数量超过60万个，远超美国的5万个。我国提交的5G国际标准文稿占全球32%，牵头标准化项目占全球40%。但是我国在数据中心的普及以及云计算服务方面与世界领先水平还有一定的差距。2019年美国超大型数据中心占比为38%，而我国仅为10%；我国的云服务市场85%以上被国外的科技公司如亚马逊、谷歌占领。从总体上来看，我国的数字基础设施建设水平还有待提高。第一，在统筹规划方面，政府应根据目前经济发展状况与数字基础设施建设现状制定具有针对性、可操作性的顶层设计和建设规划。既要加强与现有的传统基础设施的衔接，也要放到经济社会发展全局中去考虑。加快提升欠发达地区与薄弱环节的数字基础设施建设。第二，在投资建设方面，政府应起到带头作用，以政府投资带动社会投资，注重发挥社会资本的力量，让更多的企业成为建设的主体，加强资源整合和共建共享，提高资源要素配置效率。第三，在风险防控方面，安全保障设施是数字基础设施非常重要的组成部分。安全保障设施是维护数字消费市场秩序的关键。安全保障设施建设应与数字基础设施同步规划、建设、运行，以推进关键信息基础设施的安全保护，构建网络安全保障体系。

2. 积极推动数字消费持续发展，构建数字消费增长的长效机制。

近年来，在新一轮科技革命和产业变革的背景下，我国加快推进新经济业态模式发展，培育经济新增长点。以网络购物、移动支付、线上线下融合等为特点的新经济业态，在促进可持续和健康的经济发展中发挥了重要作用。数字技术与居民生活消费的有机结合为其消费发展提供了一种全新的驱动力，推动居民生产和消费方式变革，也给零售业的发展带来了全新的动力。要推动数字消费持续增长，需加大对数字消费领域的科研投入，增强扶持力度，鼓励金融机构研发数字消费专属产品和服务。同时，增强居民的数字消费能力，提高居民收入，尤其是中下层居民的收入。由于边际消费倾向的作用，低收入者的收入提高越大，越容易促进消费。因此，应该进一步加快调整分配结构，更加注重社会公平，真正地从根本上扭转收入差距扩大的趋势。应始终坚持富民优先发展的基本思路，将初次分配和再分配视为一个有机的整体，不仅要从再分配的环节即社会保障、公共服务等综合水平和其他合理的结构进行改革，更要拓宽至初次分配的各个环节，包括对薪酬、保险、福利"三位一体"在内的薪酬制度体系进行改革。

（3）不断增加居民收入，进一步拉动内需，创造居民消费力。

第一，要改革与创新收入分配制度，增加居民收入马克思指出"社会消费力既不是取决于绝对的生产力，也不是取决于绝对的消费力，而是取决于以对抗性的分配关系为基础的消费力"。提升社会消费力关键是理顺收入分配关系，不断增加居民收入。只有居民收入增加了才能扩大全社会的消费力。第二，要通过互联网和人工智能等技术与传统零售业进行融合，培育更大规模的在线生活、学习、教育、娱乐、医疗、出行和旅游等数字消费新领域，形成智慧生活、智慧家庭、智慧健康、智慧养老、智慧交通和智慧城市等高效便捷的生活方式，加快在线购物，线上线下融合消费等数字消费新业态和新模式的创新。数字经济时代，要实现生产力和消费力的均衡，需要大力发展数字生产力和大力培育数字消费力，培育数字消费力的重点在于大力发展数字经济提高数字消费品的供给能力和质量[26]。要让消费者有能力更加主动地进行数字消费，从而拉动内需，带动零售业数字化转型发展。

参考文献

［1］郭馨梅，沈冉，徐小茗. 数字化背景下我国零售业上市公司经营效率评价［J］. 商业经济研究，2020（16）：174-176.

［2］陈鑫鸳. 多渠道发展策略对零售上市公司经营效率的影响［J］. 商业经济研究，2020（8）：162-165.

［3］樊秀峰，王美霞. 我国零售企业经营效率评价与微观影响因素分析：基于22家百强零售上市公司的实证［J］. 西北大学学报（哲学社会科学版），2011，41（3）：26-31.

［4］杨波. 我国零售业上市公司经营效率评价与分析［J］. 山西财经大学学报，2012，34（1）：52-61.

［5］莫修梅. 基于三阶段DEA模型的流通企业经营效率评价［J］. 商业经济研究，2020（12）：119-12

［6］文拥军. 基于超效率DEA模型的零售业上市公司经营效率评价［J］. 财会通讯，2009（32）：36-37.

［7］AUTIO E，NAMBISAN S，THOMAS L，et al. Digital affor－dances，spatial af-fordances，and the genesis of entrepreneurial ecosystems［J］. Strategic Entrepreneurship Journal，2018，12（1）：72-95.

［8］ RITTER T, PEDERSEN C L. Digitization capability and the digitalization of business models in business-tobusiness firms: past, present, and future ［J］. Industrial Marketing Management, 2020, 86（3）: 180-190.

［9］戚聿东, 蔡呈伟. 数字化对制造业企业绩效的多重影响及其机理研究 ［J］. 学习与探索, 2020（7）: 108-119.

［10］赵宸宇, 王文春, 李雪松. 数字化转型如何影响企业全要素生产率 ［J］. 财贸经济, 2021, 42（7）: 114-129.

［11］刘淑春, 闫津臣, 张思雪, 等. 企业管理数字化变革能提升投入产出效率吗 ［J］. 管理世界, 2021, 37（5）: 170-190.

［12］谢莉娟. 2019 年中国商业十大热点展望之七: 数字化加快零售效率提升引领供应链形成经济增长新动能 ［J］. 商业经济研究, 2019（16）: 2.

［13］李晓雪, 路红艳, 林梦. 零售业数字化转型机理研究 ［J］. 中国流通经济, 2020, 34（4）: 32-40.

［14］郑斌斌, 依绍华. 数字化情境下零售时空价值再造机制: 从"商品流"到"信息流"的逻辑演变 ［J］. 价格理论与实践, 2020（2）: 8-12.

［15］谢莉娟, 庄逸群. 互联网和数字化情境中的零售新机制: 马克思流通理论启示与案例分析 ［J］. 财贸经济, 2019, 40（3）: 84-100.

［16］陈剑, 黄朔, 刘运辉. 从赋能到使能: 数字化环境下的企业运营管理 ［J］. 管理世界, 2020, 36（2）: 117-128, 222.

［17］姚战琪. 产业数字化转型对消费升级和零售行业绩效的影响 ［J］. 哈尔滨工业大学学报（社会科学版）, 2021, 23（4）: 143-151.

［18］易芳, 秦贝贝. 我国零售业技术创新探讨 ［J］. 商业经济研究, 2016, （16）: 125-126.

［19］王晓东, 王诗桪. 中国商品流通效率及其影响因素测度: 基于非线性流程的 DEA 模型改进 ［J］. 财贸经济, 2016（5）: 119-130, 159.

［20］HABIBIF, ZABARDAST M A. Digitalization, education and economic growth: acomparative analysis of middle east and OECD countries ［J］. Technology in Society, 2020, 63（4）: 291-300.

［21］JOVANOVI M, DLAI J, OKANOVI M. Digitalization and society's sustainable development - measures and implications ［J］. Zbornik radova Ekonomskog fakulteta u Rijeci, 2018, 36（2）: 905-928.

［22］周青, 王燕灵, 杨伟. 数字化水平对创新绩效影响的实证研究: 基于浙江省

73 个县（区、市）的面板数据［J］. 科研管理，2020（7）：120-129.

［23］许晓冬，刘金晶. 基于熵值-PLS 的营商环境建设动态及影响因素分析［J］. 商业研究，2021（4）：10-16.

［24］庞瑞芝，张帅，王群勇. 数字化能提升环境治理绩效吗：来自省际面板数据的经验证据［J］. 西安交通大学学报（社会科学版），2021，41（5）：1-10.

［25］温忠麟，张雷，侯杰泰，等. 中介效应检验程序及其应用［J］. 心理学报，2004（5）：614-620.

［26］韩文龙. 数字经济中的消费新内涵与消费力培育［J］. 福建师范大学学报（哲学社会科学版），2020（5）：98-106，170.

促进数字服务高质量发展的税收政策

杨 娟 黎 清[①]

摘　要：全球经济下行压力增加，数字经济为经济的平稳运行增添新动能。然而，新经济、新业态下，传统的税收规则和模式面临诸多挑战，税收管辖权的划分、税收的公平性原则受到冲击，数据作为生产要素投入到价值创造中去，纳税要素的辨别上存在困难。传统的税收征管模式已无法适应数字经济的新趋势。

关键词：数字经济；税收挑战；高质量发展

一、我国数字服务业发展现状及困境分析

（一）数字服务发展的现状

1. 数字服务的发展背景

数字技术的发展为数字服务奠定了基础。作为第四次科技革命的重要组成部分，数字技术的蓬勃发展大幅度提高了经济的运行效率。大数据、人工智能、云计算等技术革新成为新商业模式下制胜的重要抓手，助推服务升级和行业发展，使服务呈现和实现方式发生了改变。数字技术使得数字服务的构想成为现实，大数据的收集整理使得数字服务产品更加多样化和个性化，人工智能、云计算等技术使得数字服务更加智能与先进，不断发展升级的数字技术是数字服务发展的技术支撑。

上海国家会计学院院长、数字服务研究中心主任李扣庆在"数字赋能服务"高端研讨会上，对数字服务的定义及特征表达了自己的观点。他认为，数字服务是指以数字化手段为客户提供便利、舒适、效率提升或健康等各种形式附加值的经济活动。狭义的数字服务指纯数字服务，顾客能感受到的价值创造几乎都借助于数字化方式，如云储存、网上授课等。广义的数字服务是指以数字技术为支撑提供的服务。本文基于

---

① 杨娟，重庆工商大学经济学院；黎清，重庆工商大学经济学院，2020级税务专硕研究生。

广义的数字服务概念对税收促进其高质量发展进行分析研究。

数字服务是数字经济的重要组成部分，作为新的发展模式，数字经济对于经济发展有着无可比拟的作用。近年来，逆全球化、单边主义与保护主义势力抬头，全球经济面临严重的下行压力，尤其是大流行的新冠肺炎疫情，加剧经济的颓势。然而在此种情况下，数字经济逆势增长，对于经济体系的稳定发挥了重要的作用。《中国数字经济白皮书》显示，2020年我国数字经济规模达到39.2万亿元，占GDP比重为38.6%，同比名义增长9.7%，是同期GDP名义增速的3.2倍多（见图1）。

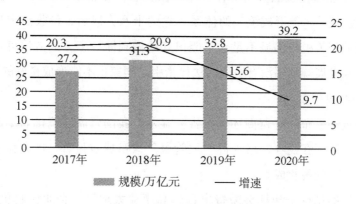

图1　数字经济规模及增速

2. 数字服务的发展现状

2020年全球公共突发事件——新冠肺炎疫情的大流行加速了数字服务的发展。在疫情下，全国实行严格的管控，不可避免地造成了短期经济及生产活动的萎缩，实体经济的发展受限。相反，线上消费市场的需求逆势上扬，宅家人群更多地选择将线下消费转移至线上，商业模式被重塑。在线上需求暴涨的同时，数字服务的发展被加速了，其展现出了强大的韧劲。国家统计局最新数据显示，2020年网上零售额117 601亿元，按可比口径计算，比2019年增长10.9%。数字服务成为新的经济增长点。远程办公、在线医疗等数字商业模式等得到前所未有的发展。前瞻产业研究院的数据显示，疫情期间，在线医疗平台迎来用户需求高峰，39健康网每天的访问量突破百万，疫情专题页的曝光量高达1.16亿，丁香园在线问诊用户环比增加215.32%。

但是，数字企业的发展视野局限于"底部"领域。近期数字企业纷纷加入社区团购的市场争夺当中，获得经济回报固然重要，但是数字企业经过其多年的沉淀，已经拥有坚实的财力基础、大量的数据资源和先进的数字技术，若将大部分精力局限于短期的收益当中，对自身拥有的资源条件何尝不是一种浪费呢？如何在短期利益与长期发展的均衡中做出最优化的选择，影响到未来数字服务业甚至是社会的发展方向。

总之，目前我国数字服务业发展的规模大，增速明显，但也存在数字服务业发展质量不高，数字技术运用水平较低等现实问题。

（二）数字服务发展面临的税收困境

1. 缺乏对应的税收法律支撑

在我国目前的税收体系中没有数字服务概念。税收法定原则要求，没有相应法律作前提，国家则不能征税，公民也没有纳税的义务。我国现行税种中，具有最高法律效应的税法有《中华人民共和国企业所得税法》《中华人民共和国个人所得税法》《中华人民共和国环境保护税法》等。作为第一大税种的增值税，仍处于授权立法状态，其余多为部门法规，未能形成统一的体系。党的十八大以后，税收法定进程加快，但是在数字领域的相关税收仍显不足，不能很好地做到涉税事务的有法可依，因此数字服务业进行未来发展规划还没有明确的法律指引，国家也不能形成良好的税收预期。

2. 企业税收负担重

世界银行近年发布的《营商环境报告》显示，我国营商环境排名不断上升，营商环境持续向好。我国在税收领域进行"放管服"改革成效显著，极大程度提高了税收效率，降低了企业的税收成本。

但是，我国的总税率和社会缴费率远远高于亚太地区，企业税收负担仍然较重。《中国企业税收负担报告》显示，区别于美国以直接税（个人所得税）为主的税制结构，我国直接税中企业所得税占比较大。企业作为直接税和间接税的主要纳税人，承担税收负担较重。偏高的社会保障费用是造成企业税收负担较重的另一个原因。我国社会结构特殊，人口老龄化程度高，需要通过较高的社会保障费用率来保障社会保障的正常给付。企业所负担的社会保障费用常年居高不下，远远高于同等的发展中国家。

3. 数字服务领域税收征管缺位

现存税收征管制度的改革未能匹配上新经济、新业态的发展。传统以实体企业生产经营为征管对象的税收模式不再适应数字经济的发展，面临诸多挑战。在新经济的背景下，纳税要素的辨别也存在困难，服务和货物的界限变得模糊，存在诸多的税收监管的空白区域。高效、便捷的税收征管对于数字服务的高质量发展起到督促与指引作用，保证税收的公平、效率与中性原则。

二、税收政策对数字服务高质量发展的作用

（一）数字服务高质量发展内涵

党的十九大报告指出，我国经济已由高速增长阶段转向高质量发展阶段。推动经济高质量发展，显著增强我国经济质量优势，是适应我国主要矛盾转变的新发展方式，

是推进我国经济健康稳定发展的必经之路。

促进数字服务高质量发展，必须厘清高质量发展的内涵。高质量发展更加依赖于质量的提高而非数量的增加，经济增长的效率源泉来自创新而非简单的规模扩张；投入产出比显著提高，产出的数量和质量明显提升，数字服务的发展转向高附加值领域；建设具有高标准的数字经济市场体系，完善数字服务领域公平竞争制度，创造出一个最大限度激发数字服务领域发展动力的营商环境。

（二）税收对数字服务高质量发展的作用

税收和经济的关系密不可分。其一，经济决定税收，经济的发展是税收得以征收的基础，决定了征什么税、怎么征税等税收要素。经济的高质量发展也为税收提供了充足的税源，保证了税收职能的实现。其二，税收反作用于经济，是调节经济的重要杠杆。

税收通过其职能作用推动数字服务高质量发展。税收具有资源配置、收入分配以及宏观调控等职能。国家可通过一定的宏观税收政策，转移资源的用途，提高资源的使用效率，从而避免资源浪费与无效配置，达到资源有效配置，促使市场更加高质量的运转的目的。完善的税制有利于践行税收法定主义，使得数字服务的发展有法可依、有法必依。国家的发展方向和方针也可通过税法表现出来，利用税制的规范作用，指引数字服务朝着预期的方向高质量发展。税收优惠政策可吸引企业在该领域着重发展，减少对应的税收成本。例如，西部大开发政策吸引企业到西部开设机构，从而促进西部的发展；研发加计扣除使得企业在此方面的成本降低，提高了其研发创新的积极性。

税收负担关系到国家和纳税人之间的分配关系，是纳税人履行纳税义务而承受的经济负担。一方面，过低的税收负担不利于国家财政收支的平衡，影响国家经济运行效率。另一方面，过高的税收负担，挫败纳税人的积极性，不利于经济社会的生产效率。对于数字服务企业来说，合理的税收负担减轻了企业发展的后顾之忧，从而投入更多的精力和财力到提供高质量的数字服务产品当中。

三、国外数字服务税的经验借鉴

将"数字税"纳入全球统一框架下共同治理是很有必要的。数字经济的发展，必然导致全球税收规则的重新调整，在征税权、税收政策等方面展开新的博弈，对涉税信息透明度要求更加严格。

欧洲联盟（欧盟）是跨国大型数字企业主要输入区域，他们没有本土自主的大型数字企业，独占鳌头的反而是美国的数字企业巨头，如 Amazon、Apple、Facebook、

Google。这些跨国公司利用数字平台从欧盟获取巨额利润，并利用欧盟国家间的税收优惠政策与各国税制的不同，将利润转移至低税率的"避税天堂"，从而负担较低水平的税收，严重影响收入来源国的财政收入。

欧盟和经济合作与发展组织（OECD）就数字经济的税收问题的研究早已提上日程，但均因种种原因未能形成统一的意见。欧盟早在2018年3月就提出向欧盟境内的数字巨头企业征收3%的数字服务税的指令提案。然而，欧盟内部存在不同的利益团体并且有着不同的征税需求，实行低税率的国家明确反对开设此种税种，他们认为这会阻碍引进数字服务，减少吸引资金流入的优势，因此在欧盟内部通过统一的数字税还需要经过漫长的谈判。OECD的BEPS计划，提出了具体的行动方案：修改常设机构的标准和认定范围、提出显著数字存在概念、增设虚拟常设机构等。但是要在全球的框架下实行数字税，各方不仅要协调美欧之间的冲突，也要综合考虑发达国家与发展中国家的利益诉求，需要各方的妥协与让步，因此达成共识仍然困难重重。

由于寻求共同治理方案道阻且长，一些国家开始单独征收数字服务税。为了弥补财政收入漏洞和修缮税收征管体系，2019年7月，法国脱离欧盟框架，制定并实施了符合本国征税需求的数字税，成为世界上第一个征收数字税的国家。随后，意大利、西班牙等国也相继征收此类税收（见表1）。

表1　各国数字税开征情况

国家	开征年份	税率	法律条文
意大利	2019.1	3%	①向意大利市场销售货物和服务、且取得来源于意大利境内的年收入超过5 000万欧元或该企业所在集团的全球年收入超过10亿欧元的大型企业； ②只要满足在一年内发生超过3 000笔特定数字交易的服务购买方
法国	2017.9	2%	①在法国境内通过销售、租赁在线影音产品取得的收入（不包括增值税）； ②通过在线影音产品插播广告获取的收入，以用户坐落地（永久性居所或者经常居住地）来判断是否产生纳税义务
英国	2020.4	2%	①提供社交媒体平台，具体包括社交和在线网络、博客和评论平台、内容共享平台、评论平台以及交友平台； ②提供搜索引擎；提供在线市场，这个在线市场主要用于实现个人与个人（C2C）或实现第三方销售行为，并不包括销售该企业自己的产品
印度	2016.6.1	6%	在线广告

一方面，这些税收条款增加了数字企业输入国的财政收入，保证了充足的税源；另一方面，跳出国际统一框架制定的单独税种在实践上也存在诸多不足。首先，这些税收具有较强的单边主义和保护主义，通过设立起征点、征税范围等方式，将本国的

数字企业排除在税法之外，保护本国企业，具有税收非中性的特点。其次，由于数字经济中征税对象、交易信息具有隐蔽性、虚拟性，导致具体的措施难以执行。最后，对于数字企业来说，也容易形成双重征税，增加市场壁垒。与传统税收相似，企业能够较为轻松地将税收负担转移至消费者承受，从而增加消费者的隐形负担。

四、完善我国数字服务税收政策

（一）坚持税收法定原则 适时征收数字服务税

我国目前现行税种征税范围基本涵盖数字服务领域的生产经营领域。2016 年 5 月 1 日起，增值税的一般征税范围为销售或者进口货物、销售劳务和服务以及销售无形资产和不动产。销售服务中，现代服务又包括九大类别，覆盖了市场中数字企业提供的数字服务范围。这些服务的使用量巨大，有雄厚的客户基础，能够创造巨大的价值与市场份额。例如，多媒体应用程序向用户收取一定的费用后，向客户提供视频、音频的播放权力，其通过互联网提供的广播影视服务应纳入增值税的纳税范围当中。新冠肺炎疫情肆虐，改变了我们的生活模式，在线下实体经济哀鸿遍野的同时，数字经济迎来机遇，出现爆发式增长。餐饮、教育服务等领域开始寻求数字化转型，通过数字平台在线销售产品或服务，改变了传统的运作模式。以教育为例，教育本是公共产品，随着在线教育平台在疫情期间发展迅猛。以前上课需要有固定的教室，教师当场教授课程。在线教育平台的发展，教师可在任何位置通过电子设备进行教学。或者教师提前将授课内容通过视频讲解的方式录入平台，学生通过平台随时随地都能进行学习。这种商业模式下所进行的销售行为依然在增值税征税范围中销售服务中的生活服务，平台也应就其所得依法纳税。

从短期来看，在全球减税浪潮下，简单的加征数字服务税不符合国家发展战略规划。

从长期来看，开征独立的数字服务税是必然趋势。我国应该积极参与搭配数字服务税收的全球治理当中，争夺数字服务领域的话语权，为本土数字服务业的高质量发展提供强有力的保障；学习已开征数字服务税国家的征税经验，最大程度克服数字服务税的消极影响，开征适合本国国情的数字服务税，并且将税收宗旨向周边国家辐射，提高本土数字服务税的影响力。

在对纳税人的识别上，我国可参照现有税号、社会信用代码等设计，对利用平台获益的使用者提前进行税务登记，要求购买或使用数字服务时登记通用的识别号，以检测使用者的涉税信息。数字企业或平台承担用户登记注册信息的管理，协助用户进行税务登记，或承担起代扣代缴的义务。例如，出行软件整合了司机和乘客的资源，提高了出行效率，在司机进行登记注册时，索要相关税务信息。在完成订单后，平台对司机所获得的收入进行代扣代缴，再由平台核算后申报给税务局。

在新业态下，商业模式中销售服务和商品没有明确的界限，甚至有征税范围交叉的情况，数字化的产品或服务没办法对行为进行准确划分类目。我们可以在立法层面上对商品和服务进行明确的界定与区分，对征税范围或税目加以明确具体，或增加一些对数字服务的相关说明显得尤为重要，解决收入定性困难。以电子书的征税为例，电子书的出现改变了传统的阅读方式，但就电子书这一新模式在现有税法框架下，对其定位十分模糊。国际上对于电子书究竟属于商品还是劳务依旧保持着不同的见解，欧盟、日本等将其视为服务，而在我国将电子书视为电子出版物进行消费税的缴纳，即视为商品。但是，在现行的增值税法律体系中，并没有能与电子书对应的二级税目，在现行征管实践中，税务行政机关是以扩张解释的方式将电子书纳入电子出版物范畴内的。

数据作为数字时代重要的生产要素，计税依据变成了难以计量的数据。数字企业利用强大的后台支撑，储存了无数用户的"痕迹"。通过对这些数据的整理与分析，这些数据变得富有价值。建立数据价值衡量的标准对税收体制的革新具有先决作用。

（二）建立更加高效的税收征管体制，提高征管效率

加快税收数字治理体系建设，提高数字治理能力，建立与数字经济相匹配的监管稽查体系。数字经济的发展，造成纳税主体界定模糊、涉税信息获取困难，对税收征管的要求变高。税收征管依托数字技术，更新征管模式，提高征管能力，完成从"以票管税"到"数据管税"的转变。加大税务部门与银行、数字企业等部门的合作，建立健全信息互换机制，利用数字企业的用户数据，例如交易信息等，充分把握交易的信息流、资金流详情，获得更多的涉税信息，保证税收的合理入库，减少税收在数字服务领域的税收空白。

（三）差异化的税收优惠政策 助力数字技术发展

数字技术和数字经济相互促进、相辅相成。一方面，数字技术的发展为数字经济的高质量发展提供技术支持，决定数字经济发展的"天花板"。另一方面，数字经济的发展反过来促进数字技术的研发革新，为数字技术的发展提供方向。

传统的互联网巨头在数字技术的研究开发与应用上已经走在世界的前列，通过税收政策鼓励企业的技术的研发与创新，加强企业对数字技术的重视，转变传统商业思维，助力数字科技发展的浪潮，进而推动数字服务高质量发展。

切实贯彻落实新发展理念，促进数字服务高质量发展。由于研发创新具有高风险性和不确定性，会有相对的融资困难，从而抑制企业创新的积极性。数字经济又高度

依赖数字信息技术和无形资产，我们可对该领域的研发创新制定相应的政策；根据数字服务领域中行业的特殊性出台相应的税收优惠政策，鼓励支持企业进行创新研发，提供高质量的数字服务，以满足人民群众日益增长的物质文化需求。以高新技术企业为例，我国出台了针对企业研发的税收优惠政策：研发支出加计扣除政策、高新技术企业税收减免政策，对企业的创新与研发具有积极影响。同理，针对数字服务领域的税收优惠政策，例如减免税、投资抵免等，对于企业提高盈利能力、扩大对外投资以及获取融资具有独特的作用。

建立绩效评价机制，结合企业经营状况，评析税收优惠政策实施效果。对于发挥正向作用的政策继续实施并且不断完善政策内容，最大化地实现政策目标。反之，综合考量下，对于不仅在现有条件下无法发挥作用而且长期来看也没有发展前景的政策予以取缔。建立健全惩罚与激励体系，对在一定时期内绩效评价良好的企业实施奖励措施。对企业在信息不对称的情况下，利用自身条件进行虚假申报，获得税收扶持的行为坚决进行打击，减少道德风险，促进行业向着政策目标发展。

（四）结合财政收支状况，科学的制定税收政策

2020 年突如其来的新冠肺炎疫情在短期内对我国宏观经济造成巨大冲击。为对冲新冠肺炎疫情带来的影响，在财政政策方面，政府对于疫情防控区域以及受冲击的行业领域先后出台大量的减税政策以及补贴力度，减轻企业及个人税收负担，助推企业复工复产和经济平稳恢复。受新冠肺炎疫情的影响，财政收支矛盾加剧。2020 年，全国一般公共预算收入 182 895 亿元，同比下降 3.9%，其中全国税收收入 154 310 亿元，同比下降 2.3%。但是在 2020 年，全国一般公共预算支出 245 588 亿元，同比增长 2.8%。因此，针对数字服务领域的税收政策的研究与制定也应符合财政收支情况，基于重点行业领域税收优惠，不以完成税收任务为单一目标。不过，减税降费仍是目前税制改革的主要方向，制度性减税降费政策继续实施、阶段性减税降费政策适时退出、小微企业税费优惠突出强化等。

参考文献

［1］李蕊，李水军. 数字经济：中国税收制度何以回应［J］. 税务研究，2020（3）：91-98.

［2］刘奇超，罗翔丹，刘思柯. 经济数字化的税收规则：理论发展、立法实践与路径前瞻［J］. 财税观察，2018（4）：35-42.

［3］崔景华，李浩研. 数字服务税的制度实践及其效应研究［J］. 税务研究，2020（11）：76-82.

［4］岳云嵩，齐彬露. 欧盟数字税推进现状及对我国的启示［J］. 税务研究，2019（4）：94-99.

［5］黄健雄，崔军. 数字服务税现状与中国应对［J］. 税务与经济，2020，229（2）：85-90.

［6］柳冬梅. 数字经济国内税法改革实践、启示及应对［J］. 财会月刊，2021（4）：147-153.

［7］国家税务总局湖北省税务局课题组. 世界银行营商环境报告及我国得分情况分析［J］. 税务研究，2019（1）：80-85.

［8］张巾，李昭，肖荣美. 全球数字经济税收规则调整动态及思考［J］. 税务与经济，2020（4）：95-99.

［9］崔晓静，赵洲. 数字经济背景下税收常设机构原则的适用问题［J］. 法学，2016（11）：15-27.

［10］赵珂艺. 英法两国数字服务税制度研究及启示［D］. 昆明：云南财经大学，2021：27-41.

［11］廖益新. 应对数字经济对国际税收法律秩序的挑战［J］. 国际税收，2015（3）：20-25.

数字技术驱动消费转型的空间溢出效应研究

——基于省级面板数据的验证

王　辉　秦　鸿　胡　杨　田浩男①

摘　要： 为探究数字技术对消费转型的空间效应，本文选取 2014—2019 年我国 30 个省（区、市）的面板数据，构建空间杜宾模型进行实证研究，并验证了数字技术对消费转型的驱动作用及其空间溢出效应。结果表明：①数字技术对消费转型具有显著的正向的空间集聚效应，且主要呈现出"高高集聚"和"低低集聚"的特征；②数字技术的推广和发展，将会在一定程度上直接或间接的影响消费转型的方向和深度；③数字技术的投入力度在空间分布多属于"低低集聚"，表明数字技术与实际应用的有机结合程度尚有欠缺，投入力度还有待提高。基于此，本文从加大数字技术基础设施投入力度、促进数字技术与实体经济相融合等方面提出相应的对策建议，助力消费转型升级。

关键词： 数字技术；消费转型；空间溢出效应

一、引言

2017 年 12 月 8 日，习近平总书记在主持中共中央政治局第二次集体学习时强调，"要推动实施国家大数据战略，加快完善数字基础设施，推进数据资源整合和开放共享，保障数据安全，加快建设数字中国"。2021 年 8 月 23 日，国家主席习近平向中国—上海合作组织数字经济产业论坛、2021 中国国际智能产业博览会致贺并指出，世界

---

① 王辉，重庆工商大学经济学院教师；秦鸿，重庆工商大学 2019 级贸易经济专业学生；胡杨，重庆工商大学 2019 级贸易经济专业学生；田浩男，重庆工商大学 2019 级贸易经济专业学生。

正进入数字经济快速发展的时期，5G、人工智能、智慧城市等新技术、新业态、新平台蓬勃兴起，深刻影响全球科技创新、产业结构调整、经济社会发展。近年来，中国积极推进数字产业化、产业数字化，推动数字技术同经济社会发展深度融合。2021年国家"十四五"规划和2035年远景目标明确指出"加快数字化发展，建设数字中国"，《中华人民共和国国民经济和社会发展第十四个五年规划和2035年远景目标纲要》明确要"打造数字经济新优势"，将数字经济发展和数字化转型的目标与作用提高到国民经济的高度，并提出"充分发挥海量数据和丰富应用场景优势，促进数字技术与实体经济深度融合，赋能传统产业转型升级，催生新产业新业态新模式，壮大经济发展新引擎"。作为指引，规划指出一方面要拓新，即"推动数字产业化"形成新产业、新生态；另一方面要守成，即传统"产业数字化转型"，通过数字技术赋能传统企业。

2018年4月20—21日，习近平在全国网络安全和信息化工作会议上强调，要发展数字经济，加快推动数字产业化；依靠信息技术创新驱动，不断催生新产业，新业态，新模式，用新动能推动新发展。数字技术作为新一轮技术变革和产业革命的重点方向，为数字经济的发展提供了充足动力。再看"十四五"规划中对加强数字社会建设的要求，其目的在于更快适应数字技术全面发展融入社会交往和日常生活新趋势，促进公共服务和社会运行方式创新，构筑全民畅享的数字生活。信息化协同创新专委会吴志刚指出未来的发展方式就是以数字经济为主导，以数字技术创新应用为牵引，以数据要素价值释放为核心，以多元化、多样化、个性化为方向，通过产业要素重构融合衍生而形成商业新业态、业务新环节、产业新组织、价值新链条，激活产业活力，使中国经济增长更加强劲有力。

随着传统产业的数字化升级发展，数字技术从智能教育、智能医疗、智能交通、智能文旅等十大场景切入，逐步改变了人们传统的消费模式。翟月荧指出新型消费模式的快速崛起与数字技术的发展相伴而生。以"宅经济"为代表的新型消费模式是数字时代的产物，是数字化、信息化技术迅速崛起的外化体现，其本质是新型数字技术引起新消费力量崛起的同时满足日新月异的新的消费需求，可以说每一次技术的革新都带动人们消费习惯的变化[1]。而这种新型消费模式正在以其形式的多样性和发展的个性化推动经济的发展。

二、相关文献综述

（一）国内外数字技术的文献综述

数字作为一种信息技术，为其他产业带来了日渐显著的溢出效果，已成为全球生产组织网络的核心工具。数字技术的广泛应用提高了信息共享的速度，降低了知识运用和信息运输的成本，也使得区域的创新效率得到提升（武可栋、阎世平，2021）[2]，让数字技术得以解除因组织结构惰性导致的领导社会角色建构固化、技术社会化导致的领导社会角色结构性替代等困境的限制，继而推动并实现与数字技术社会发展相适应的新型领导社会角色（蔡振东、徐祥运，2021）[3]。在我国结构性转型背景下，数字技术的过程可编程性、技术自增强性，一方面通过流程重构迎合了公共服务创新的本质需求，另一方面其泛在式赋能特征为最终的价值共创提供了条件（余江、靳景、温雅婷，2021）[4]。中国应重视发展国内数字技术，发掘国内数字技术潜力，充分利用数字技术带来的机遇和机会（高敬峰、王彬，2021）[5]，充分发挥数字技术对服务业的就业创造和福利提升功能（赵昱名、黄少卿，2020）[6]，通过数字技术赋能制造业高质量发展（吕铁 、李载驰，2021）[7]，进一步提升中国在全球价值链中的地位。从国外的研究成果来看，有学者指出相关区域间的知识吸收能力是知识或技术扩散的基础，创新能力强的区域必然具有较强的知识吸收能力 （GROSSMANG、HELPMANE，1991）[8]，信息技术的应用与普及可以提高企业的创新能力和区域创新水平 （Lyytinen、Forés，2016）[9][10]，促进创新的溢出效应（Cui，2015）[11]。

（二）技术对消费转型作用的文献综述

从供给侧结构角度来看，结构升级与技术创新给予供给端品质的提升，带动了消费转型升级。数字技术创新是以技术融合和技术体系变革为主要动力的网络化和去中心化创新合作过程（孟庆时、余江、陈凤、卢超，2021）[12]，通过完善数字经济治理体系可促进产业结构向中高端升级，新格局下数字经济促进产业结构（丁守海、徐政，2021）[13]，强化基础设施、促进数字经济与实体经济深度融合、线上线下融合发展、升级消费者服务体验，可更好地促进中国消费市场发展及新发展格局构建（马玥，2021）[14]。数字化技术应用分别对开发式创新、探索式创新以及国际新创企业国际化绩效有正向影响（潘宏亮，2021）[15]。以人工智能、区块链、云计算、大数据等数字技术驱动和以数字经济蓬勃兴起为主要内容的第四次工业革命，为解决中国经济"变道超车"以及跨越中等收入陷阱提供了重要方案（毛中根、谢迟、叶胥，2020）[16]。Chiraz（2016）通过分析发展中国家的数据，指出技术创新对经济增长在短期是负相关的影响，但长期的影响是正相关的[17]。我国应借助技术进步和劳动要素配置效率的提升，使 FDI 和 OFDI 产生的交互作用推动经济发展（傅元海、林剑威，2021）[18]。

（三）国内外消费模式转型研究

我国学者研究发现在全新发展背景和发展理念下，消费模式的转型应寻求新的增长点，应运用科技创新的力量来优化消费模式，从教育、法规等多方面营造一种良好绿色的消费模式（左文明、莫小华、陈华琼，2015；杨小勇、乔文瑄、杨育，2019）[19]，而培育新消费客群、推动新消费转型、完善新消费制度等措施可促进新消费持续健康发展（毛中根、谢迟、叶胥，2020）。从供求侧角度看，数字经济发展对经济增长具有直接现实性（戚聿东、褚席，2021）[20]，通过高度重视"互联网+"、消费行业与业态的创新、着力扶持"互联网+"消费行业与业态的小微企业发展和推动国家层面云计算、大数据战略与消费模式转型的结合，并利用"互联网+"与消费模式的"嫁接效应"，可促进消费模式转型（杨继瑞、薛晓、汪锐，2015）[21]。邓少军、芮明杰、赵付春（2017）指出信息消费的多层次协同发展很可能是驱动传统产业转型升级的重要路径模式选择，同时，多层次信息消费与传统产业转型升级的需求对接，传统产业转型升级也将为不同层次信息消费拓展出新的广阔空间[22]。因此，增加消费比重、提升消费层次是推动消费转型的重要驱动力（乔榛、王丹，2021）[23]。

国外学者在消费模式的研究上，主要侧重于生产与消费的关系问题以及该模式的转变对资本主义社会的冲击。鲍德里亚割裂了生产与消费的关系，认为可以离开生产来研究消费，用消费来代替生产进行研究，而学者（李明明，2013；荣鑫，2018）则批判这种观点，认为其带有文化批判，是对马克思理论的一种误解。马克思（1956）指出在单一生产中，生产决定消费，但在整个社会生产过程中，生产与消费则具有同一性的特点。在《孤独的人群》一书中，大卫·李斯曼指出如今社会正在由生产时代向消费时代转型，而如何正确判断一个社会的转型，则更应该用科学的理论对其加以检验和验证。

综上所述，学术界虽然已经开始研究数字技术对消费转型的影响，但大多没有研究数字技术产生的空间溢出效应，这可能导致数字技术对消费转型的作用存在偏差。为更准确测算数字技术对消费转型的空间溢出效应，本文以全国 30 个省份的面板数据为基础，拟采用莫兰指数及其散点图来进行有关数字技术各个指标在空间范围内是否具有空间相关性，进而通过建立空间杜宾模型来深入研究数字技术对消费转型的空间溢出效应，以求为更清晰分析消费转型驱动力因素问题提供参考。

三、理论机制与模型设定

（一）理论机制

为迎合现如今多元化和优质化的消费环境，数字技术成为释放消费需求、实现深化供给侧改革的有效措施，并为消费转型向更加契合社会经济和平衡社会供需的方向发展奠定必要基础。

（1）本文从长途光缆线路长度、互联网宽带接入端口数、快递业务收入、专利申请受理数、移动电话普及率五个方面，即从数字技术基础设施建设情况、数字经济规模及应用方面入手，拓展消费者和渠道商间的信息融通方式，并借助大数据、人工智能等实现资源的最优化配置，实现数字技术帮助下的信息实时反馈，同时根据消费需求做出合理的资源配置调整，从根本上解决供需结构性失衡难题。

（2）在数字技术充分应用的前提下，信息在市场中有效流通且资源配置问题得到优化，消费市场和销售市场得以同步开发完善。一方面，消费需求因资源合理配置，得到有效实现而充分释放；另一方面，消费需求的充分释放又将刺激供给的增长，并通过深化供给侧改革的协调发展，进一步缩短消费转型的发展历程[24]。

（3）从以下三方面实现消费转型：消费生产方式结合消费需求，实现高效化、专门化的生产；生产要素朝品质化、个性化方向发展，从而满足多元化的消费需求和更高的消费水平；消费转型呈现出融合数字技术产业，增加内部价值链环节，同时扩展外部产业链环节的新业态。具体如图1所示。

图1 数字技术对消费转型影响的机理分析

（二）模型设定

1. 空间杜宾模型

为了验证数字技术对消费转型的空间溢出效应，本文构建的空间计量模型为空间杜宾模型，不仅能测量本地因素对消费转型的影响，还能进一步分析相邻区域单位对本地消费转型的影响，设定的模型为：

$$\ln CT_{it} = \rho W \ln CT_{it} + \beta_1 \ln ED + \beta_2 \ln CV + W \ln X + \delta \varepsilon \tag{1}$$

其中，W 为空间权重矩阵，CT 代表消费转型，ED 代表数字技术，CV 代表控制变量，β 为解释变量系数，ρ 为空间自相关回归系数，δ 为解释变量空间滞后项系数，ε 为随机误差项。

2. 空间权重矩阵确定

空间权重矩阵用于表达不同地理单元之间的相互关联程度或相互依赖程度，选取合适的空间权重矩阵是进行空间计量分析的前提。已知的三类矩阵包括：0-1 邻接矩阵、地理距离矩阵和经济距离矩阵，本文选取经济距离矩阵，形式如下：

经济距离矩阵：

$$W_{ij} = \begin{cases} \dfrac{1}{|\overline{Y_i} - \overline{Y_j}|}, & i \neq j \\ 0, & i = j \end{cases} \tag{2}$$

本文选取地区生产总值两地差值绝对数的倒数作为两地之间的经济距离空间权重，其中 $\overline{\mathrm{ED}_i}$ 和 $\overline{\mathrm{ED}_j}$ 表示的是研究区间不同地区生产总值的平均值。

四、研究设计

（一）变量选取与说明

（1）被解释变量：消费转型。衡量消费转型的指标有恩格尔系数、不同类型消费支出占比等，但这些都不能全面客观地反映消费转型，本文参考张隽（2017）[25]、周南南（2021）[26]的方法，提出测算消费转型的公式为：

$$\mathrm{CT} = \frac{\Delta \mathrm{DI}}{\mathrm{EC} \times \mathrm{UR}} \times (\mathrm{Health} + \mathrm{Enter} + \mathrm{Commu}) \times \mathrm{CG} \tag{3}$$

其中，CT 表示消费转型指数，EC 表示恩格尔系数，ΔDI 表示人均可支配收入的变化量，UR 表示失业率，Health、Enter、Commu 分别表示医疗保健、文教娱乐、交通通信消费占消费支出比重，CG 表示社会消费品零售总额指数。不同消费占比和恩格尔系数代表消费结构变化，人均可支配收入变化量、失业率、社会消费品零售总额指数代表消费水平的变化。由公式可知，消费转型指数与人均可支配收入变动、消费支出占比、社会消费品零售总额指数呈正相关，与恩格尔系数、失业率呈负相关。

（2）解释变量：数字技术。现有文献衡量数字化技术的指标是埃森哲与牛津经济研究院提出的数字化密度指数，本文从数字化密度 50 余项指标中综合选取长途光缆线路长度（Fiber）、互联网宽带接入端口数（Port）、快递业务收入（ED）、专利申请受理数（Patent）、移动电话普及率（Mob）五个指标来衡量数字技术。

（3）控制变量。考虑到消费转型还受到其他因素的影响，本文选取的控制变量包括：①城镇化比例（Urban），采用城镇人口占总人口的比重衡量各地区的城镇化水平，该指标值越大，说明城镇化水平越高；②经济发展水平（Pgdp），选取当地的地方生产总值来反映经济发展水平；③受教育程度（Edu），采用文盲人口占 15 岁及以上人口的比重来衡量地区受教育程度，该指标值越小，说明该地区的受教育程度较高。

（二）数据来源及标准化处理

1. 数据来源

本文以全国 30 个省、自治区、直辖市（不包含香港、澳门和台湾地区）的面板数据为研究对象，研究区间为 2014—2019 年，相关数据来源于《中国统计年鉴》以及各省区市的统计年鉴，指标选取及测算说明如下。

消费转型指数采取张隽、周南南的公式，社会消费品零售总额指数是以 2013 年的社会消费品零售总额值为基期的环比发展速度。消费转型指数如表 1 所示。

表 1　2014—2019 年社会消费品零售总额指数　　　　　　　单位:%

地区	2014 年	2015 年	2016 年	2017 年	2018 年	2019 年
北京	108.63	107.26	106.45	105.18	124.59	104.45
天津	106.00	110.94	107.20	101.67	73.85	99.69
河北	112.40	109.90	110.58	110.74	75.27	108.45
山西	111.26	105.52	107.41	106.75	94.29	107.78
内蒙古	110.63	107.96	109.71	106.86	67.77	104.10
辽宁	112.06	107.85	104.90	102.93	66.00	106.12
吉林	112.06	109.39	109.90	107.46	51.86	103.41
黑龙江	112.22	108.91	109.98	108.29	57.97	106.24
上海	108.72	108.90	108.05	108.05	125.73	106.54
江苏	112.36	110.31	110.94	110.56	111.77	106.20
浙江	111.67	110.93	111.05	110.64	103.51	108.67
安徽	112.95	111.95	112.26	111.92	144.35	110.56
福建	112.95	112.40	111.12	111.47	132.01	110.00
江西	112.70	111.96	111.97	112.26	121.45	111.30
山东	112.63	110.55	110.39	109.80	81.67	106.44
河南	112.70	112.39	111.93	111.63	108.14	110.38
湖北	112.81	112.48	111.75	111.15	118.42	110.31
湖南	112.77	112.13	111.75	110.56	101.88	110.24
广东	111.85	110.70	110.22	109.96	104.10	108.01
广西	112.46	109.97	110.70	111.18	98.09	107.01
海南	112.25	108.22	109.70	111.36	114.45	105.31
重庆	112.95	112.49	113.19	110.95	132.69	108.65
四川	112.65	111.98	112.42	112.04	110.64	110.35
贵州	112.91	111.78	112.98	112.00	171.04	105.11
云南	112.65	110.15	112.14	112.24	143.19	110.45
陕西	112.84	111.14	112.00	111.79	115.49	107.39
甘肃	112.64	108.95	109.53	107.61	100.26	107.70
青海	112.95	111.31	111.04	109.34	107.26	105.40
宁夏	110.28	107.11	107.66	109.45	142.96	105.21
新疆	111.79	106.96	108.44	107.74	112.63	105.48

资料来源：国家统计局. 中国统计年鉴 2020［M］. 北京：中国统计出版社，2021.

2. 变量描述性统计结果

应用 Stata16 软件对相关变量进行分析，可得到描述性统计结果如表 2 所示。

表 2　变量描述性统计结果

变量名	平均值	标准差	最小值	最大值
消费转型指数（CT）	9 262 768	8 967 764	3 099 681	68 183 728
长途光缆线路长度（Fiber）	32 178.48	18 371.95	915.00	122 353.00
互联网宽带接入端口数（Port）	2 359.43	1 727.48	134.20	8 538.00
快递业务收入（ED）	1 514 992.22	2 698 505.27	15 442.20	18 479 102.10
专利申请受理数（Patent）	110 475	144 352	1 534	807 700
移动电话普及率（Mob）	0.96	0.30	0.34	1.87
城镇化比例（Urban）	59.27	11.32	40.01	89.60
经济发展水平（Pgdp）	27 370.77	21 218.27	2 303.32	107 671.01
受教育程度（Edu）	0.05	0.027	0.012 3	0.166

资料来源：国家统计局. 中国统计年鉴 2020 ［M］. 北京：中国统计出版社，2021.

由表 2 可知，从 2014 年到 2019 年，消费转型指数最低为 3 099 681，最高是 68 183 728，高低差距很大；长途光缆线路长度最短为 915 千米，最长为 122 353 千米，平均值为 32 178.48 千米，互联网宽带接入端口数平均数达到 2 359.43 万个，说明数字技术基础设施建设差距较为明显；快递业务收入平均达到 1 514 992.22 万元；专利申请受理数最低数为 1 534 件，最高达到 807 700 件；在移动电话普及率方面，最低为 34%。最高为 187%，平均达到 96%；城镇化比例平均水平为 59.27%，地方生产总值达到 27 370.77 亿元，文盲比率平均达到 5%。

五、数字技术驱动消费转型的空间溢出效应研究

（一）空间自相关分析

为了解消费转型的整体变动趋势，本文对其进行空间自相关分析。空间自相关性是确定空间地理单元某一现象是否在空间上相关，现有的文献通常采用莫兰指数对变量的空间自相关性进行分析判断。本文分别采取全域 Moran 指数和局部莫兰散点图对各变量进行是否具有空间相关的检验。

全域 Moran 指数数值在-1 到 1 之间，当全域 Moran 指数大于 0 时，表示消费转型存在空间正相关，表现为空间集聚；当全域 Moran 指数小于 0，表示消费转型存在空间负相关，不存在空间集聚；当全域 Moran 指数等于 0 时，说明消费转型不存在空间相关关系，临近区域独立随机分布。运用 Stata 软件测算结果如表 3 所示。

表3 2014—2019 年各变量全域莫兰指数值

变量	2014 年	2015 年	2016 年	2017 年	2018 年	2019 年
CT	0. 141 ***	0. 145 ***	0. 177 ***	0. 100 **	0. 191 ***	0. 151 ***
Fiber	0. 18 ***	0. 31 *	0. 25 ***	0. 113 ***	0. 331 **	0. 092 **
Port	0. 314 ***	0. 424 **	0. 531 ***	0. 216 ***	0. 294 ***	0. 471 ***
ED	0. 512 ***	0. 187 **	0. 321 ***	0. 098 ***	0. 212 *	0. 129 ***
Patent	0. 351 ***	0. 284 ***	0. 41 *	0. 378 ***	0. 694 ***	0. 34 **
Mob	0. 425 *	0. 315 ***	0. 379 ***	0. 275 **	0. 501 ***	0. 246 ***
Urban	0. 18 **	0. 31 *	0. 14 ***	0. 085	0. 152 **	0. 111 *
Pgdp	0. 09	0. 189 ***	0. 1 *	0. 067	0. 12 *	0. 26 **
Edu	0. 26 *	0. 051	0. 18 **	0. 17	0. 10 ***	0. 09 **

说明: ***、**、*分别表示在1%、5%和10%的水平显著。

通过表3可知：①各变量的全域 Moran 指数数值大多都通过 1%显著性水平，说明各变量之间有明显的空间相关性，所以在研究消费转型的影响因素中应当充分考虑因空间效应而产生的作用。②数字技术各变量指标的全域 Moran 指数均大于 0，且在可接受范围内反映出显著表现水平，即所研究变量存在明显的空间正相关性，说明我国各省份数字技术在空间上分布上存在一定的集聚效应，即数字技术水平较高的省份其相邻省份的数字技术水平同样也较高。其中，互联网宽带接入端口数、专利申请受理数和移动电话普及率的莫兰指数随着时间推移呈上升趋势，表明省域之间的互联网宽带接入端口数、专利申请受理数和移动电话普及率发展的空间集聚越来越显著，而长途光缆线路长度和快递业务收入的全域 Moran 指数值随时间变化总体呈减小趋势，表明长途光缆线路长度和快递业务收入的空间集聚程度在减弱。

全域 Moran 指数反映了空间相关性的总体趋势，但是无法对局部地之间的差异进行描述，为此需要采用局部莫兰散点图作进一步分析，图 2 分别列出了数字技术各指标在 2019 年的局部莫兰散点图。

由图 2 可知，各省市集中分布在第一象限和第三象限，其中第一象限代表数字技术高水平地区与高水平地区包围，即高高聚集；第三象限代表数字技术低水平地区与低水平地区包围，即低低聚集。其中 2019 年快递业务收入和长途光缆线路长度的全域 Moran 指数值较小，分别为 0. 129 和 0. 092，说明目前快递业务收入和长途光缆线路长度的空间正向自相关性较弱，空间聚集特征相对较不明显。而互联网宽带接入端口数、移动电话普及和专利申请受理数的全域 Moran 指数均较大，分别为 0. 471、0. 246、0. 340，说明互联网宽带接入端口数、移动电话普及和专利申请受理数仍具有较强的正向空间自相关性。

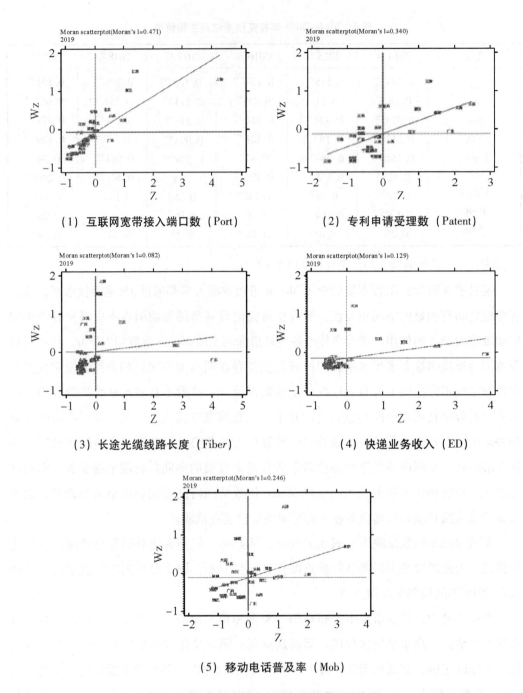

（1）互联网宽带接入端口数（Port）

（2）专利申请受理数（Patent）

（3）长途光缆线路长度（Fiber）

（4）快递业务收入（ED）

（5）移动电话普及率（Mob）

图2　2019年数字技术各指标局部莫兰散点图

（2）实证分析

在进行空间自回归模型前，我们首先需要通过 LR 检验和 Wald 检验对空间杜宾模型（SDM）是否退化为空间自回归模型（SAR）或者空间误差模型（SEM）进行检验。相关结果见表4。

表4　LR 检验结果

变量	系数	标准差	z	$P>\mid z\mid$
Fiber	0. 102	0. 113	−0. 9	0. 038
Port	0. 274	0. 166	1. 65	0. 000
ED	0. 08	0. 193	−0. 42	0. 018
Patent	0. 224	0. 094	2. 38	0. 000
Mob	0. 622	0. 279	2. 23	0. 026
Urban	2. 187	1. 247	1. 75	0. 000
Pgdp	0. 159	0. 203	0. 78	0. 093
Edu	0. 113	0. 086	−1. 31	0. 119

空间杜宾模型与空间自回归模型检验结果：

LR chi2（8）= 17. 81

Prob > chi2 =0. 002 7

由于在进行空间杜宾模型是否退化为空间自回归模型中，原假设为空间杜宾模型退化为空间自回归模型，所以当校验结果为 Prob > chi2 =0. 002 7 时，即只有 0. 002 7 的可能性接受原假设，故在可接受范围内拒绝原假设，认为空间杜宾模型不会退化为空间自回归模型。

空间杜宾模型与空间误差模型检验结果：

LR chi2（8）= 18. 11

Prob > chi2 = 0. 000 4

由于在进行空间杜宾模型是否退化为空间误差模型的中，原假设为空间杜宾模型退化为空间误差模型，所以当校验结果为 Prob > chi2 =0. 000 4 时，即只有 0. 000 4 的可能性接受原假设，故在可接受范围内拒绝原假设，认为空间杜宾模型不会退化为空间误差模型。

接着对模型进行 Wald 检验，并进行 test 和 testnl 测验，结果如下：

Test 测验结果：　　　　　　　　　Testnl 测验结果：

chi2（8）= 30. 57　　　　　　　　chi2（8）= 37. 73

Prob > chi2 = 0. 000 2　　　　　　Prob > chi2 =0. 000 0

由于该空间杜宾模型的 wald 检验通过 test 和 testnl 测验，且测试结果分别为 Prob>chi2 = 0.000 2、Prob>chi2 = 0.000 0。由此可以得出空间杜宾模型不会退化为其他空间模型的结论，即空间杜宾模型更合适。

空间计量模型可分为固定效应模型和随机效应模型，需要通过 Hausman 统计量检验进行判断。经过 Hausman 检验，在 10% 的显著性水平下，统计量均拒绝原假设，因此本文选择固定效应模型进行分析。基于上述检验分析，本文最终决定选用固定效应的空间杜宾模型（SDM）进行回归分析，回归结果如表 5 所示。

表 5　空间杜宾模型回归结果

变量	Coef.	变量	Coef.
lnFiber	0.502 ***	W * lnFiber	0.072 ***
lnPort	0.274 ***	W * lnPort	0.130 **
lnED	0.280 *	W * lnED	0.447 **
lnPatent	0.224 **	W * lnPatent	0.140 ***
lnMob	0.622 ***	W * lnMob	1.644 ***
lnUrban	2.187 *	W * lnUrban	−9.637 *
lnPgdp	0.159 ***	W * lnPgdp	−0.298 5 **
lnEdu	−0.113 **	W * lnEdu	−0.605 *

说明：*** 、** 、* 分别表示在 1%、5% 和 10% 的水平显著。

最终，经过空间杜宾模型的检验结果显示，长途光缆线路长度、互联网宽带接入端口数、快递业务收入、专利申请受理数、移动电话普及率均在 1% 的显著性水平下正向影响消费转型指数，即对消费转型具有正向的影响效果。当今中国呈现出多元化的经济发展趋势，更合理的消费转型成为经济向前稳步发展的必要条件，而互联网的广泛崛起和扩散，为数字技术推动经济发展奠定了有力基础。通过互联网及数字技术在各个领域的渗透，加快消费转型向更加优质的资源分配利用的方向发展，从而实现社会经济稳定快速发展。

此外，从空间模型的检验效果来看，互联网宽带接入端口数、专利申请受理数、移动电话普及率在空间上具有更加显著的正向空间溢出效应，由此解释了数字技术对消费转型的极大推动效应，带动消费转型的同时促进社会经济的良性发展；有效利用社会资源，将有限的资源发挥出最大的社会作用，平衡不同地区之间的经济发展状况。

六、结论与建议

（一）研究结论

本文基于我国 2014—2019 年 30 个省（区、市）面板数据，构建固定效应的空间杜宾模型考察数字技术对消费转型所产生的影响。实证研究发现：①消费转型指数与长途光缆线路长度、互联网宽带接入端口数、快递业务收入、专利申请受理数、移动电话普及率存在显著的正向溢出的空间集聚效应，主要表现为"高高集聚"和"低低集聚"的特征。此外，城镇化比例、受教育程度、经济发展水平等控制变量也是影响区域消费转型的重要因素。②数字技术对消费转型具有正向的促进作用，数字技术的推广和发展，将会在一定程度上直接或间接的影响消费转型的方向和深度；第三，数字技术的投入力度在空间上的分布大多属于"低低集聚"，表明数字技术与实际应用的有机结合程度尚有欠缺，投入力度还有待提高。

（二）建议

（1）加大数字基础设施投入力度，提升技术资源流通速度。我们要针对各地区资源配置极不平衡的情况，把握国内大循环格局，刺激并不断满足日益变化的内需；加大对仓储、物流等传统物流资源的投入力度，把握电商经济的机遇，加大对网络基础设施的资源供给，强化基础设施领域项目服务，加快打造人机物全面互联的工业互联网，大力发展新型智能化计算设施，进一步贯彻落实"新基建"，通过云端、网端、终端"三端"发力，充分发挥工业互联网、5G、数据中心等新型基础设施的"头雁效应"，支持传统基础设施转型升级，以形成融合基础设施，提升新活力；同时着力构建以通信网络为基础，以数据和人工智能为核心、以融合基础设施为突破的新型数字基础设施体系，打造若干区域大数据中心集群。

（2）推动数字技术与传统产业深度融合，促进产业结构优化升级。在智能化时代背景下，数据已成为驱动经济发展的关键生产要素，正推着实体经济快速蓬勃发展。我们要推动产业数字化，利用互联网等新兴技术提高提高要素生产率，增强产业链供应链韧性，让数字技术与能源、制造等多领域交互融合，依靠信息技术创新驱动，不断催生新产业新业态新模式，提高产业现代化水平，为市场提供与之相适应的生产和供给能力。

（3）加强知识产权保护，建设现代化数字中国。数字经济已成为大国竞争的重要内容，以专利为代表的知识产权则是促进数字经济发展，构建国家竞争优势的重要手段。随着"数字经济"一词第四次在政府报工作报告中出现，从2017年的"促进数字经济加快成长"到2021年的"建设数字中国"，数字经济的高质量发展，离不开核心驱动力数字科技的创新发展。我国应加快知识产权专业人才队伍的建设，提高人才数字，促进知识产权人才管理水平提升，为我国现代化创新产业服务，促进我们数字经济的高质量发展。

（4）借助数字零售，推动线上线下消费协调发展。我们要以大数据提供的各行业实际需求数据为基础，联系线上与线下消费者需求的存量变动，真正做到线上为线下引流，线下为线上服务，在量变中寻求质变，做到线上线下深入融合的全渠道发展；进一步培育新型消费业态，顺应消费增长趋势，提升传统消费水平，拓展业务范围，降低企业经营成本。

参考文献

［1］翟月荧. 新型消费模式释放强大经济动能［N］. 学习时报，2020-4-10（3）.

［2］武可栋，阎世平. 数字技术发展与中国创新效率提升［J］. 企业经济，2021，40（7）：52-62.

［3］蔡振东，徐祥运. 数字技术社会化进程中的领导社会角色期待及其重塑［J/OL］. 哈尔滨工业大学学报（社会科学版），2021（4）：81-87［2021-08-25］. https://doi.org/10.16822/j.cnki.hitskb.2021.04.013.

［4］余江，靳景，温雅婷. 转型背景下公共服务创新中的数字技术及其创新治理：理论追溯与趋势研判［J］. 科学学与科学技术管理，2021，42（2）：45-58.

［5］高敬峰，王彬. 数字技术提升了中国全球价值链地位吗［J］. 国际经贸探索，2020，36（11）：35-51.

［6］赵昱名，黄少卿. 创造抑或毁灭：数字技术对服务业就业的双向影响［J］. 探索与争鸣，2020（11）：160-168，180.

［7］吕铁，李载驰. 数字技术赋能制造业高质量发展：基于价值创造和价值获取的视角［J］. 学术月刊，2021，53（4）：56-65，80.

［8］GROSSMANG M，HELPMANE. Innovation and growth in the global economy［M］. London：The MIT Press，1991.

［9］LYYTINEN K，YOO Y，JR R. Digital product innovation within four classes of innovation networks［J］. Information Systems Journal，2016，26（1）：47-75.

［10］FORÉS B，CAMISON C. Does incremental and radical innovation performance depend on different types of knowledge accu-mula capabilities and organizational size［J］. Journal of Business Research，2016，69（2）：831-848.

［11］CUI T，YE H，TEO H H，et al. Information technology and open innovation：a strategic alignment perspective［J］. Information Management，2015，52（3）：348-358.

［12］孟庆时，余江，陈凤，等. 数字技术创新对新一代信息技术产业升级的作用机制研究［J］. 研究与发展管理，2021，33（1）：90-100.

［13］丁守海，徐政. 新格局下数字经济促进产业结构升级：机理、堵点与路径

[J]. 理论学刊, 2021 (3): 68-76.

[14] 马玥. 数字经济对消费市场的影响: 机制、表现、问题及对策 [J]. 宏观经济研究, 2021 (5): 81-91.

[15] 潘宏亮. 数字技术应用驱动国际新创企业国际化绩效提升研究 [J]. 中国科技论坛, 2021 (4): 110-117, 139.

[16] 毛中根, 谢迟, 叶胥. 新时代中国新消费: 理论内涵、发展特点与政策取向 [J]. 经济学家, 2020 (9): 64-74.

[17] CHIRAZ F, SIRINE M. Entrepreneurship, technological innovation, and economic growth: empirical analysis of panel data [J]. Journal of the Knowledge Economy, 2016 (7): 984-999.

[18] 傅元海, 林剑威. FDI 和 OFDI 的互动机制与经济增长质量提升: 基于狭义技术进步效应和资源配置效应的分析 [J]. 中国软科学, 2021 (2): 133-150.

[19] 左文明, 莫小华, 陈华琼. 国内消费模式研究综述与展望 [J]. 经济管理, 2015, 37 (2): 189-199.

[20] 戚聿东, 褚席. 数字经济发展、经济结构转型与跨越中等收入陷阱 [J]. 财经研究, 2021, 47 (7): 18-32, 168.

[21] 杨继瑞, 薛晓, 汪锐. "互联网+" 背景下消费模式转型的思考 [J]. 消费经济, 2015, 31 (6): 3-7.

[22] 邓少军, 芮明杰, 赵付春. 多层次信息消费驱动传统产业转型升级的路径模式: 供给侧与需求侧对接的视角 [J]. 复旦学报 (社会科学版), 2017, 59 (3): 154-163.

[23] 乔榛, 王丹. 我国经济循环重构: 基于消费转型的实现机制 [J]. 学习与探索, 2021 (1): 103-110.

[24] 冉慧慧. 新时代 "美好生活需要" 实现中消费结构转型升级研究 [D]. 兰州: 西北师范大学, 2021.

[25] AZIZOV OBIDJON. Developing small business and entrepreneurship through the transition to the digital economy [J]. ACADEMICIA: An International Multidisciplinary Research Journal, 2021, 11 (4): 1132-1139.

[26] 裴长洪, 倪江飞, 李越. 数字经济的政治经济学分析 [J]. 财贸经济, 2018, 39 (9): 5-22.

[27] 周楠. 互联网背景下居民消费行为特征与影响要素探析 [J]. 商业经济研究, 2018 (24): 65-68.

［28］蒋思函. 数字经济对经济增长的影响研究［D］. 南昌：江西财经大学，2021.

［29］高振娟，赵景峰，张静，等. 数字经济赋能消费升级的机制与路径选择［J/OL］. 西南金融，2021：1-11［2021-10-16］.http://kns.cnki.net/kcms/detail/51.1587.F.20210929.1528.010.html.

［30］张辉，张明哲. 数字经济何以助力"双循环"新发展格局［J］. 人民论坛，2021（23）：69-71.

［31］郑健壮，李强. 数字经济的基本内涵、度量范围与发展路径［J］. 浙江树人大学学报（人文社会科学），2020，20（6）：33-39.

［32］张隽. 我国农村居民消费质量分析［D］. 保定：河北大学，2013.

［33］周南南，林修宇. 技术创新、消费转型与区域经济发展：基于区域差异视角分析［J］. 调研世界，2021（5）：49-59.

双循环背景下数字经济对中国商贸流通业的溢出效应研究

——基于 Feder 模型的验证

胡力文　刘思颖　张钰沙[①]

摘　要： 随着数字经济的发展，传统商贸流通业面临转型升级，"双循环"政策的提出更是为数字经济的发展提供了良好的政策环境，更加有助于推动商贸流通业数字化发展。本文以当前国内国际双循环发展新格局作为政策背景，以当前双循环与数字经济和商贸流通业的发展的关系为基础，将国民经济分为数字经济部门和非数字经济部门，建立 Feder 模型，研究双循环背景下数字经济对商贸流通业的溢出效应，得出相关结论，提出本文的对策及建议。

关键词： 商贸流通；双循环；数字经济；溢出效应

一、引言

目前，数字经济在我国处于蓬勃发展时期，我国数字经济发展的质量和速度在全球范围内都十分领先，以习近平同志为核心的党中央十分注重推动数字经济的发展，习近平总书记曾多次就我国数字经济发展问题分别发表了重要讲话，作出了重要政策指示。2020 年以来，习近平总书记已经在等多个重要场合多次提及发展数字产业经济，明确指出，要紧紧抓住我国新一轮信息科技产业革命和推动产业结构变革的新机遇，加强区域数字分享经济、电子商务、人工智能、智慧智造城市等重点领域交流合作。经济的资本革命给商贸流通产业带来了巨大的变革，数字经济给商贸流通产业带来的

---

① 胡力文，重庆工商大学经济学院，2019 级贸易经济专业本科生；刘思颖，重庆工商大学经济学院，2019 级贸易经济专业本科生；张钰沙，重庆工商大学经济学院，2019 级贸易经济专业本科生。

效用显而易见，数字经济赋能充分发挥政府职能，推动现代物流系统软硬件整体建设，完善商贸流通规范标准体系，培养更多能在国际大舞台上发挥显著作用的商贸企业。

对于我国的商贸流通业，国内外学者从不同角度对其进行研究。梳理近几年相关文献，主要有以下观点：中央政治局常委会召开会议，首提"构建国内国际双循环相互促进的新发展格局"，这对商贸流通业的高质量发展提出了新要求。商贸流通企业转型升级的路径选择要以客户需求为导向、把握科技赋能商贸流通的本质、打造核心竞争力、发挥区位优势，突出新特色。徐振宇提出强化我国现代流通体系建设的科研支撑，地方政府也应该通过各种有效的战略来引导整个行业的发展，充分发挥行业的价值（张淑芹、金花，2020；张静、王宇飞，2019；徐振宇，2020）。

国内外学者对数字经济的研究主要包括两个方面：一是数字经济与产业的融合；二是数字经济的发展赋能产业发展。我国数字经济在全球发展呈上升趋势，但发展效率有待提高，全球规模不断扩大，数字经济全新的生产技术和商业模式将为传统经济的数字化转型升级提供重要参考，数字经济对传统经济产生的技术溢出效应（许恒、张一林、曹雨佳，2020；祖彦宾，2020）；在数字经济发展过程中，传统产业仍占有绝对地位，当前的数字经济在传统行业中的创新应以传统产业和智能基础为基础，共同创造新的产业（刘双，2020；王开科、吴国兵、章贵军，2020）。

二、中国数字经济与商贸流通业发展态势研究

（一）数字经济发展态势

1. 整体发展呈上升趋势，规模不断扩大

近年来，数字经济的发展整体呈上升趋势，未来发展前景良好，其规模也在不断扩大、产值增加、全球化趋势正逐步增强。

我国数字经济总体规模呈逐步快速上升的增长态势；数字产业经济技术凭借高效率地处理各种大规模市场数据分析信息、准确地发现品种多样化市场需求、实现市场供需双方快速有效匹配、大幅度地降低市场交易成本等诸多方面的技术优势可能为资本市场和社会消费者提供更多元且更具国际创新性的信息产品和金融服务，在推动经济快速发展和社会促进居民就业流动方面已经发挥着越来越重要的主导作用，中国信息通信研究院的数据测算分析数据结果表明 2018 年以来我国属于数字产业经济的公共就业服务岗位总量达到 1.91 亿个，全年我国就业岗位总量中总体占比 24.6%，图 1 为 2005—2019 年中国数字经济增加值规模及占 GDP 比重情况。

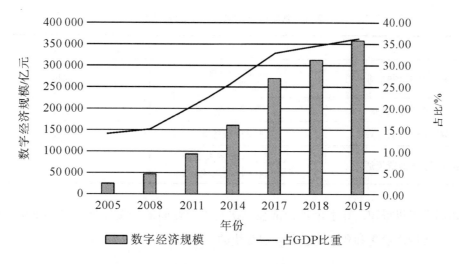

图 1   2005—2019 中国数字经济增加值规模及占 GDP 比重情况

（注：数据来源于 2020 中国数字经济发展报告）

2. 科技创新颠覆式涌现，推动产业革新

IT 咨询公司 Gartner 根据对数千种技术发展新趋势的分析和判断，每年会发布 Gatner 新兴技术成熟度曲线，其中包括 30 项新兴技术和趋势。在这个曲线图中，新的一代数字信息科技每年前后都会不断出现，而旧的数字技术则每年会逐渐消失，这鲜明地反映体现了推出当今数字信息科技这种创新技术颠覆式不断涌现的独特性。目前，数字时代经济技术发展速度十分迅速，科技产业革命和新兴产业结构变革方兴未艾，新兴产业仍然拥有着巨大发展潜力。颠覆性的产业科技技术创新及其直接带动的创新商业模式和新兴产业在新业态上的创新，不但可能会在短短的时间以内迅速形成国家战略性重大新兴产业、带动相关经济增长。科技发展的方向相对而言没有稳定性，所有地区基本在同样的起跑线上，这就说明不断会有初创企业出现，并在技术革新的支持下成为行业领头企业。

3. 数字技术赋能传统产业，实现产业升级

产业发展数字化的有效实现必然需要企业通过在这些传统产业中充分融合一些数字信息技术，以此有效提高产量和运营效率，这些传统产业的可创新增长和产出也将是推动数字时代经济的重要组成的一部分。目前，数字技术正在不断成熟和完善中，这也给数字技术与其他产业的融合提供了充分的条件（见表 1）。

表1　数字经济与其他产业融合情况

	融合方式	程度
数字经济+制造业	工业互联网 智能制造	深度
数字经济+农业	数字农业	浅度
数字经济+服务业	互联网+服务业	中度
数字经济+商贸流通业	人工智能+商贸流通业 移动互联网+商贸流通业	中度

由图2可以得知，数字市场经济在三次新兴产业间的平衡发展十分不平衡。服务业一直是我国产业化和数字化进程发展最快的一个领域。

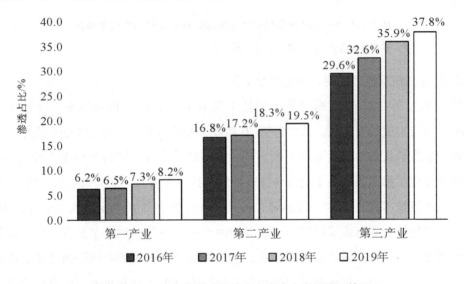

图2　2016—2019年数字经济在三次产业中的渗透情况

（注：数据来源于2020中国数字经济发展报告）

（二）中国商贸流通业发展态势研究

1. 社会消费品零售总额变化态势

中国商贸流通业发展多种零售业态，在全国范围内获得了较快发展；各地区农民也积极建设农村电商，参与直播带货，大大增加了销量。中国的商贸流通业得到了较快发展。

从总体上趋势来看，2015—2020年商贸流通业继续稳步发展，社会生活消费品市场零售总额逐年平稳增长，增速有所放缓（见图3）。

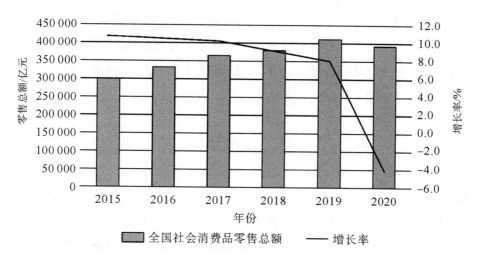

图 3　2015 年—2020 年全国社会消费品零售总额及增长率

（注：数据来源于国家统计局）

2. 中国商贸流通业数字化发展态势研究

依托数字经济的快速发展，商贸流通企业在经营模式和经营业态上，都进行了积极的数字化尝试。多家企业从互联网、移动互联网、人工智能、云计算技术等方面进行数字化转型，并取得了良好的转型成果，具体情况如表 2 所示。

表 2　数字化转型企业及转型表现

转型表现 现转型企业	与互联网结合	与移动互联网结合	引入人工智能	云计算 技术应用广泛
良品铺子	利用大数据，建立完整的客户意见建议反馈运行机制	建立用户的个人账户	对用户进行个性化，标签化管理，再通过人工+智能换算数据模型，将问题分类整理	以 SaaS 的方式构建专有用户账户体系和营销一体化的在线化服务平台
永辉	通过数据驱动，永辉实现了全数字化、数据智能、智慧赋能	顾客可以用移动互联网 App 和小程序下单	建立了食品安全监测云网	永辉云计算：以数据驱动零售，打造高效率低成本的智慧服务平台
苏宁易购	"供应链+门店+社交电商"的新模式	"零售云管家"软件，助力实现门店商品进销存的在线化管理	将人工智能融入线上线下购物场景中	苏宁零售云计划

良品铺子抓住了新零售的浪潮，通过两年时间的运营，构建起完整的客户意见建议反馈运行机制，所有网络数据实时采集，公司通过标签管理，智能人工转换数据模型，对用户的问题进行分类和归类，找到内部改进的机会和消费者行为的变化趋势，

真正感知"用户数据"推动"业务变革"的发展；永辉用数字智慧，推动产业链上所有环节的进行，数据智能化和知识赋能的积累；苏宁易购的人工智能场景运用十分广泛，全域覆盖。数字化基础设施建设为苏宁易购打造了"供应链+商店+社交电商"的新路径，实现了人、货、店的全数字化。

三、模型构建

Feder 模型是一种将国民经济划分为两个独立的部门的研究方法，两部门分别为出口和非出口。假设出口部门和非出口部门的边际要素生产率不同，建立出口部门和非出口部门的生产函数模型，最后得出出口部门对国民经济的直接影响和溢出效应。

本文以 Feder 模型为基础，将国民经济划分数字经济和非数字经济为两个独立的部门，并假设二者的边际要素生产率存在差异。由此建立数字经济和非数字经济的生产方程如下：

$$Q_N = f(L_N, \ K_N) \tag{1}$$

$$Q_M = g(L_M, \ K_M, \ Q_N) \tag{2}$$

Q_N 和 Q_M 分别表示数字经济和非数字经济（重点研究传统商贸流通业）的产量，L，K 分别代表劳动力和资本，L_N，L_M 分别表示数字经济和非数字经济的劳动力投入，K_N，K_M 分别表示数字经济与非数字经济的资本。由（2）式所得到的生产函数中，可以得出数字经济的产量 Q_N 对非数字经济的生产具有溢出效应。

根据 Feder 模型，数字经济和非数字经济的劳动力和资本边际生产率的关系表示如下：

$$\frac{\dfrac{dQ_N}{dL_N}}{\dfrac{dQ_M}{dL_M}} = \frac{\dfrac{dQ_N}{dK_N}}{\dfrac{dQ_M}{dK_M}} = 1 + e \tag{3}$$

分别对数字经济，非数字经济，劳动力，资本和产出的方程进行微分，进一步得到产出 Y 的微分：

$$Y = Q_N + Q_M = f(L_N, \ K_N) + g(L_M, \ K_M, \ Q_N) \tag{4}$$

$$dY = \frac{dQ_N}{dL_N} \cdot dL_N + \frac{dQ_N}{dK_N} \cdot dK_N + \frac{dQ_M}{dL_M} \cdot dL_M + \frac{dQ_M}{dK_M} \cdot dK_M + \frac{dQ_M}{dQ_N} \cdot dQ_N \tag{5}$$

由（1）、（2）、（3）式可得：

$$\frac{dQ_N}{dL_N} = (1 + e) \cdot \frac{dQ_M}{dL_M} \tag{6}$$

$$\frac{dQ_N}{dK_N} = (1 + e) \cdot \frac{dQ_M}{dK_M} \tag{7}$$

将上述两式带入（5）式中可得：

$$dY = \frac{dQ_M}{dL_M} \cdot dL + \frac{dQ_M}{dK_M} \cdot dK + \left(\frac{e}{1 + e} + \frac{dQ_M}{dQ_N}\right) \cdot dQ_N \tag{8}$$

对上式两边同除 Y 可得：

$$\frac{dY}{Y} = \frac{dQ_M}{dL_M} \cdot \frac{dL}{Y} + \frac{dQ_M}{dK_M} \cdot \frac{dK}{Y} + \left(\frac{e}{1 + e} + \frac{dQ_M}{dQ_N}\right) \cdot \frac{dQ_N}{Q_N} \cdot \frac{Q_N}{Y} \tag{9}$$

其中，$\frac{dY}{Y}$ 为产出的增长率、$\frac{dL}{Y}$ 为劳动力的增长率、$\frac{dQ_N}{Q_N}$ 为数字经济产业的增长率，$\frac{Q_N}{Y}$ 为数字经济占总产出的比重。分别令 $\frac{dQ_M}{dL_M} = a$、$\frac{dQ_M}{dK_M} = b$、$\frac{e}{1 + e} + \frac{dQ_M}{dQ_N} = c$，则上式可简化为：

$$\frac{dY}{Y} = a \cdot \frac{dL}{Y} + b \cdot \frac{dK}{Y} + c \cdot \frac{dQ_N}{Q_N} \cdot \frac{Q_N}{Y} \tag{10}$$

因为非数字经济产业的劳动力边际产出量与社会劳动边际产出有一定的线性关系，且受社会平均劳动边际产出的影响，相对稳定，本文假设其为常数，即 a 为常数。（10）式中的 a 代表非数字产业产值与劳动力的弹性关系。b 为非数字经济的资本边际产量，而 c 则代表数字经济对商贸流通业的溢出效应。根据现实情况，不考虑其他的因素，本文选择投资额作为资本存量的增加值，得出：

$$\frac{dY}{Y} = a \cdot \frac{dL}{Y} + b \cdot \frac{I}{Y} + c \cdot \frac{dQ_N}{Q_N} \cdot \frac{Q_N}{Y} \tag{11}$$

为得到数字经济对非数字经济的溢出效应和要素生产率的异同 e，特假定非数字经济对商贸流通业增长的弹性系数为 γ，则：$\gamma = \dfrac{\dfrac{dQ_M}{Q_M}}{\dfrac{dQ_N}{Q_N}} = \dfrac{dQ_M}{Q_M} \cdot \dfrac{dQ_N}{Q_M}$，带入（11）式可得：

$$\frac{dY}{Y} = a \cdot \frac{dL}{Y} + b \cdot \frac{I}{Y} + \left(\frac{e}{1 + e} - \gamma\right) \cdot \frac{dQ_N}{Q_N} \cdot \frac{Q_N}{Y} + \gamma \cdot \frac{dQ_N}{Q_N} \tag{12}$$

四、双循环背景下数字经济对商贸流通业的溢出效应

为得出数字经济对商贸流通业的回归方程，我们在上式的基础上添加随机项和常数项：

$$\frac{dY}{Y} = d_0 + a \cdot \frac{dL}{Y} + b \cdot \frac{I}{Y} + c \cdot \frac{dQ_N}{Q_N} \cdot \frac{Q_N}{Y} + \mu_0 \tag{13}$$

$$\frac{dY}{Y} = d_1 + a \cdot \frac{dL}{Y} + b \cdot \frac{I}{Y} + \left(\frac{e}{1+e} - \gamma\right) \cdot \frac{dQ_N}{Q_N} \cdot \frac{Q_N}{Y} + c \cdot \frac{dQ_N}{Q_N} + \mu_1 \tag{14}$$

其中，Q_N，Q_M 分别表示数字经济部门和非数字经济部门的产值，L 为劳动力，I 为全社会固定资产投资，Y 为采用不变价格的国内生产总值，a 为非数字经济部门对劳动力的弹性，b 为非数字经济部门资本的变价产量，c 为数字经济部门对商贸流通业的全部影响。选取的变量如下：$\frac{dY}{Y}$：按不变价格处理的 GDP 的增长率；$\frac{I}{Y}$：投资占 GDP 的比重；$\frac{dL}{Y}$：劳动力的增长率；$\frac{dQ_N}{Q_N}$：数字经济的增长率；$\frac{Q_N}{Y}$：数字经济占 GDP 的比重。本文采用 Eviews 软件对上式进行回归分析，得出数字经济对商贸流通业的直接效应，溢出效应，并得出数字经济与非数字经济边际要素生产率的差异。2009—2020 年数字经济相关数据见表3。

表3　2009—2020 年数字经济相关数据

年份	dY/Y	I/Y	dL/Y	d Q_N / Q_N	Q_N/Y
2009	0.007	0.319	0.006 0	0.089 9	0.254 7
2010	0.009	0.440	0.007 0	0.139 8	0.300 1
2011	0.109	0.479	0.006 2	0.134 7	0.332 1
2012	0.110	0.500	0.005 2	0.159 3	0.355 9
2013	0.132	0.508	0.004 7	0.199 9	0.397 1
2014	0.106	0.538	0.004 2	0.189 5	0.412 3
2015	0.112	0.647	0.003 9	0.221 4	0.433 1
2016	0.116	0.620	0.003 5	0.248 9	0.513 1
2017	0.109	0.653	0.003 9	0.287 8	0.533 9
2018	0.101	0.697	0.003 8	0.323 1	0.591 7
2019	0.102	0.771	0.003 4	0.361 7	0.612 0
2020	0.115	0.899	0.003 1	0.422 9	0.671 1

（资料来源：《中国统计年鉴（2010—2020）》《数字经济发展报告（2018—2020）》）

运用 Eviews6.0 软件对表3 的数据进行回归分析，得出结果如下：

$$\frac{dY}{Y} = 0.21 - 4.13\frac{dL}{Y} - 0.24\frac{I}{Y} + 1.29\frac{dQ_N}{Q_N} \cdot \frac{Q_N}{Y} + \mu_0 \tag{15}$$

$$\frac{dY}{Y} = 0.208 + 1.8\frac{dL}{Y} - 0.12\frac{I}{Y} - 23.22\frac{dQ_N}{Q_N} \cdot \frac{Q_N}{Y} + 4.58\frac{dQ_N}{Q_N} + \mu_1 \qquad (16)$$

根据检验结果可得出，数字经济的总效应为 $c = 1.29$，数字经济的投资占 GDP 的比例高，表明数字经济的投资对商贸流通业有着积极的促进作用，数字经济每增加 1%，国民经济就会上升 1.29%。数字经济的边际产出较高，在商贸流通业中具有重要地位，即为数字经济对商贸流通业直接效应的体现。溢出效应 $\gamma = 4.58$，说明数字经济部门对非数字经济部门具有一定的正向效应，假设其他因素不变，那么数字经济部门每增加一个百分比的产值，非数字经济部门的产值将增加 4.58 个百分比，即为数字经济对商贸流通业的溢出效应的体现。由 $\gamma = 4.58$ 得出数字经济部门和非数字经济部门生产力的差异 $e = 0.95 > 0$，说明数字经济部门的边际要素生产率高于非数字经济部门的边际要素生产率。

五、结论与建议

（一）结论

一方面，商贸流通业会随着数字经济的投资增长而增长，数字经济每增加 1%，国民经济就上升 1.29%。另一方面，数字经济部门的生产额每增加 1%，非数字经济部门的生产额就会增加 4.58%。由此可见，数字经济不仅会对商贸流通业本身会创造一定的经济增长，更重要的是，它还将产生巨大的经济溢出效应。首先，由得出的数据可知，数字经济对商贸流通业会产生间接作用，数字经济通用技术的普及间接促进了产业结构的革新升级。也就是说，数字经济通过促进非数字经济产业的发展，给商贸流通业带来溢出效应。商业贸易流通业的发展水平、产业结构、转型程度，也影响了数字经济在商业贸易流通业的结合和运用。综上所述，在商业流通产业发展过程中，数字经济不仅会为商业流通产业本身创造一定的经济增长，而且会通过对其他部门的溢出效应间接促进经济增长。

（二）建议

1. 国家加强商贸流通业的数字化引导

国家应当在确保各项机制运转良好的基础下，加大力度发展数字经济，推动商贸流通业朝着数字化方向转型。在当前国内国际双循环的发展新格局下，应为数字经济提供有关的发展政策支持，为商贸流通业与数字经济的融合提供便利。不仅要为数字经济与商贸流通业的发展提供良好的市场环境，在国内大循环为主的时代背景下能够蓬勃发展，实现传统业态的转型升级，不断吸取国外优秀的发展经验，深耕国外市场。

2. 加大数字科技研发投入，引导数据经济与传统产业的融合发展

数字经济高速发展，数字信息技术在商贸流通领域才能发挥更大的作用。面对新的时代背景，商贸流通业发展应注意与新技术的有效结合，将之推广应用到流通行业中，能够有效促进流通行业产品质量、服务质量的快速发展和提升，将对行业的健康发展产生较大的帮助。从整体来看，目前我国商贸流通业的信息化水平还有待提升，数字经济的作用有待进一步发挥。应鼓励商贸企业将信息化手段应用于采购、仓储、客户管理等各个方面。同时鼓励商贸企业与上游供应商进行信息共享，提高商品供应效率，引导传统贸易和电子商务相结合。

3. 加强数字经济基础设施建设，提升数字经济与商贸流通业的融合层次和水平

虽然近年来我国不断加大商贸流通基础设施建设力度，建立较为完善的物流运输体系，但是在个别商贸流通领域的基础设施建设仍显得不足，这也在很大程度上影响到国内商贸流通经济发展。应当加快流通批发企业的转型改制，完善物流功能。从当前数字经济基础设施建设实际看，区域之间，城乡之间的数字经济基础设施分布不均，这将会直接影响到数字经济的发展水平，也会间接地影响到其他非数字经济部门，在此，为数字经济基础设施的建设提出如下建议：①改造传统工业生产设备和电力、交通设备；②推动 5G 网络建设，使新一代信息技术战略发展达到新的水平。

4. 增强相关人才扶持力度，为商贸流通数字化转型赋能

人才缺乏一直是我国商贸流通业和数字经济发展过程遇到的巨大问题。随着我国数字经济持续发展，对各方面人才的需求量也不断增长，需要更多高素质复合型人才，促使数字经济的稳步发展，才能确保国内数字经济在全球化经济市场中具有竞争优势，才能发挥数字经济对商贸流通业的溢出效应。因此在当前商贸流通业发展战略规划中，应不断加强商贸流通以及数字经济领域的人才培养力度。如高等院校在物流专业、市场营销，计算机专业等方面应加强国外先进技术、先进经验的研究，并结合国内实际国情，提升人才培养的有效性；又如对于中职院校、高职院校，可在政策上予以适当支持，促进这些职业院校与商贸流通企业之间的交流合作，为职业院校人才培养创造良好的基础条件，为数字经济和商贸流通业发展提供人才。

参考文献

[1] 李育全. 产业融合视角下物流业支持商贸流通业高质量发展研究：基于长江经济带的经验证据 [J]. 商业经济研究，2020（24）：179-182.

[2] 张淑芹，金花. "双循环" 背景下商贸流通业转型困境及路径选择：以青岛市李沧区为例 [J]. 中国经贸导刊（中），2020（12）：50-52.

［3］本刊编辑部，郝玉柱. 双循环新发展格局下统筹推进现代流通体系建设观点综述［J］. 中国流通经济，2020，34（11）：3-17.

［4］依绍华. "双循环"背景下构建商贸流通体系新格局［J］. 政策瞭望，2020（10）：49-51.

［5］李扬杰. 长江经济带商贸流通业外溢效应实证研究［J］. 商业经济研究，2019（15）：31-34.

［6］谢金琼. 新时代区域商贸物流影响因素与发展方向研究：以重庆为例［J］. 商业经济，2019（5）：55-58.

［7］马威. 商贸流通业区域差异性对经济发展影响的实证研究：基于贵州、四川和重庆的经验分析［J］. 商业经济研究，2019（9）：149-152.

［8］范乐乐. 商贸流通对区域经济协调发展的影响研究［J］. 商业经济研究，2019（1）：12-14.

［9］杨仁清. 推进重庆市商贸流通业线上线下互动创新发展［J］. 重庆行政（公共论坛），2018，19（6）：65-67.

［10］王宁. 长江经济带商贸流通产业协调发展研究［D］. 重庆：重庆工商大学，2017.

［11］杜洁思. 重庆市商贸流通产业竞争力评价及影响因素研究［D］. 重庆：重庆工商大学，2016.

［12］丁玖玲. 重庆市商贸流通业发展现状及对策研究［J］. 时代金融，2015（24）：52-53.

［13］李扬杰. 重庆市商贸流通业影响力研究［D］. 重庆：重庆工商大学，2015.

［14］张裕东，姚海棠. 人口集聚影响居民信息消费的溢出效应与集聚效应［J］. 经济问题探索，2021（2）：31-37.

［15］李晓华. "十四五"时期数字经济发展趋势、问题与政策建议［J］. 人民论坛，2021（1）：12-15.

［16］祖彦宾. 数字经济发展现状与发展趋势探索［J］. 武汉冶金管理干部学院学报，2020，30（4）：3-5.

［17］许恒，张一林，曹雨佳. 数字经济、技术溢出与动态竞合政策［J］. 管理世界，2020，36（11）：63-84.

［18］王开科，吴国兵，章贵军. 数字经济发展改善了生产效率吗［J］. 经济学家，2020（10）：24-34.

［19］刘双. 数字经济的发展趋势［J］. 现代营销（经营版），2020（2）：78.

［20］曹允春，王曼曼. 基于 Feder 模型的商贸流通业对区域经济的溢出效应研究［J］. 管理现代化，2017，37（3）：41-43.

［21］张黎，刘素娟，高耀全，等. 数字电影产业园经济溢出效应研究［J］. 商业经济，2011（3）：18-20.

人工智能时代下技术性失业问题解决探究

——基于马克思主义剩余价值理论

田浩男　薛　洁　胡　颖[①]

摘　要： 本课题的核心在于基于马克思主义理论，对人工智能给社会的改变和影响进行研究，同时分析利用人工智能在社会生产的独特地位去转变劳动者过去生产的受动性，化解劳动异化问题和实现人的解放，并解决其高速发展应用下引致的技术性失业问题。

关键词： 人工智能；马克思主义；技术性失业；劳动异化

一、导论

人工智能技术既是各国角逐时的重要砝码，又是基于生产力物质条件改善下，促进生产关系和社会主义发展的经济基础条件。然而，人工智能替代人类劳动"创造高额价值"，其后续引发的技术性失业问题仍值得探究。为此，正确认识其带来的便利及其对社会产生的影响显得越发重要，同时在结合研究马克思主义的基础上，分析人工智能的发展和规制问题及其价值产生的溯源问题，辩证地看待人工智能时代剩余价值产生的实质和马克思主义理论的发展，借由人工智能的发展规律从根本上解决技术性失业的问题。

---

① 田浩男，重庆工商大学经济学院，2019 级贸易经济专业本科生；薛洁，重庆工商大学经济学院，2019 级国际经济与贸易专业本科生；胡颖，重庆工商大学经济学院，2019 级国际经济与贸易专业本科生。

二、人工智能未来发展及其发展规制

（一）人工智能现阶段应用发展状况及其影响

人工智能，一门归属于计算机科学分支，作为探索、模拟甚至超越人类智能的科学技术，其广泛涉及各类高新科学技术，并通过深度学习和大数据分析进行内部处理，渗入到金融、医疗、教育等社会各方面。例如指纹检测、智能医疗器械、智能家居设备等实际应用，给人类生活带来便利的同时，推动着社会各行各业的快速发展。

人工智能带来好处，同时也带来了失业、社会焦虑和个人隐私泄露等问题。首先，人工智能高效率、低风险的优势会给劳动者就业造成剧烈冲击。相对于人工智能，缺乏生产优势者的技术性失业问题日益凸显，并且随着社会发展，人工智能替代人类劳动的速度也会加快，使得大多岗位被取代。而此时技术性失业人员再就业势必是极为困难的，且在失业浪潮下必然会拉升社会群众的焦虑感。与此同时，当失业率达到一定程度，社会根基还将出现不稳定的状况，甚至造成社会动荡。同时，人工智能也增加了大数据时代下的信息泄露风险，并让人的行为受制，使居于主体的人在人工智能发展的挤压下趋于边缘化，逐渐脱离社会，受制于人工智能的发展，呈现出主体客体化和客体主体化的交替发展转变。

（二）社会主义制度下人工智能发展规制

目前世界智能化水平还处于弱人工智能阶段，即人工智能的行为活动依照既定程序和数据进行分析处理。在人工智能发展初期，资本主义国家在追逐高额利润中以其"经济自由"的道义，通过技术垄断市场牟取私利而肆意发展人工智能，偏向于利己主义，缺乏对后续人工智能造成的失业与补偿问题的思考，这势必会影响人工智能的健康发展。反观社会主义国家，作为基于马克思理论、毛泽东思想等对人的解放的共产主义发展联合体，其优先考虑的是如何改善人民物质生活和精神文化整体利益，所以在对待失业人员再就业上，不断出台相关政策以缓和失业危机，因此基于这样环境下发展起来的人工智能更加可靠且不受资本逐利的影响，才能更好地助力整个社会科学技术的和谐发展。人工智能，作为人类智慧结晶的生产技术结晶，在本质上始终是一种生产技术，是人类生产力发展进步的产物，无论它的智能达到何种惊人的程度——甚至可以超过人的智能，无论它是人的物化还是物化的人，终归是人的产物与技术的产物，是为人类服务而不是控制人类[1]。因而，国家和政府需加强人工智能领域研究制造的有效监管，确保其发展不受个别资本家逐利心理的影响，并且在保证其技术服务于社会的基础上合理运用于社会生产，推动生产力水平提升的同时带动社会的进一步发展，这才是人工智能作为人类智慧结晶的意义之所在。

（三）人工智能的发展前景

人工智能作为一项重要科学技术产物，不论社会现状如何，人工智能都会必然成为一股势不可挡的力量推动人类对未来和智能的探索。从科技整体发展趋势和人类面向未来的积极态度来说，人工智能是利大于弊的，那么对其进行合理的未来发展规划才是我们应有的理性态度，绝不是一味地害怕被支配而去遏制有助于推动社会发展的存在，这不会是人类发展至今积极面向未来的做法。尽管人工智能替代了许多行业，但在人工智能背景下，许多新的行业也在不断地涌现，创造出新的岗位。Autor 研究美国农业史后曾具体地指出，1900 年美国有 41% 的劳动力从事农业生产，由于技术进步的影响，到 2000 年，这一比例只有 2%，时代的进步不可避免地会促使许多人前进，但机器的出现减轻人们工作量负担后也给人们带来了幸福感。

当受众在接受新技术给予的方便后，人们容易过分依赖技术去处理事情，致使部分人的思维懈怠，加之技术异化使得物化的技术与边缘化的人逐渐出现知识分离，让受众与技术对立。马克思主义人之哲学指出：人是具有一定社会关系的能解放自我的主体，尽管人工智能影响着社会各方面，但人是具有自主创造性和自我思维的个体，人类在历史长河中开发大脑并利用人工智能去弥补身体机能上各方面的缺陷，把它作为辅佐人类发展的"类人"产品。

对人工智能，我们应合理地利用它去开拓崭新的领域，推动人类社会发展，而不是让其发展到人类受制于技术的病态。正是由于现阶段人工智能尚处于由弱转强的阶段，那么我们在对于人工智能的编译与制造方面，则更需要在维护社会发展利益和行为可控的基础上，结合现实社会发展状况，才能更好地用以推动社会和谐发展。

三、人工智能"价值创造"来源与技术性失业发现

（一）人工智能应用下的"剩余价值"创造转变及其影响

作为马克思倾其一生的重要成果——"剩余价值"，其解释了社会生产中价值增值的来源[2]，在人工智能时代到来之前，作为社会生产关系中的重要因子，剩余价值既是劳动者被剥削的价值对象，也是引诱资本家在无形中带动社会发展为社会进步奠定经济基础的重要存在。随着人工智能时代的到来，劳动力得到解放也意味着雇佣劳动者将被逐渐替代，技术性失业问题逐渐显现。那么如何从人工智能的应用中去探索新"剩余价值"的来源，并通过认识这种价值来源去了解失业产生的根本，以此来判断再就业的方式是否延续了传统失业问题解决方法，则成为解决技术性失业问题的关键所在。

首先，据其劳动根本来看，人工智能的劳动等同于其相关技术人员的脑力劳动，人工智能能够劳动的同时却又不具备劳动力，即不具备自发性的劳动能力，那么便不能"创造价值"，而是一种可以实施劳动行为的固定生产资料。就当前投入使用的人工智能水平来看，自技术编程到生产并投放市场，至最终作为用于生产的产品被销售到买家的手中，人工智能作为一种商品被被动投放市场，其不具备自我意识进行自身调控。从这一点上可以判断，其行为并未脱离人为编程的影响。再深入人工智能为买家进行无偿无休止的商品生产过程来看，人工智能依照一定的逻辑和大数据分析来决定行动，即劳动行为会依照相关技术人员通过自身脑力劳动预先进行编译的系列逻辑进行。所以究其根本来看，人工智能的劳动等同于相关技术人员的脑力劳动，其劳动行为自然也就区别于自发劳动。因此，从目前的人工智能发展来看，其具有劳动的能力，但不能说它具备劳动力。马克思在《资本论》中指出：价值的创造实现是来自劳动力价值的实现[3]，而劳动力价值的实现离不开从根本上具有自发性的不受他人控制的非劳役性的人类劳动行为。就资本主义形态来看，劳动者将劳动力作为商品出卖，并通过其使用价值——劳动，在商品生产中转移不变资本的同时实现新价值的创造，即劳动力价值的实现，劳动力价值中超过工人必要劳动时间以外的劳动则成为资本家获取剩余价值的来源。所以，在人工智能投入的生产下，因其本身不具备创造价值的能力，那么价值的创造来源也不再是生产领域的直接劳动。也正是由于社会劳动的转变，人工智能便自然而然就成了资本家购买的一种具有能动性的特殊固定生产资料，在为资本家进行生产的过程中通过折旧将其价值转移到生产产品中。

其次，人工智能投入下的主要价值创造者发生了由劳动者向资本家的转变。为更加直观分析转变过程，暂且考察仅投入人工智能即可完成的生产，即由人工智能代替所有雇佣劳动者，资本家只需要购进人工智能，并对其投入和分配进行规划就可完成整个商品生产的过程。由于人工智能是不具备价值创造能力的生产资料，在生产过程中又没有雇佣劳动者的参与，似乎商品生产只有各种生产资料的价值转移，进行了由G-W-G的各种商品等价交换过程[4]，资本回到了一般等价物的地位无法实现价值增值。这种假象其实是源于对劳动力的理解定格在实际劳动中，而在实际生产领域进行生产活动的劳动者并不只是雇佣工人，还包括资本家本身。资本家需要对生产各个环节进行安排分工等规划劳动，这种规划劳动可以提高整体生产效率，只是由于这种特殊劳动力并非直接影响生产效率，所以在各种具体劳动下容易被忽略，让人产生只有雇佣劳动者才能创造价值的假象。其实资本家创造价值早已不是新鲜话题，早在19世纪末企业家才能被列入到生产要素中时就已经初现端倪。只是由于智能化时代的到来把劳动异化的问题化解，这种劳动力价值才显现了出来，就好比马克思对亚里士多德评价道，"亚里士多德在商品的价值表现中发现了等同关系，只是他所处的社会的历史限制，使他不能发现这种等同关系'实际上'是什么"[5]，这是时代的不同所带来的主观感受上的差异。

最后，追溯剩余价值转变过程和财富积累本质，以及规划劳动创造价值的价值量标准确立。资本家作为生产过程的规划劳动者，通过规划人工智能进行商品生产，其中商品价值则包括：①各种直接材料的价值转移，在这里没有任何新价值创造的因子，只是通过各种加工劳动将其价值转移到新产品上。②人工智能、厂房等固定生产资料折旧费用的转移。③资本家通过各种规划劳动所创造的新价值，其中规划劳动创造的新价值又包括资本家本身再生产需要的必要规划劳动价值和非必要劳动规划的价值。在必要规划劳动时间（指资本家规划人工智能劳动的自身规划劳动时间）内，资本家通过规划劳动所创造的新价值中用以弥补自身劳动力再生产需要的部分；在非必要劳动规划时间，资本家规划人工智能在超出必要规划劳动时间以外的时间进行生产，这部分劳动规划创造的价值将为资本家带来超出再生产需要价值的溢出价值实现财富的积累，也正是雇佣关系的消失，促进了剩余价值到溢出价值的转变。此外，由于人工智能超越了人体机能的上限，可以进行无间隙的工作，所以溢出价值的积累无法通过绝对的增加劳动时间来实现，只有提高人工智能劳动效率和规划劳动者规划能力缩短必要规划劳动时间来完成溢出价值的积累。而资本家通过自身规划劳动获取的劳动力价值的价值量则等同于这一社会时期产出同种同量产品所付出的工人劳动的劳动力价值总和。也正是由于这种高效的生产力积累的溢出价值财富超过了从雇佣工人身上积累的剩余价值财富，工人被逐步取代的同时也将不再受制于资本家。

（二）现阶段人工智能发展对社会就业问题的影响

人工智能逐渐替代劳动力，财富的积累逐渐转变为规划劳动的方式，社会就业因此受到影响。从短期发展来看，人工智能的发展不可避免地会对社会就业产生替代作用，使得技术性失业问题逐步凸显；从长期发展来看，造成失业问题出现的同时也会对社会的再就业实现起到推升作用，即人工智能的投入使用而获得改善和提升的原有社会产业结构，给社会提供了大量全新的岗位以满足新社会生产需求，所以我们不妨从这两个方面来分析人工智能发展对社会就业的影响。

1. 替代作用对就业的影响

人工智能的发展将会影响传统的社会雇佣关系，不同于以往资本家可以购买劳动者的劳动力这个"商品"，而是使用人工智能产品来完成系列生产活动，代替了传统生产活动中人为劳动的生产模式，这样人工智能的替代作用就出现了。这种替代作用毫无疑问将会直接导致部分劳动者由于相关技术能力的缺失，而无法满足对应生产需要而导致失业问题产生。那么这部分劳动者失业后想要再就业，又不得不进行跨行业就业了，但所需要的匹配时间也会比以往劳动者同行业就业时间更长，同时在这失业空档期间不免导致社会公众对失业潮焦虑感的上升，对社会稳定造成影响。所以从短期发展来看，人工智能应用所产生的替代作用将会对社会就业产生一定的冲击，不可避免地导致就业岗位人员配备数量减少，造成社会某行业、领域内的大量技术性失业危机。

2. 推升作用对就业的影响

诚然，人工智能的发展作为社会科技水平提高的最好表现，虽然在带动社会向前发展的短期内会出现替代作用对社会失业问题产生负面影响，但就推动社会发展的方面来看，其发挥作用是毋庸置疑的。回顾历史，每次工业革命期间社会技术的发展都不可避免地导致失业人数激增，但是在熬过那段"阵痛"之后，社会总体的就业形势在契合新生产需求下的数量和水平都会得到改善，即人工智能产生的再就业推升作用。于是，旧行业的消失也意味着新行业的萌发，人工智能的发展将会极大地推动社会产业结构的全面改革，新的就业岗位也应运而生。不仅如此，人工智能将劳动者从原本繁杂、单一的劳动中进行解放，这也间接推动着劳动者向更高就业水平发展，并促进社会就业质量的提升以及为社会发展奠定必要的经济基础。因此，人工智能在经历一个较为长期的发展后，技术革新带来的推升作用又将会改善社会就业的数量与质量，对失业问题进行调整。

四、基于人工智能推进下的技术性失业问题解决

（一）技术性失业人员的再就业转变和社会利益

由人工智能引发的技术性失业问题是基于社会生产关系和雇佣关系发生转变，生产资料占有者不再需要通过雇佣关系来获取剩余价值便可实现财富的积累，转而通过利用人工智能的高效便利来放大挖掘自身的财富价值并完成积累。因此，随着人工智能的逐步发展，能够代替的人类劳动也会越来越多，大多岗位被人工智能所取代同时，由于技术需求不匹配的缘故，失业人员的再就业如果仅仅按照以往的失业解决方式去应聘未被人工智能取代的行业，至少来说这些岗位对能力要求肯定更高，失业人员又大多无法满足此条件。所以，由人工智能时代引发的技术性事业问题处理不好，就会逐步演变成永久性失业的灾难。

为了解决这种技术性失业问题，我们就得从根本上化解失业人员技术匹配问题和生产资料占有问题。由于无法实现转行就业的问题，那么失业人员就可以通过自我创

业就业的方式来解决,其中就涉及生产资料占有问题以及与人工智能这种高新技术生产资料的技术匹配问题。首先,这种再就业的转变让雇佣者成为自我生产的劳动者,"传统生产关系导致的劳动者同劳动产品之间的异化关系、劳动本身的异化、人与自身类本质的异化以及人与人之间相互关系的异化"[6]四类劳动异化问题,通过这种使劳动者不再受资本家剥削约束的生产关系转变从根本上得到初步化解,在初步推动人的解放的同时,把失业问题真正解决扫除后顾之忧;其次,失业者可以通过政府补贴、合资创业、融资租赁等方式获取必要的生产资料,并进行创业再就业的相关技术培训完成技术匹配问题;最后,从社会发展来看,人工智能的出现,实现生产力水平提高并通过这种再就业方式实现生产个体的增加,社会生产力水平普遍提高也会为社会发展积累必要的经济基础条件。

(二) 再就业转变的现实可能性与措施

作为社会主义国家,我国通过发展力图实现全民共同富裕,生产资料所有制形式以公有制为基础,也更有利于实现生产资料落实到个人进而帮助失业者加快失业就业的转变,所以相比资本主义国家而言我国则有相对的优势去加快转变实施。具体的措施可以包括以下几个方面。

其一,政府鼓励和支持失业者的再教育培训,鼓励具备技术指导能力的人员开设培训机构,帮助失业者进行失业到自主创业的再教育培训。由市场机制自发引动培训转变,同时政府可以给予一定补贴并附加条款让失业者在完成创业后一定时间内帮助带动在创业转变者进行过渡。

其二,通过银行对满足一定条件的创业者放出无息贷款,而银行利息的费用,则可由政府通过向人工智能生产部门进行征税来弥补。从而达到鼓励失业者创业的效果,给予失业者最直接的帮助也更能为失业者所接受。

五、结语

近年来,以人工智能为先导的第四次工业革命浪潮已经逐渐深入人类生活的各个方面。一方面,人工智能的大规模运用将许多的劳动者从规则化的重复工作中解放出来,提高了社会的生产效率。但另一方面,人工智能也对劳动力市场带来了新的风险和挑战——基于工业化大生产而构建的传统劳动就业市场法律规制模式已无法适应人工智能时代的规制需求,因此,我们应该辩证地看待人工智能的发展,亟须做出相应的转变。中国的人工智能发展迅猛,但对其的研究尚存在许多空白领域值得我们去关注,本文仅就人工智能对劳动力市场冲击问题进行了初步探讨,今后我们应及时追踪人工智能发展的前沿动态，遵循市场规律，发挥我们人类自身的能动性，进而最大限度地实现人与社会、经济的和谐发展。

参考文献

［1］任剑涛. 技术会成为现代社会新的利维坦吗：人工智能与"人的政治"重生［J］. 探索，2020，11（5）：2-4.

［2］马克思. 资本论：第一卷［M］. 北京：人民出版社，2004：217-231.

［3］马克思. 资本论：第一卷［M］. 北京：人民出版社，2004：241-244.

［4］马克思. 资本论：第一卷［M］. 北京：人民出版社，2004：124-136.

［5］马克思. 资本论：第一卷［M］. 北京：人民出版社，2004：75-75.

［6］马克思. 1844年经济学哲学手稿［M］. 北京：人民出版社，2018：27-31.

第四篇

三农与乡村振兴

农机跨区作业、空间外溢与农业碳排放[①]

左晓祺　张森林　冯　康　黄大彪　陈世豪[②]

摘　要：基于 2000—2018 年的省级面板数据，选择空间杜宾模型进行实证检验。研究发现：本地区农业生产一方面可以利用邻近地区农机跨区作业的技术溢出实现共享、匹配、学习的技术效应，从而实现碳排放的消减；另一方面，农机跨区作业对碳排放的增排作用除了农业机械直接的物质资源损耗排放外，还通过粮食生产的规模效应出现。此外，文章还发现，在粮食主产区内部，空间溢出的技术效应占主导，有效抑制了本地区农业碳排放的增长，农业碳排放的空间依赖性显著负相关，但非粮食主产区却与之相反。以上结论表明，农机跨区作业所引致的空间溢出效应对减排工作的统筹优化、协同治理至关重要。同时，相关部门对减排政策也要常抓不懈，并实施联防联控的减排策略。

关键词：农业社会化服务；农机跨区作业；农业碳排放；空间溢出效应

一、问题提出

规模经济的本质是分工经济，中国农业实现规模经济存在"土地规模经营"与"服务规模经营"的双重路径，前者倾向于扩大农地经营规模（内部一体化，表现为土地要素的聚合），后者倾向于参与社会化分工或生产性服务外包（外部市场化，表现为中间性服务产品的交易）。虽然目前基于土地流转的农业适度规模经营渐以成势，但也遭遇瓶颈，隐含风险[1]，农业社会化服务逐步成为继土地流转后实现新时代中国特色

① 基金项目：国家级大学生创新创业训练项目（201911799003）；教育部人文社会科学规划青年基金项目（19YJC790016）。

② 左晓祺，重庆工商大学经济学院，2017 级经济学专业本科生；张森林，重庆工商大学经济学院，2017 级经济学专业本科生；冯康，重庆工商大学经济学院，2017 级经济学专业本科生；黄大彪，重庆工商大学经济学院，2017 级经济学专业本科生；陈世豪，重庆工商大学经济学院，2017 级经济学专业本科生。

农业现代化的"第二条道路",也成为现阶段和未来一段时间内实现小农户和现代农业发展有机衔接的优选策略。农机跨区作业作为农业社会化服务体系中农业生产辅助服务的主要组成部分,其出现有着重要的现实价值与理论意义。首先,农机跨区作业作为一种"迂回"分工的生产模式,其通过纵向分工①有效促进了农业生产专业化、农户组织化、服务规模化,帮助农户节本提质增效,使得机械化与家庭经营的分散化、小规模实现相容。其次,打破了"斯密猜想"对农业分工的理论预设②,拓展了产权交易的选择空间,使得农户可以通过购买农机服务来提高迂回生产效率,最终农事经营活动卷入外部分工以及社会化分工的网络扩展,显著改善农业的外部分工经济,实现外部化的"服务规模经济性"[4][5]。

中国农业现代化道路的变迁成为现阶段农经学者的关注焦点,部分学者围绕农业社会化服务的半径选择[6]、现实需求[7]、是否有效缓解了土地规模经营面临的资源禀赋约束压力[8]以及与土地流转是"相得益彰"还是"路径竞争"的关系[1]等各个维度展开了探讨。部分文献研究了农业社会化服务对乡村资源环境的影响,研究发现,农业纵向分工的迂回技术引进效应能够显著降低水稻种植户的化肥施用量[9],也有学者佐证了服务组织的商化以及规模经营的调节效应会衍生出截然不同的农业减量化的行为倾向[10][11]。但尚未有文献对以农机跨区作业为代表的纵向分工影响农业碳排放的外溢路径做具体分析,然而,生态环境部在 2019 年向国际社会报告的《中华人民共和国气候变化第三次国家信息通报》显示,温室气体排放部门中农业活动占比 7.9%,农用地和种植二氧化碳排放当量占农业活动温室气体排放总量的 56.2%。也就是说,农业低碳发展及其减排的控制效果将会直接影响 2035 年远景目标"碳排放达峰后稳中有降、生态环境根本好转"的实现。农机跨区作业在区域间的技术外溢伴随规模效应形成大范围的粮食增产,但在这个过程中,大量的物质投入与能源消耗不可避免地会引起农业源二氧化碳的排放,造成农业环境问题,同时农业碳排放并非只带来局部负面影响,而在很大程度上会通过大气环流、大气化学等自然因素作用,以及化学品流失、工业集聚、交通流动、技术扩散等生产要素或经济条件转移至邻近区域,即本地区的农业碳排放程度与邻近地区的碳排放水平密切相关,表现出"一荣俱荣,一损俱损"的特征。因此,农机跨区作业更有可能是温室气体在空间传输、污染区域间传递过程中的重要影响因素,有必要深入探讨大型农机的跨区作业对农业碳排放的传递影响及外溢路径。

---

① 农地的流转与集中则属于横向分工。
② 农业生产领域的分工深化有着与其产业特性相关的天然的内生性障碍[2],农业的生产特性与交易特性,使得分工将伴随高额的协调费用、考核费用与交易费用[3],农业不具有规模经济。

虽然，部分文献从内生增长理论即技术效应的视角，探讨了农业技术进步对农业碳排放的作用机理[12][13]，认为新技术的应用可以提高传统能源利用效率，直接降低单位农用一次性能源的碳排放强度，控制和减少生态破坏与环境污染，优化能源结构与农村产业结构，降低高耗能技术与产业的比重。但遗憾的是，作者以农业机械化选用农业机械总动力表征农业技术进步与农业碳排放的相互关系，并没有考察规模效应和技术效应这两类机制变量的亲环境结果，同时大型农机跨区作业作为农业机械化的一种重要模式，存在碳排放空间转移的可能，笼统地使用农业机械总动力这一水平指标作为一个整体研究，将不能准确地体现作者通过联立方程所得出的结论。即使有文献区分了机械的异质性，将农业机械拥有量分解为，满足自用的小型农机和面向社会化服务的大型农机，但都将其用来核算粮食生产的产出弹性及要素贡献率，也并没有聚焦于农业资源与环境领域[14][15]。

因此，本研究的边际贡献与现实价值在于：第一，在农业社会化服务改变新时代中国农业现代化道路转向的背景下，发展符合低碳农业要求的农机作业委托市场，具备重要的现实意义；第二，区分了农机的异质性，聚焦于生态环境领域，应用空间计量方法，考察了以大型农机跨区作业为代表的农业纵向分工、技术进步对农业碳排放的规模效应和技术效应，以及是否存在农业碳污染的空间转移，开辟了一个相对崭新的视角，丰富了农业社会化服务影响乡村生态环境领域的文献。

二、理论逻辑、理论模型与研究假设

（一）农机跨区作业影响农业碳排放的基本逻辑

Crossman 和 Krueger[16] 提出经济增长对环境影响具有规模效应、结构效益、技术效应，该理论被广泛应用于技术进步的碳减排效应分析中[17]。农机跨区作业则作为一种农业技术进步、纵向分工深化的体现，使农业原有的一体化结构向外包结构演变，其对外部环境的影响将通过规模效应与技术效应这两种路径来实现。

一是，基于技术进步的资源节约利用与配置效率提高，将促进粮食生产"从种到收"的标准化，从而有助于降低单位空间内污染（碳）排放强度，具体路径为"农机跨区作业—共享、匹配、学习的技术效应—资源节约与利用效率提高—农业碳排放递减"。其中，共享主要是指技术设施共享以节约资源投入。农机外包服务市场的发展使农业生产的迂回程度随之增加，农户可以利用外部供应商供应所需要的生产服务，包括专业化的农机设备。这种迂回生产模式实现了农业专用性资本设备的共享，使得迂回生产产业链加长，每个链条上的中间产品以及服务不断增加，以越来越多的专业化形态出现，有效节约了具备较高资产专用性农机的投入，农机资源得到集中利用呈现规模经济性，从而提高资源利用效率，降低能源损耗，最终降低单产排污强度。匹配是指农业要素市场供给与需求相匹配，促进资源配置效率的提高。农业生产要素的流动是影响资源配置的重要因素，农机社会化服务使生产环节在技术上得到进一步的细分，农业纵向分工不断深化，产生分工效应，行为主体由此按照不同的比较优势配置资源[18]，充足高效的外部市场资源替代了农户内部资源的不足与低效，缓解了农户约束，突破了原有的资源禀赋限制，实现了农户内外部生产要素的优化与高效配置以及技术、要素、设施的共享[19]。反过来内部资源禀赋的需求催生了农业供给服务主体的成长，将容纳更多的新型市场主体，强化生产环节的熟练程度，最终简化农业生产活动，改善农业生产条件，促进农业生产的标准化、信息化以及流通成本的下降，提升产出质量、产出效率[20][21]。学习是指新的农业经营主体的进入。首先，由农机社会化服务引致的、对生产环节更为熟悉、作业技能更为专业的新型农事经营主体—服务商的进入，将强化专用性人力资本积累，以及充当传送知识资本的纽带，这都便于采纳新技术，接受新信息，形成学习效应，便于农业生产的绿色转型。其次，服务供应商有减量化行为的倾向。其一，利润最大化的经营目标会降低单位面积要素投入损耗；其二，减量化施用可以帮助客户获得产品溢价、供应商培育声誉资本，最终降低物质投入的碳排放强度。

二是，农机跨区作业的出现，改进了传统的涟漪效应理论，使得在技术推广过程中粮食生产技术效率并未随着距离的扩大而降低，农业生产出现规模效应[22]。但增产是否加剧污染呢？理论上经济规模的扩大是污染排放的一个重要影响因素，经济增长需要更多的资源投入与能源消耗，产出规模的扩大必然导致污染的增加。一方面在农业生产活动向空间上集聚的同时，目前主要依靠物资投入和能源消耗实现增产的局面仍未扭转，继续依赖化工产品超量施用以提高单产的做法势必形成单位空间内农业碳排放随生产规模增长而增长的环境污染效应，存在增产加剧污染的可能。但另一方面，罗斯炫等[23]认为，在粮食主产区内存在增产降低污染的可能。粮食主产区因集聚更具有规模报酬递增的性质，其污染排放更具有规模经济的性质，那么污染不一定与经济规模呈正相关，空间集聚可能是控制污染物资排放总量或排放强度的重要机制[24]。而"环境 Kuznets 曲线"的经验研究也佐证了环境污染物资排放量与经济规模之间存在"倒 U 形"或"正 U 形"的相关关系。因此农机跨区作业所引致的农业经济活动规模扩张的过程中对资源环境的影响存在不确定性。

（二）农机跨区作业对农业碳排放的空间溢出效应

邻近地区农机作业市场发育对本地区域农业碳排放的影响机制包含两个部分。

一是，相邻地区的时空关联以及竞争合作会引起生产要素和技术的溢出效应。一方面，相邻地区农户的同向专业化①以及农户数量的增多使外包服务的市场需求逐步到达一定规模，提供了足量且平稳的服务交易密度，同时空间或时间上的连续性使得作业区域存在连片服务的可能，"异地"交易更加繁荣，进一步增大农机跨区的服务半径，农机作业市场容量得到扩大，降低了农机服务组织远距离跨区的门槛，使得一个地区的农机化发展可以辐射更大范围的农业生产。另一方面，不同区域多中心、多环节的农机服务交易圈的交叉、叠加集聚具备重要的网络效应，邻接区域的农户可以利用其他区域交易圈的相互竞争所形成的声誉机制和品牌建设，来解决在参与纵向分工的过程中产生的服务质量考核和服务过程监督的困难，从而为自身提供更加优质的农机专业化服务[25]。因此，邻接区域在时空上的关联和网络效应可以促进纵向分工的深化发展，不同区域的服务商和农户都可以共享分工经济带来的福利改善，即使农业机械的生产技术创新、应用水平与装备存量在区域间呈现出不平衡的发展态势，甚至极端化假设本地农机动力值为零，依然可以依赖其他区域的农机社会化服务实现农业生产的专业化、农户组织化与服务规模化。所以，邻近地区农机作业市场的成熟和发展，使得本地区农业生产可利用邻近地区的技术溢出实现技术效应和规模效应，技术在空间内的流动和溢出改变了本地区、邻近地区乃至区域整体的碳排放水平。

二是，随着地区专业化分工的深入，产业链价值上的不同区间进行分化，需求驱动使得要素在跨地区的产业间实现重置。以农机为代表的中间产品或服务的跨区域贸易，为污染的空间转移提供了可能[26]，碳污染的隐含转移发生于产品整个生命周期"片段化"生产的过程中，科技进步、分工细化，同时为了减少成本增加利润，使最终产品产业链上每一个生产环节几乎都独立出来，作为中间产品进行贸易上的衔接，由于农业生产经营的多数农艺活动可以作为中间产品而存在，例如，整地、播种、育苗、收割等生产环节可向专业化的服务组织外包，形成多样化的委托代理市场，进而使碳足迹在农产品的生命周期中发生分离，以农机跨区移动为载体，出现区域间的"碳转移"，不同区域的农业碳污染既有可能出现消减效应也有可能出现增量效应。

综上分析，伴随本地区农机跨区作业市场的发展，技术进步所产生的技术效应和规模效应，将对区域总体的农业碳排放增加或消减存在显著影响，空间外溢和空间地理距离使得不同区域的农业机械化具备空间关联特征，进而令技术效应和规模效应溢出。所以本地区农业碳排放的变动就包含了两种作用机制：其一，本地区农机跨区作业直接影响该地区农业碳排放，其二，邻近地区农机跨区作业的变动通过生产技术的

---

① 邻近地区自然地理条件的相似性可以使多数农户同时种植同一种作物，并将该作物的生产环节统一外包出去。

跨区溢出影响本地区的农业碳排放，至此，区域之间的农业碳排放在空间上相互依赖。因此提出两个研究假设：假设 1——农机跨区作业的技术效应和规模效应是影响农业碳排放的重要机制；假设 2——邻近地区农机跨区作业的空间溢出对本地区农业碳排放产生显著影响。

三、研究设计

（一）实证模型

前文的理论分析和理论模型表明邻近地区的农业碳排放相互影响，以及区域 i 的农业碳排放依赖于区域 j 的农机跨区作业，考虑到空间依赖性还可能通过误差项来体现，即不包含在农机跨区作业中但对农业碳排放有影响的遗漏变量存在空间相关性，所以设定包含空间误差（SEM）和空间滞后（SAR）的空间杜宾模型（SDM）。

$$\text{TC}_{it} = \rho \text{WTC}_{it} + \beta X_{it} + \delta W X_{it} + \mu_i + \gamma_t + \xi_{it} \tag{1}$$

式（1）中，被解释变量 TC_{it} 代表农业碳排放，X_{it} 为核心解释变量农机跨区作业与控制变量的合集，WTC_{it} 和 $W X_{it}$ 为空间滞后项，ρ 为空间自回归系数，用来度量邻近观测单元对本观测单元的平均空间效应的大小，也是被解释变量之间存在的内生交互效应，δ 代表了用邻近空间观测单元的点均值构造的解释变量，即解释变量之间存在的外生交互效应，μ_i 和 γ_t 为空间或时间特定效应，分别控制了时间或空间恒定变量，ξ_{it} 为服从正态分布的随机误差项，当 $\delta = 0$ 时，SDM 退化为 SAR，当 $\delta + \rho\beta = 0$ 时，SDM 退化为 SEM。W 为反距离空间权重矩阵，该矩阵为各省会城市经济距离的倒数，使用百度地图查询两地行车时间，考察两地实际道路的通行效率，精确到分钟。

为了更好地捕捉和解释 SDM 中解释变量的边际效应，利用偏微分的方法将总边际效应分解为直接效应与溢出效应，将（1）改写为：

$$\text{TC}_{it} = (I_n - \rho W)^{-1}(\beta X_{it} + \delta W X_{it}) + (I_n - \rho W)^{-1} \xi_{it}^* \tag{2}$$

其中，误差项 ξ_{it}^* 包含了 ξ_{it}、空间或时间特定效应，在特定时间点的不同空间单位中被解释变量相对于第 k 个解释变量（即 X_{ik}，$i = 1$，$\cdots$，N）的偏微分矩阵为：

$$\frac{\partial \text{TC}}{\partial X_{1k}} \cdots \frac{\partial \text{TC}}{\partial X_{Nk}} = \begin{bmatrix} \frac{\partial \text{tc}_1}{\partial X_{1k}} & \cdots & \frac{\partial \text{tc}_1}{\partial X_{Nk}} \\ \cdots & & \\ \frac{\partial \text{tc}_N}{\partial X_{1k}} & \cdots & \frac{\partial \text{tc}_N}{\partial X_{Nk}} \end{bmatrix} = (I_n - \rho W) \begin{bmatrix} \beta_k & w_{12}\delta_k & \cdots & w_{1N}\delta_k \\ w_{22}\delta_k & \beta_k & \cdots & w_{2N}\delta_k \\ & & \cdots & \\ w_{N1}\delta_k & w_{N2}\delta_k & \cdots & \beta_k \end{bmatrix} \tag{3}$$

直接效应就是方程（3）右边矩阵对角线元素的均值 β_k，反映了一个农业经济体农机跨区作业变化对本地区农业碳排放强度的平均影响；溢出效应则是这个矩阵非对角线元素对应行或列的和的均值 $\sum_{i=1}^{N}\sum_{j=1}^{N}w_{ij}\delta_k/N$（两种计算的数值量级相同，使用哪种计算方法并不重要），反映了邻近地区农机跨区作业的变化对本地区农业碳排放的平均影响；总效应为该矩阵中所有元素的均值，在数值上等于直接效应与溢出效应的和，即所有地区农机跨区作业的变动对本地区农业碳排的平均影响。

对基准模型（1）进行拓展，借鉴逐步回归法的思路，检验规模效应的影响机制，构造（4）（5）（6）三个方程。yield 为粮食产量，Agri 为农机跨区作业，按照中介效应的判定依据，系数 β_0 显著，即 $H_0: \beta_0 = 0$ 被拒绝，系数 β_1 显著，即 $H_0: \beta_1 = 0$ 被拒绝，系数 β_3 显著，即 $H_0: \beta_3 = 0$ 被拒绝，同时满足以上三个条件，则规模效应的影响机制显著，中介作用占直接影响的比重为 $(\beta_1 \times \beta_3) \times \beta_0^{-1}$。

$$TC_{it} = \beta_0 Agri_{it} + \delta_0 WAgri_{it} + \rho_0 WTC_{it} + \mu_i + \gamma_t + \xi_{it} \tag{4}$$

$$yield_{it} = \beta_1 Agri_{it} + \delta_1 WAgri_{it} + \rho_1 Wyield_{it} + \mu_i + \gamma_t + \xi_{it} \tag{5}$$

$$TC_{it} = \beta_2 Agri_{it} + \beta_3 yield_{it} + \delta_2 WAgri_{it} + \sigma Wyield_{it} + \rho_2 WTC_{it} + \mu_i + \gamma_t + \xi_{it} \tag{6}$$

（二）数据说明

被解释变量。农业 CO_2 排放量采用 $TC = \sum TC_i = \sum T_i \times \delta_i$ 公式测算，其中，TC 为农地利用的碳排放总量，TC_i 为各类碳源的碳排放量，T_i 为各类碳排放源的总量，δ_i 为各类碳排放源的碳排放系数，农地利用碳排放系数参见伍国勇等[27]。

核心解释变量。发挥技术效应的是提供生产性服务的大中型农业机械，大中型农机的跨区作业才是农业机械在空间上实现技术溢出的来源，由于小型农机主要满足自家农业生产的需要，不存在空间流动，没有跨区作业的社会化服务需求，故不存在溢出效应。因此，考虑农业机械在作业范围、服务规模上的异质性，本文参照方师乐等[15]的实证结论，采用大中型农业机械总功率（agri，万千瓦）来作为农机跨区作业的代理变量。

控制变量。为了减轻遗漏变量带来的内生性偏误，选取如下控制变量。①农地经营规模（scale，公顷/人）（1 公顷 = 10 000 平方米），借鉴刘琼和肖海峰[28]的思路采用耕地面积与第一产业就业人数的比值即人均耕地面积表征农地经营规模来衡量；②粮食产量（yield，万吨），农机跨区作业的对象主要是谷物，因此本文采用小麦、水稻、玉米三类谷物产量来衡量粮食产量更贴近实际生产的需要；③农业政策偏向（gov，%），借鉴胡川等[13]的思路使用财政支农力度来表征，以农业财政支出占地方总财政支出的比重来衡量；④劳动力投入（labour，万人），采用第一产业从业人员数来衡量；⑤受灾率（disaster，%），采用历年受灾面积占农作物总播种面积的比重来衡量；⑥为了验证大中型农机的跨区作业才是农业机械在空间上实现技术溢出的来源，选用小型农机功率（sm，万千瓦）做对比研究；⑦种植结构（structure,%），采用粮食作物播种面积与经济作物播种面积之比来衡量。

本文的样本考察期为 2000 年到 2018 年，所有变量的原始数据源于《中国农村统计年鉴》和《中国农业机械工业年鉴》，考虑数据可获得性及同类研究可比性，将研究区域界定为西藏、港澳台之外的中国 30 个省（区、市）。所有变量的描述性统计结果见表 1。

表 1   描述性统计结果

变量名称	变量符号	观测值	均值	标准差	最小值	最大值
农业碳排放	lntc	570	5.128 2	1.020 9	2.418 4	6.678 2
农机跨区作业	lnagri	570	4.865 4	1.526 6	1.669 6	7.822 9
小型农机功率	lnsm	570	5.365 4	1.593 4	0.652 3	8.231 1
粮食产量	lnyield	570	6.886 1	1.202 6	3.906 0	8.663 2
劳动力投入	lnlabour	570	6.493 6	1.075 2	3.815 7	8.051 6
农业政策偏向	lngov	570	2.278 5	0.398 7	0.912 3	2.936 0
种植结构	lnstructure	570	0.691 1	0.633 6	−0.449 0	2.903 1
受灾率	disaster	570	0.241 8	0.157 5	0.015 5	0.695 2
农地经营规模	scale	570	0.522 5	0.332 3	0.184 1	1.614 2

四、实证结果分析

（一）基准回归

全局莫兰指数 I 与吉尔里指数 C 对农业碳排放的空间自相关检验结果显示：农业碳排放的 Moran's I 与 Geary's C 均可在 10% 的水平下拒绝无空间自相关的原假设，即地区农业碳排放在空间分布上普遍存在显著的空间依赖性。此外，在模型拟合效果上，赤池信息准则（AIC）与贝叶斯信息准则（BIC）以及 Wald 检验的空间面板模型甄别结果得出，空间 SDM 具备最优的拟合效果，Wald 检验 P 值在 10% 的显著性水平下均拒绝 H_0：$\lambda = 0$ 和 H_0：$\lambda + \rho\beta = 0$ 的原假设，空间 SDM 不能退化为空间 SAR 与空间 SEM，豪斯曼（Hausman）统计量均大于零，P 值在 10% 的显著性水平下拒绝随机效应的原假设。

由表 2 的结果可知，大型农机的空间溢出效应与空间滞后项至少在 5% 的水平下显著为负，小型农机的空间滞后项与溢出项均为正但不显著，这验证了本文的理论分析，大型农机的跨区作业正是农业机械在空间上实现技术溢出的来源。农业碳排放空间滞后项的影响系数为正，首先证实了本地区农业碳排放程度与地理或经济地理相近地区的农业碳排放水平密切相关，表现出"一损俱损"的特征，被解释变量的内生交互影响存在碳污染空间转移的可能，邻近区域间的农业碳污染有"泄露"的风险，但空间滞后项的影响系数没有通过10%的显著性检验，可能原因在于，解释变量的外生交互效应即本地区的农业生产利用邻近地区农机跨区作业的技术溢出实现了共享、匹配、学习的技术效应，邻近地区农机跨区作业每提高1%，本地区农业碳排放降低0.071%，技术效应的碳减排作用使得污染在空间上的转移并没有那么严重。从直接效应、溢出效应与总效应的量化关系看，大型农机影响农业碳排放的直接效应显著为正，本地区大型农机每增加1%，该地区农业碳排放增加0.096 8%；大型农机影响农业碳排放的溢出效应显著为负，邻近地区大型农机跨区作业每增加1%，本地区农业碳排放降低0.070 1%；大型农机影响农业碳排放的总效应为正，但不显著，所有地区大型农机跨区作业每增加1%，本地区农业碳排放增加0.026 6%；虽然直接效应影响系数的绝对值大于溢出效应，但溢出效应的减排效果抑制了直接效应的增排作用，由此可见，农机跨区作业所引致的空间溢出效应对减排工作的统筹优化、协同治理至关重要。

从表3规模效应的机制检验看，方程（13）的回归系数β_0显著，方程（14）（15）的回归系数β_1与β_3均显著，规模效应的中介机制立论，由于方程（15）的β_2也显著，所以为部分中介，由结果可知，在纳入粮食产量的中介变量后，农机跨区作业对农业碳排放的直接作用系数由0.179 0下降至0.129 0，中介作用的影响程度占比为27.28%，方程（15）中粮食产量的回归系数均为正向影响，否定了增产发挥规模效应从而削减污染的可能，因此，农机跨区作业对农业碳排放的增排作用更有可能是通过实现粮食增产而实现的。

综上基准回归的结果分析，大型农机跨区作业的减排效果，得益于空间溢出的技术效应，增排作用除了农业机械直接的物质资源损耗排放外，还通过粮食生产的规模效应来实现。

表2　基准回归结果

	lnagri	lnsm
直接效应	0.096 8 *** (8.42)	0.038 1 *** (3.01)
空间溢出效应	−0.070 1 ** (−2.13)	0.223 4 (1.33)
总效应	0.026 6 (0.76)	0.261 6 ** (10.21)
$w\times x$	−0.070 9 ** (−2.14)	0.216 9 (0.51)

表2(续)

	lnagri	lnsm
Rho（w×y）	0.025 8 (0.33)	
控制变量	yes	
省份固定效应	yes	
时间固定效应	yes	
R-sq	0.617 8	
Log-likelihood	−994.983 8	
N	570	

表3　规模效应的中介机制

变量	方程（13）	方程（15）	方程（14）
	lntc		lnyield
lnagri	0.179 0 *** (14.09)	0.129 0 *** (10.42)	0.157 9 *** (9.61)
lnyield		0.309 3 *** (10.46)	
省份固定效应	yes		
时间固定效应	yes		
R-sq	0.493 2	0.768 0	0.492 6
Log-likelihood	−994.983 8		
N	570		

注：括号内为z值，***、**和*分别表示1%、5%和10%的显著性水平，下同。

（二）稳健性检验

研究进一步采用变换核心解释变量与变换空间权重矩阵两种方法来进行稳健性检验。首先，利用农业机械化作业服务组织年末机构数（organization，个）以及农机跨区作业面积（area，千公顷）两类替代变量验证结论的稳健性，囿于数据的可得性，样本时间期为2008—2018年，皆来自《中国农业机械工业年鉴》。其次，借鉴程莉和左晓祺[29]的思路构建地理距离和经济规模嵌套的空间权重矩阵。

由表4的稳健性估计结果可知，在替换核心解释变量、样本考察期与空间权重矩阵后，依然验证了文章的基本结论：空间溢出的技术效应是农机跨区作业实现碳减排的重要机制与渠道。但农机跨区作业面积的空间溢出项与滞后项的影响系数绝对值变化较大，且没有通过10%的显著性检验，原因在于：2015年中国农机服务面积出现下降，农村的熟人社会特征使得内生性的农机服务需求获得快速发展，外部机械服务市场萎缩，辐射范围变小[30]。所有稳健性估计结果均显示粮食增产的规模效应是农业机械对农业碳排放产生增排作用的中介机制①。

表 4 稳健性估计结果

	地理距离与经济规模嵌套空间权重矩阵		
	lnagri	lnorganization	lnarea
直接效应	0.093 7 *** (8.06)	0.059 1 *** (5.62)	0.028 3 *** (3.33)
空间溢出效应	-0.061 8 ** (-2.15)	-0.064 1 ** (-2.49)	-0.020 8 (-1.09)
总效应	0.031 9 (1.05)	-0.005 0 (-0.20)	0.007 4 (0.34)
$w \times x$	-0.059 3 * (-1.88)	-0.062 9 ** (-2.49)	-0.020 6 (-1.05)
rho	-0.051 9 (-0.72)	0.042 0 (0.46)	-0.004 8 (-0.05)
控制变量	yes		
省份固定效应	yes		
时间固定效应	yes		
R-sq	0.602 3	0.313 1	0.340 0
Log-likelihood	-994.983 8		
N	570	330	330

（三）空间异质性分析

农机跨区作业存在跨经纬度的空间溢出差异，一方面，同一经度上的省份比同一纬度的省份空间溢出效应更加显著，同一经度的省份可以利用不同纬度农作物成熟的时间差，组织联合的跨区机耕、机播、机收。另一方面，由于外包服务的生产环节是"资本密集型"的机械作业，必然存在服务商的进入门槛，若农户的服务需求有限，无法形成规模经济性，则不可能得到专业化的服务供给，即是市场容量约束专业分工[25]，如果农作物可以在地理纬度上生产布局，再匹配上农作物的生长季节性与时间延后性，则可以扩大外包服务商农机作业的时间、空间跨度与交易期限，增加市场容量，促进纵向分工。而粮食主产区相较于非粮食主产区更加满足了农机跨区作业的市场交易条件，这 13 个省份基本位于东经 113°到 121°之间，呈纵向分布，区域内多数处于平原与

---

① 限于文章篇幅，没有展示检验结果，如有需要可联系作者。

浅丘区，自然条件优越，易于耕作和水土保持，适合农作物生长，故综合生产能力强，具有较大的生产潜力与农业社会化服务需求。因此粮食主产区省份农机跨区作业的空间溢出效应比非粮食主产区其余省份更加显著，影响系数绝对值更大。

由表5的回归结果可知，粮食主产区依然验证了本文的基本结论，农机跨区作业的空间溢出所形成的技术效应是农业碳减排的重要机制。直接效应、溢出效应与总效应三者的量化关系得知，溢出效应的减排作用超越了直接效应的增排作用，所有地区农机跨区作业每增加1%，本地区农业碳排放降低0.099 9%，邻近地区农机跨区作业每增加1%，本地区农业碳排放降低0.209 1%，溢出效应更加显著，得益于此，在粮食主产区内农业碳排放的空间依赖性显著负相关。但是非粮食主产区农机跨区作业的空间溢出效应并没有降低本地区的农业碳排放，空间滞后项与溢出项的影响系数没有通过10%的显著性检验，农业碳排放的空间依赖性更是与其呈显著正相关，出现区域间碳污染的"泄露效应"，即邻近地区农业碳排放每增加1%，本地区农业碳排放均会提高0.155 3%，因此，在非粮食主产区内部农机跨区作业没有有效发挥其技术效应所形成的碳减排机制。部分原因在于，首先，非粮食主产区主要位于东部沿海地区与西部内陆省份，沿海地区土地附加值更高，农作物种植结构在样本考察期内向1趋近，呈现不断下降的态势，经济作物播种面积占比逐年上升，然而经济作物并不是农机跨区的作业对象。其次，农田单季经济作物化肥平均利用率仅为10%，速溶化肥的频繁使用引发农田温室气体排放强度攀升[31]。西部省份地势多样、坡度等级较高、市场容量狭小，往往难以满足大型农机跨区作业的基本条件，转而需要小型农机发挥其适用性，小型农机反而比大型农机对粮食生产的要素投入产出弹性与贡献率更高[14]。

表5　空间异质性回归结果

	lnagri	
	粮食主产区	非粮食主产区
直接效应	0.109 2*** (4.00)	0.080 0*** (4.03)
空间溢出效应	-0.209 1*** (-4.40)	0.010 9 (0.34)
总效应	-0.099 9** (-2.23)	0.090 8** (2.52)
$w \times x$	-0.225 9*** (-3.86)	0.024 1 (0.67)
rho	-0.453 9*** (-5.52)	0.155 3** (-2.16)
控制变量	yes	

表5(续)

	lnagri	
	粮食主产区	非粮食主产区
省份固定效应	yes	
时间固定效应	yes	
R-sq	0.856 6	0.559 1
Log-likelihood	−994.983 8	
N	247	323

五、结论与讨论

本文在理论上提出了农机跨区作业影响农业碳排放的两种机制：技术效应与规模效应，并指出本地区的农业生产可以利用邻近地区农机跨区作业的空间溢出影响本地区农业碳排放，同时，区域间的农业碳排放存在空间关联性，基于理论分析，利用2000—2018年的省级面板数据，选择拟合效果更优的空间杜宾模型进行基准回归、稳健性估计和空间异质性检验，基准模型的实证结果验证了本文提出的理论假设，大型农机跨区作业的减排效果，得益于空间溢出的技术效应，增排作用除了农业机械直接的物质资源损耗排放外，还通过粮食生产的规模效应而实现，替换解释变量、空间权重矩阵与样本考察期的结果依旧稳健。空间异质性的分析结果显示，在粮食主产区内，农机跨区作业的空间溢出所形成的技术效应是农业碳减排的重要机制，溢出效应的减排作用超越了直接效应的增排作用，得益于此，农业碳排放的空间依赖性显著负相关，但非粮食主产区与之相反。

基于分析结果的主要政策启示包含两个方面。首先，开展农机作业补贴，在坚持"谁服务，补贴谁，服务多，补贴多"的原则下，加大购置补贴力度，同时支持丘陵山区农机装备研发制造，延长跨区作业足迹，扩大西部省份的作业区域。从市场角度而言，则需要构建跨区作业信息服务平台，传递农机服务市场供求信息，有效纾解农业分工深化所面临的市场容量约束问题，同时降低农机市场的交易成本和作业风险，让农业机械资源在区域间实现充分流动与合理配置。其次，在非粮食主产区内部，农业碳排放的空间依赖性意味着"单边"的减排努力可能因碳污染的"泄露效应"徒劳无功，因此减排政策有效实施必须建立在区域联防联控的基础上，区域内不同农业经济体要打破行政区域界限，在整体碳中和的目标背景下，共同规划和实施区域环境管理的法规、标准和政策体系，形成有利于农业碳减排治理的区域合力。

参考文献

[1] 钟真, 胡珺祎, 曹世祥. 土地流转与社会化服务: "路线竞争" 还是 "相得益彰": 基于山东临沂 12 个村的案例分析 [J]. 中国农村经济, 2020 (10): 52-70.

[2] SMITH A. The wealth of nations [M]. New York: Collier&Son, 1776.

[3] SHI H, YANG X. A new theory of industrialization [J]. Journal of Comparative Economics, 1995, 20 (2): 171-189.

[4] ZHANG X, YANG J, THOMAS R. Mechanization outsourcing clusters and division of labor in chinese agriculture [J]. China Economic Review, 2017, 43: 184-195.

[5] 张露, 罗必良. 小农生产如何融入现代农业发展轨道: 来自中国小麦主产区的经验证据 [J]. 经济研究, 2018, 53 (12): 144-160.

[6] 张琛, 黄斌, 钟真. 农业社会化服务半径的决定机制: 来自四家农民合作社的证据 [J]. 改革, 2020 (12): 121-131.

[7] 王钊, 刘晗, 曹峥林. 农业社会化服务需求分析: 基于重庆市 191 户农户的样本调查 [J]. 农业技术经济, 2015 (9): 17-26.

[8] 杨子, 饶芳萍, 诸培新. 农业社会化服务对土地规模经营的影响: 基于农户土地转入视角的实证分析 [J]. 中国农村经济, 2019a (3): 82-95.

[9] 梁志会, 张露, 刘勇, 等. 农业分工有利于化肥减量施用吗: 基于江汉平原水稻种植户的实证 [J]. 中国人口·资源与环境, 2020, 30 (1): 150-159.

[10] 谢琳, 廖佳华, 李尚蒲. 服务外包有助于化肥减量吗: 来自荟萃分析的证据 [J]. 南方经济, 2020 (9): 26-38.

[11] 张露, 罗必良. 农业减量化: 农户经营的规模逻辑及其证据 [J]. 中国农村经济, 2020 (2): 81-99.

[12] 陈银娥, 陈薇. 农业机械化、产业升级与农业碳排放关系研究: 基于动态面板数据模型的经验分析 [J]. 农业技术经济, 2018 (5): 122-133.

[13] 胡川, 韦院英, 胡威. 农业政策、技术创新与农业碳排放的关系研究 [J]. 农业经济问题, 2018 (9): 66-75.

[14] 付华, 李萍. 农业机械化发展对粮食生产的影响: 基于机械异质性和区域异质性的分析 [J]. 财经科学, 2020 (12): 40-55.

[15] 方师乐, 卫龙宝, 伍骏骞. 农业机械化的空间溢出效应及其分布规律: 农机跨区作业的视角 [J]. 管理世界, 2017 (11): 65-78, 187-188.

[16] CROSSMAN G M, KRUEGER A B. Economic growth and the environment [J]. Quarterly Journal of Economics, 1995, 110: 353-377.

［17］魏巍贤，杨芳. 技术进步对中国二氧化碳排放的影响［J］. 统计研究，2010，27（7）：36-44.

［18］杨子，张建，诸培新. 农业社会化服务能推动小农对接农业现代化吗：基于技术效率视角［J］. 农业技术经济，2019b（9）：16-26.

［19］曹峥林，王钊. 中国农业服务外包的演进逻辑与未来取向［J］. 宏观经济研究，2018（11）：116-127.

［20］罗必良. 农业经营制度的理论轨迹及其方向创新：川省个案［J］. 改革，2014（2）：96-112.

［21］PICAZO-TADEO A J，REIG-MARTINEZ E. Outsourcing and efficiency：the case of spanish citrus farming［J］. Agricultural Economics，2006，35（2）：213-222.

［22］高鸣，宋洪远. 粮食生产技术效率的空间收敛及功能区差异：兼论技术扩散的空间涟漪效应［J］. 管理世界，2014（7）：83-92.

［23］罗斯炫，何可，张俊飚. 增产加剧污染：基于粮食主产区政策的经验研究［J］. 中国农村经济，2020（1）：108-131.

［24］陆铭，冯皓. 集聚与减排：城市规模差距影响工业污染强度的经验研究［J］. 世界经济，2014，37（7）：86-114.

［25］罗必良. 论服务规模经营：从纵向分工到横向分工及连片专业化［J］. 中国农村经济，2017（11）：2-16.

［26］李方一，刘卫东，唐志鹏. 中国区域间隐含污染转移研究［J］. 地理学报，2013，68（6）：791-801.

［27］伍国勇，孙小钧，于福波，等. 中国种植业碳生产率空间关联格局及影响因素分析［J］. 中国人口·资源与环境，2020，30（5）：46-57.

［28］刘琼，肖海峰. 农地经营规模与财政支农政策对农业碳排放的影响［J］. 资源科学，2020，42（6）：1063-1073.

［29］程莉，左晓祺. 中国省域乡村绿色发展的空间关联性与趋同性［J］. 农业经济与管理，2020（4）：77-89.

［30］仇叶. 小规模土地农业机械化的道路选择与实现机制：对基层内生机械服务市场的分析［J］. 农业经济问题，2017，38（2）：55-64.

［31］葛继红，周曙东. 农业面源污染的经济影响因素分析：基于1978~2009年的江苏省数据［J］. 中国农村经济，2011（5）：72-81.

新发展阶段促进
农业现代化的财政政策研究

陈 娟[①]

摘 要： 发展农业现代化是中国财政工作的重点之一，也是新发展阶段坚守脱贫攻坚成果、衔接乡村振兴的关键。为探索促进农业现代化的财政政策，本文梳理并分析"十三五"期间中国支农政策的发展脉络，并结合现实分析了已有财政政策的有效性，最后针对支农政策存在的不足提出了新发展阶段财政支农政策的改良建议。

关键词： 农业现代化；财政；支农政策

随着中国进入新的发展阶段，中国社会主义现代化的建设环境面临着深刻且复杂的变化，尤其在新型冠状病毒肺炎疫情出现之后，产业的大型重组成了一个不可逆的现实，但不可否认的是农业一直以来都是中国经济发展的基础产业，对民生和经济起着重要作用。在中国第十四个五年规划中，推动农业农村优先发展以实现乡村振兴是社会发展的重中之重。2021年2月21日中央一号文件颁布，将处理好"三农"问题作为社会现代化工作的要点，指出在新发展阶段要举全党全社会之力促进农业农村现代化。在此背景下，科学评价中国支农财政政策对促进农业现代化发展的有效性，进而完善农业财政政策、充分发挥财政在农业高质量发展中的杠杆作用是当前值得研究的问题。

一、文献回顾

关于农业现代化的学术讨论最早可以追溯到新中国成立初期，不少学者和经济工作者将农业的生产与中国政治、经济、技术和自然条件相结合，对中国实现农业现代

---

① 陈娟，重庆工商大学经济学院，2020级财政学研究生，主要从事研究财政理论与政策。

化问题展开讨论（汪胡桢，1963；中杰，1963；永言，1976；薛德榕，1978）。早期的研究使农业现代化的概念不断革新和完善，为进一步研究奠定了一定的基础。党的十一届三中全会后，家庭联产承包责任制成为乡村改造的主要模式，农业现代化的研究重心也有所变化，即一改先前的以发展生产力为核心，转变为以效率优先、统筹环保的生态农业现代化为重点（马广 等，2003；罗真 等，2008；潘小军，2010；石明，2010；贺顺奎，2010）。进入新时代，农业现代化的概念得到了进一步的细化，同时发展现代化农业也遇到了新的挑战。学术界结合其他学科和产业的发展成果，对农业现代化的实现提出新的思考，即追求实现更高效、更优质、更节约、更友好的现代化农业（赵兰香，2012；李强 等，2012；丁宁，2016；叶宝忠 等，2020；郑阔实，2021）。

财政政策作为农业现代化的重要支撑，一直以来也是学术界研究和创新的重点内容。丁谦等[1]（2010）对1990—2007年的数据进行实证分析，指出中国财政支农支出从总量上看是有助于农业现代化的发展的，但从结构上来看不同的财政支出的贡献存在差异。李伟等[2]（2014）基于动态面板数据实证分析的研究结果进一步肯定了财政支农对农业现代化的发展具有显著的正向影响，同时也详细地分析了农业综合开发的支出对农业的现代化发展不具有显著影响，从而更加强调财政支农支出的结构性效应。李晓亚[3]（2018）结合财政支农政策促进农业现代化发展的现状与问题，提出设计总体政策导向的具体优化路径，为供给侧结构性改革和农业现代化发展提供了思路。然而随着中国进入新的发展阶段，对农业现代化的要求也在不断加深，因而完善现有财政政策以促进农业发展是一个历久弥新的课题。

已有促进农业现代化的财政政策研究中使用的方法大致可以分为两类：一是结合农业发展现实的政策评价（李秉坤 等，2019；李梦涵，2019；刘一笑，2020）[4]；二是建立农业现代化评价的指标体系进行实证分析（邓卫平，2015；田逸飘 等，2015）。在既有研究的基础上，本文将视角聚焦到新发展阶段，总结"十三五"时期财政支农政策的成效，为新发展阶段发展农业现代化提供政策建议。

二、"十三五"时期中国支农财政政策发展分析

在"十三五"期间，中国的粮食产量跨越1.3亿千克，农业的科技进步贡献率打破60%，农村居民人均可支配收入大幅提高，城乡居民收入差距不断缩小，农业现代化发展取得了巨大进步①，这得益于支农财政政策的正确实施。通过梳理对比农计财

---

① 数据来源：中华人民共和国国务院新闻办公室

2016—2020 年发布的农业生产发展相关政策通知，可以得出以下信息。

从总体上看，中国实行的支农财政政策具有一致性。政策的一致性体现在财政支持农业发展的目标是一致的，即推进农业的高质量发展、实现农业的现代化，而由于总体目标的一致性，相关财政政策的制定方向也具有一致性。总结相关政策，支农财政政策的重点在三个方面：一是保障农业的基础，包括对农业资源及生态保护的补贴、对动物防疫的补贴等，这些直接贴补极大降低了农业生产的风险成本，促进农业的进一步发展；二是促进农业发展、调整农业的结构，包括完善政府农业产业服务、加强农产品的政府购买与补助、农业市场行为管制等，这些措施进一步加强了农业的现代化发展；三是鼓励农业可持续发展，包括推广农业科技、支持粮食绿色高效创建等，这些创新性实践为农业的可持续发展注入生机活力。

从细节上看，中国实行的支农财政政策具有发展性。"十三五"期间每年的财政支农政策都有细微的调整，这些调整不断完善支农财政政策使之与时俱进，不断适应中国农业的发展。第一，政策目标不断细化。"十三五"的开门之年，中国财政政策仅从整体目标作出安排，即不断向农业的现代化方向努力。2016 年之后几年分别提出了农业供给侧结构性改革、培育乡村发展新动能、调整优化农业结构、强化农业风险防范、保护农业生态环境等具体目标，为财政政策制定、农业工作发展提供了清晰的思路。第二，具体安排陆续完善。具体支农政策大致可以分为直接补贴、绿色发展、产业支持、结构调整、培育新主体五个方面，根据农业的发展需求，每年的财政支持都会增加相应的支持政策。比如 2016 年对培育新主体的意识还不到位，随后几年开始重视新主体的培育，开始实施新型职业农民培育工程、完善农业信贷担保体系建设、大力推进农业生产社会化服务。第三，资金管理接续发展。2017 年中央财政提出了"大专项+任务清单"的管理方式，将项目资金整合与下放管理资金权限相结合。后面几年一直沿用该种资金的管理方式，同时加强了涉农资金的统筹整合，提出多种补贴方式，并在加强资金监管、开展绩效评估等方面施力，财政资金管理更加科学化、高效化。

三、关于财政支农政策的有效性分析

（一）财政支农政策的逻辑分析

1. 理论逻辑

财政政策支持农业的发展与农业自身的重要性和弱质性息息相关。首先，农业是国民经济的根基产业，是民生生活的根本保障和经济进步的第一要素。中华人民共和国成立以来一直都是农业大国，2020 年全年中国粮食种植面积达到了 17.52 亿亩[①]，四大作物三增一稳，稻谷产量 4 237 亿千克、小麦产量 2 685 亿千克、大豆产量 392 亿千克、玉米产量 5 213 亿千克[②]，在 2020 年全球粮食产量排行榜中中国稳居第一。同时国民经济对农业的感应力是所有行业中最强的[5]，农业推动着国民经济的前进。

其次，农业存在弱质性。农业属于劳动密集型产业，且依赖于水土、光照、气候等自然环境，很容易遭受风险，即农业有天然的弱质性。此外农业在市场中的竞争力很弱：从供给侧方面看，农产品是一个类似于完全竞争的市场，农产品的供给商并不能从农业领域获得超额利润，而事实上对农业的投入回报率也是极低的。这导致中国的农业生产存在缺乏规模优势、收益低、劳动力人口老龄化等问题。从需求侧方面看，中国国民对农产品的需求日益向高品质、多品种、绿色健康、营养丰富发展，显然中国当前农业的发展还远远跟不上需求侧的变化。所以需要财政扶持农业，兜底农业的巨大风险、优化农业的业态环境、引导农业结构性改革、促进农业的现代化发展。

2. 实践逻辑

2016—2019 年中国财政一般公共预算中支农支出累积 60 700 万亿元，年均增长率达 8.8%，支农支出的增长率高于全国一般公共预算支出的平均增幅[③]。从中国农业部、财政部颁布的有关政策来看，这些支出主要安排在了保障重要农产品有效供给、加强现代农业设施建设、发展富民乡村产业、推进农业绿色发展四个方面。分析实践中的财政政策和财政支出的内在逻辑，可以发现中国财政政策对农业的支持大致有以下发展逻辑：第一步，保障农业基础功能，即优化农业基础设施建设，加强农机购买补贴，加快农业机械化进程。同时通过市场管制和政府购买等方式保证基础农产品的供给。第二步，提升农业业态品质，通过专项财政支农补贴和基地建设来助力绿色、优质农产品的生产和供给，培养具有特色的产业集群，建立现代化农业产业园区和产业强镇。第三步，是推进农业有机发展，落实以生态为导向的农业财政贴补制度，坚持环境保护和高效使用深度联合，形成现代化绿色生产方式，促进农业生态有机发展。中国财政政策的逻辑导向明确，且与国家不同发展阶段的其他政策相衔接，对中国农业的现代化发展有促进作用。

（二）财政支农政策的效果分析

参考已有学者的研究[6]，结合农业现代化的要求，财政支农政策的有效性可以从政策对选择对象的改善成效，政策工具选择的合理与否，以及支农政策的具体实施与

---

① 数据来源：农业农村部。
② 数据来源：国家统计局。
③ 数据来源：中华人民共和国中央人民政府网。

管理是否科学几个方面进行分析（如图 1 所示）。

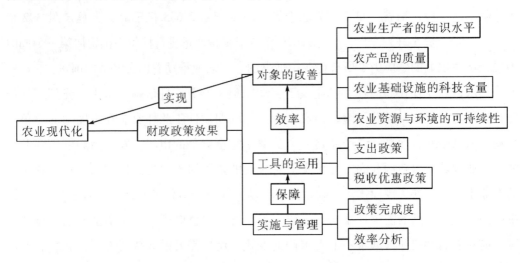

图 1　财政政策促进农业现代化的效果路径

1. 政策的对象改善

中国财政支农对象包括农业生产者、重要农产品、农业基础设施建设、农业科技、农业资源与环境（耕地、林地、草原等）。分析促进农业现代化的财政支农政策的有效性可以从农业生产者的知识水平、农产品的质量、农业基础设施的现代化水平、农业资源与环境的可持续性几方面着手。

对于农业生产者的知识水平，中国政策一直强调砥砺农业强国的人才支撑，相关财政政策设计：在基础教育方面，保障农村平均受教育水平；在农业科技人才方面，培养新型的职业农民，在基层大力推广农技培训；在科研人才培养层面，成立专项资金支持农业科研团队建设，加强农业方面的人才培养。但政策的实施效果存在断层现象，即高层次人才主要集中在科研领域，农业生产人员、大多数散户农民的知识水平、生产技术水平不高，且农业生产的科技含量与现代化的要求相差甚远。

关于农产品的质量问题，中国财政政策包括：加强水稻、小麦、玉米、大豆、油菜、花生等作物绿色优质供给，补助优良种猪、母羊、牦牛养殖户，大力建设高效、优质的蜂产业发展示范区，支持发展优质饲草料生产等。经过财政和市场的努力，中国的农产品的品质有了大幅度的提升，财政政策具有一定的有效性，但是仍然存在良莠不齐的问题，对于达到现代化农业的产出质量还有一定距离。

对于农业基础设施的科技含量，中国一直大力建设农村农业基础设施、提高农业公共服务水平。"十三五"期间，中国财政持续加大力度建设农业基础设施，计划并实施了大批重大建设项目，明显带动市场对农业固定资产的投入。从财政政策的成效来看，农业基础设施得到了大幅度的改善，物质技术装备愈发现代化。财政促进农业现代化的有效性得到了一定的体现。但农业基础设施的现代化水平存在明显的地域异质性，且与地区经济发展成高度相关。

对于农业资源与环境的可持续性，财政政策主要体现在对生态补偿和资源保护上，包括对草原生态保护、长江流域保护、耕地重金属治理、渔业发展与船舶更新、地下水超采治理等的财政补贴、补偿、补助。这些财政政策的实施具有一定的成效，2017—2020 年建设区域生态循环农业项目 300 个左右①，积极推动了农业生态循环发展。

2. 政策的工具运用

中国促进农业现代化的财政政策工具可以分为财政支出和税收两大类：

财政支农支出采用的工具有直接补助、政府购买服务、贴息、先建后补、以奖代补、资产折股量化、担保补助、设立基金等。而财政资金主要支出在五个方面：一是保障粮食（水稻、小麦、玉米、大豆）和生猪等重要农产品有效供给的支出；二是全力支持打赢脱贫攻坚战，有效衔接全面脱贫的已有成果和乡村振兴战略的支出；三是支持深化农业供给侧结构性改革，优化农产品的供给的支出；四是农业农村公共服务的支出，加快补齐农业短板的支出；五是推动建立、健全现代乡村社会治理体系的支出。针对不同的财政政策目标合理地选择不同的财政支出工具：对于农产品、基础设施建设采用政府购买的形式，对于农机购置、农牧民等采用直接补贴，对于农业现代化园区、产业强镇的建设采用招商引资的政策。中国财政支出工具的多样化充分体现了财政政策促进农业现代化的有效性。

支农税收政策工具主要是税收的优惠，梳理对比 2016—2020 年中国涉农税收优惠政策的发展，可以总结出以下特点：第一，优惠政策范围广，充分体现利农导向。从税种的角度看，优惠政策包括增值税、房产税、城镇土地使用税、印花税、环境保护税等各个税种；从支农的角度看，优惠政策涉及新型经营实体发展、农业保险的支持、农业资源合理利用、促进农产品开发流通、优化土地资源配置等方面[7]。第二，优惠政策力度大，促进农业持续发展。以增值税为例，税收政策对农业生产者销售的自产农产品，农产品批发、零售的纳税人销售的一些鲜活肉蛋产品，蔬菜批发、零售的纳税人销售的蔬菜，生产销售农膜，批发和零售的种子、种苗以及相关技术培训业务，牲畜动物的配种和疾病防治都实行增值税免征，极大减小了农业的负税率。第三，优惠政策更新快，紧抓农业发展需求。以耕地占用税为例，2016 年国家税务总局颁布了《耕地占用税管理规程（试行）》，随后根据具体实施遇到的问题，在 2018 年对文本的

---

① 资料来源：《关于印发农业综合开发区域生态循环农业项目指引（2017—2020 年）的通知》

部分税收规范性文件进行了修改，2019 国家税务总局第 21 号、30 号文件废止了原先的条款第四十一、四十二、四十三条，进一步改善了城镇土地使用税等"六税一费"优惠政策。这些税收优惠政策减轻了农业生产的负担，对农业现代化发展有重要推动作用。

3. 政策实施与管理

财政支农政策的实施与管理的有效性主要体现在两个方面：财政支农政策实施的完成情况和财政支农资金管理的效率情况。

第一是财政支农政策实施的完成情况。以 2020 年为例，中国财政支农政策实施情况良好：农业生产基础方面，财政对农田建设补助 694.8 亿元，支持耕地轮作休耕支出 76.19 亿元，夯实了农业的生产基础；农业补贴方面，财政不断完善，全年对耕地保护补贴 1 204.85 亿元，对农机购置补贴 170 亿元，加大补助力度，促进农业发展；产粮鼓励方面，全年财政资金安排产粮大县奖励 466.7 亿元，充分调动产粮积极性；农业保险方面，财政补贴农业保险支出 285 亿元，较上年同比增长 7.5%，促进现代化农业保险市场的发展[8]。

第二是财政支农资金管理的效率。2017 年开始，中国还加强了对农业补助资金的管理，全面实施"大专项+任务清单"的管理方式，并在后面几年不断完善和推进。2018 年财政部又提出进一步完善财政支农资金的使用管理机制，全面实施预算绩效管理。发展至今，中国财政部逐步形成了"项目单位自评+主管部门和财政部门核对评价"的财政支农资金绩效评估模式，财政支农资金的管理得到了加强，进而保证财政政策对农业现代化的促进作用。2020 年中央财政提出设立财政资金直达机制，惠企利民。这样的政策将会减少财政资金的浪费，进而提高支农的有效性。

四、现有支农财政政策存在的问题

（一）农业结构调整缺乏杠杆力

中国农业的产业结构主要分为农林渔牧四个部分[9]：从空间规划来看，农林渔牧在指定区域的比例结构有待协调；从产业结构来看，农林渔牧各自的产业比重有待调整；从农业发展来看农业的产业结构与其他产业的结果息息相关，而当前农业的整体产业配比相对其他产业发展信息滞后、结构滞后。而中国农业之所以会有结构偏差的问题存在，是因为中国的历史遗留问题，重工业优先发展使得农业结构出现偏差，统购统销的政策又限制了农业农村的发展，户籍政策更是阻碍了农业劳动力的自由流动[10]。而发展至今，中国越来越注重农村的高质量发展，将农村农业发展作为头等大事。但财政政策制定、实施、见成效都具有滞后性，对农业结构调整、优化的财政杠杆力度不足。要想实现农业发展的现代化，必须进一步加强财政的杠杆力，发挥财政支农的有效性。

（二）农业科技创新不及现代化

科技作为实现农业农村现代化的一个重要因素，也是判断农业是否符合现代化的要求水平的重要指标。当前中国农业生产要素中的科技占比成分与农业相对现代化的发达国家相比还有一定的差距，主要问题在于：第一，农业科技人才的培养力度不足。中国高层次人才主要集中在科研领域，且存在溢出效应，即培养的农业科技人才最终从事其他行业的不在少数。第二，农业科技资源存在错配。据有关研究测算，农业科技的财力资源每错配1%，全要素生产率就会下降0.264%[11]。中国农业科技资源错配存在地区差异具有显著性。第三，农业科技成果转化率较低。中国农业科技成果转化约在40个百分点左右，而发达国家的农业科技转化率高达70%~85%[12]，农业科技成果的转化情况会直接影响农业现代化的发展。第四，农业科技服务水平较低。公共科技服务是农业科技创新的重要基础，中国在这方面的服务能力和服务质量都有待提升。

（三）财政支农资金存在"碎片化"

从中国财政资金管理改革来看，财政支农资金的使用效率得到了极大的提升，农业现代化的成效也很显著。但从实务来看，财政支农资金仍然存在"碎片化"的现象[13]，由于支农资金多头管理导致交叉重复投入，财政资金的效用不能得到充分发挥。从专项资金的管理来看，资金投入与管理的碎片化很明显，即便有关部门多次出台政策整合涉农资金，但财政资金涉及多个预算部门，部门间的"权争"导致成效并不显著。从央地政府、高级政府与下属政府的责任权限划分来看，部分支农政策的划分还不明确，甚至有的地区没有对新的财政支农资金做出统筹安排，仅按经验支出，导致财政资金的"碎片化"。从现行的资金管理模式来看，具体实施中很多地区对支农事权不明确，任务清单的科学性不足。

五、政策建议

（一）引导农业结构调整，深化农业供给侧改革

实施积极的财政政策，立足于现有的农业产业调整成效，推进农业的结构优化，即需要紧抓脱贫攻坚向乡村振兴衔接过渡的目标背景，逐步分类优化调整农业结构，逐渐转移"三农"工作重心。具体操作上，首先应保障产业园区配套设施、安置区配套基础设施以及公共服务基础设施的基础，其次着力培养新型农业结构，建设新型农

业生态园区，最后深化农业供给侧结构性改革，提高农业农产品质量，为中国农业现代化发展助力。

（二）加大农村科技投入，推进农业高质量发展

新发展阶段，财政支农的重心不妨向强化农业现代化科技转移。首先可以完善农业科技领域的基础研究支持机制，积极提供农业科技物质装备，支持高校对农业的智力服务，促进农业科技的成果转化。其次应加强农业科技社会化服务，将农业科技服务发展为一种必不可少的公共服务，引入科技特派员制度[14]，支持农业科技发展。最后财政还应加大农业科技研发、机械设备购置的补贴力度，完善相关补贴制度，精简补贴程序，着力推进农业科技现代化。

（三）完善生态补偿制度，推动农业的绿色发展

建立健全生态补偿机制是有效促进农业绿色可持续发展的财政政策选择。当前中国的生态补偿机制还不够完善，不能有效推动农业的绿色发展。从财政补贴和税收优惠等政策可见，中国对生态保护十分重视，但政策的调动性不强，建议向成本费用类方向倾斜，优化生态环保资金投入的结构[15]，并适当引入市场化的保护机制，合理地划分生态收益区和保护区，同时加强生态环境的评估，有效推动农业农村生态现代化发展。

（四）加强农村教育投入，强化主体高素质培育

农业的根本是农民和农户，新发展阶段要实现农业的现代化发展首要需解决农业主体的教育培养问题。一方面财政可加强农业相关高等教育的投入，包括农业、生态环境、农业经济等专业高素质人才培养。另一方面强化农村农民的农业基础知识普及，可以在村镇设置农业相关咨询服务，同时构建现代化、专业化、多元化的新型职业农民教育体系[16]。

（五）完善支农绩效管理，提升财政资金效率

新发展阶段完善支农财政政策及资金的绩效管理可以从以下思路着手：第一是强化目标性，即支农工作和财政资金支出重点应落实到实现乡村振兴、促进农业现代化的目标上来，对涉农资金的绩效评价也需围绕这个目标进行；第二是经济性与效率性相结合，可从行业、区域、时间等多个维度对支农资金的经济效应和效率进行评价，强化预算约束；第三是安全性，即注重支农资金使用的资金安全与社会安全，增强农业风险抵御能力。

参考文献

[1] 丁谦，孟卫东. 农业现代化与中国农村财政政策的转变：基于内生增长理论

的分析［J］. 经济体制改革，2010（5）：129-133.

［2］李伟，马永谈. 财政支农支出对农业现代化的影响效应研究：基于动态面板数据的实证分析［J］. 西安财经学院学报，2014，27（3）：5-9.

［3］李晓亚. 农业现代化下财政支农政策优化研究［D］. 郑州：河南大学，2018.

［4］李梦涵. 促进中国农业现代化发展的财政支农政策研究［J］. 农业经济，2019（9）：113-115.

［5］赵素萍，葛明. 中国农业对国民经济的影响及其宏观经济效应分析：基于中国 2005 年、2010 年投入产出表［J］. 江苏农业科学，2015，43（6）：477-480.

［6］张兆同，王小雨，唐学玉. 支持农业高质量发展的财政政策有效性研究［J］. 农业经济，2021（1）：90-92.

［7］李桃. 税收与农村产业融合发展的适应性探究［J］. 税务研究，2020（6）：99-103.

［8］财政部调研小组. 2020 年中国财政政策执行情况报告［N］. 中国财经报，2021-3-7（1）.

［9］陈雪晖. 中国农业产业结构与农业经济增长关系分析［J］. 产业科技创新，2019，1（35）：1-3.

［10］常伟，王微. 中国农业结构偏差研究：基于制度分析视角［J］. 农村经济，2020（7）：22-30.

［11］杨传喜，王修梅. 农业科技资源错配对农业科技创新全要素生产率影响的空间溢出效应［J］. 数学的实践与认识，2021，51（6）：41-51.

［12］熊桉. 农业科技成果转化：从外生向内生转变的机制与模式研究［J］. 农业技术经济，2019（11）：83-92.

［13］刘天琦，宋俊杰. 财政支农政策助推乡村振兴的路径、问题与对策［J］. 经济纵横，2020（6）：55-60.

［14］庄晋财，鲁燊. 关于推进农业农村现代化几个问题的探讨：学习党的十九届五中全会精神［J］. 江苏大学学报（社会科学版），2021，23（2）：21-28.

［15］胡娟，李臻，郝颖. 政府调控下经济增长与生态质量的和谐路径：兼论中国生态补偿制度的再设计［J］. 中南财经政法大学学报，2021（2）：126-137.

［16］李海洲，张学军，杨杰. 新型职业农民教育研究的脉络、热点和演化趋势：基于 CNKI 核心期刊的文献分析［J］. 成人教育，2021，41（2）：43-49.

重庆乡村产业生态化发展评估及转型路径研究

郭可馨[①]

摘　要：在构建乡村产业生态化发展指标体系基础上，以重庆乡村为例，基于2000—2019年相关数据，运用因子分析法—熵权法对乡村产业生态化水平进行评估。研究发现：重庆乡村生活空间生态化发展水平的综合分值从2000年的-0.839 9增加到2019年的1.460 7，且乡村产业生态可持续发展和乡村产业发展2个因子的指数均呈现上升趋势，而乡村生态环境发展因子指数反复波动，总体增长趋势迟缓。研究提出发展山地特色高效农业、营造农产品电商产业生态圈、利用自然生态发展乡村旅游业的建议措施。

关键词：乡村产业生态化；绿色发展；因子分析法—熵值法

一、引言

乡村产业的发展是乡村振兴的重要基础，当前，我国已基本实现全面建成小康社会的目标，即将开启全面建设社会主义现代化国家新征程，因而发展乡村产业意义重大。《重庆市人民政府关于促进乡村产业振兴的实施意见》提出："力争用5~10年时间，全市农业结构进一步优化，绿色发展机制加快构建，现代山地特色高效农业的产业体系、生产体系、经营体系基本形成。"重庆在空间上以乡村为主，乡村产业的发展作为重庆市发展的重要支柱，因而，研究重庆乡村产业成为重要课题。

众多的河流的支流成为重庆乡村地区生态保护的关键，主要原因是如果工业废水污水被肆意排放在河流中，便会严重阻碍生态保护的建设。而另一个造成重庆乡村生

---

① 郭可馨，重庆工商大学经济学院，2019级国贸专业本科生。

态环境保护的难度较大的原因在于喀斯特地貌特性的地势，这种地势不仅使工业废水污水很难排放，也会导致工业废气很难排放在空气中。党的十九届五中全会提出："优先发展农业农村，全面推进乡村振兴。"生态宜居是乡村振兴的关键，为乡村居民提供适宜居住的生态、生产和生活环境，因而乡村生态化与乡村振兴战略紧密相连。实现乡村产业生态化是乡村绿色发展的重要路径，也是解决乡村环境污染的重要途径。因此，如何将乡村产业生态化融入重庆乡村绿色发展中，进而实现产业兴旺的目标，推动全面乡村振兴，是完成重庆乡村产业发展和生态文明统一亟须解决的问题。重庆乡村需要对其产业生态化发展进行评估研究，为其提供一条产业生态化转型路径。

二、文献综述

产业生态化理论思想源于 Ayres（1988）提出的产业代谢（industrial metabolism）概念，而后 Frosch & Gallopoulos（1989）提出了产业生态系统理论。产业生态系统具有闭路循环、多样性、本地化和渐进性等特征（Korhonen, 2001），会依次经历线性演进、部分循环、封闭循环三级演进过程，促进资源从有限利用到充分利用（Allenby, 2005）。生态效率作为衡量产业生态化的重要标准，要求企业在生产上实现物质和能量的循环利用以降低污染排放（WBCSD, 1992），常用的测度方法有经济环境单一比值法、指标体系法和模型法（Park, 2007; Kristina et al., 2005; Caneghem et al., 2010）。

刘则渊和代锦（1994）较早提出了产业生态化的内涵，此后，学界基于不同学科背景或研究目的，从知识经济论、全过程论、有机循环论、循环模式论（王如松和杨建新，2000；郭守前，2002；张文龙和余锦龙，2008）对产业生态化的内涵加以界定，为指导产业生态化转型，提出采用"减量化"等原则。在定量测度方面，国内学者侧重于围绕农业、工业、城市或国家等不同尺度和层面构建指标体系，采用 SBM-Undesirable、熵值、耦合协调度、DEA 等模型方法予以度量产业生态化的发展水平或效率（王宝义和张卫国，2018；刘传江 等，2016；程钰 等，2020）。在影响因素方面，产业生态化受到财政投入、产业集聚（吕明元和陈磊，2016；杨得前和刘仁济，2017；郭付友等，2019）等因素不同程度的影响。

国内外学者对产业生态化的内涵外延、发展评估、影响因素及推进路径的研究成果丰硕，值得学习和借鉴，但仍需完善。已有研究侧重从城市工业、某工业园区或农村农业生态转型研究产业生态化，将产业生态化落实于乡村地域系统，从具体某一地区视角出发来综合研究其乡村产业生态化现状。温涛（2018）、常纪文（2018）指出加快构建节约资源和保护环境的乡村产业结构，破题乡村振兴，乡村产业生态化是关键。

这些研究都侧重总结归纳、延伸解读，定量评估乡村产业生态化发展水平的研究尚且不足。乡村产业生态化发展的前提和基础是系统全面、客观准确的乡村产业生态化水平评价。构建乡村产业生态化水平评价体系成为指引乡村产业生态化发展道路的必经之路。

因此，本文以重庆为例，有依据地构建乡村产业生态化水平发展评价指标体系，合理评估乡村产业生态化发展，分析成果与问题，用量化的方式为有关乡村产业发展规划提出举措和政策，为推进乡村产业生态化发展提供有用依据，以乡村经济与生态环境的和谐共赢推进农村经济高质量发展。

三、重庆乡村产业生态化指标体系构建

基于产业生态化和乡村绿色发展（乡村振兴）的内涵，参考何焱洲（2019）对乡村生产空间系统功能的评价指标体系，结合重庆乡村的农业、旅游业、农产品加工业和农村电商等产业需要适应生态的发展。遵循系统性、科学性和可操作性原则，考虑数据的可获取性和指标的相对稳定性，本文从两个维度构建重庆乡村产业生态化发展评估研究。

重庆乡村产业生态化发展指标体系分为目标层、准则层和指标层3层。目标层的构建考虑了乡村产业发展、生态环境发展2个维度；准则层有7个方面；指标层则秉持全面客观的原则选取了有代表性的19项指标，具体见表1。

乡村产业发展水平。越高的乡村产业发展水平，人们才会更重视生态保护，因此乡村产业发展水平必然是决定乡村产业生态化水平的一个关键维度。为了更好地体现一个地区的产业发展程度，选取了人均粮食作物产量、农、林、牧、渔业总产值、农作物总播种面积、农产品加工业产值、农业商品产值、人均乡村旅游业收入和林业旅游与休闲服务，另外新型产业也是体现一个地区的产业发展潜力，故还选取农村居民家庭平均每百户移动电话拥有量、农村邮政营业网点数和农村投递线路长度。

生态环境发展水平。乡村生态环境发展评估则根据乡村三生空间维度来进行考察，生态保护水平越高的地区，产业生态化的空间才会越大，故选取森林覆盖率、水资源总量和水土流失面积；良好的生产空间有助于产业生态化发展以及推动经济发展，故选取农药使用量、农用化肥使用量和农膜使用量；乡村的生活空间与居民的生活幸福感息息相关，故选取卫生厕所普及率、农村沼气池产气总量和生活污水净化池。

表1　重庆乡村产业生态化发展水平评价指标体系

目标层	准则层	指标层	单位
乡村产业生态化发展水平	乡村产业发展	农业发展	人均粮食作物产量 X1	千克

目标层	准则层		指标层	单位
乡村产业生态化发展水平	乡村产业发展	农业发展	人均粮食作物产量 X1	千克
			农、林、牧、渔业总产值 X2	万元
			农作物总播种面积 X3	千公顷
		农产品加工业发展	农产品加工业总产值 X4	亿元
			农业商品产值 X5	亿元
		乡村旅游发展	人均乡村旅游业收入 X6	元/人
			林业旅游与休闲服务 X7	万元
		农村电商发展	农村居民家庭平均每百户移动电话拥有量 X8	户
			农村邮政营业网点数 X9	处
			农村投递线路长度 X10	千米
	生态环境发展	生态空间	森林覆盖率 X11	%
			水资源总量 X12	亿立方米
			水土流失治理面积 X13	千公顷
		生产空间	农药使用量 X14	万吨
			农用化肥使用量 X15	万吨
			农膜使用量 X16	万吨
		生活空间	卫生厕所普及率 X17	%
			农村沼气池产气总量 X18	个
			农村生活污水净化池 X19	万立方米

四、数据来源和研究方法

（一）数据来源

为保证数据的完整性、可获取性和时效性，本文选取重庆市乡村地区2000—2019年的19个评价指标数据作为测算对象，统计数据主要来源于《中国农村统计年鉴》（2000—2019）、《重庆统计年鉴》（2000—2019）、《中国统计年鉴》（2000—2019）。水土流失治理面量数据源于历年《中国水利统计年鉴》，农产品加工业数据源于历年《中国农产品加工业年鉴》，乡村旅游业数据来源于重庆市文化旅游和发展委员。个别缺失数据采用线性插值以补齐处理。

（二）研究方法

首先，对重庆乡村产业生态化发展水平评价指标体系进行因子分析，因子模型用矩阵用式（1）表示，矩阵 R（$R = XX'$）的特征值为 λ，经过成分贡献度计算式（2）、公因子个数计算式（3）、公因子权重及得分计算式（4），得到因子分析下重庆乡村产业生态化发展因子的贡献度 t_i、前 r 个公因子的累积贡献度 t、公因子 m 个数、公因子权重 V_t、公因子得分 F_j。

$$X = \mu + AF + \varepsilon \tag{1}$$

$$t_i = \lambda_i / \sum_{j=1}^{N} \lambda_i t = \sum_{j=1}^{r} \lambda_j / \sum_{j=1}^{N} \lambda_j \tag{2}$$

$$\lambda_1 + \lambda_2 \cdots + \lambda_m / \sum_{j=1}^{P} \lambda_i \geq 85\% \tag{3}$$

$$V_t = \lambda_t / \sum_{j=1}^{P} \lambda_j F = \sum_{j=1}^{m} V_i F_j / t \tag{4}$$

其次对各个因子得分赋权重，主要使用熵值法对其赋权。

（1）数据非负化处理：因子得分的数据有负数，不利于计算熵值，因此对标准化数据矩阵进行数据平移。

（2）确定单指标贡献度：

$$p_{ij} = y_{ij} / \sum_{i=1}^{m} y_{ij} \tag{5}$$

p_{ij} 为第 i 个指标值在第 j 项指标下所占比重，y_{ij} 为平移后的标准化数据矩阵。

（3）计算熵值：

$$e_j = -\frac{1}{\ln m} \sum_{i=1}^{m} p_{ij} \ln p_{ij} \tag{6}$$

e_j 为第 j 项指标的熵值，m 为评价对象个数。

（4）权重计算：

$$w_j = g_i / \sum_{i=1}^{n} g_i \tag{7}$$

w_j 为第 j 项指标的权重，g_i 为第 j 项指标的差异性系数，其中 $g_i = 1 - e_j$

（5）基于主成分分析法—熵值法的综合评价

产业生态化的最终得分由式（7）求得的各个主成分的权重与式（4）求得的对应的分值的乘积得到，可以表达为：

$$S_i = \sum_{j=1}^{n} w_j F_j \tag{8}$$

S_i 为第 i 个指标乡村产业生态化综合分值，综合分值与乡村产业生态化发展水平成正比关系。

五、重庆乡村产业生态化发展水平评价分析

（一）因子分析

使用 SPSS 计算得出，KMO 值为 0.578>0.5，巴特利特球形检验统计量 P 值为 0.00，小于 0.05，该指标体系基本适合因子分析法。根据因子分析法，前 4 个因子的特征根值分别为 9.130、6.091、1.813、1.105，其累计方差贡献率为 95.471%，故前四个因子足以描述重庆乡村产业生态化水平。

接着，通过 SPSS 最大方差正交旋转法对因子载荷矩阵进行旋转，得到因子载荷矩阵（见表 2），第一公共因子在 X2、X5、X8、X11、X13、X15~X18 等 9 个指标上有较高的载荷，主要反映乡村产业生态可持续发展水平，可将其定义为"乡村产业生态可持续发展因子"；第二个公共因子在 X4、X6、X7、X9 等 5 个指标有较高载荷，主要反映农产品加工业、农村电扇和乡村旅游发展，可将其定义为"乡村产业发展因子"；第三个公共因子在 X12、X14、X19 等 5 个指标有较高的载荷，分别代表生态空间、生产空间和生活空间，主要反映乡村生态环境发展水平，可将其定义为"乡村生态环境发展因子"。可以看出，因子重新定义后，基本与之前构建的乡村产业生态化发展水平评价指标体系中的目标层名称相似，很大意义上说明因子分析与评价指标体系的匹配度较高，两者都有自己的合理性。

表 2　旋转后的因子载荷矩阵

原始变量	因子 1	因子 2	因子 3
人均粮食作物产量 X1	0.435	-0.704	0.257
农、林、牧、渔业总产值 X2	0.921	0.372	-0.086
农作物总播种面积 X3	-0.085	0.098	-0.96
农产品加工业总产值 X4	0.665	0.704	0.125
农业商品产值 X5	0.901	0.426	-0.06
等于旅游业收入/农村人口 X6	0.833	0.54	-0.035
林业旅游与休闲服务 X7	0.692	0.696	0.087
农村居民家庭平均每百户移动电话拥有量 X8	0.950	0.301	-0.032
邮政营业网点数 X9	0.659	0.713	0.118
农村投递线路长度 X10	-0.569	-0.253	0.637
森林覆盖率 X11	0.971	0.211	-0.02
水资源总量 X12	-0.043	0.279	0.341
水土流失治理面积 X13	0.905	0.413	0.014

表2(续)

原始变量	因子 1	因子 2	因子 3
农药使用量 X14	−0.334	−0.828	0.349
农用化肥使用量 X15	0.969	−0.181	−0.075
农膜使用量 X16	0.982	0.067	−0.097
卫生厕所普及率 X17	0.979	0.03	−0.007
农村沼气池产气总量 X18	0.923	−0.313	−0.134
生活污水净化沼气池 X19	−0.075	−0.896	−0.117

运用回归法计算因子得分系数矩阵，从而得到三个因子的得分。以各因子得分为基础，以方差贡献率为权重，计算各个因子随时间变化的综合得分，并作相应的排序，结果见表3。

表3　重庆乡村产业生态化发展因子得分矩阵

年份	因子 1	因子 2	因子 3	年份	因子 1	因子 2	因子 3
2000	0.287 2	2.790 6	0.651 1	2010	2.445 5	0.695 5	2.212 6
2001	0.410 9	2.465 9	1.216 0	2011	2.620 2	0.879 2	1.778 2
2002	0.601 5	2.365 1	1.905 5	2012	2.677 4	1.060 6	1.526 0
2003	0.807 5	2.264 6	2.435 0	2013	2.821 2	1.307 9	0.701 3
2004	1.006 9	2.181 8	1.983 7	2014	2.867 7	1.627 9	1.352 7
2005	1.361 1	1.570 2	2.564 5	2015	3.049 5	1.572 3	0.516 1
2006	1.112 7	2.004 2	1.509 3	2016	3.000 8	2.622 8	0.926 7
2007	1.634 5	1.547 2	4.284 4	2017	2.950 1	3.485 9	2.663 0
2008	1.959 5	1.067 3	3.723 1	2018	3.052 3	3.711 3	2.673 9
2009	2.234 0	0.630 6	2.676 6	2019	3.099 7	4.149 8	2.700 4

（二）熵值法确定新的权重

首先将表中的数据矩阵向右平移两个单位进行非负化处理，然后分别计算指标贡献值、熵值、差异性系数和权重，计算结果见表4。

表4　重庆乡村产业生态化发展水平综合得分

	因子 1	因子 2	因子 3
熵值	0.953 0	0.960 7	0.959 3
差异系数	0.047 0	0.039 3	0.040 7
权重	0.369 8	0.309 6	0.320 6

从表4可以看出，乡村产业生态可持续发展因子（因子1）、乡村产业发展因子（因子2）和乡村生态环境发展因子（因子3）的权重分别为0.369 8、0.309 6和0.320 6，乡村产业生态可持续发展权重最高，说明乡村产业生态可持续发展对乡村产业生态化发展影响最大，而因子2和因子3也较为重要，两者的权重均在0.3以上。此外，由于变量系数的内生性，运用因子分析法赋权指标权重，将高估乡村产业生态可持续发展因子、乡村产业发展因子，低估乡村生态环境发展因子的影响，因此运用熵值法赋权指标更加客观。

（三）重庆产业生态化发展综合分值

根据表2和表3的数据，结合式计算出重庆乡村2000—2019年产业生态化发展的综合评分，并对其进行排序（见表5），从总体变化程度来看，重庆乡村产业生态化呈现显著的阶段性发展特点，整体走向呈波动增长态势，2019年是所有年份中乡村产业生态化发展水平最高的一年，达到1.460 7，2000年是所有年份中乡村产业生态化水平最低的一年。

表5　重庆乡村产业生态化发展水平综合得分

年份	综合得分	排序	年份	综合得分	排序
2000	1.379 0	20	2010	1.979 8	11
2001	1.513 6	19	2011	1.951 8	12
2002	1.801 8	16	2012	1.946 7	13
2003	2.036 6	9	2013	1.786 3	17
2004	1.912 6	14	2014	2.162 8	7
2005	2.032 4	10	2015	1.900 0	15
2006	1.710 8	18	2016	2.422 4	6
2007	2.761 0	4	2017	3.364 9	3
2008	2.496 2	5	2018	3.490 1	2
2009	2.049 2	8	2019	3.679 6	1

（四）重庆乡村产业生态化发展水平分析

重庆乡村产业生态化水平的演变大致可以分为三个阶段：①低水平略微波动时期（2000—2006）。该时期乡村产业生态化水平主要呈先增加后减少的趋势，主要原因是2000—2006年乡村产业生态可持续发展（因子1）为所有年份最低的6年，2000年之后重庆乡镇企业的有色金属冶炼、机械、化工等能源重工业发展增速较快，由于产业不合理的结构布局和技术水平的限制等因素，资源消耗和污染排放规模较大，乡村产业生态化发展水平相对较低且有略微波动。②第二阶段为2007—2015年，主要呈先增加后减少的趋势，2007 年急速上升，实际主要原因在于从 2007 年市委、市政府确定的"一圈两翼"发展思路，重点发展特色乡村旅游基地，逐步推动发展生态友好型农业。2008 年之后水平下降，主要受因子 1、因子 2、因子 3 共同的影响。③高速飞跃提升时期（2016—2019 年），总趋势为快速增长，特别是 2016 年，重庆乡村产业生态化发展水平呈现大幅度增长趋势。2016 年是"十三五"时期是全面建成小康社会的决胜阶段。为进一步发展城乡区域的绿色发展，重庆市政府引导产业生态化发展，乡村产业生产过程中资源消耗开始明显降低，环境损害程度逐渐下降，重庆乡村产业生态化水平显著提升。

2000—2019 年重庆乡村产业生态化各评价值得分差异明显（见图 1），具体而言：

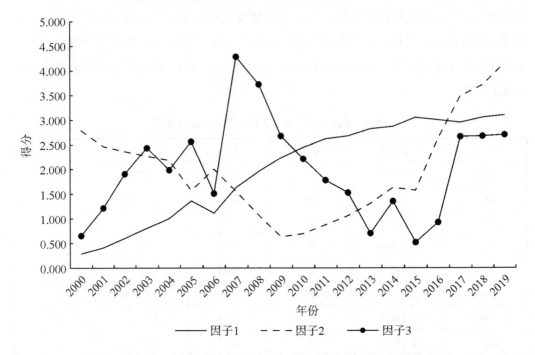

图 1 2000—2019 年重庆乡村产业生态化水平综合得分和评价指标得分

（1）乡村产业生态可持续发展水平。乡村产业生态可持续发展因子（因子 1）指数得分最高的是 2019 年（3.099 7），最低的是 2000 年（0.287 2）。可以清晰看到该项指数从时间跨度上展现出逐年上升趋势，意味着乡村产业生态可持续发展水平随时间变化稳步提升，通过具体指标发现，主要源于乡村产业生产过程中生态环境的改善，乡村的生活、生产、生态空间的发展近些年的指标均呈现好的趋势。这主要归功于乡村产业生态化的有效倡导，在此之前，重庆局部地区的乡村生态环境较为脆弱，以及不合理的产业结构和快速的城镇化发展，导致生态脆弱性更加明显，2018 年以来，许多乡镇政府通过创新库区养殖模式，以新技术实现养殖业生态化转型以及采用生态化种植技术，打造地域特色生态产业品牌。具体指标数据的变化也明显地体现出近些年乡村旅游业等新型产业的兴起对乡村产业总发展水平快速提升的巨大贡献。

（2）乡村产业发展水平。乡村产业发展因子（因子2）指数得分最高的是2019年（4.149 8），最低的是2009年（0.630 6）。总体呈先下降后上升的趋势，主要受农产品加工、农村电商和乡村旅游的相关指标的影响。从2000年的2.790 6下降到2009年的0.630 6，主要与2007年乡村生态环境发展陡然上升有关，相关政策未把控好产业发展与生态环境的关系。近年来国家发展改革委等7部门同意重庆市巴南3个示范园创建第三批国家农村产业融合发展示范园，且重庆乡村利用自然生态和人文特色优势，推进发展乡村旅游业；2017年的3.485 9（以2015为基期）同比增长77.1%，其中的提升贡献最大，2017年的农产品加工业产值为2 198.00亿元，是2015年的（922.64亿元）的2.38倍，其次为林业旅游与休闲服务，2017年农林牧渔业总产值较2015年增长1 152 975万元，年均增长率为21.24%，再次为农村邮政营业网点数，由2015年的3 725处上升到2017年的6 583处。根据实际分析可知，"十三五"期间，重庆决定构建新型农业产业体系，同时将休闲旅游业和农村电商与生态相结合，因而乡村产业发展得到显著提高。

（3）乡村生态环境发展水平。乡村生态环境发展因子（因子3）总体呈先上升后下降的趋势，其中2007年在所有年份的分值最高（2.284 4），2015年最低（-1.483 9）。乡村生态环境因子反复波动，总体增长趋势缓慢，主要原因为当产业发展对生态环境超过其承载力的阈值时，就会使生态系统更加脆弱，降低产业的经济效益，从而不利于产业生态化发展，而近些年其分值较为稳定，主要因为乡镇政府以"生态优先"为原则发展乡村产业，以农药使用量为例，重庆乡村农药使用量连续多年实现负增长，2019年（以2015年为基期）减少了1 700吨。此外，不少乡村提出调整产业结构的措施，例如改种水土肥要求低、适宜土壤环境的农作物。

六、结论与转型路径

（一）结论

构建基于2个维度、19个具体指标的产业生态化评价指标体系对重庆市乡村产业2000—2019年的相关数据进行评价。研究结果表明：

（1）重庆市乡村产业生态化发展水平整体呈现上升趋势，由于近年乡村产业发展的大规模开发建设和固有待优化的生态问题，经历了较大幅度的变化并在2019年达到指数最高点。

（2）从乡村产业生态可持续发展水平、乡村产业发展水平和乡村生态环境发展水平的数据可知，前两个发展水平因子较高的年份通常有利于乡村产业生态化的发展，而乡村生态环境发展因子反复波动，总体增长趋势缓慢，重庆市乡村产业生态化发展亟待提升。

（3）结合产业生态化发展指数的图表讯息和当时热点，变化幅度较大的相关年份通常伴随着重大国家政策的规划发布和重要国家战略的支持，政府和企业响应国家号召对乡村产业生态化具有极大帮助。

总之，重庆乡村产业生态化发展水平与经济发展的阶段和政策制度密切相关。

（二）重庆市乡村产业生态化转型路径

第一，调整产业结构，发展山地特色高效农业。要做优生态农业，发展现代山地特色高效农业，不断把生态优势转变成发展优势。依据重庆的独特地势，发展现代山地特色高效农业产业，加快粮食生产功能区的建设，加快绿色化生产；另一方面以"生态优先"为原则，发展乡村产业，提出调整产业结构的措施，改种水土肥要求低、适合山坡地土壤环境、亩产效益高的农业作物，符合发展现代山地特色高效农业的要求。

第二，打造农产品电商产业生态圈。跟随农产品电商产业发展趋势是乡村振兴的必经之路，利用好农产品供应链、价值链也是营造农产品电商产业生态圈的关键，同时根据重庆本身特殊的地形，把山地小特优鲜农产品作为农村电商发展的主攻方向，促进农村创新创业，加快农村电子商务平台升级。

第三，利用自然生态和人文特色优势，大力发展乡村旅游业。运用以乡村旅游、乡村特色为主的服务型经济方式，构建具有地方特色的现代产业。要做精生态旅游业，应立足当地绿色生态、峡江的特色风光，将旅游业的资源进行全面的整合。建设观景采摘长廊，利用其生态高地的自然优势，将生态农业与旅游相结合。

参考文献

［1］刘则渊，代锦. 产业生态化与我国经济的可持续发展道路［J］. 自然辩证法研究，1994（12）：38-42，57.

［2］陈柳钦. 产业发展的可持续性趋势：产业生态化［J］. 未来与发展，2006（5）：31-34.

［3］FROSCH R A，GALLOPOULOS N. Strategies for manufacturing［J］. Scientific American，1989，261（3）：144-152.

［4］Allenby B R，Richards D J. The oreening of industrial ecosystems［M］. Washington，Dc：National Academy Press，1994.

[5] 陆根尧，盛龙，唐辰华. 中国产业生态化水平的静态与动态分析：基于省际数据的实证研究 [J]. 中国工业经济，2012（3）：147-159.

[6] 商华，武春友. 基于生态效率的生态工业园评价方法研究 [J]. 大连理工大学学报（社会科学版），2007（2）：25-29.

[7] 程莉，孔芳霞，文传浩，等. 流域产业生态化效率的区域差异及影响因素分析：以金沙江为例 [J]. 重庆工商大学学报（社会科学版），2021，38（1）：57-66.

[8] 程钰，李晓彤，孙艺璇，等. 我国沿海地区产业生态化演变与影响因素 [J]. 经济地理，2020，40（9）：133-144.

[9] 刘曙光，王璐，尹鹏，等. 中国地级以上城市产业生态化时空特征及其驱动因素研究 [J]. 资源开发与市场，2018，34（11）：1488-1493，1519.

[10] 张媛媛，袁奋强，刘东皇，等. 产业生态化水平的测度及其影响因素研究 [J]. 长江流域资源与环境，2019，28（10）：2331-2339.

直播带货助力乡村振兴的长效机制研究

——基于 AISAS 模型分析

何雪莲　曹　雅　陈　杰　洪启英　贺　涛①

摘　要：本文从乡村振兴视角出发，对两个地区的电商乡村振兴扶贫机制进行了研究，并引用 AISAS 消费者行为模型，从制造关注、引发兴趣、扩大搜索、展开行动和进行分享五个阶段分析总结了直播带货对乡村振兴作用的内在机理和直播带货对乡村振兴长效机制的可行性和有效性。研究结果表明直播带货对乡村振兴具有缓解信息不对称、增加就业与收入、形成品牌的作用，从思想、行动、制度三个方面构建了直播带货脱贫攻坚的长效机制，助力乡村振兴。

关键词：直播带货；电子商务；乡村振兴；AISAS 理论；长效机制

一、引言

我国城乡之间的巨大差距导致如人口的流失、教育水平较低、基础设施不健全、土地荒置、医疗设施条件落后等一系列问题。这些问题反过来又进一步拉大了城乡之间的差距，城乡发展的不平衡也因此成为我国当前社会的主要矛盾的重要体现[1]。

突如其来的新冠肺炎疫情，让中国线下各个行业都受到了重创，给我国经济发展造成巨大损失，而线上行业凭借着无接触、安全的优势，备受消费者的青睐，直播带货成为时代发展的重要趋势。贫困地区借助直播带货的契机将自己的家乡以及家乡特产推销出去，同时，政府党员干部走进直播间进行带货，这也是实现乡村振兴的一种新型探索手段[2]。

---

① 何雪莲，重庆工商大学经济学院，2019 级贸经专业本科生；曹雅，重庆工商大学经济学院，2019 级贸经专业本科生；陈杰，重庆工商大学经济学院，2019 级贸经专业本科生；洪启英，重庆工商大学经济学院，2019 级贸经专业本科生；贺涛，重庆工商大学人工智能学院，2020 级自动化专业本科生。

在乡村振兴大背景前提下，从以直播带货为代表的电子商务的角度进行研究，有利于助力乡村振兴的可实施性，寻求乡村振兴战略与直播带货相结合的长效机制的道路，同时对电子商务市场的规范与其长期发展给出一定的参考。

二、文献综述

国外电子商务作用于乡村经济发展的时间比国内长，我们的研究可借鉴国外电子商务扶贫的经验，帮助我们深入了解电商扶贫。电子旅游的新型旅游方式，可弥补贫困地区经济落后、缺乏基础设施和劳动力不足的缺陷来提升减贫的成功率（Sanjay Lama. et al，2020），通过企业为贫困人群提供金融服务和战略咨询与援助（C M Sashi，2011），促进农村连通互联网等基础设施来帮助农村进行电子扶贫治理（Karunamay Subuddhi，2009）。

电子商务发展对我国新农村建设具有重大作用，并且农村电子商务运作模式正在从 C to B 模式改进为 F to C to B 模式（李海平、刘伟玲，2011）。目前农村电商运营模式有三种新思路，即"专业化自媒体营销模式""品牌营销模式""圈层辐射的社交营销模式"（乔改红，2020）。我国将电商扶贫设为实施精准扶贫的十项工程之一，电子商务加快了扶贫工作的进度且其发展前景较好（李章梅、起建凌、孙海清，2015；林广毅，2016）。为了推动农村贫困地区产业和经济发展，农村电商可利用明确市场导向、激发动力、电商赋能、资源整合等方法（李鹏飞、卢佳，2017）。但在电商扶贫工作中也面临贫困人群对电商扶贫的接纳度不高、基础设施不够完备、缺乏电子商务相关人才、贫困地区产业程度和政府职能作用发挥不够等问题（赵霞，2017；付冬玲、李朝辉，2019）。

国外乡村条件较国内相对较好，但其利用直播带货的案例也是寥寥无几，导致我们无法收集大量数据用于研究。我国早期农村电商发展缩短了农民卖家与城市顾客的时空距离，解决农产品销路问题，起到了衔接供需的作用。随着对农村电商更深层次的研究，以及精准扶贫概念的提出，学者们将农村电商与扶贫工作结合起来研究。农村电商扶贫概念的提出时间较晚，相关研究认为：第一，目前相关研究缺乏农村电商参与主体的整体分析以及主体之间互动机制的研究；第二，构建和完善电商直播扶贫长效机制是巩固扶贫成果、防止返贫的重要方法；第三，农村电商扶贫的效果评估与长效扶贫机制评价相结合是未来扶贫的研究方向。

三、直播带货助力乡村振兴的机理研究

（一）解决现存难题，提高收入水平

直播互动和平台的推广可以解决贫困地区信息堵塞、产品滞销等问题。通过直播互动，可吸引更多顾客，开发潜在的消费者，并将农产品进行集中销售，提高农民的收入，实现乡村振兴。

（二）提高乡村就业，提高农民素养

农村直播带货的发展，需要大量主播、助播和场控等相关人员，可增加当地就业机会。但贫困地区的农民大多不具备相关知识，需要通过基层干部等人员对其进行培训，提高农民专业素养，组织农民上岗就业。

（三）助力精准扶贫，带动关联产业发展

直播平台收集整合的消费者消息可以帮助农民找准产品，种植优化，助力精准扶贫工程。农村直播带货想要发展好，离不开物流、储蓄、快递等关联产业的发展。

（四）打造品牌，可持续发展

农户通过独特的直播，将优质的产品和天然的环境展现出来，再利用直播平台的推广，吸引更多的消费者购买；且直播后台整合的消费者数据反馈能不断优化产品，获得消费者信任，逐步打造农村特色品牌，实现品牌效应，促进乡村可持续发展。

四、直播带货助力乡村振兴的实证研究

（一）研究设计与模型选定

1. AISAS 模型介绍

AISAS 模型主要从注意、兴趣、搜索、行动、分享五个方面切入，是美国一家电信公司基于互联网时代而总结出的对消费者的生活形态变化进行消费者行为模式分析的一类模型。通过对消费者利用网络主动进行搜索和信息分享的过程中发生的变化，从而得出直播带货作用于扶贫的内在机理。

2. 基于 AISAS 的直播带货助力乡村振兴的效果模型

通过对 AISAS 模型五阶段的直播带货助力乡村振兴的效果分析，构建了基于 AISAS 的直播带货对助力乡村振兴的效果模型，如图 1 所示。

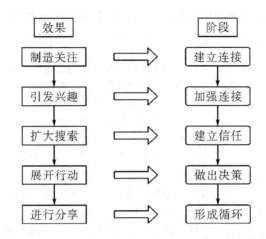

图 1　基于 AISAS 的直播带货助力乡村振兴的效果模型

通过效果模型可知，我们可以从以下五个方面来助力乡村振兴：

（1）制造关注（attention）——建立连接阶段，聚集流量，吸引电商平台参与直播带货[23]。

（2）引发兴趣（interest）——加强连接阶段，利用名人，带领广大群众关注直播带货[24]。

（3）进行搜索（search）——建立信任阶段，增加曝光，产品更易于被消费者所发现。

（4）促成行动（action）——做出决策阶段，三方合作，直播带货迅速开展[21]。

（5）扩散分享（share）——形成循环阶段，分享信息，维持直播热度。

（二）直播带货助力乡村振兴的实证研究

1. 评价指标体系及权重的确定

参考聂晶[14]学者的分析方法，本文将利用 AHP（层次分析法）—模糊综合评价法测定直播带货对助力乡村振兴的评价结果。

基于 AHP 的基本原理，构建直播带货对助力乡村振兴的效果评价指标体系（见表 1），将评价分成三个层次：第一层次为目标层，记为 O；第二层次为准则层，记为 C；第三层次为方案层，记为 P。

通过 SPSS 软件进行信度检验和效度检验分析，结论得出第 6 项和第 14 项指标的因子载荷系数小于 0.3，应该进行删除。

参考聂晶学者对五个部分权重的设定进行划分，将一级指标中的制造注意、引发兴趣的权重值设定为 0.125，搜索、行动、分享的权重值设定为分别为 0.25。然后利用 SPSS 软件计算得出各级指标权重，如表 1 所示。

表1　直播带货助力乡村振兴的效果评价指标体系及权重

目标层	一级指标	二级指标
直播带货对提振乡村振兴的效果	制造注意 u_1（权重值 0.125）	1. 通过关注的明星的直播去观看 u_{11} 0.243 2. 政府对直播带货助力乡村振兴的宣 u_{12} 0.252 3. 各大平台的推广宣传 u_{13} 0.251 4. 家人朋友的推荐 u_{14} 0.254
	引发兴趣 u_2（权重值 0.125）	5. 县长、知名主播等带货 u_{21} 0.492 7. 直播产品具有直观性，性价比高 u_{22} 0.508
	搜索 u_3（权重值 0.25）	8. 进一步搜索相关产品 u_{31} 0.489 9. 搜索相关消费评论，了解更多信息 u_{32} 0.511
	行动 u_4（权重值 0.25）	10. 关注直播间 u_{41} 0.249 11. 支持扶贫和乡村振兴工作购买直播产品 u_{42} 0.237 12. 进行回购 u_{43} 0.272 13. 愿意购买并作出行动 u_{44} 0.242
	分享 u_5（权重值 0.25）	15. 线下分享 u_{51} 0.507 16. 出于乡村振兴的主题意义去分享产品 u_{52} 0.493

2. 模型的设定及求解

本文确定根据 AHP 来确定各指标的权重，对"非常好、好、一般、较差、非常差"五个等级设置数值为 0.9、0.7、0.5、0.3、0.1。

本文根据模糊综合评价法对直播带货对助力乡村振兴的效果评价进行模型构建与求解，具体论述如下：

（1）明确因素集。假定因素集为 U，即直播带货对助力乡村振兴的效果评价的各个指标如式（1）。

$$U = \{u_1, u_2, \cdots, u_m\} \tag{1}$$

（2）明确评判集。假定评判集为 V，$V = \{v_1, v_2, \cdots, v_n\}$。模糊关系用 R 表示，u 与 v 所具有的模糊关系程度为 $U_R(u_i, v_j) = r_{ij} \in [0, 1]$。设 $V = \{v_1, v_2, v_3, v_4, v_5\}$，直播带货对助力乡村振兴的效果评价对应的评语为非常好、好、一般、较差、非常差，对应数值为 0.9、0.7、0.5、0.3、0.1。

（3）明确模糊关系矩阵。以 u_i 对 U 中的单因素进行表示，设 r_{ij} 为 u_i 对评判等级 v_j 的隶属度，因此，单因素 u_i 的评价集为 $r_i = (r_{i1}, r_{i2}, \cdots, r_{in})$。评判矩阵 R 可以由 m 个因素的评价集组成，如式（2）。

$$R = (r_{ij})_{m \times n} = \begin{bmatrix} r_{11} & r_{12} & \cdots & r_{1n} \\ r_{21} & r_{22} & \cdots & r_{2n} \\ r_{31} & r_{32} & \cdots & r_{3n} \\ r_{41} & r_{42} & \cdots & r_{4n} \end{bmatrix} \tag{2}$$

（4）直播带货助力乡村振兴的效果二级指标综合评判公式。模糊合成的一般形式如式（3）。

$$B_i = W_i \times R_i \qquad (3)$$

其中，二级指标评判矩阵 R_i 为各指标层所对应的直播带货对助力乡村振兴的效果评价，各级指标的权重为 W_i，不同指标层直播带货对助力乡村振兴的效果二级指标评判得分向量为 B_i。

（5）直播带货对助力乡村振兴的效果综合评价值。通过计算得到的直播带货提振乡村振兴的二级评判向量 B_i 之后，进一步可得出一级评判矩阵 R，并通过 $B = W_U \times R$ 得到一级评判综合向量 B，将其与隶属度评价级别 V^T 相乘得到相应的综合评价 S，如式（4）。

$$S = B \times V^T \qquad (4)$$

（三）模型实证

利用线上平台随机向使用过直播带货的消费者进行问卷发放，有效收回问卷 121 份，问卷有效率为 100%。根据问卷调查结果对直播带货对提振乡村振兴的效果进行综合评价。具体如下：

直播带货对助力乡村振兴的效果评价因素集：一级指标因素集：$U = \{u_1, u_2, u_3, u_4, u_5\}$。二级指标因素集：引起注意指标因素集：$u_1 = \{u_{11}, u_{12}, u_{13}, u_{14}\}$；产生兴趣指标因素集：$u_2 = \{u_{21}, u_{22}\}$；搜索指标因素集：$u_3 = \{u_{31}, u_{32},\}$；行动指标因素集：$u_4 = \{u_{41}, u_{42}, u_{43}, u_{44}\}$；分享指标因素集：$u_5 = \{u_{51}, u_{52}\}$。

直播带货对助力乡村振兴的效果评价集为：$V = \{v_1, v_2, v_3, v_4, v_5\} = \{$非常好，好，一般，较差，非常差$\} = \{0.9, 0.7, 0.5, 0.3, 0.1\}$

首先整理分析问卷相关数据，并利用 SPSS 软件进行统计分析。然后进行归一化处理，从而进一步得到直播带货助力乡村振兴的效果评价的二级指标体系的模糊评价矩阵。

引起注意指标体系评价矩阵：

$$R_1 = \begin{bmatrix} 0.206\,6 & 0.305\,8 & 0.338\,8 & 0.090\,9 & 0.057\,9 \\ 0.173\,6 & 0.338\,8 & 0.429\,7 & 0.024\,8 & 0.033\,1 \\ 0.181\,8 & 0.355\,4 & 0.388\,4 & 0.041\,3 & 0.033\,1 \\ 0.198\,3 & 0.347\,1 & 0.380\,2 & 0.033\,1 & 0.041\,3 \end{bmatrix}$$

产生兴趣指标体系评价矩阵：

$$R_2 = \begin{bmatrix} 0.165\,3 & 0.322\,3 & 0.429\,8 & 0.057\,9 & 0.024\,7 \\ 0.198\,4 & 0.338\,8 & 0.396\,7 & 0.049\,6 & 0.016\,5 \end{bmatrix}$$

搜索指标体系评价矩阵：

$$R_3 = \begin{bmatrix} 0.181\ 8 & 0.297\ 5 & 0.405\ 0 & 0.082\ 6 & 0.033\ 1 \\ 0.223\ 1 & 0.371\ 9 & 0.314\ 1 & 0.049\ 6 & 0.041\ 3 \end{bmatrix}$$

行动指标体系评价矩阵：

$$R_4 = \begin{bmatrix} 0.206\ 6 & 0.338\ 8 & 0.396\ 7 & 0.024\ 8 & 0.033\ 1 \\ 0.165\ 2 & 0.297\ 4 & 0.438\ 0 & 0.074\ 4 & 0.024\ 7 \\ 0.338\ 8 & 0.363\ 6 & 0.264\ 5 & 0.024\ 8 & 0.008\ 3 \\ 0.190\ 1 & 0.297\ 5 & 0.446\ 3 & 0.041\ 3 & 0.024\ 8 \end{bmatrix}$$

分享指标体系评价矩阵：

$$R_5 = \begin{bmatrix} 0.231\ 4 & 0.454\ 5 & 0.272\ 8 & 0.016\ 5 & 0.024\ 8 \\ 0.239\ 6 & 0.355\ 4 & 0.355\ 4 & 0.024\ 8 & 0.024\ 8 \end{bmatrix}$$

据式（3）分别求得引起注意、产生兴趣、搜索、行动、分享 5 个因素集的直播带货对助力乡村振兴的二级评判向量，

引起注意 $B_1 = w_{u1} \times R_1 = $ （0.189 951，0.337 056，0.384 672，0.047 112，0.041 209）

产生兴趣 $B_2 = w_{u2} \times R_2 = $ （0.182 115，0.330 682，0.412 985，0.053 684，0.020 534）

搜索 $B_3 = w_{u3} \times R_3 = $ （0.202 904，0.335 518，0.358 550，0.065 737，0.037 290）

行动 $B_4 = w_{u4} \times R_4 = $ （0.228 754，0.325 739，0.382 533，0.040 548，0.022 355）

分享 $B_5 = w_{u5} \times R_5 = $ （0.235 443，0.405 644，0.313 522，0.020 592，0.024 800）

由此可得一级指标综合评判矩阵：

$$R = \begin{bmatrix} 0.189\ 951 & 0.337\ 056 & 0.384\ 672 & 0.047\ 112 & 0.041\ 209 \\ 0.182\ 115 & 0.330\ 682 & 0.412\ 985 & 0.053\ 684 & 0.020\ 534 \\ 0.202\ 904 & 0.335\ 518 & 0.358\ 550 & 0.065\ 737 & 0.037\ 290 \\ 0.228\ 754 & 0.325\ 739 & 0.382\ 533 & 0.040\ 548 & 0.022\ 355 \\ 0.235\ 443 & 0.405\ 644 & 0.313\ 522 & 0.020\ 592 & 0.024\ 800 \end{bmatrix}$$

则一级指标的综合评价向量为：

$B = W_U \times R = $ （0.213 283，0.350 193，0.363 358，0.044 319，0.028 829）

根据公式（4）计算直播带货对助力乡村振兴的效果综合评价值为：

$$S = B \times V = (0.213\,283,\ 0.350\,193,\ 0.363\,358,\ 0.044\,319,\ 0.028\,829) \begin{bmatrix} 0.9 \\ 0.7 \\ 0.5 \\ 0.3 \\ 0.1 \end{bmatrix}$$

$$= 0.634\,947$$

由此可知，直播带货对助力乡村振兴的效果综合评价值为 0.634 947，介于评价等级中的好与一般之间，说明直播带货对助力乡村振兴有较好作用效果。直播带货助力乡村振兴的作用不断增强，因此构建直播带货助力乡村振兴的进一步正向关系的长效机制是十分有必要的。

五、直播带货助力乡村振兴的典型案例分析

（一）陕西柞水县小岭镇金米村扶贫实践及经验

陕西柞水县小岭镇金米村位于秦岭深处，曾经是深度贫困村。2019 年，该地区通过木耳种植，实现了脱贫致富，成功退出贫困村序列，摘下贫困帽。金米村的扶贫干部们，通过聘请专家教授农民科学的木耳种植技术，统一建设木耳种植基地，增加产品附加价值，做产品深加工，带领金米村的村民们走上脱贫致富的道路。2020 年年初，突发的疫情影响了木耳的销量，该地区村民和村干部主动通过直播带货的方式销售木耳，木耳的销量得到进一步提升。同时，2020 年 4 月 20 日，习近平总书记前往金米村视察，走进村培训中心，走到直播平台前，为金米村的木耳点赞。这不仅促使金米村的木耳销量得到进一步提升，更为其他地区直播带货助力乡村振兴，激发农村发展潜力指明了方向。

（二）江西横峰县扶贫实践及经验

2021 年 2 月 17 日的"新闻直播间"提到了江西横峰县的蒋金春。蒋金春返乡进行直播带货，帮助村民卖笋干，深山里的"网红"直播帮乡亲带货，让"粉丝"能够尝到美食，帮助村民实现了脱贫致富。江西横峰县通过直播带货的方式，2017 年 32 个贫困村全部退出，2018 年 6 月，横峰县退出贫困县序列。横峰县通过直播带货对外销售农产品，同时，当地通过对笋干、腐乳等农产品进行深加工，提高产品附加值，拓宽产品销路，推动了当地的脱贫致富，助力乡村振兴。如今，蒋金春摸着石头过河，同时在政府的帮助下，直播带货规模逐渐扩大，带领横峰县的村民逐渐走上致富的道路。因为有像蒋金春一样的为脱贫努力的人，江西 2020 年实现了全省 25 个贫困县全部脱

贫，3 058 个贫困村全部退出。

（三）经验及启示

构建直播带货助力乡村振兴的长效机制，是今后乡村振兴的重要举措。从上述两个地区的扶贫及乡村振兴的经验不难看出，电子商务对于脱贫攻坚及乡村振兴有巨大的贡献。直播带货不仅使一些交通欠发达的地区得以"走出去"，而且帮助贫困地区实现脱贫致富，并以此为发展方向，实现了乡村振兴。因此，直播带货对于乡村振兴发挥着重要作用。

六、直播带货助力乡村振兴的长效机制研究

（一）确定"直播助农"新模式可持续性发展

首先，政府机构高度关注电商扶贫助力乡村振兴，并制定了相应的国家政策进行积极引导；其次，各大电商平台通过与农户的合作进行了一系列"直播"助农行动，推动农产品销售。以上说明"直播助农"发展前途光明，可观的销售额证明这是值得持续发展的电商扶贫模式。

（二）构建体现新时代专属色彩的"主播+"模式

1. "主播+网红或明星"，激发粉丝购买欲

"主播+网红或明星"模式进行公益直播带货活动，是新型主播带货助农形式，网红和明星拥有大量的粉丝群体，拥有非常强大的市场空间，可利用粉丝感性消费观，激发粉丝购买力。

2. "主播+专业知识人才"，用知识的力量吸引购买者

集"知识+能力"于一体的人员加入直播带货助农队列，在直播中为消费者科学讲解各种农产品特性及作用，让知识价值转化成农产品订单，解决乡村部分特有农产品销路问题。

3. "主播+农户"，朴实无华往往更吸引购买者

农民自主代言农产品，用其朴实无华的语言讲述农产品的好处或展示农民种植过程等吸引消费者目光，激发消费者购买欲。

4. "主播+政府公职人员"，更能保证品质，树立诚信口碑

直播间出现政府公职人员，利用官方人员身份为农产品打上诚实可信的标签，让消费者信赖农产品质量。政府为农民堆积的农产品实施"清库存"到"树品牌"的战略方针，用地方特色农产品、乡村旅游景点、民风民俗等带动农产品销售，再逐步带动乡村经济发展，从根本上建立稳定的直播带货助农长效机制，实现乡村振兴脱贫目标。

（三）扶贫先扶志，扶贫必扶智

党的十九届中央全会提出了扶贫同扶志、扶智相结合的深刻理念，向基层农民群众传递新思想、新观念，从内部激发他们摆脱贫困的内生动力，从而实现脱贫致富的战略目标。

1. 脱贫之精神文化路

传递新思想、新观念来改变农民是实现乡村振兴、脱贫致富的重要措施之一。定期组织村民学习相关脱贫知识，逐步提高村民精神文化境界。

2. 脱贫之科技创新路

科技创新能极大提升生产力：一方面，让农民接受新科技，例如改良的植物种子、新种植方法、辅助种植机器等；另一方面，政府加大科技创新投入成本，建立更多科技团队，引领农民生产改革。

3. 脱贫之生存发展路

合理运用网络平台来解决农产品销路的方法需农民自己真正掌握。政府大力支持贫困地区教育问题，实现坚决脱贫理念的传播与传承；村干部等人员领导农民，帮助乡村逐步改造。

（四）合理优化直播带货机制

1. 打造品牌化农产品，举办主题宣传活动

举办以节日节气、民风民俗、传统文化、产品特性等为主题的活动，将农产品细分销售，按照消费者偏好进行宣传带货，以特色主题激活消费者购买力。

2. 平台与农户互利互助

各网络直播平台举办狂欢购物节、领优惠券等扶贫策略活动，有效增加农产品订单，与农民实现互利互助，既起到宣传作用，又能激发消费者购买欲望。除各大网络直播平台带货外，将农产品销售实现线上线有机融合发展，农产品销路更广。

（五）创新技术，建立和完善反贫困机制

目前反贫困的概念表述有：一，减少贫困因素，缩短反贫困过程；二，减弱贫困的程度；三，从根本上消灭贫困。

1. 以人为本，坚持科技创新

基层群众是脱贫内生动力，以人为本进行教育改革，实现"三农"领域全面改革，增加贫困地区的经济收益，建立稳定的物质基础，才能让我国反贫困事业不断涌入新活力。

2. 完善农产品供应链体系

农产品通过直播带货等形式可线上线下有机融合发展，但存在农产品质量良莠不

齐、物流运输速度较慢、供应渠道单一等问题，解决问题的核心方法是利用高新技术建立稳定的农产品供给保障体系，保证货源充足，更要保障品质与服务，如陕西柞水县小岭镇金米村利用科学的木耳种植技术，统一建设木耳种植基地，实现脱贫梦想。

3. 完善组织治理和管理体系

做好扶贫开发工作，基层是基础——党组织想抓好基层，有效发挥领导作用，需要利用技术建立网络体系，方便统一指挥管理。

4. 明确反贫困的发展

反贫困的进程具有长期性、艰巨性、阶段性等特点，意味着反贫困工作的开展和目标的确定尤为重要，反贫困的最终目标是消除贫困现象。以创新科技为建立和完善反贫困机制的核心要点，用高新技术推动电商扶贫发展，推动各项基础建设体系的建立，进而推动乡村经济发展。

七、结论与建议

本文运用了 AISAS 消费者行为模型和调查问卷，从制造关注、引发兴趣、扩大搜索、展开行动和进行分享五个阶段来对直播带货助力乡村振兴的效果进行综合评价。实证过程采用了 AHP—模糊综合评价法，评价结果显示直播带货对助力乡村振兴效果的综合评价较好，说明了直播带货助力乡村振兴的可实施性和积极性，构建直播带货助力乡村振兴的长效机制是十分有必要的。

本文通过研究得出应从以下几个方面建立长效机制：第一，确定"直播助农"新模式可持续性发展；第二，构建体现新时代专属色彩的"主播+"模式；第三，扶贫先扶志，扶贫必扶智；第四，合理优化直播带货机制，打造品牌化农产品；第五，创新技术，建立和完善反贫困机制。

参考文献

［1］王浩宁，张珣. 新时代我国社会主要矛盾中"不平衡不充分的发展"思考［J］. 法制与社会，2018（19）：134-135.

［2］任彬彬，颜克高. 官员直播带货：县域政府实现乡村振兴的新探索：基于基层治理创新视角［J］. 兰州学刊，2021（1）：137-151.

［3］LAMA S，PRADHAN S，SHRESTHA A. Exploration and implication of factors affecting e-tourism adoption in developing countries：a case of Nepal［J］. Inf Technol Tourism，2020（22）：5-32.

［4］SASHI C. The make-buy decision in marketing financial services for poverty allevi-ation ［J］. J Financ Serv Mark，2011（15）：296-308.

［5］SUBUDDHI K. Development of IT-infrastructure for rural connectivity：a pro-poor approach to E-Governance for rural development in India ［J］. Springer Netherlands，2009（4）：121-138.

［6］李海平，刘伟玲. 农村电子商务存在的问题与模式创新 ［J］. 西安：陕西科技大学学报（自然科学版），2011，29（2）：189-191.

［7］乔改红. 我国农村电商自媒体运营模式分析 ［J］. 山西农经，2020（21）：63-64.

［8］李章梅，起建凌，孙海清. 农村电子商务扶贫探索 ［J］. 商场现代化，2015（2）：74-75.

［9］林广毅. 农村电商扶贫的作用机理及脱贫促进机制研究 ［D］. 北京：中国社会科学院研究生院，2016.

［10］李鹏飞，卢佳. 农村电子商务在精准扶贫中的作用与影响研究 ［J］. 新西部，2017（5）：81-84.

［11］付冬玲，李朝辉. 浅谈精准扶贫背景下甘肃农村电商的现状、问题及对策 ［J］. 甘肃广播电视大学学报，2019，29（6）：68-70.

［12］孙笑然，陈明明. 电商直播营销效果分析 ［J］. 福建茶叶，2019，41（9）：27.

［13］王康蓓. 电商直播中的受众使用与满足分析：以淘宝直播为例 ［J］. 传媒论坛，2021，4（4）：157-158.

［14］聂晶. 微动漫设计移动终端营销服务评价研究：基于 AISAS 模型及 AHP—模糊综合评价法 ［J］. 微型电脑应用，2020，36（8）：111-114.

资源禀赋、地域特征与农户电商采纳行为

——来自西部山区 631 个农户的调查

吴文雨[①]

摘　要： 农产品电商已经成为农产品营销的新形式，探究农户采纳农产品电子商务的影响因素及其逻辑关系，对于提高农户采纳农产品电子商务，进而促进数字农业以及农业增效、农户增收及农村发展，具有重要的现实意义。利用 631 份西部山区农户的问卷调查数据，首先运用 Logit 模型确定农户采纳电子商务行为的影响因素，然后运用 ISM 模型解析各个影响因素之间的关联关系和层次结构，最后提出加强政策扶持力度、加大农村教育投入、完善基础设施建设等相关建议。

关键词： 农产品电商；影响因素；采纳行为；Logit-ISM 模型

一、引言

随着移动互联网、大数据、人工智能等数字技术的日益发展并向"三农"领域的广泛渗透，农产品电子商务应运而生并得到蓬勃发展。农产品电子商务现已成为农产品营销、流通组织的新框架、农户生产经营与销售的新工具、农村农业全面发展及农民增收的新驱动。已有广泛研究证实，农产品电子商务展现出农户增收效应[1-3]、就业或创业带动效应[4-5]、农业发展及环境优化效应[6-7]、农户人力资本提升效应[8]。

国家高度重视农产品电子商务对解决"三农"问题的重要作用。习近平总书记2020 年 4 月在陕西省调研指出，电商作为新兴业态，既可以推销农副产品、帮助群众脱贫致富，又可以推动乡村振兴，是大有可为的[9]。在城乡融合发展的背景下，通过

---

①　吴文雨，重庆工商大学长江上游经济研究中心，2019 级产业经济学硕士研究生，主要从事农产品电子商务研究。

市场机制和政策引导相结合，激励更广泛农户深度融入电商化农产品产业链，对于脱贫攻坚成果同乡村振兴有效衔接具有重要的现实意义。而作为农产品电商生态圈不可或缺的市场主体，农户对电子商务的广泛认同并积极参与是农产品电商快速发展和国家乡村振兴战略纵深推进并取得实效的前置条件。这就引申出一系列须回应的现实问题：农户参与农产品电子商务的影响因素有哪些？这些影响因素之间到底有怎样的逻辑关联？对这些问题的实证回应，对于提高农户对农产品电子商务的参与度，进而促进农产品电子商务的发展以及农业增效、农户增收及福利改善等，具有重要的现实意义和丰富的政策蕴含。

二、文献回顾

已有成果对于农产品电子商务采纳行为的研究，多因采纳主体的不同而分开研究，一类是以企业或新型农业经营主体为采纳主体的研究，如 Fatuma 基于技术采纳模型实证分析指出，预算限制、互联网普及率、互联网了解程度和培训次数是企业者采纳电子商务的主要制约因素[10]。Al-Busaidi 等认为影响企业采纳电商的主要因素为企业规模，相比中小型企业，大公司更可能采用电子商务[11]。姚志利用有序 Logistic 模型分析指出家庭农场、种养大户等经营主体其电商行为认知强于合作社、农业企业等规模较大的经营主体[12]。吕丹和张俊飚认为人力资源、物流条件、资金充裕度以及政策扶持是影响新型农业经营主体采纳电子商务最重要的因素[13]。

另一类是则以农户为决策主体的研究，如 Jamaluddin 基于印度 518 个农户调查数据，研究发现网络质量、网络费用、缺乏电商组织是制约农户采纳电商的主要因素，而电子商务培训则会促进用户采纳农产品电商[14]。Patel 等和郭锦墉等运用技术采纳模型研究认为感知有用性、感知易用性、感知风险都显著影响农民采纳电子商务的态度[15,16]。周静等认为，农户参与电子商务的意愿受到其电商态度、主管规范和直觉行为控制的共同作用[17]。白懿玮等基于二元 Logistic 回归模型实证发现，农户兼业情况、家庭年收入、承担运输费用、为损耗负责对农户选择电商渠道具有显著正向影响，农户负责运输工作和运输损耗率对农户选择电商渠道存在显著负向影响[18]。马泽波研究表明，农户采纳意愿受学历水平、收入水平、物流建设、农业规模、农产品标准化程度、政府推动等因素的影响[19]。罗昊等基于二元 Logistic 模型和 Ordered Probit 模型，实证发现农户对电商政策的了解程度、年龄、受教育程度、村里地位、种地规模、收入主要来源、政策支持等均影响农民的电商营销行为[20]。周勋章、路剑认为年龄、受教育程度、电商培训、产品特色程度等对农户电子商务采纳有显著影响[21]。

已有相关文献为本研究提供了理论和方法上的重要参考或借鉴，但仍有值得改进的空间：（1）在样本选择上，鲜有涉及西部贫困山区的国家级电商示范县，研究样本对象仍需进一步拓展；（2）在农户参与农产品电子商务决策的影响因素上，对地域特征、产品特征等因素的考虑不足；（3）更为重要的是，已有相关研究只是证实了诸多影响因素的存在性及作用方向，并未对这些因素之间的逻辑关联、因果关系做进一步的深入讨论。

基于此，本研究选择重庆、贵州贫困山区的国家电商示范县 631 个农户为考察样本，综合采用 Logit 和 ISM 模型，实证分析农户采纳农产品电子商务的影响因素及其内在的逻辑关联，这一研究取向无疑具有重要的理论及现实意义。

三、研究设计与模型构建

（一）数据来源

本文数据来自于对重庆市的奉节县、秀山县、云阳县以及贵州省黔东南州凯里市四个国家"电子商务进农村"示范县的实地调研。此次调研共发放 700 份问卷，筛选剔除无效问卷后，得到有效问卷 631 分，有效回收率 90.14%，其中电商农户问卷 306 份，非电商农户问卷 325 份。

（二）变量选择

结合已有的研究成果[22-24]，以及实地调研数据的可获得性，本研究将农户采纳农产品电子商务的影响因素分为户主特征、家庭特征、区域特征、农产品特征、基础设施条件五类因素，共 14 个特征变量（表 1）。

表 1　变量解释与统计性描述

类别	变量	变量代码及含义	均值	标准差	Min	Max
	是否参与农产品电商	是 = "1"，否 = "0"	0.485	0.5	0	1
户主禀赋	年龄	35 岁以下 = "1"，35~49 岁 = "2"，50~64 岁 = "3"，65 岁以上 = "4"	2.783	0.865	1	4
	健康状况	良好 = "1"，一般 = "2"，差 = "3"	1.506	0.652	1	3
	受教育程度	小学及以下 = "1"，初中 = "2"，高中（中专）= "3"，大专 = "4"，大学及以上 = "5"	1.62	0.872	1	5

表1(续)

类别	变量	变量代码及含义	均值	标准差	Min	Max
家庭禀赋	是否以农业收入为主	是＝"1"，否＝"0"	0.433	0.496	0	1
	家庭人均年净收入	10000 元以下＝"1"，10000～19999 元＝"2"，20000～29999 元＝"3"，30000 元以上＝4	1.997	0.997	1	4
	家人是否务工	是＝"1"，否＝"0"	0.813	0.390	1	3
	是否为贫困户	是＝"1"，否＝"0"	0.246	0.431	0	1
	是否加入合作社	是＝"1"，否＝"0"	0.328	0.470	0	1
区域特征	家庭所处地形	山地＝"1"，丘陵＝"2"，平原＝"3"	1.157	0.377	1	3
	距乡镇距离	居住地与乡镇实际距离（km）	7.166	5.389	0	25
产品特征	农产品类型	生鲜类农产品＝"1"，非生鲜类农产品＝"0"	0.865	0.342	0	1
	是否为特色农产品	是＝"1"，否＝"0"	0.599	0.490	0	1
基础设施条件	是否宽带入户	是＝"1"，否＝"0"	0.604	0.490	0	1
	是否有快递点	是＝"1"，否＝"0"	0.414	0.493	0	1

在被调查的 631 个农户样本中，以农业为主的农户家庭比重为 43.26%，兼业为主的农户家庭比重为 56.74%。家庭人均年净收入大多数在 20000 元以内，家庭中有务工的占总体的 81.3%，贫困户样本和参与合作社的农户样本分别占总样本的 24.56% 和 32.81%。家庭所处地形多数为山地，占总体的 84.79%，地形的自然条件也是造成农户兼业的重要原因；家庭距乡镇距离最小值 0 千米，最大值 25 千米，平均值 7.2 千米。产品特征方面，本文将粮食和棉花油料林产品等一般经济作物类及烟茶药材类分为非生鲜产品，将蔬菜瓜果和畜禽水产养殖类分为生鲜产品，多数样本农户从事生鲜类产品生产；特色农产品（三品一标）的生产者占到样本比重的 59.9%。基础设施条件方面，有宽带入户的家庭和村庄有快递点的样本农户分别占比 60.38% 和 41.36%。

（二）Logit 模型

本研究采用广泛应用于微观个体决策行为分析的 Logit 模型，实证分析农户采纳农产品电子商务的影响因素。设农户"采纳"农产品电子商务（$Y=1$）的概率为 P，农户不采纳农产品电子商务的概率则为 $1-P$。Logit 模型建立如下：

$$\mathrm{Ln}\left(\frac{P}{1-P}\right) = b_0 + b_1 x_1 + b_2 x_2 + \cdots + b_m x_m \tag{1}$$

式中，x_m 为农户采纳农产品电子商务的影响因素；b_0 为常数项；b_m 为自变量的回归系数。

（三）ISM 模型

解释结构模型（InterpretativeStructuralModelingMethod，ISM），广泛应用于复杂社会经济因素内在逻辑关系的研究[25-28]。其基本思想为，在提取社会经济因素的基础上，利用有向图、矩阵等工具，对各影响因素的逻辑层次关系进行揭示[29]，使得诸多因素的关系更具层次性和条理性[30]。因此，本研究根据 Logit 模型获取农户采纳农产品电子商务的影响因素，进一步引入 ISM 模型深入探讨各影响因素之间的层次结构及逻辑关联。

四、实证分析

（一）农户采纳农产品电商的影响因素分析

运用 stata15.0 软件对基于二元 Logit 模型和 631 份农户调查数据提取的相关变量进行模型回归，首先对所有变量进行 Logit 回归，得到表 2 中模型 1 的回归结果；然后逐次删除不显著的变量，直到所有变量均在 10% 水平上显著，回归结果见表 2 中模型 2。

表 2　农户采纳电子商务行为影响因素的 Logit 模型回归结果

是否参与农产品电商		模型 1	模型 2
户主禀赋	年龄	0.157 (0.122)	—
	健康状况	−0.327** (0.156)	−0.283* (0.152)
	受教育程度	0.306** (0.124)	0.262** (0.115)
家庭禀赋	是否以农业收入为主	−0.548*** (0.189)	−0.513*** (0.185)
	家庭人均年净收入	0.350*** (0.102)	0.354*** (0.099)
	家人是否有务工人员	−1.906*** (0.269)	−1.881*** (0.265)
	是否为贫困户	0.234 (0.215)	—
	是否加入合作社	0.220 (0.192)	—

表2(续)

	是否参与农产品电商	模型 1	模型 2
地域特征	家庭所处地形	-0.729*** (0.263)	-0.659*** (0.246)
	距乡镇距离	-0.036** (0.018)	-0.038** (0.017)
产品特征	农产品类型	0.108 (0.272)	—
	是否为特色农产品	0.106 (0.201)	—
基础设施条件	是否宽带入户	0.706*** (0.210)	0.626*** (0.196)
	是否有快递点	0.164 (0.195)	—
	常数	0.925 (0.718)	1.658*** (0.548)

注：*、**、***分别表示在10%、5%、1%水平上显著。

1. 户主禀赋。农户的健康状况通过 5% 的显著性水平检验，与采纳农产品电商行为呈负向相关。农户的受教育程度在 5% 水平显著，且系数为正，受教育程度对于农户采纳农产品电商呈正向相关，教育水平有助于提升农户对电子商务的接纳能力与风险承担能力，反映了提升农户受教育程度对于电子商务扩散的重要意义。

2. 家庭禀赋。是否以农业收入为主与电子商务采纳行为呈显著负相关，可能的原因是以非农业收入为主的家庭往往具有更好的社会资本和就业创业能力，有助于电子商务技术的采纳应用。然而，家人是否有务工人员与电子商务采纳呈显著的负相关，在一定程度上反映了农村当前青壮劳动力大量外出后，留在家中多为健康状况、文化程度较弱人员，这些农户由于其意识、能力、身体等限制，对农产品电商的认知水平及参与能力较低，故采纳电子商务的可能性更小。家庭人均年净收入与采纳电商行为呈显著正相关，表明家庭收入越高，采纳意愿越强。是否为贫困户和是否加入合作社未通过显著性检验。

3. 地域特征。家庭所处地形在 1% 统计检验水平显著，且系数符号为负。这说明，农户所在地域海拔越低，采纳农产品电商的可能性也越低。山地相对于丘陵和平原地区，自然地理和交通条件差，农产品营销渠道缺乏，通过电子商务更显著促进这些偏僻落后地区的农产品"出村进城"，农户参与电商的积极性很强，而这几年的电商扶贫也正是聚焦于这些贫困山区并取得促农增收显著成效。距乡镇的距离与采纳行为呈较显著的负相关，反映了距离乡镇越远，采纳电商的意愿越低。这与朱希刚和赵绪福研究表明乡镇到农户的距离与农户的新技术采用呈现出负相关的结论相符[31]。

4. 产品特征。农产品类型和是否为特色农产品均未通过显著性检验。

5. 基础设施。是否宽带入户在1%统计检验水平显著，且系数符号为正，表明宽带入户对农户采纳电子商务具有明显的促进作用。宽带入户为农户接触、了解与尝试互联网应用提供了可能与基础条件。

（二）农户电商采纳行为影响因素的 ISM 分析

在 Logit 模型回归结果的基础上，对农户电商采纳行为具有显著影响的8个因素进一步分析。由表2可看出，影响农户采纳农产品电商行为的影响因素有8个，用 S_0、S_1、S_2、S_3、S_4、S_5、S_6、S_7、S_8 分别代表健康状况、受教育程度、是否农业收入为主、家庭人均年净收入、家人是否务工或为村干部、家庭所处地形、距乡镇距离、是否宽带入户。结合已有文献[32-34]和咨询专家学者的基础上，得出如图1所示的上述8个农户采纳农产品电商行为影响因素之间的逻辑关系。其中，" V "表示行因素影响列因素，" A "表示列因素影响行因素，"0"则表示行因素与列因素间没有相互影响。

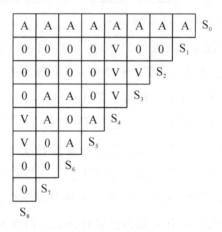

图 1　影响因素间的逻辑关系

由图1和（1）式可得到影响因素间的邻接矩阵 R（略），然后和 Matlab9.0 软件，进一步得到如（2）式的影响因素的可达矩阵 M。再根据（2）式得到 $L_0 = \{S_0\}$。然后根据确定其余层次因素的方法依次得到 $L_1 = \{S_8\}$，$L_2 = \{S_4\}$，$L_3 = \{S_1, S_3, S_5\}$，$L_4 = \{S_2, S_6, S_7\}$。根据 L_1、L_2、L_3、L_4 得到重新排序后的可达矩阵 B，详见（3）式

$$M = \begin{array}{c} \\ \begin{array}{ccccccccc} S_0 & S_1 & S_2 & S_3 & S_4 & S_5 & S_6 & S_7 & S_8 \end{array} \\ \begin{array}{c} S_0 \\ S_1 \\ S_2 \\ S_3 \\ S_4 \\ S_5 \\ S_6 \\ S_7 \\ S_8 \end{array} \left[\begin{array}{ccccccccc} 1 & 0 & 0 & 0 & 0 & 0 & 0 & 0 & 0 \\ 1 & 1 & 0 & 0 & 1 & 0 & 0 & 0 & 1 \\ 1 & 0 & 1 & 1 & 1 & 0 & 0 & 0 & 1 \\ 1 & 0 & 0 & 1 & 1 & 0 & 0 & 0 & 1 \\ 1 & 0 & 0 & 0 & 1 & 0 & 0 & 0 & 1 \\ 1 & 0 & 0 & 0 & 1 & 1 & 0 & 0 & 1 \\ 1 & 0 & 0 & 1 & 1 & 0 & 1 & 0 & 1 \\ 1 & 0 & 0 & 1 & 1 & 0 & 0 & 1 & 1 \\ 1 & 0 & 0 & 0 & 0 & 0 & 0 & 0 & 1 \end{array} \right] \end{array} \qquad (2)$$

$$B = \begin{array}{c} \\ \begin{array}{ccccccccc} S_0 & S_8 & S_4 & S_1 & S_3 & S_5 & S_2 & S_6 & S_7 \end{array} \\ \begin{array}{c} S_0 \\ S_8 \\ S_4 \\ S_1 \\ S_3 \\ S_5 \\ S_2 \\ S_6 \\ S_7 \end{array} \left[\begin{array}{ccccccccc} 1 & 0 & 0 & 0 & 0 & 0 & 0 & 0 & 0 \\ 1 & 1 & 0 & 0 & 0 & 0 & 0 & 0 & 0 \\ 1 & 1 & 1 & 0 & 0 & 0 & 0 & 0 & 0 \\ 1 & 1 & 1 & 1 & 0 & 0 & 0 & 0 & 0 \\ 1 & 1 & 1 & 0 & 1 & 0 & 0 & 0 & 0 \\ 1 & 1 & 1 & 0 & 0 & 1 & 0 & 0 & 0 \\ 1 & 1 & 1 & 0 & 1 & 0 & 1 & 0 & 0 \\ 1 & 1 & 1 & 0 & 1 & 0 & 0 & 1 & 0 \\ 1 & 1 & 1 & 0 & 1 & 0 & 0 & 0 & 1 \end{array} \right] \end{array} \qquad (3)$$

由 (3) 式可看出，S_0 处在第一层，S_8 处在第二层，S_4 处在第三层，S_1、S_3、S_5 处在第四层，S_2、S_6、S_7 处在第 5 层，形成了具有逻辑关系的因素链。用有向箭头连接得到如图 2 所示农户采纳农产品电商行为意愿影响因素之间的关联和层次结构。

由图 2 可知，农户采纳电子商务的影响因素可分为四层，每一层对上一层产生影响。在 Logit 模型得出的 8 个主要因素中，所处地形、农户的受教育程度、距乡镇距离是影响农户是否采纳农产品电子商务的深层次原因；户主的健康状况、是否以农业收入为主、家人是否务工是第三层因素；家庭人均年净收入是第二层因素；是否宽带入户是直接驱动因素。可用"一路径，二动力"来概括这些影响因素间的层级、结构关系：

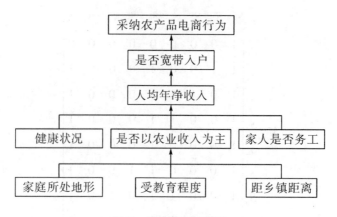

图 2 关联层次结构图

一路径：家庭所处地形、农户受教育程度、距乡镇距离→是否以农业收入为主→家庭人均年净收入→是否宽带入户→农户采纳农产品电商行为。在该路径中，所处地形、户主受教育程度和距乡镇距离从根源上影响农户电子商务采纳行为，是促进电子商务技术扩散和应用的底层逻辑。例如，户主受教育程度决定农户的社会网络、营销渠道及就业创业渠道可得性，直接影响农户家庭收入结构和收入水平；所处地形和距乡镇距离属于地理和交通条件，这两类因素均影响农户的收入来源和收入水平。其次，家庭的收入结构是否以农业收入为主会影响家庭收入水平，农业收入为主家庭的人均年净收入大多低于多种收入来源的家庭，而家庭收入水平越高，安装宽带及应用互联网的可能性也越大，从而宽带入户成为农户采纳电子商务的直接驱动因素。

二动力：影响农户采纳农产品电商的驱动力因素还包括健康状况和家人是否务工。健康状况和家人是否务工影响家庭人均年净收入水平，如健康状况差的农户相比健康状况良好的农户会减少生产活动或创收能力，收入相应减少；而有外出务工人员的家庭，往往会外出知识水平和能力更强、健康状况更好的人员，进一步降低了家庭采纳ICT技术的可能性。

综上所述，农户采纳电子商务行为受到个人特征、家庭特征、区域特征和基础设施条件的共同制约。当区域特征、个人特征能对家庭人均年收入产生正向作用时，农户会选择宽带入户，从而提高对互联网以及电子商务的了解，当对电商了解增进到一定程度时，农户将会采纳电子商务开展农产品营销活动。

（三）农户电商采纳行为影响因素的比较分析

为讨论参与和未参与电商农户的异质性，将未显著影响农户采纳电商行为的 6 个因素进行比较分析。从表 3 可见，参与和未参与电商农户年龄、是否为贫困户、农产品类型和是否为特色农产品的统计性差异不大，但是否加入合作社与是否有快递点的统计性差异较大。

参与电商农户中有 37.6% 加入了合作社，未参与电商农户中仅有 28.3% 加入合作社，二者比例相差 9.3%。这足以说明在西部山区农民专业合作社发展还不充分，合作社在农产品电商化过程中的作用还较为局限。参与电商农户中有 46.1% 的农户村中有快递点，未参与电商农户中仅有 36.9% 的农户村中有快递点，相差 9.2%。快递点作为农村与城镇的交集点，是农产品上行和工业品下行的对接桥梁，在一定程度上影响农户对于电子商务的认知。统计结果中暴露出的是"最后一公里"疏通的问题，物流建设不足更加制约农户参与电商渠道的积极性，电子商务连接农户的最后障碍亟待解决。

表 3   非显著性影响因素的统计比较

变量	参与电商农户				未参与电商农户			
	均值	标准差	Min	Max	均值	标准差	Min	Max
年龄	2.722	0.904	1	4	2.840	0.823	1	4
是否为贫困户	0.229	0.421	0	1	0.262	0.440	0	1
是否加入合作社	0.376	0.485	0	1	0.283	0.451	0	1
农产品类型	0.863	0.345	0	1	0.867	0.339	0	1
是否为特色农产品	0.608	0.489	0	1	0.591	0.492	0	1
是否有快递点	0.461	0.499	0	1	0.369	0.483	0	1

五、结论与政策启示

农户采纳电子商务的行为直接影响农产品电子商务的发展及其效应。本文利用黔渝地区 631 户农户实地调查数据，选取农户采纳电子商务行为的 5 个方面 14 个变量作为影响因素；采用 Logit 回归分析方法，确定农户采纳电商行为的关键影响因素；进而采用 ISM 模型构建相互关联的影响因素链，分析了农户采纳农产品电商行为影响因素的内在结构。基于上述实证分析，本文提出如下增强农户采纳农产品电商行为意愿的政策启示：

第一，加强在偏远地区如西部农村、贫困山区的电子商务扶持力度。从实证结论可看出农户所在地的海拔越低，采纳电子商务行为意愿越低。贫困山区、偏远地区，因其自然和交通环境不佳、市场和渠道匮乏，更应大力发展电子商务，通过"电子商务进农村综合示范"，深入实施电商扶贫和消费扶贫，带动落后地区农户进入电子商务产业链与生态链。面对众多细碎化农户，应推动农民专业合作社的发展，创新农户参与模式。研究结果表明，农民专业合作社并未显著影响农户采纳行为，应充分扶持农民专业合作社发展，提升其组织化与规模化经营的作用，大力发展"电商+合作社+农户""消费者+合作社+农户"等订单农业模式，在贫困地区进一步推广电子商务应用。

第二，加强农村教育与培训投入，将更多农户培养为电子商务新农人。受教育程度正向影响农户采纳电商行为，且是影响农户采纳的根源性因素。农村懂养殖会经营的大量青壮劳动力外流对于三农问题的解决已形成现实挑战。而农产品电子商务则是农村劳动力回流、城市劳动力下村的最好载体。一方面政府应加强教育与培训投入，采取网络培训、集中孵化、与高校合作等多种形式，努力提高农民文化素质与专业技能，提升农民对农产品电商的认知与使用能力，培养一批既懂农业生产又懂电子商务新技术、还会经营管理的现代"新农人"。另一方面，积极引导电商人才投身乡村振兴，包括鼓励返乡农民电商创业、城市人才下乡、第一书记电商扶贫等形式，发挥专业人才的带动作用，带动广大农民采纳电商。

第三，完善基础设施建设，畅通信息渠道。宽带入户对农户采纳电商行为有直接驱动作用，政府应在提高农村网络基础设施数量和质量的同时，加强农村地区网络普及，提升农民网络参与度，采取减免宽带安装费、降低宽带使用费、教授互联网使用方法、普及与推广智能化手机等方式，增强农民使用互联网的意愿与能力，丰富农民信息获取渠道。其次，加强道路交通与物流建设，提升交通便利性与物流可得性，不仅能使农产品高效"出村进城"，还能使农民快速接触外来信息，提高农民对新技术的感知能力，降低城乡数字鸿沟，从而加强农民对农产品电商的参与意愿与采纳能力。

参考文献

［1］曾亿武，郭红东，金松青. 电子商务有益于农民增收吗：来自江苏沭阳的证据［J］. 中国农村经济，2018（2）：49-64.

［2］SAMUEL D. ZAPATA, OLGA ISENGILDINA-MASSA, CARLOS E. CARPIO, et al. Does e-commerce help farmers' markets? measuring the impact of market maker［J］. Journal of Food Distribution Research，2016，43（2）：56.

［3］郑琛誉，李先国，张新圣. 我国农产品现代流通体系构建存在的问题及对策［J］. 经济纵横，2018（4）：125-128.

［4］吕丹. 基于农村电商发展视角的农村剩余劳动力安置路径探析［J］. 农业经济问题，2015，36（3）：62-68.

［5］曾亿武，郭红东. 电子商务协会促进淘宝村发展的机理及其运行机制：以广东省揭阳市军埔村的实践为例［J］. 中国农村经济，2016（6）：51-60.

［6］胡继亮，陈瑶. 精准扶贫之特色产业培育探析：以秦巴山区竹溪县为例［J］. 中南民族大学学报（人文社会科学版），2018，38（4）：166-170.

［7］颜强，王国丽，陈加友. 农产品电商精准扶贫的路径与对策：以贵州贫困农村为例［J］. 农村经济，2018（2）：45-51.

［8］韩庆龄. 电商产业与农村社区的融合发展［J］. 西北农林科技大学学报（社会科学版），2019，19（4）：113-121.

［9］人民日报记者，新华社记者. 陕西要有勇立潮头、争当时代弄潮儿的志向和气魄：习近平总书记陕西考察纪实［N］. 人民日报，2020-4-25（1）.

［10］FATUMA, ABDALLAH, NANTEMBELELE, et al. Assessing the challenges to e-commerce adoption in Tanzania［J］. Global Business & Organizational Excellence, 2018, 9 (1)：1-7.

［11］AL-BUSAIDI, KOTAGAMA H. B., BOUGHANMI H., et al. Adoption of e-commerce in the agricultural and fisheries business sector in Oman［J］. Sultan Qaboos University Research Journal Agricultural & Marine Sciences, 2009, 14：41-48.

［12］姚志. 新型农业经营主体电商认知行为差异及影响因素实证［J］. 中国流通经济，2017，31（9）：46-52.

［13］吕丹，张俊飚. 新型农业经营主体农产品电子商务采纳的影响因素研究［J］. 华中农业大学学报（社会科学版），2020（3）：72-83.

［14］JAMALUDDIN N. Adoption of e-commerce practices among the indian farmers, a survey of trichy district in the State of Tamilnadu, India［J］. Procedia E-conomics & Finance, 2013, 7：140-149.

［15］PATEL, VIPUL B, ASTHANA, et al. A study on adoption of e-commerce practices among the Indian farmers with specific reference to North Gujarat region［J］. Internet J. Com. & Bus. MANAGE, 2016, 9 (1)：1-7.

［16］郭锦墉，肖剑，汪兴东. 主观规范、网络外部性与农户农产品电商采纳行为意向［J］. 农林经济管理学报，2019，18（4）：453-461.

［17］周静，马丽霞，唐立强. 农户参与农产品电商的意愿及影响因素：基于TPB和SEM的实证分析［J］. 江苏农业科学，2018，46（4）：312-315.

［18］白懿玮，季婷，汪俊. 小农户的电商渠道选择及影响因素分析：基于烟台大樱桃产区的实证调查［J］. 农村经济与科技，2016，27（11）：71-75.

［19］马泽波. 农户禀赋、区域环境与电商扶贫参与意愿：基于边疆民族地区630个农民的问卷调查［J］. 中国流通经济，2017，31（5）：47-54.

［20］罗昊，赵袁军，余红心，等. 农民参与农产品电商营销的行为分析：基于广东省农业乡镇的实证调查［J］. 农林经济管理学报，2019，18（2）：161-170.

［21］周勋章，路剑. 资源禀赋、电商认知与家庭农场主电子商务采纳行为［J］. 西北农林科技大学学报（社会科学版），2020，20（4）：111-120.

［22］唐立强，周静，刘杰. 农户电商渠道选择行为及影响因素研究：基于辽宁省设施草莓产业的调查［J］. 农林经济管理学报，2019，18（5）：636-644.

［23］曾亿武，陈永富，郭红东. 先前经验、社会资本与农户电商采纳行为［J］. 农业技术经济，2019（3）：38-48.

［24］侯晓康，刘天军，黄腾，等. 农户绿色农业技术采纳行为及收入效应［J］. 西北农林科技大学学报（社会科学版），2019，19（3）：121-131.

［25］孙世民，冯叶，张海峰. 基于 ISM 模型的羊肉价格影响因素分析：以山东省为例［J］. 农业技术经济，2014（8）：53-59.

［26］李楠楠，李同昇，于正松，等. 基于 Logistic-ISM 模型的农户采用新技术影响因素：以甘肃省定西市马铃薯种植技术为例［J］. 地理科学进展，2014，33（4）：542-551.

［27］蔡建国，赛云秀. 基于 ISM 的棚户区改造项目风险影响因素分析［J］. 科技管理研究，2014，34（6）：240-244.

［28］孙世民，张媛媛，张健如. 基于 Logit-ISM 模型的养猪场（户）良好质量安全行为实施意愿影响因素的实证分析［J］. 中国农村经济，2012（10）：24-36.

［29］尹洪英，徐丽群，权小锋. 基于解释结构模型的路网脆弱性影响因素分析［J］. 软科学，2010，24（10）：122-126.

［30］杨雪. 基于 ISM 模型的中小企业融资能力影响因素分析［J］. 中国商贸，2011（15）：127-128.

［31］朱希刚，赵绪福. 贫困山区农业技术采用的决定因素分析［J］. 农业技术经济，1995（5）：18-21，26.

［32］柴剑峰，龙磊. 基于 Logit—ISM 模型的川西北藏区农牧民非农就业影响因素研究：来自 DC 县 315 户贫困农户的调查数据［J］. 农村经济，2019，（9）：93-101.

［33］吴雪莲，张俊飚，丰军辉. 农户绿色农业技术认知影响因素及其层级结构分解：基于 Probit-ISM 模型［J］. 华中农业大学学报（社会科学版），2017，（5）：36-45，145.

［34］葛继红，徐慧君，杨森，等. 基于 Logit-ISM 模型的污染企业周边农户环保支付意愿发生机制分析：以苏皖两省为例［J］. 中国农村观察，2017（2）：93-106.

直播带货新营销模式下
农产品销售问题与对策研究

吴懿涵　熊依伊　马慧娟　李云颖①

摘　要： 电商兴农是当今热议的话题，为了响应习总书记 2020 年全面建成小康社会的伟大号召，为了拓宽自身的经济来源，农民们也纷纷进入网络平台，开始为自己的农产品进行推广。农产品直播带货有效地处理了一部分农民手中滞销的农产品。直播带货对助农脱贫固然益处良多，但也存在很多问题，如标准化程度低、供应链水平落后、产品质量良莠不齐等问题，都在影响着农产品的推广宣传。怎样把握直播带货中农产品的品质？怎样应对层出不穷的销售困境？这正是本文的探究主题。本文采用了文献法、案例分析与经验总结法进行研究，对比分析了农产品直播带货出现的具体问题，并从大量的成功案例中总结典型问题的解决方法，最终得出结论。本文的创新之处在于，抓住社会热点问题——农产品直播带货，突出目前直播带货存在的问题，通过分析并得出解决方案，从而有效地为农产品直播带货提供一些可行性建议，为地方政府发展特色农产品提供经验参考，带动农民增产增收，实现乡村振兴。

关键词： 电商兴农；直播带货；供应链；乡村振兴

一、引言

（一）农产品直播带货背景

传统农业一般采用自产自销的模式，因此传统农业产品的体系化生产销售相对薄弱，无法进行组织化的营销；但进入信息社会，农业生产与社会供需的紧密性日趋增

---

① 吴懿涵，重庆工商大学经济学院，2019 级贸易经济专业本科生；熊依伊，重庆工商大学经济学院，2019 级贸易经济专业本科生；马慧娟，重庆工商大学经济学院，2019 级税收学专业本科生；李云颖，重庆工商大学经济学院，2019 级经济学专业本科生。

加，生产力的提升使农业产品的生产批量化、生产规模化，这必然要求产品营销组织化，而电商直播则较强地契合了农业产品营销组织化的要求。农业产品作为人类生存发展的基础，其生产必然遵循生产力与生产关系的发展规律，规模化的农产品生产需要与之相适配的组织化营销，从而使农产品的生产与销售达到平衡。而电商直播对于农产品营销而言具有新颖性与高效性的特点，因此在农业领域的运用可谓水到渠成。

（二）研究思路

本文的研究思路如图 1 所示。

图 1　研究思路

（三）农产品直播带货意义

农村经济的发展和信息技术与数字经济密不可分。在当前乡村振兴战略的实施下，农业与数字化的紧密结合，有利于农村经济高效发展。其中，作为连接生产者与消费者的重要途径，农产品营销关系着从生产到消费链的整体性、通达性。时下，迅猛发展的电商直播平台，利用主播的流量与热度，吸引消费群体，成为生产者与消费者的媒介，促进了农产品新营销模式的形成与发展。

在信息化高速发展的大背景下，生产力水平提高带动了农产品产量的提升。通过直播带货，大量的农产品得以高效投放市场，形成"农户—企业—政府—平台—消费者"五位一体的完整产业链。同时，农产品的销售有利于农户增收提质，促进城乡之间商品流动，激发农村地区的经济活力[1]。

与此同时，在直播带货的过程中，主播可以对当地的特色景观与人文风情进行宣传，有利于"农业+"新格局的发展，拓宽农户的增收途径，从而带动乡村振兴。

二、农产品直播现状

（一）由网红主播、名人进行直播带货

网红主播一直是直播带货的主流人群，个性鲜明且粉丝基础大的主播往往能够大量引流，取得良好的直播效果，并带来大量的产品订单。在农产品销售的直播中，人气网红带货依然占据着重要地位，他们也在携手当红明星、知名人物等，广泛开展农产品的助农直播。

例如在 2019 年 12 月 12 日晚，李佳琦、高晓松首次在淘宝公益共同直播，为贫困县的农产品进行带货[2]。在直播过程中高晓松首次涂起了口红，还跟李佳琦的爱宠 Never 有爱互动，通过满足人们好奇心的方式吸引了大量平台用户观看，并在当晚仅用 5 秒就售空了 5 万罐安徽金寨山核桃，7 秒售空 12 万袋康保燕麦面，5 秒售空 40 万斤（1 斤＝0.5 千克）内蒙古扎赉特大米，预计带动三地 1 114 户贫困户共计增收 439 万元。

网红们利用其吸"睛"特质，吸引大量流量，大大提升了农产品的曝光度，让更多的人了解到那些优质农产品，从而增加了农产品的销量和直播收益[3]；一些粉丝多的网红主播往往具备丰富的带货经验和过硬的专业技能，可以更加全面地介绍农产品，展现其优势与特点，并通过在线试吃与观众实时共享交流体验，具有很好的营销优势。

（二）由乡村干部进行直播带货

农产品直播带货与传统直播带货最大的不同，就是政府人员也参与其中。干部们走进直播间，积极参与，为精准脱贫贡献自己的一份力。

区别于一般的农村直播经济，基层政府人员身份属性使其直播带货更具有公共服务特性，软化了直播中的买卖交易性质，融入了更多的公益属性；他们的参与，给予农产品政府公信力，提高了消费者的信任度。政府利用互联网平台，创新农村产业发展形式，扩展农产品流通与农民创收渠道，为本地农村企业与产品增信赋能[4]。如海南文昌市委书记、市长在直播平台销售金钻凤梨，两小时共卖出 70 多万斤，总销售额达 100 万元[5]；河北省石家庄市灵寿县副县长在直播中推荐本地特色腌肉，高峰期在线互动网友 45 万人，热销单品 3 分钟内销售 1 166 件，整场累计销售商品 10 000 多件。

政府官员虽没有网红的流量人气，但他们更接地气、更贴近人民群众。他们参与农产品直播具有一定公益性色彩，降低了买卖营销性质。观众们在观看直播时既可以面对面交流、了解地方特色产品，又可以领略当地的特色文化景观，促进乡村旅游的进一步发展。

（三）农民亲自带货

除了专业主播带货外，农民亲自进入直播平台进行带货的事例也有很多。据统计，截至 2020 年，已有超过 10 万的农民进行线上农产品的推介，呈现出一片欣欣向荣的新型农村电商模式[6]。

农民亲自进行直播带货，有利于节省请主播的花销，降低销售成本，进而将节约的钱转移到产品价格上，以更低的价格卖出优质的农产品，达到物美价廉的效果；同时，相较主播带货，农民对自家农产品了解更清楚。他们对于果子的外观口感，生长的自然条件等了如指掌，可以为消费者解答疑问，提供更好的保障。

农民亲自直播带货也存在一定的问题。部分农民的知识水平相对较低。农产品的宣传、销售、运输、售后等一系列流程往往需要专业的运营团队，而农民对相关方面的知识及技术可能不甚了解，也增加了直播带货的难度[7]；与主播相比，农民直播在专业性的产品展示、卖点的讲述与宣传等方面，经验不足，最终呈现的效果会不如主播带货，进而影响销量。

（四）电视综艺、大型活动+农产品带货

为了增强直播的吸引力、扩展直播形式，地方政府与经营者们还会采用与电视综艺、大型活动等展开合作的方式，充分发挥综艺节目的娱乐性与强大的黏性粉丝基础，其营造的节目氛围让观众们在观看直播时充分融入其中，产生了奇妙的带货效果。

例如东方卫视就以是用综艺带货的直播方式进行农产品的推广，"极限挑战"的嘉宾岳云鹏、雷佳音等节目嘉宾与主播一同展开带货比拼，说唱、唱跳、相声等环节轮番上阵，将直播现场变成了"综艺现场"。这种直播形式新颖，氛围有趣，吸引了大量的流量[8]。

中国传媒大学传播研究院副研究员黄典林说："地方卫视巧妙地将自身在综艺、晚会等方面的专业优势运用到新兴的直播带货模式，无疑实现了优势输出和跨界融合，取得了 1+1>2 的化学反应，不仅提升了节目内容的传播力、影响力，还对进一步凝聚全社会脱贫攻坚奋进力量有着积极的推动意义"[9]。

三、农产品直播带货现存问题

（一）监管问题

直播行业监管力度不够。对主播群体和直播售卖的农产品尚未建立准入制度，主播质量参差不齐，且对有安全隐患、质量不达标甚至假冒伪劣商品以及夸大宣传、以次充好等行为，缺乏明确的执法细则和处罚标准，违法成本较低，造成行业无序竞争[10]。

（二）人才素质问题

农村电商人才不足。当前，农村既懂农业，又懂电商，既能讲清农产品品质特点，又能讲好民俗故事，还能准确揣摩网友消费心理的复合型电商人才极度匮乏。部分农民的知识水平相对较低，语言表达能力较之网红主播有很大差距，在对农产品的介绍及卖点的宣传上，呈现的效果会弱于网红主播，从而影响销量；且农产品的宣传、销售、运输、售后等一系列流程往往需要专业的运营团队，而农民对相关方面的知识及技术可能不甚了解，增加了直播带货的难度[11][12]。

（三）政府人员作风问题

政府人员带货存在形式主义作风，部分政府人员将销量与政绩挂钩，片面追求下单率与点击率，造成强制性的带货数量摊派；盲目跟风，没有结合当地实际，缺乏地方创新；各政府之间为追求销量大打价格战，违背经济发展规律，造成恶性竞争，致使作为基层治理创新项目的政府人员直播带货难以持续[13]。

（四）直播内容问题

直播带货过程无聊乏味，对观众缺乏足够吸引力。单调宣传产品，"有货没内容"，观众观看直播时直犯困；主播们刻意编造一些"剧情闹剧"，显得滑稽可笑，不仅没促进带货商品的销售，反而流失了大量的观众。直播过程缺乏与观众的互动的问题一直存在，形式单一，缺乏创新，观众容易产生倦乏情绪。

（五）供应链问题

农产品的供应链存在问题。农产品从农户送到消费者手中，这一过程复杂且专业化程度高，个体农户严重缺乏供应链管理的经验；同时蔬菜和水果等生鲜产品因易腐易变质的特征，对于运输、保护等方面要求较高；个体农户如果不解决农产品供应链的问题，则易导致产品到消费者手中出现变质的现象，严重影响消费者的消费体验，并且会浪费网络直播带来的大量客源优势[14]。

（六）推广问题

刚进入直播带货的农产品存在如何"走出去"，如何"走进来"的问题。农产品直播带货带来了巨大的客源市场，但存在特色农产品刚进入市场时，大家对于该产品较为陌生，认可度模糊的情况，不利于农户手中农产品的推广，且农产品缺乏特色，千篇一律，并不能激发观众的购买欲望，也不利于树立特有品牌。

四、解决对策

（一）强化行业监管

（1）建立市场准入机制，建设直播带货农产品质量审核平台，对未通过审核的农产品进行退回纠正处理，保障带货商品质量。

（2）构建主播标准考核体系，对进入直播平台的主播进行标准考核，只有通过者才能进行带货，并定期核查，对后期不符合标准的主播采取劝退机制。

（3）建立售后服务平台，专门处理售后问题和顾客投诉反馈，让顾客对每次直播购物结束后进行评价，及时发现问题、处理问题[15]。

（二）提升从业农民素质

（1）加强对农民群体相关方面的知识培训。地方政府或村委会可组建直播带货培训班，聘请专业人士对直播带货前期准备、产品宣传包装、后期物流等进行培训，让农民熟悉整体流程。

（2）鼓励大学生回乡创业。政府给予政策和经济扶持，让优质人才向农村回流，利用好家乡的区位优势发展直播带货等振兴产业，提升农村整体从业人员素质。

（3）组建专业的运营团队深入乡村，对农民的产品运营进行指导，并传授相关经验和方法，培养一批全面型人才[16]。

（三）整顿政府人员带货作风

（1）加强监管机制，对直播带货过程中地方干部的行为进行监管，并将作风不当行为进行曝光等，形成震慑性。

（2）提升参与直播带货干部的素质水平，使其对所介绍产品的相关方面有充分了解，具备一定的专业知识，同时直播时周围应有专业人士在场，以便及时解答观众问题[17]。

（3）采取"地方政府—媒体—农民"三级联动形式，面面兼顾，促进相互监督，通力合作。

（四）增强直播的趣味性

（1）直播带货过程中融入多种元素，结合潮流混搭，如采用综艺+直播形式，在直播过程中讲故事，分享经历等，增强直播的趣味性。

（2）充分结合时事热点信息，在介绍农产品时联系热点，在带货时普及相关知识，让观众不仅是参与直播购物，同时也拓展了知识面。

（3）由企业或政府等单位举行例如年度文化节的活动，邀请各大媒体、网红、明星，甚至央视主持人等热点人物参与直播带货，博取关注度。

（五）整合产品供应链

（1）整合零散的个体农户，以村或乡等为单位，成立生产合作社，以便更好地利用资源，减少建设成本。

（2）利用好"互联网+"及现代物流配送等，催生出一些有效的农业供应链模式，比如"农户+合作社+公司+电商平台+直播""农户+合作社+电商平台+现代物流"等模式[18]。

（3）政府进行一定的政策扶持与设施修建，助力农产品顺利走出大山、走向城市餐桌。

（六）打造产品形象

（1）IP打造，将农产品赋予有趣或有深刻含义的令人有深刻印象的形象，使得消费者能将形象与产品直接挂钩。

（2）文化塑造。农产品与乡土文化进行挂钩。

（3）地理特征塑造，各地区特殊的地理环境与农产品挂钩；

（4）名人、历史塑造。特殊的名人、特殊的历史背景与农产品挂钩。

五、典型案例分析

"盒马村"智慧农业示范基地的相继落户，是"农+社+企业+平台"这一典型多层融合模式的体现，有利于助推农产品转型升级，构建信息数字化经济体系。广东首个"盒马村"——深圳坪山杨梅基地是新型零售供应管理模式的典型体现。通过技术指导与专业系统化管理的支持，农户们采收的新鲜杨梅，通过品质检测、精细包装的换装后，直达农产卖场，或者通过物流方式直接送于消费者手中。在这种模式下，农民们有钱赚、顾客们有保证、各卖场有销量，很好地解决了农产品供应问题。

"盒马村"内发展特有产品、开展定制化销售，开班专授电商运营知识，可以充分发挥当地特产优势和拓展创收路径。

四川省丹巴县的八科村，结合当地的特有环境和风土人情，采用"定口味、定大小、定品种"的订单农业模式，打响了自身专有口碑。三周时间内，其特色产品——黄金荚便销往全国，从无人知晓变为无人不晓的网红蔬菜产品。在阿里的专业指导团队的帮助下，农民们的独立电商运营能力得以显著提升[20]。

六、结语

"乡村振兴是一盘大棋，要把这盘大棋走稳走好走赢"，习近平总书记如是说，而作为推广乡村农产品的直播带货，更是这盘棋上的重要一子。要做好农产品电商直播，就必须利用好数字化的特点，发挥供应链的优势，积极学习电商运营知识，严格把关，保证质量，争取把农产品直播带货建设成乡村振兴道路上的一面鲜红旗帜。进而，以先进技术为依托，发展现代农业、特色农业，打造好"农业+"的发展格局，将乡村振兴带上快车道、新征程，展现新时代特色社会主义下的新农村新农业。

参考文献

［1］刘冰丽. 直播带货存在的问题与治理对策［J］. 经营与管理，2021，（1）：10-12.

[2] 覃碌. 基于场景营销的农产品网络直播模式研究 [J]. 市场周刊, 2021, 34 (1): 88-90.

[3] 梅敖, 侯之帅. "直播+" 时代电商直播的规范治理 [J]. 电子政务, 2021, (3): 28-37.

[4] 岑玉明. 电商平台自营生鲜农产品供应链采购管理研究 [J]. 食品研究与开发, 2021, 42 (4): 229-230.

[5] 傅泽. 数字经济背景下电商直播农产品带货研究 [J] 农业经济, 2021 (1): 134-137.

[6] 徐宁, 谢菲. 农村生鲜产品供应链管理对策研究 [J]. 山西农经, 2020 (18): 69-70.

[7] 林立. 干部 "直播带货" 要鼓励须规范 [N]. 学习时报, 2020-6-5 (3).

[8] 李克会, 丛文君. 基于新媒体平台农产品电商模式发展探究 [J]. 现代农业研究, 2020, 26 (5): 28-29.

[9] 张少卿. 代言明星负面行为对品牌态度的影响研究: 基于感知道德评价的视角 [J] 北京社会科学, 2019 (9): 17-18.

[10] 杨楠. 网红直播带货对消费者品牌态度影响研究 [J]. 中央财经大学学报, 2021 (2): 118-128.

[11] 汪毅, 席达. 我国农产品供应链质量管理存在的问题与对策研究 [J]. 中国储运, 2020 (11): 123-124.

[12] 黄楚新, 吴梦瑶. 我国直播带货的发展状况、存在问题及优化路径 [J]. 传媒, 2020 (17): 11-14.

[13] 陆高峰. 从货郎挑子到直播带货: 网红营销历史与发展的冷思考 [J]. 新闻论坛, 2020 (5): 11-14.

[14] 但斌, 郑开维, 刘墨林, 等. 基于社群经济的 "互联网+" 生鲜农产品供应链 C2B 商业模式研究 [J]. 商业经济与管理, 2016 (8): 16-23.

[15] 李玉, 丁建航. 疫情背景下 "互联网新农村" 电子商务直播平台研究: 以山东省菏泽市虎头李村为例 [J]. 商业经济, 2020 (4): 111-112.

[16] 李平. 如何做好农产品直播 [J]. 农村新技术, 2020 (3): 47.

[17] LIN H C, BRUNING P F, SWARNA H. Using online opinion leaders to promote the hedonic and utilitarian valve of prducts and services [J]. Business Horizons, 2018: S000768138300107.

［18］ALETI T，PALLANT J I，TUAN A，et al. Tweeting with the stars：automated text analysis of the effect of celebrity social media communications on consumer word of mouth ［J］. Journal of Interactive Marketing，2019，48（5）：17-32.

［19］陈纯柱，刘娟. 网络主播监管中的问题与制度构建［J］. 探索，2017（6）：136-145.

［20］夏令蓝，宋姣. 后疫情时代"直播带货"规范化研究［J］. 传媒，2020（13）：94-96.

中国精准扶贫经验推广
与农户满意度的调查研究

——基于重庆石柱县的实证检验

丁方伟　李才帅　熊一帆[①]

摘　要：本文选取重庆市石柱县实地调研数据，从农户满意度入手，通过建立结构方程模型总结，精准扶贫经验，分析农户对扶贫情况的满意程度。结果表明：产业、基础设施与干群互动因素对农户对精准扶贫满意评价均有较为显著的影响。我们要进一步深化产业发展与农户的关系，强化参与精准扶贫与乡村振兴的一线人员与每家每户居民的密切联系，提高贫困鉴别机制的透明度和公信力。

关键词：精准扶贫；满意度；经验；农户

一、引言

贫困问题一直是中国发展历史上未被解决的难题。自 1994 年颁布实施《国家八七扶贫攻坚计划》以来，我国开展了大规模的扶贫开发工作，扶贫事业取得了举世瞩目的成效，绝对贫困持续减少，贫困人口生活水平显著改善。党的十八大以来，农村贫困问题上升到了国家层面，党和社会形成合力，助推脱贫攻坚任务取得胜利。至 2020年年底，中国的绝对贫困人口实现全面脱贫、全国各地的贫困县实现全部摘帽。区域性整体贫困问题的解决，标志着长期困扰中国农村的绝对贫困问题将彻底消除，同时意味着中国贫困治理在习近平总书记的带领下取得了决定性的发展成就。

"精准扶贫"一词是由习近平总书记在湖南湘西考察时首次提出的，作为一种具有

---

① 丁方伟，重庆工商大学经济学院，2019 级贸易经济专业本科生；李才帅，重庆工商大学经济学院，2019级贸易经济专业本科生；熊一帆，重庆工商大学经济学院，2019 级贸易经济专业本科生。

时代气息的扶贫方式，它是指针对不同贫困区域环境、不同贫困农户状况，运用科学有效的程序对扶贫对象实施精准识别、精确帮扶、精确管理的治贫方式。随着精准扶贫政策的推进，国内学界对扶贫领域的相关研究大致可分为以下几个方面：

在贫困理论研究方面。贫困是一个相对客观的概念，而且贫困线和贫困标准又是不断变化的，只要人类分化不消失，贫困的客观性会在这个过程中被反复生产和再生产（李小云等，2020）[1]。因此，虽然我国的绝对贫困问题于2020年年底得到历史性消除，但相对贫困问题将长期存在并且将成为未来减贫的工作的重心，减贫战略将由集中性减贫转为常规性减贫，今后的研究重点应集中于理论研究、贫困标准的界定与长效机制构建三个方向（汪三贵和刘明月，2020；韩广富和辛远，2020）[2][3]。

相对贫困问题的长效机制建立方面。我们要改变过去以政府为主导，自上而下动员各种力量参与的扶贫治理机制，省级地方政府应转变为相对贫困治理工作的统筹与规划主体，由广泛而强力的社会动员向常规化制度化贫困治理转变，同时通过区域发展，不断推动城乡一体化和扶贫开发与社会公共服务一体化，构建多部门协同一体化反贫困治理体系（邢成举和李小云，2019；左停和苏武峥，2020）[4][5]。

在农户对扶贫满意度的研究方面。民族地区农村居民的扶贫开发满意度评价还不太高，也就是说扶贫开发绩效还有待提高。为提升满意度，我们要进一步做好各种既具有直接扶贫效果，又能产生普惠性影响的基础性扶贫工程或项目（包括基础设施扶贫工程、教育扶贫工程、卫生健康扶贫工程），健全与完善贫困地区农村基础条件建设，重点培育并壮大主导产业的核心参与主体，同时引导并规范核心主体与农户建立稳定且有效的合作关系，带动贫困农户脱贫增收（刘小珉，2016；刘汉城和关江华，2018）[6][7]。

综合上述学术成果来看，众学者对扶贫的理论构建、经验的总结以及扶贫满意度等均有较为丰富的研究。

然而，消除绝对贫困并不意味着我国贫困治理的结束，相反，相对贫困将在2020年后的贫苦治理中逐步凸显出来，并成为今后贫困治理的新目标，相对于绝对贫困治理，相对贫困治理难度更大、治理周期更长、治理手段更复杂，需要更加精准而系统的综合治理（韩广富和辛远，2020）[3]，因此，在前人的研究基础上继续探索新的、符合时代条件的相对贫困的减贫策略就显得格外有意义。

此次调研便是对原贫困县的农户对精准扶贫认同度进行调查，以贫困户获得感、认同感为切入口，对石柱县重要扶贫减贫的经验进行提炼推广，对于扶贫减贫过程中尚还存在的问题进行揭示，并对重庆市精准扶贫经验的推广及长效机制的建立与乡村振兴战略提出策略和建议。

二、问卷统计分析

（一）人口结构统计分析

由表1可知，在本次调研的重庆市石柱县部分乡镇的 232 名村民中，打工是 53.45%的家庭主要收入来源，其中仅依靠国家补贴作为家庭主要来源的家庭占比最少 为 10.34%，曾经的致贫原因中因病致贫是占比最大的致贫原因有 56 人，占总贫困农 户 92 人的 60.87%。

表1　农户家庭特征　　　　　　　　单位:%

	统计指标	样本数	百分比
性别	男性	112	48.28
	女性	120	51.72
年龄	70 岁以上	76	32.76
	61~70 岁	48	20.69
	51~60 岁	72	31.03
	41~50 岁	28	12.07
	40 岁及以下	8	4.69
文化程度	高中及以上	8	3.45
	初中	48	20.69
	小学	76	32.76
	小学以下	100	43.10
家庭人数/人	1	28	12.07
	2	32	13.79
	3	40	17.24
	4	32	13.79
	5 及以上	100	43.10
主要收入来源	打工	124	53.45
	务农	40	17.24
	国家补贴	24	10.34
	其他	44	18.97

联系较少。二是农户对特色农产品产业有担忧。参加项目的农户可以得到树苗、肥料、技术的援助，也可以将土地外包分得红利。农户虽然得到了实际的帮助，但是由于气候的不确定性，收获农作物周期较长，因而回报具有不确定性。而基础设施、医疗、教育等不需要农户承担风险，所以满意都十分高。

3. 干群互动因素

根据对精准扶贫工作的满意程度编制其与相关指标的交叉分析表，其中表头代表着对精准扶贫的满意度。

（1）到访次数

吴珊珊和张晓晖（2020）的研究表明，帮扶人员走访次数多，就能够更及时了解贫困户的困难需求，更好地为困难农户解决问题，所以帮扶人员到访次数对于精准扶贫效果具有显著的正向影响[13]。本次调研结果如表4所示。

表4　到访次数分布

	非常满意	比较满意	一般	不太满意	不满意	总计	占比
10次及以上	12	16	0	0	0	28	12.07%
7~9次	4	4	0	0	0	8	3.45%
4~6次	24	16	4	0	0	44	18.97%
2~3次	4	12	24	0	0	40	17.24%
1次及以下	20	16	48	28	0	112	48.28%

由表4可知，到访次数越多，被调查的农户对精准扶贫工作的满意度就越高，选择对精准扶贫满意度为不太满意的农户都对到访次数选择一次及以下的选项。

（2）人员了解

在本次实地调研的过程中，当地政府工作人员大多是当地居民，农户对其有或多或少的印象，本次人员了解情况主要是针对其工作内容。具体数据见表5。

表5　人员了解与满意度交叉分析

	非常满意	比较满意	一般	不太满意	不满意	总计	比重
非常了解	8	4	0	0	0	12	5.17%
比较了解	32	28	8	0	0	68	29.31%
一般	4	8	28	4	0	44	18.97%
不太了解	16	20	40	20	0	96	41.38%
不了解	4	4	0	4	0	12	5.17%

由表5可知非常和比较了解帮扶人员的农户选择精准扶贫满意度大多为非常满意

和比较满意，且农户对帮扶成员的了解程度与农户对于精准扶贫政策的满意度大致呈正相关关系。

（3）村支书工作满意程度

吴珊珊和张晓晖（2020）认为，村支书工作的满意度对农户满意度同样具有较为显著的影响[13]。具体调研结果如表6。表6中显示有超过58%的农户对于村支书的满意程度是非常满意和比较满意，但是出现了不满意现象，这表明大多数农户对其工作的肯定与其工作还有一定的提高空间。

表6 对村支书工作满意程度

	非常满意	比较满意	一般	不太满意	不满意
旅游满意度	68（29.31%）	84（36.20%）	64（27.59%）	16（6.90%）	0
文化建设满意度	68（29.31%）	83（35.78%）	65（28.02%）	16（6.90%）	0
农产业满意度	12（5.17%）	92（39.66%）	80（34.48%）	48（20.69%）	0
公共设施建设满意度	144（62.07%）	76（32.76%）	12（5.17%）	0	0
医疗满意度	92（39.66%）	92（39.66%）	32（13.79%）	16（6.90%）	0
教育满意度	64（27.59%）	96（41.38%）	64（27.59%）	8（3.45%）	0
村支书满意度	64（27.59%）	72（31.03%）	64（27.59%）	24（10.34%）	8（3.45%）

根据表4、表5、表6可知：帮扶成员到访次数，农户对帮扶成员的了解程度和农户对村支书工作的满意情况三个方面都与农户对精准扶贫满意程度呈现出正相关关系。在帮扶成员到访次数和农户对帮扶成员了解程度方面，选择10次及以上和非常了解的农户都对精准扶贫工作表示肯定，在村支书工作的认同度上，58.62%的农户对此持认同、支持态度，其中，对村支书工作非常满意的农户大多数对扶贫工作非常满意，由此可见农户对扶贫工作的满意度与当地村支书的工作情况关系很大。

三、中国精准扶贫经验推广与农户满意度的实证研究

（一）模型设定与研究假设

1. 模型理论与分析方法

结构方程模型（structural equation model，SEM）是用来检验观察变量与潜变量之间假设的一种多元变量统计分析方法，简而言之，即用于说明潜变量之间的因果关系。SEM包括测量模型与结构模型两个次模型，测量模型用来描述与潜变量相对应的显性

指标如何测量潜变量，而结构模型则是描述自变量与因变量之间的相关性。SEM 中有因素分析与路径分析两种统计方法，模型对观察变量、潜变量、干扰或误差变量之间的关系进行检验，从直接效果、间接效果和总效果三方面探求自变量对因变量的影响。

2. 研究假设

（1）产业相关因素感知与农户满意度

一个地区工业、农业、旅游业、文化产业的发展程度对该地区的经济发展水平有直接影响，而该地区经济发展水平与地区居民个人可支配收入具有正相关关系，故本文做出如下假设：

H1：产业相关因素感知对农户满意度具有正向影响

（2）基础设施因素感知与农户满意度

朱玉春等（2010）研究表明，农户对农村道路、农村基础教育、农村医疗、农田水利设施、饮水设施等基础设施越满意，对政府的评价就越高[14]。故基于已有研究，本文做出如下假设：

H2：基础设施因素感知对农户满意度具有正向影响

（3）干群互动因素感知与农户满意度

石靖等（2018）研究认为在精准扶贫政策满意度的影响因素中，精准扶贫政策了解程度的影响最大，其次是与政府工作人员互动[15]。故基于已有研究，本文做出如下假设：

H3：干群互动因素感知对农户满意度具有正向影响

3. 模型设计

本次研究以产业相关因素、基础设施因素、干群互动因素为三个潜变量，每个潜变量分别对应三个观测变量，探求其对农户满意度的影响，以此为基础构建的研究模型如图 1 所示。

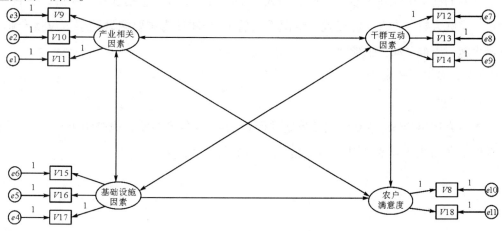

图 1　模型结构

（二）问卷设计

以精准扶贫满意度等相关研究领域中较为成熟的成果为研究基础，并结合重庆石柱县发展的现状，进行量表设计，问卷使用了李克特量表形式。问卷包括两部分，第一部分是调查对象的个人基本信息，第二部分是问卷的测量主题，主要针对各测试项进行测量。相关产业、基础设施、干群互动等测试项主要参考吴珊珊和张晓辉（2020）的测量表，共 10 个题项[13]。表 7 是对构建的测量项描述。

表 7　测量题项

变量	题项描述
相关产业带动因素	您认为旅游带动经济发展效果影响如何？（千野草场、黄水药用植物园）
	您认为当地文化产业建设程度如何？
	您对当地的特色农产品产业扶贫了解程度？（脆李、黄连、红辣椒）
基础设施改变因素	您对近五年基础设施的改善满意吗？（公路、水电、公园等）
	您对近五年村镇医疗卫生条件改善情况满意吗？
	您对近五年教育条件改善情况满意吗？
干群互动因素	村镇帮扶人员的到访次数如何？
	您是否认识和了解帮扶人员？
	您对驻村书记带头致富的能力满意吗？

2020 年 12 月中旬，本课题组前往重庆石柱县进行实地调查，本次调查的调查问卷主要是通过实地调查与访谈的方式发送。本次调研共收集到问卷 242 份，其中 10 分因为填写粗糙且基本问题有明显错误被视为无效问卷，予以剔除。因此，本次调研总共有效问卷为 232 份，问卷有效率为 95.87%。

问卷的前 7 个题项为参与调研者的人口基本信息统计，包括性别、年龄、受教育程度、家庭人数、收入、曾经致贫情况等。后 12 个题项为主要测试题项，包括产业、基础设施、干群互动三个维度。

（三）信效度检验

1. 信度检验

本研究运用 SPSS 24.0 对问卷数据进行 cronbach's 信度检验，检验结果显示，各测试项的 α 值都大于 0.8，表明问卷的总体信度较好（见表 8）。

表 8 克隆巴赫 Alpha

可靠性统计	
克隆巴赫 Alpha	项数
0.838	11

2. 效度检验

本研究运用 SPSS24.0 对问卷的测试项进行效度检验，通常效度检验是采用探索性因子分析的方法。在进行因子分析前，首先必须进行变量间的相关性检验，主要方法为 KMO 和 Bartlett 球体检验，检验结果见表 9。

表 9 KMO 与 Bartlett 球体检验

KMO 取样适切性量数		0.714
巴特利特球形度检验	近似卡方	2 203.137
	自由度	45
	显著性	0.000

本次检验的 KMO 系数为 0.714，巴特利特球形度检验统计值小于 0.05，Bartlett 球体检验的结果是显著的，因此本研究得到的样本数据是适合作因子分析的，故继续进行因子分析见表 10。

表 10 因子荷载

路径			Estimate	平均提取方差 AVE	组合信度 CR
农户满意度	<---	产业相关因素	0.816		
农户满意度	<---	基础设施因素	0.838	0.646	0.845
农户满意度	<---	干群互动因素	0.717		
V9	<---	产业相关因素	0.869		
V10	<---	产业相关因素	0.786	0.627	0.834
V11	<---	产业相关因素	0.713		
V12	<---	基础设施因素	0.747		
V13	<---	基础设施因素	0.817	0.575	0.800
V14	<---	基础设施因素	0.638		
V15	<---	干群互动因素	0.84		
V16	<---	干群互动因素	0.968	0.643	0.837
V17	<---	干群互动因素	0.535		

表10(续)

路径			Estimate	平均提取方差 AVE	组合信度 CR
V8	<---	农户满意度	0.685	0.567	0.723
V18	<---	农户满意度	0.719		

由表 10 可知,产业相关、基础设施、干群互动各个潜变量对应的各个题目的因子载荷值均大于 0.5,说明其各个潜变量对应所属题目具有较高代表性,另外各个潜变量的平均方差 AVE 均大于 0.5,且组合信度均大于 0.8,说明效度理想。故进一步进行路径分析。

（四）假设检验

本文使用 AMOS26.0 软件并采用最大似然估计法计算模拟的适配指数和路径系数。模拟适配度检验结果见表 11。

表 11　整体拟合系数

X2/df	RMSEA	GFI	CFI	AGFI	IFI	TLI
2.068	0.042	0.927	0.974	0.951	0.879	0.962

由表 10 可知,X2/df 的值为 2.068,小于 3,适配理想;RMSEA 为 0.042,小于 0.05,适配理想,GFI 为 0.927,大于 0.9,结果适配良好;AGFI 为 0.951,大于 0.9,结果适配良好;CFI 为 0.974,大于 0.9,结果适配良好,IFI 为 0.879,接近 0.9,结果适配良好;TLI 为 0.962,大于 0.9,结果适配良好;综合来看,产业相关因素、基础设施因素、干群互动因素整体的模型适配良好。

综合 AMOS 统计分析的结果,对本研究所提出的研究假设进行分析。表 12 为 AMOS 软件得出的各假设路径回归系数。

表 12　各路径回归系数与标准化回归系数值

假设	路径关系	非标准化回归系数	标准化回归系数	P 值	是否支持假设
H1	产业相关因素感知→农户满意度	0.836	0.762	0.000	支持
H2	基础设施因素感知→农户满意度	0.510	0.651	0.017	支持
H3	干群互动因素感知→农户满意度	0.531	0.681	0.000	支持

H1：产业相关因素感知对农户满意度有正向影响。

从路径回归的系数与标准化回归系数结果来看，顾客对新零售模式的感知易用性对其感知有用性的路径系数为 0.883，p 值为 0.000，统计结果显著，假设 1 成立，假设得到支持。因此，产业相关因素感知对农户满意度有正向影响。

H2：基础设施因素感知对农户满意度具有正向影响。

从路径回归系数与标准化回归系数结果来看，顾客对新零售模式的感知有用性对其关于新零售模式的态度的路径系数为 0.651，p 值为 0.011，统计结果显著，假设 2 成立，假设得到支持。基础设施因素感知对农户满意度具有正向影响。

H3：干群互动因素感知对农户满意度具有正向影响。

从路径回归系数与标准化回归系数结果来看，顾客对新零售模式感知易用性对其关于新零售模式的态度的路径系数为 0.681，t 值为 0.000，统计结果显著，表明假设 3 成立。干群互动因素感知对农户满意度具有正向影响。

四、结论和建议

（一）结论

根据实地调研，农户对当地政府的精准扶贫工作满意度评价中，非贫困户与贫困户的结果存在较大差别。非贫困户群体大致认为精准扶贫的总体效果较为一般；贫困户群体得到了更为直接的物质且有更大力度的政策扶持，普遍认为精准扶贫的效果更好。随着近几年脱贫攻坚任务取得阶段性突破，重庆市石柱县当地农户已达到"两不愁，三保障"的基本标准，现在是在向着更加幸福、充实的小康生活前进。但是这并不代表当地相对贫困问题的完全消除，以下是石柱县相关地区取得的扶贫成就。

1. 完善基础设施建设，振兴美丽乡村

"想要富，先修路。"公路作为一个地区对外联系的桥梁，其重要性不言而喻，石柱县中益乡，曾作为一个深度贫困乡镇，路况较差、交通不便，对外联系少。里面的资源出不来，外面的资源进不去，这也限制了石柱县部分偏远乡镇的发展，成为实现脱贫攻坚任务的一块"路障"。经过几年时间的修缮，现在的交通十分便利，许多乡镇，铺上了柏油路，只需一个小时左右的车程就能到达石柱县城，为当地"脱帽"工作的完成奠定了基础。

与此同时，相关的桥梁与水利设施建设、地方文化特色民宿的修建、蜜蜂养殖产业园的搭建，均为当地农业、旅游业、养殖业的发展提供了较大支持，提高了当地居民的人均可支配收入与生活水平。

2. 教育托起扶贫的未来

在教育扶贫方面，以石柱县中益乡小学为例，中益乡小学原是深度贫困乡小学，存在教学条件差，基础设施不完善，师资力量薄弱，家长教育观念落后等诸多问题，仅在 2019 年，石柱县教委累计为中益乡小学投入建设资金共计 1 772 万元，改建了学校的教学楼和宿舍楼，为学校配备了最新的电子白板，极大程度地改善了中益乡教育的基础设施。

学校在教学中注重培育学生勤奋品质，培养学生接纳新事物的能力，让学生的行为来影响一个家庭，从而影响一个地区的发展。当地人口总数不高且处于教育年龄的居民较少，当地的生源的缺失成为当地发展小学以上教育事业的一个瓶颈。当地一部分父母在外务工，选择将子女留在身边上学，由此加重了当地人口老龄化的情况。石柱县城的教育事业发展向好，容纳能力较大，因此许多留在本地的处于义务教育年龄的学生选择在石柱县城里面完成学业。教育为当地脱贫的长期化提供了关键助力。

3. 帮扶有道，脱贫有效

为了更好地解决居民的生活问题，推进扶贫工作，石柱县政府根据每家每户的实际情况来进行贫困户的认定，并为贫困户配备点对点、户对户的帮扶人员，帮助帮扶人员对贫困户进行深入的了解从而更好地帮助贫困户早日实现脱贫。帮扶人员作为扶贫工作开展的中坚力量，为贫困户带来福音，关心贫困户的生活状况，改善贫困户的居住条件，为贫困户铺好脱贫之路，并在贫困户的脱贫之旅上为他们提供指导性意见，由此更好地完成脱贫攻坚的任务。

实现脱贫，不仅仅是政府的任务，更是社会的任务。政府携手企业对贫困户实施一系列的补贴及优惠活动，为了解决贫困户的住房问题，并预防住房过剩，政府选择先预定、再修建这样一种建房模式，其中，贫困户享有 600 元/平方米的购房优惠，且每人还享有购房补贴，此举不仅解决了贫困户的住房问题，也改善了农户的居住条件，方便了政府对居民的管理且大大降低了农村的安全隐患。

（二）建议

1. 深化产业发展与农户的关系

由于当地工业基础较为薄弱，农业与服务业便成为当地农户获得收入的主要行业。现在，乡村振兴计划的开展为当地也提供了很多的就业岗位，农户以正式工与临时工的身份上岗。临时岗位通过大队分配到村，村干部可以以此来调动农户的劳动积极性，且这一部分收入对于收入不确定性因素较大的农户是一笔可观的收益，旅游产业的不断推进也可以增加更多的岗位，其中的一部分岗位可以定向分配给困难户。设置党员监督小组，预防无人岗位领工资、相关人员"捞油水"。村干部牵头农户与相关合作社签署特色农产品回购协议，消除作物周期长、价格波动引起的收入不确定性。文化建设过程中注意宣传标语的布置，简洁明了，通俗顺口，用以激励当地农户。

2. 提高贫困鉴别机制的透明度和公信力

在实地调研的访谈中发现，部分乡镇在贫困户的认证中存在偏袒行为，有些农户达到了申请条件却因为名额的缺失得不到自身该有的补助，这一点让农户对扶贫工作有一定的不满意。虽然当前在现行标准下的农村贫困户人口已全部脱贫，但未来涉及相关资格鉴定时，政府应建立一套更为公正公开的、透明的认证系统，做到让大家共同参与，共同评比，提高相关认证的公信力，让扶贫政策实现更大程度上的普惠，从而进一步提高农民生活质量，助力乡村振兴。

3. 进一步强化扶贫与乡村振兴的一线人员与每家每户居民的密切联系

无论是从过往相关文献的研究还是本次调研结果来看，干群互动因素对农户满意度的影响都比较大。一方面，一线人员在与地方农户的交流中，可以较好地了解到农户的实际困难与需求，从而给出针对性的解决方案；另一方面，在干部与群众建立的情感联系中，群众对政府干部的信任感也会大大增加，这也同样有利于增强地方乡镇政府决策在农户心中的认可度与公信力，从而能进一步提高农户对扶贫与乡村振兴的满意度。

参考文献

［1］李小云，马洁文，唐丽霞，等. 关于中国减贫经验国际化的讨论［J］. 中国农业大学学报（社会科学版），2016，33（5）：18-29.

［2］汪三贵，刘明月. 从绝对贫困到相对贫困：理论关系、战略转变与政策重点［J］. 社会科学文摘，2020（12）：17-20.

［3］韩广富，辛远. 2020年后中国贫困治理的战略重点、难点与对策［J］. 行政管理改革，2020（9）：39-47.

［4］邢成举，李小云. 相对贫困与新时代贫困治理机制的构建［J］. 改革，2019（12）：16-25.

［5］左停，苏武峥. 乡村振兴背景下中国相对贫困治理的战略指向与政策选择［J］. 新疆师范大学学报（哲学社会科学版），2020，41（4）：88-96.

［6］刘小珉. 农户满意度视角的民族地区农村扶贫开发绩效评价研究：基于2014年民族地区大调查数据的分析［J］. 民族研究，2016（2）：29-41，124.

［7］刘汉成，关江华. 基于Logistic模型的连片贫困区农户精准扶贫满意度的影响因素：以湖北大别山片区为例［J］. 江苏农业科学，2018，46（2）：264-268.

［8］张知. 基于游客和农户满意度的新民市乡村旅游发展问题研究［D］. 沈阳：沈阳农业大学，2019.

［9］郭瑶. 基于农户满意度的济南市莱芜区农村公共文化服务研究［D］. 泰安：山东农业大学，2020.

［10］吴珊珊，张晓晖. 基于贫困户满意度的莱州市精准扶贫效果研究［J］. 农业与技术，2020，40（16）：156-160.

［11］朱玉春，唐娟莉，郑英宁. 欠发达地区农村公共服务满意度及其影响因素分析：基于西北五省1 478户农户的调查［J］. 中国人口科学，2010（2）：82-91，112.

［12］石靖，卢春天，张志坚. 代际支持、干群互动与精准扶贫政策的满意度［J］. 西北农林科技大学学报（社会科学版），2018，18（2）：49-56.

第五篇

社会调查研究

新发展阶段高校贫困大学生学业发展需求分析①

——以重庆工商大学为例

石安宁②

摘　要：2020 年是我们新时代征程中决胜全面建成小康社会、决战脱贫攻坚取得决定性成就的关键一年。在新发展阶段，高校贫困大学生学业发展是关系到的巩固脱贫攻坚成果和乡村振兴的重要内容。本文从高校贫困生中选取了 3 000 多个样本，进行数据分析，重点聚焦资金使用、满意度、扶贫与扶智等方面，提出意见和建议，对高校立德树人、三全育人等工作有一定的参考意义和价值。

关键词：新发展阶段；贫困大学生学业发展需求；建议

2020 年 10 月党的十九届五中全会胜利召开。我国经济总量接近 100 万亿元，超过 5 000 万人摆脱绝对贫困，决胜全面建成小康社会、决战脱贫攻坚取得决定性成就，第一个百年奋斗目标即将圆满实现。在中华民族伟大复兴的征程上，高校大学生群体必将是建设现代化国家的主力军。

近年来，国家高度重视高校贫困大学生群体，设立了国家奖学金、国家励志奖学金、国家助学金、生源地贷款等多种途径和项目来帮助贫困生群体的学业发展。决胜全面建成小康社会后，高校贫困大学生群体在"新时代""新发展阶段"[1]的当下会以怎样的姿态学习、成长、进步和发展是我们课题关注的重点，分析研究新时代高校贫困大学生在新发展阶段出现的新特点、新思想、新目标，为我们实现"为党育人，为国育才"的总目标提供有价值的建议是本课题的重点。

---

①　本文是重庆工商大学 2020 年学生科技创新基金项目"完善资助宣传教育途径，助力贫困大学生学业发展"（编号 20140）的阶段性成果。

②　石安宁，重庆工商大学金融学院，2019 级 CFA 专业本科生。

为此，我们申请了学校的大学生创新课题。本课题组开展了对重庆工商大学在校部分贫困大学生学业发展需求情况的调查，旨在充分了解我校在校贫困大学生学习发展需求特点和面临的困境，为帮助贫困大学生学业发展提供可行的建议和措施，从而提升贫困大学生的发展能力和水平。

一、调查者基本情况

（一）调查基本情况

1. 调查时间：2021 年 1 月 16 日—1 月 31 日

2. 调查对象：重庆工商大学 2017—2020 级在校 3 537 名贫困本科生。

3. 调查内容：学业发展需求、资助资金的使用情况和对资助政策的看法。

4. 调查方式：网络问卷调查。

（二）受访者基本情况

本部分具体分析了被调查者基本情况，从性别、年级和专业对样本的分布情况进行分析。

图 1 为此次调查中被访者的性别分布情况。从图 1 中可以看出，样本总数为 3 537 人，其中女生人数为 2 577 人，占比 73%；男生人数为 960 人占比 27%。其中，女生占有较大比例，其比例约为男生的 2.7 倍，符合我校学生整体性别分布实际情况。

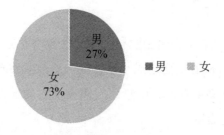

图 1　受访者性别分布

图 2 为此次调查中被访者的年级分布情况。从图 2 中可以看出，此次调查样本总数为 3 537 人，其中 2020 级学生人数占比最高达 32.65%，共 1 155 人；其次是 2019 级学生，人数 953 人，占比为 26.94%；2018 级和 2017 级学生人数分别为 790 人和 639 人，占比分别为 22.34% 和 18.07%。

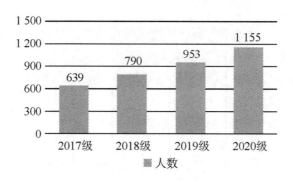

图 2　受访者年级分布

图 3 为此次调查中受访者专业分布。为便于分析，本文中专业按学科门类分为经济类、管理类、文学类、理学类、工学类和体艺类，共 6 个大类。具体地，经济类 1 133 人，管理类 781 人，文学类 321 人，理学类 175 人，工学类 532 人，体艺类 595 人。从图 3 中可以看出，经济类专业的学生人数占比最高为 32%；理学类占比最低为 5%。

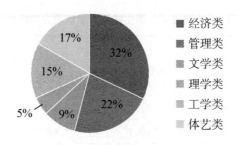

图 3　受访者专业分布

二、对贫困学生学业成长帮扶现状的分析

本部分主要就贫困大学生学业成长帮扶现状，从学校层面对学贫困生的选择进行分析，并讨论性别、年级和专业因素对其的影响。本次调查问卷样本总数为 3 537，其中有效份数 3 537，无效份数 0，有效率高达 100%，表明样本调查效率高，样本数据可靠，利于接下来的分析。

（一）贫困学生学业成长帮扶现状学校层面整体分布

从图 4 中可以看出，3 537 个贫困学生样本在资助金使用方向上，购买生活用品被 2 692 位学生选择，是最主要的资助金使用方向；其次是购买学习用品，被选择了 2 552 次，说明大多数贫困学生还是比较重视自己的学业；此外，我们还可以看到，近 1/4 的贫困大学生会把资助金用于补贴家用，具有感恩意识。

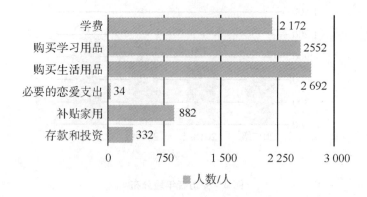

图 4　贫困学生资助金使用方向分布

（二）性别因素对贫困学生学业成长帮扶现状的影响

从性别角度分析贫困大学生在资助金使用方向选择上的分布情况，以此反映贫困学生学业成长帮扶现状。根据问卷数据，采用交叉分析方法得到表 1、图 5。

表 1　不同性别贫困生的资助金使用方向差异

资金 使用方向	男生		女生		合计 /人
	人数/人	在受访男生 中占比/%	人数/人	在受访女生 中占比/%	
学费	557	58.0	1 615	62.7	2 172
购买学习用品	669	69.7	1 883	73.1	2 552
购买生活用品	687	71.6	2 005	77.8	2 692
必要的恋爱支出	21	2.2	13	0.5	34
补贴家用	234	24.4	648	25.1	882
存款和投资	77	8.0	255	9.9	332
其他	60	6.3	138	5.4	198

注：受访学生中占比=有某资金使用意向的男（女）生人数与所有受访男（女）学生合计数之比

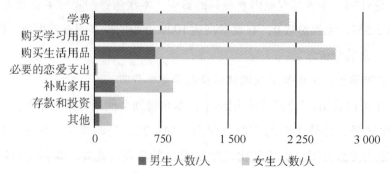

图 5　分性别贫困生资助金使用方向频数堆积图

结合表1和图5的数据情况，先从整体上看，贫困大学生对于资金使用方向的选择，主要倾向于"购买生活用品"和"购买学习用品"，其次为"学费"和"补贴家用"。从男女性别来看，选择了"购买学习用品""购买生活用品""学费""补贴家用"和"存款和投资"的女生在所有受访女生中的比重，都分别高于选择了"购买学习用品""购买生活用品""学费""补贴家用"和"存款和投资"的男生在所有受访男生中的比重；而选择了"必要的恋爱支出"的女生在所有受访女生中的比重，低于选择了"必要的恋爱支出"的男生在所有受访男生中的比重。由此可见，大部分贫困大学生都把资助金用在维持生活和努力学习方面，并且，在此方面女生比男生更积极；在把资金用于补贴家用方面，女生比男生更具有感恩意识；而把资金用于谈恋爱的贫困大学生相对较少，并且相对而言，男生比女生在此方面花费得更多。

（三）年级因素对贫困学生学业成长帮扶现状的影响

从年级角度分析不同年级学生在资金使用方向上的分布情况，根据问卷数据，采用交叉分析方法得到表2、图6。

表2　不同年级贫困生的资助金使用方向差异

资金使用方向	大一		大二		大三		大四		合计/人
	人数/人	在受访大一贫困生中占比/%	人数/人	在受访大二贫困生中占比/%	人数/人	在受访大三贫困生中占比/%	人数/人	在受访大四贫困生中占比/%	
学费	751	65.0	566	59.4	469	59.4	386	60.4	2 172
购买学习用品	860	74.5	697	73.1	570	72.2	425	66.5	2 552
购买生活用品	872	75.5	744	78.1	592	74.9	484	75.7	2 692
必要的恋爱支出	4	0.3	12	1.3	12	1.5	6	0.9	34
补贴家用	280	24.2	229	24.0	224	28.4	149	23.3	882
存款和投资	89	7.7	104	10.9	90	11.4	49	7.7	332
其他	76	6.6	58	6.1	37	4.7	27	4.2	198

注：受访学生中占比＝有某资金使用意向的不同年级的人数与该年级学生合计数之比

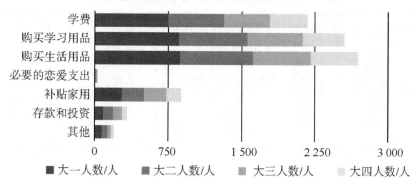

图6　分年级贫困生资助金使用方向频数堆积图

由表 2 和图 6 可知，从年级层面来看，总体上各年级贫困大学生在资金使用上的分布情况符合总体分布情况，即资金最主要被用于购买生活用品，其次是购买学习用品和学费。

在学费支出方面，大一年级的贫困学生在此方面的支出积极性最高，在 1 155 名受访的大一贫困生中有 751 人在此方面有支出，占比 65.0%；其次是大四贫困生，在 639 名受访的大四贫困生中有 386 人在此方面有支出，占比 60.4%。

在购买学习用品支出方面，积极性最高的是大一年级的贫困学生，在 1 155 名受访的大一贫困生中有 860 人在此方面有支出，占比 74.5%；而积极性最低的是大四贫困生，在 639 名大四贫困生中有 425 人在此方面有支出，占比 66.5%。

在购买生活用品支出方面，大二年级的贫困学生在此方面的支出积极性最高，在 953 名大二贫困生中有 744 人在此方面有支出，占比 78.1%；而在此方面的支出积极性最低的是大三贫困生，在 790 名大三贫困生中有 592 人在此方面有支出，占比 74.9%。

在恋爱支出方面，相对而言，大三年级的贫困学生在此方面的支出积极性最高，在大三贫困生中有 12 人在此方面有支出，占比 1.5%；而在此方面的支出积极性最低的是大一贫困生，大四贫困生中有 4 人在此方面有支出，占比 0.3%。

在补贴家用方面，大三年级的贫困学生在此方面的支出积极性最高，28.4% 的大三贫困学生在此方面有支出，共 224 人；而大四贫困生在此方面的支出积极性最低，23.3% 的大四贫困生在此方面有支出，共 149 人。

在存款和投资方面，积极性最高的是大三贫困学生，有 90 人在此方面有支出，占比 11.4%；其次是大二贫困生，有 104 人在此方面有支出，占比 10.9%。

（四）专业因素对贫困学生学业成长帮扶现状的影响

根据调查样本数据，从专业角度分析不同专业学生的资助金使用方向分布，整理得到表 3、图 7。

表 3   不同专业贫困生在资助金使用方向上的差异

资金使用方向	经济类		管理类		文学类		理学类		工学类		体艺类		合计/人
	人数/人	在受访经济类贫困生中占比/%	人数/人	在受访管理类贫困生中占比/%	人数/人	在受访文学类贫困生中占比/%	人数/人	在受访理学类贫困生中占比/%	人数/人	在受访工学类贫困生中占比/%	人数/人	在受访体艺类贫困生中占比/%	
学费	714	63.0	498	63.8	206	64.2	111	63.4	314	59.0	329	55.3	2 172

表3(续)

资金使用方向	经济类		管理类		文学类		理学类		工学类		体艺类		合计/人
	人数/人	在受访经济类贫困生中占比	人数/人	在受访管理类贫困生中占比/%	人数/人	在受访文学类贫困生中占比/%	人数/人	在受访理学类贫困生中占比/%	人数/人	在受访工学类贫困生中占比/%	人数/人	在受访体艺类贫困生中占比/%	
购买学习用品	823	72.6	592	75.8	236	73.5	122	69.7	362	68.0	417	70.1	2 552
购买生活用品	871	76.9	627	80.3	257	80.1	133	76.0	402	75.6	402	67.6	2 692
必要的恋爱支出	14	1.2	5	0.6	3	0.9	1	0.6	6	1.1	5	0.8	34
补贴家用	244	21.5	215	27.5	78	24.3	45	25.7	136	25.6	164	27.6	882
存款和投资	113	10.0	81	10.4	32	10.0	16	9.1	52	9.8	38	6.4	332
其他	49	4.3	40	5.1	22	6.9	9	5.1	41	7.7	37	6.2	198

注：受访学生中占比=有某资金使用意向的不同专业的人数与该专业学生合计数之比

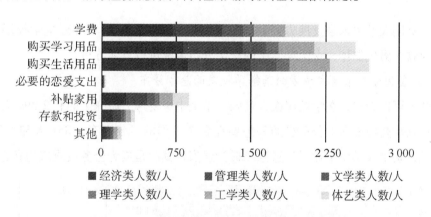

图7　分专业贫困生资助金使用方向频数堆积图

由表3、图7可得，从专业角度来看，总体上各专业贫困大学生在资金使用上的分布情况依然符合总体分布情况，即资金最主要被用于购买生活用品，其次是购买学习用品和学费。

在学费支出方面，文学类的贫困学生在此方面的支出积极性最高，在321名受访的文学类贫困生中有206人在此方面有支出，占比64.2%；而体艺类贫困生在此方面的支出积极性最低，在595名受访的体艺类贫困生中有329人在此方面有支出，占比 55.3%。

在购买学习用品支出方面，管理类贫困学生的积极性是最高的，在 781 名受访的管理类贫困生中有 592 人在此方面有支出，占比 75.8%；而积极性最低的是工学类贫困生，在 532 名工学类贫困生中有 362 人在此方面有支出，占比 68.0%。

在购买生活用品支出方面，积极性最高的是管理类的贫困学生，共 627 人在此方面有支出，占比高达 80.3%；而体艺类贫困生在此方面的支出积极性最低，共 402 人在此方面有支出，占比 67.6%。

在恋爱支出方面，相对而言，经济类贫困学生在此方面的支出积极性最高，在 1 133 名经济类贫困大学生中有 14 人在此方面有支出，占比 1.2%；其次是工学类贫困大学生，532 位受访人中有 6 人，占比 1.1%。

在补贴家用方面，27.6% 的体艺类学生在此方面有支出，积极性最高，共 164 人；而仅有 21.5% 的经济类贫困生在此方面有支出，积极性最低，共 244 人。

在存款和投资方面，支出积极性最高的是管理类贫困学生，有 81 人，占比 10.4%；支出积极性最低的是体艺生，仅 38 人，占比 6.4%。

三、对贫困学生未来发展方向选择及成长满意度的分析

针对贫困大学生未来发展方向及成长满意度方面的问题，本部分从学校层面以及这两个问题在男生群体、女生群体中的交叉分布情况进行具体分析。

（一）贫困学生未来发展方向选择学校层面总体分布

从图 8 可以看出，在学校层面，贫困大学生中想要考上研究生的有 2 399 人，占最大比重；其次是想要考上公务员的和想要在私企工作的，分别有 1 851 人和 1 754 人。由此可见，贫困大学生毕业后深造意愿最为强烈，其次是成为公务员或成为私企员工。

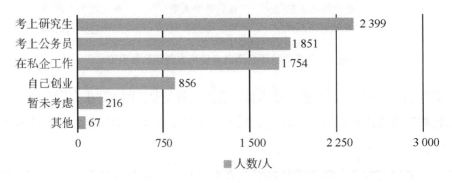

图 8　贫困学生未来发展方向分布

（二）性别因素对贫困学生未来发展方向选择的影响

从性别角度分析不同贫困学生在各未来发展方向选择上的分布情况，根据问卷数据，采用交叉分析方法得到表4、图9。

表4　不同性别贫困生的未来发展方向差异情况

未来发展方向	男生		女生		合计/人
	人数/人	受访男生中占比/%	人数/人	受访女生中占比/%	
考上研究生	612	63.7	1 787	69.3	2 399
考上公务员	455	47.4	1 396	54.2	1 851
在私企工作	440	45.8	1 314	51.0	1 754
自己创业	338	35.2	518	20.1	856
暂未考虑	71	7.4	145	5.6	216
其他	21	2.2	46	1.8	67

注：受访学生中占比＝有某意向的男（女）生人数与该意向学生合计数之比

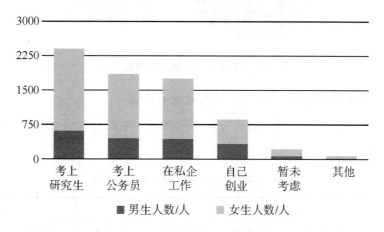

图9　分性别贫困生未来发展意向频数堆积图

结合表4和图9的数据情况，先从整体上看，贫困大学生对于未来发展方向的选择，主要倾向于"考上研究生""考上公务员"和"在私企工作"这三个目标，其次为"自己创业"。从男女性别来看，选择了"考上研究生""考上公务员"和"在私企工作"的女生在所有受访女生中的比重，都分别高于选择了"考上研究生""考上公务员"和"在私企工作"的男生在所有受访男生中的比重；而选择了"自己创业"和"暂未考虑"的女生在所有受访女生中的比重，均分别低于选择了"自己创业"和"暂未考虑"的男生在所有受访男生中的比重。以上分析表明，大部分贫困大学生都希望考研深造或者就业，并且，在此方面女生比男生更积极；而希望自己创业的贫困学生相对较少，并且相对而言，男生比女生更愿意创业；同时，对于自己未来的发展方向的考虑，男生比女生消极。

（三）贫困学生成长满意度情况学校层面总体分布

从图10中可以看出，在3 537名贫困大学生样本中，选择"满意"的学生有2 089人，是最多的，占比为59.1%；选择"非常满意"的学生有1 200人，占比为33.9%，仅次于选择"满意"的学生；选择"一般"的学生有235人，占总人数的6.6%；选择"与预期相距甚远"的学生有13人，占比0.4%。总的来说，选择"非常满意"和"满意"的学生占到学生总数的93%，同时，选择"一般"和"与预期相距甚远"的学生占比7%，说明学生的满意度还有较大的提高空间。

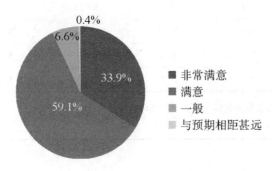

图10 贫困学生自我满意度情况分布

（四）性别因素对贫困学生成长满意度情况的影响

根据调查样本数据，从性别角度分析不同贫困学生的自我满意度情况分布，整理得到表5、图11。

表5 贫困学生自我满意度性别交叉分析

满意度	男生		女生		合计	
	人数/人	占比/%	人数/人	占比/%	人数/人	占比/%
非常满意	362	37.7	838	32.5	1 200	33.9
满意	517	53.9	1 572	61.0	2 089	59.1
一般	74	7.7	161	6.2	235	6.6
与预期相距甚远	7	0.7	6	0.2	13	0.4
合计	960	100.0	2 577	100.0	3 537	100.0

注：各级满意度的男（女）贫困学生占比=各级满意度的男（女）贫困学生人数与受访男（女）学生合计数之比

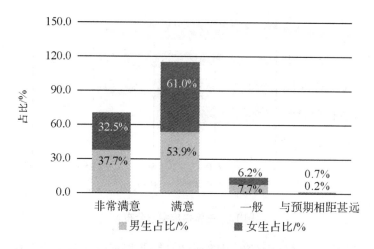

图 11　贫困学生自我满意度性别结构

从表 5 和图 11 可以看出，男女贫困学生在自我满意度的具体调查情况如下：

男女贫困大学生对满意程度的选择情况分布与整体上学生对满意程度的选择情况分布类似，均为：选择"满意"的占最大比重，其次为"非常满意"，然后是"一般"，选择"与预期相距甚远"的最少。

具体来看，选择"满意"的女生人数在全体受访女生中的比重，大于选择"满意"的男生人数在全体受访男生中的比重；而选择"非常满意""一般"和"与预期相距甚远"的女生人数在全体受访女生中的比重，分别小于选择"非常满意""一般"和"与预期相距甚远"的男生人数在全体受访男生中的比重。由此可见，在自我满意程度方面，男生的选择的两极分化程度大于女生，应重视选择"与预期相距甚远"的男生，重点提高该群体的满意度。

四、对贫困学生学业成长需求的分析

本部分对贫困大学生学业成长需求进行分析，具体从总体成长需求、"志"的成长需求、"智"的成长需求、政策了解需求四个方面进行分析。

（一）总体成长需求分析

就贫困大学生而言，在校学习期间的需求主要有物质上的需求、学业上的需求、未来规划上的需求和精神情感上的需求，所以在进行主体措施部分调研时，选取正价资金、学业帮扶、职业规划引导、感恩和爱的教育这几个指标进行调研，得到贫困大学生关于主体资助措施需求的分布如图 12。

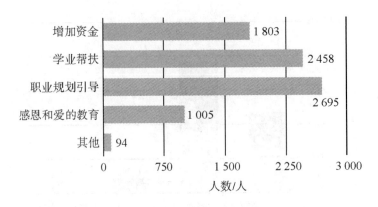

图 12　主体措施需求分布

从图 12 可以看出，贫困大学生最需要的是职业规划引导和学业帮扶，在 3 537 个贫困大学生中，分别被选择了 2 695 次和 2 485 次；而对于资金增加和感恩教育，贫困大学生的需求相对较弱，分别被选择了 1 803 和 1 005 次。王伟、龙平平指出："贫困大学生是高校中特殊而又敏感的弱势群体，面对严峻的就业形势，贫困大学生就业难、就业率不高的问题尤为突出。"学校应该重点关注贫困大学生在学习和未来发展规划方面遇到的困难。

（二）"志"的成长需求分析

关于树立志向的引导对于贫困大学生的发展至关重要。课题组对贫困大学生希望得到的"扶志"帮助方式进行调研，经过数据处理，得到图 13。

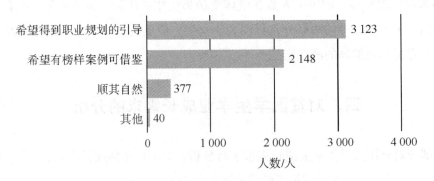

图 13　"扶志"帮助需求分布

如图 13 所示，贫困大学生对职业规划引导、榜样案例的需求最强烈，在参与调查的 3 537 名贫困大学生中，这两项分别被选择了 3 123 和 2 148 次，由此可以看出，贫困大学生最希望得到的是老师长辈的指导和其他学长学姐的经验分享；而选择了顺其自然的学生较少，仅有 377 人，说明大部分贫困大学生都愿意对自己的未来有一个积极的规划，仅有少部分贫困大学生对未来充满十分的信心或者持有消极管理的态度。

（三）"智"的成长需求分析

知识改变命运。赵盼等认为："通常来说，在解决贫困问题方面，脱贫的内在动力越大，则越重视提高教育水平和发展能力。同样，对智力和能力越重视，脱贫的志向也就越坚定。"[4]就贫困大学生希望得到的"扶智"帮助方式进行了调研，得到图 14。

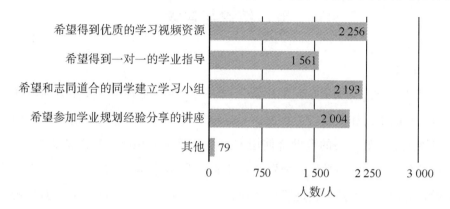

图 14　"扶智"帮助需求分布

根据图 14，我们可以看出，希望得到优质的学习视频的贫困大学生最多，有 2 256人；其次是希望建立学习小组的学生，有 2 193 人；然后是希望参加学业规划经验分享讲座的学生，有 2 004 人；希望得到一对一指导的学生相对较少，有 1 561 人。总体上说，贫困大学生对于具体而实际的学习视频和学习兴趣小组更加感兴趣；而对于可能只对特定人群有效的效果待定的经验分享讲座和一对一指导的兴趣较弱。

（四）政策了解需求分析

能清晰地了解资助政策是贫困学生得到帮助的前提和基础。为了解贫困大学生了解资助政策的途径，由课题组进行了调研，得到图 15。

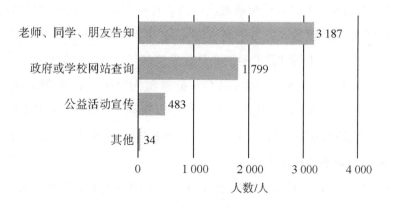

图 15　了解资助政策途径的分布

由图 15 可知，由老师、同学、朋友告知而得到政策信息是贫困大学生了解资助政策信息的主要途径，受益贫困学生有 3 187 人；而政府或学校网站和公益活动这两个宣传途径的效率相对较低，受益贫困学生分别为 1 799 人和 483 人。这说明政府、学校的网站的建设有待加强，公益活动的宣传力度有待加强。

五、结论与建议

（一）主要结论

（1）贫困大学生受助资金支配比较合理。在贫困学生资助金使用方向方面，大多数学生对自身的生活和学业较为重视，部分学生对原生家庭非常具有感恩意识。数据显示，贫困大学生最主要的资助金使用方向是购买生活用品；其次是购买学习用品；此外，近四分之一的贫困学生会把资金用于补贴家用，具有感恩意识。其中，从性别角度来看，无论是学习意识还是感恩意识，女生都强于男生。从年级层面分析，大一年级的贫困学生对自己的学业最重视；大三年级的贫困学生最具有感恩意识，且相对更重视存款和投资。从专业层面分析，管理类和文学类的贫困大学生最重视学业发展，而工学类和体艺类学生对学业的重视程度相对较弱；在感恩意识方面，体艺类和管理类的贫困大学生最具有感恩意识，而经济类贫困大学生的感恩意识相对较弱。

（2）考研和报考公务员是贫困大学生的首选。在贫困学生未来发展方向的选择方面，大多数贫困学生对自己有较高的期望，希望考上研究生或者公务员。数据显示，贫困大学生中想要考上研究生有 2 399 人，其次是想要考上公务员的和想要在私企工作的，分别有 1 851 人和 1 754 人。其中，女生的考研意愿最为强烈，一半以上的受访女生均有考研意愿。

（3）受助贫困大学生自我成长满意度较高。在贫困学生自我满意度状况方面，大多数学生对自身的满意度较高，男生满意度达到 91.6%，女生达到 93.5%。但仍具有提高的空间。其中，男生的满意度的两极分化程度高于女生。数据显示，1 200 位贫困大学生对自己满意，占比为 33.9%；2 089 位贫困大学生对自己非常满意，占比为 59.1%，仅次于对自己满意的贫困大学生。但是，选择"一般"的贫困大学生学生有 235 人，占总人数的 6.6%；选择"与预期相距甚远"的学生有 13 人，占比 0.4%，合计 248 人，他们的满意度还需提高。

（4）贫困大学生对"双扶"的需求较高。从贫困学生愿意接受的资助方式来看，总的来说，贫困大学生最需要的是未来发展方向规划方面的指导和学业上的帮扶，即"扶志"和"扶智"。在"扶志"方面，3 123 位贫困大学生愿意接受职业规划引导、2 148 位贫困大学生希望得到榜样案例的借鉴；在"扶智"方面，2 256 位贫困大学生希望得到优质的学习视频资源、2 193 位贫困大学生希望建立学习小组、2 004 名贫困大学生希望参加学业规划经验分享的讲座。

（5）从贫困大学生了解资助政策的途径来看，贫困学生得到政策信息的途径较为单一。数据显示，3 187 名贫困大学生是由老师、同学、朋友告知而得到政策信息的；而通过政府或学校网站或公益活动这两个途径得到政策信息的学生相对较少，分别为 1 799 人和 483 人。

（二）意见建议

第一，积极开展"扶志""扶智"双扶活动。从本次调研可以看出，"扶志"和"扶智"是贫困大学生最需要的帮助。一方面，高校应加强对"双扶"理念的宣传，特别需要辅导员、专任老师加强对贫困大学生的发展和学业上的关注和支持，及时给予学生正确的引导和帮助。另一方面，贫困大学生也应克服自身思想和心理上的不足，树立自强不息、艰苦奋斗的意识，积极参与实践活动，提升成长成才的素质和能力。尤其是学校要大力举办以"双扶"为主题的系列活动，如立德树人演讲比赛、自强不息励志案例遴选活动、"筑梦 铸魂 做人"实践活动等，帮助贫困大学生成长为国家需要的人才。

第二，加强针对贫困学生的职业发展规划引导。高校应在重视贫困学生职业规划的指导，积极开展同一专业、不同年级之间学生的交流，尤其是要大力提倡高年级优秀学生对低年级学生的就业实习经验的分享和指导。此外，学校还可以邀请同专业的优秀往届毕业生分享应聘经验和工作经历，让在校学生对未来的发展有一个清醒的认识。

第三，加强针对贫困学生的学业发展指导。高校应加大对课程视频的重视程度，精心设计课程视频资源，提高提供课程视频的质量。同时，高校应继续邀请往届优秀毕业生开展关于考研复习规划、公务员考试复习指导、简历填写等方面的讲座，分享学习规划经验，促使学生养成良好的学习习惯。

第四，积极推进学习小组的构建。高校应鼓励拥有相同目标的学生建立学习小组，小组成员之间可以相互鼓励、相互监督、共同进步。例如，有意愿考取同一专业研究生的同学可以建立学习小组，分享复习资料，相互鼓励一起前往图书馆复习，交流错题和复习心得等。

第五，加强劳动育人在资助贫困大学生成长成才中的教育。为适应新时代贫困大学生发展的新特点，在资金适当资助的基础上，高校应积极鼓励贫困大学生参加勤工助学岗，将资助育人和劳动育人结合起来，让学生在劳动中增长本领。

第六，加强政府、学校网站的建设和公益活动的宣传。高校应在校园网站上及时公布、更新有利于贫困大学生发展的政策信息和活动信息，帮助贫困生得到政策帮助；鼓励贫困生积极参与活动，提高贫困生的综合素质。另外，高校还应鼓励学生开展政策宣传的公益活动，传播资助政策信息。

参考文献

［1］秦宣. 正确认识新发展阶段的新特征新要求［J］. 政工学刊，2021，43（1）：3.

［2］王伟，龙平平. 职业规划与素养提升：贫困大学生就业脱贫的新思考［J］. 教育观察，2020（29）：58-61.

［3］吴冰. 大学生志向教育的内涵与价值刍议［J］. 学校党建与思想教育，2013（20）：75-77.

［4］赵盼，张乘铭，李健宁. 家庭经济困难大学生扶志与扶智中"志短与智乏"的破解路径［J］. 广西民族师范学院学报，2021（6）：108-112.

"月亮与六便士": 大学生考研与就业的两难选择

——基于成渝高校考研与就业情况的调查研究

冉小涵　何嘉茜　侯璐洁　杨睿茜[①]

摘　要： 本文以成、渝两地大学本科毕业生为研究对象，以调查问卷的方式收集数据；运用因子分析方法，从个人兴趣、家庭经济状况、父母或亲戚的建议、朋友或恋人的建议、在读院校、职业规划、就业压力这八类变量中提取影响本科毕业生在考研与就业之间抉择的因素，对所提取的影响因素做二元 Logistic 回归分析，找出影响本科毕业生考研与就业行为选择的显著因素；以报考研究生的概率与选择就业概率的比值大小，将显著影响因素由强到弱进行排序，结果为个人因素>家庭经济因素。

关键词： 本科毕业生；考研；就业；因子分析；Logistic 回归分析

一、引言

习近平总书记指出，研究生教育对促进治理能力现代化、服务社会经济的整体发展、培育创新性人才、促进我国治理系统及提高创新能力有很关键的作用。《2020 年全国研究生招生调查报告》显示，在毕业生就业压力、研究生招生扩张等因素的刺激下，教育部发布 2020 年考研数据，报考人数高达 341 万人，较 2019 年增长 17.59%。

据调查，在考研群体中，每年有很大一部分考生在考研初试中发挥不错，但往往复试结果不尽人意。一方面，一些性格内向的考生喜欢独来独往，信息封闭。在复试

---

① 冉小涵，重庆工商大学经济学院，2018 级贸经专业本科生；何嘉茜，重庆工商大学经济学院，2018 级国贸专业本科生；侯璐洁，重庆工商大学经济学院，2018 级财政专业本科生；杨睿茜，重庆工商大学经济学院，2018 级财政专业本科生。

中与导师交谈受影响，导师不能真正了解考生的实力水平，使得他们在复试中处于弱势地位。另一方面，一些考生选择考研是因为对未来就业的惧怕，但是这部分出于逃避就业而选择考研的人往往考上的概率较低。

在此情况下，本科生对考研或就业的选择愈加迷茫。本研究希望能引导大学生在已有的认知基础上，结合自身的能力与环境，对想要从事的职业以及本专业的就业方向有清晰的认识，并制定职业目标，从而在考研与就业中做出正确选择。

二、调研情况

（一）调研对象基本情况简介

本文将成、渝两个地方的应届毕业生作为调研对象，采用调研问卷的方式，运用问卷星来展开调查。总共发放 2 000 份问卷样本，其中共有 1 972 份问卷为有效数据，占比 98.6%（问卷数据的效用率）。

（二）调研方法

本文首先在中国知网、维普期刊、万方数据库等收集文献和资料，对相关文献和资料进行学习和分析；其次梳理文章思路并设计调查问卷，利用问卷收集成渝地区高校大学生考研与就业的相关数据；最后应用 SPSS 软件进行数据的处理和分析。主要采用的方法有：

1. 问卷调查法

（1）问卷的制定与修改

问卷的设计一共分成三个阶段。第一阶段，对收集的文献资料进行学习，了解前辈们的调查成果，讨论本问卷的构成和要研究的主要问题，形成初稿。第二阶段，请指导老师。第三阶段，把指导教师的意见和建议集中归纳，并再次讨论修改，继而确定成稿。

（2）问卷的构成

问卷由两部分组成。第一部分是高校大学生的个人基本情况，包括学校所在地、性别、就读院校、就读专业以及考研和就业的选择倾向。第二部分是此问卷的主要部分，运用李克特量表的形式，主要包括个人兴趣、家庭经济状况、职业规划等可能影响高校大学生考研与就业选择的因素。

2. 文献调查法

通过对前辈们的研究成果进行反复的研究和深刻的反思，收集相关数据、了解研究现状，为此问卷提供支撑。

3. 统计调查法

本文对问卷所归纳搜集的相关数据展开探析，采用 SPSS19.0 分析系统，运用因子分析筛选出关键因子，并以 Logistic 的回归数据探析汇总出有关数据来进一步支持探究成果。

4. 访谈法

调查研究人员以调查结果所获得的汇总数据结果，提前前设计访谈提纲，然后记录访谈者的相关观点，来深化和丰富本文的研究结论。

（三）调研统计

1. 将研究对象按性别进行分类

在 1 972 份问卷中，调研对象为女生的所占的比重较大，共计 1 057 份，所占比例为 53.6%；调研对象为男生的共计 915 份有效问卷，占比为 46.4%。

由图 1 和图 2 可知，在考验与就业的两难抉择中，他人的建议对男女生普遍影响较大，其中，"父母或亲戚的建议"的影响力都高于"朋友或恋人的建议"。同时男生和女生普遍认为"个人兴趣"和"自身综合实力"对本文中的两难抉择影响较小。

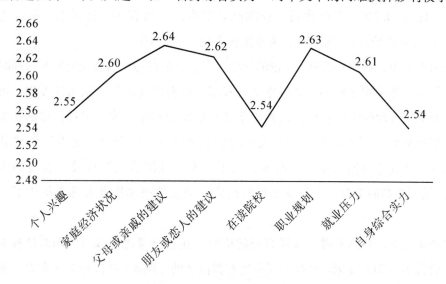

图 1　男生部分数据的平均值对比

中国当今社会，无论考研还是就业压力都很大，值得引起注意的是，相对于女生，男生更能考虑到"职业规划"和"就业压力"带来的影响，得到的数据平均值较女生大约都高出 0.1，"职业规划"和"就业压力"对女生带来的影响较小。

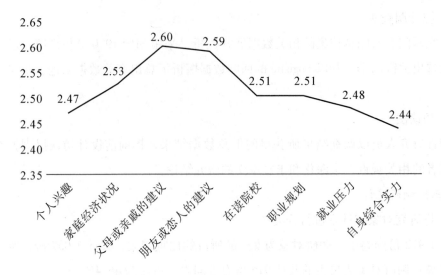

图 2 女生部分数据的平均值对比

2. 将研究对象按就读高校层次分类

在本次调研收集到的 1 972 份有效问卷中，有 282 份问卷是来自 211 或 985 院校的学生，占比为 14.3%；来自普通高校的问卷最多，一共有 717 份问卷，所占比例为 36.36%；民办高校占比 26.57%；大专院校占比为 22.77%。

由图 3 可知，对 211 或 985 院校的学生而言，在进行考研与就业的两难抉择时"在读院校"对其影响明显较小。通过本文查找相关资料以及进行个别访谈发现，可能是由于这类学生就读的学校在国内已经处于较高层次的水平，才会出现这样的状况。同时，从其他数据也可以看到，该类大学的学生没有将"自身综合实力"和"就业压力"过多纳入在考虑范围内，反而考虑到了"家庭经济状况"以及"自身的职业规划"，这说明较高的学校层次为该类型的调研对象在就业和毕业方面都提供了一定的便利。

由图 4 可见，总体来讲，普通高校的毕业生在进行考研与就业的两难抉择时，影响因素的大小与 211 或 985 高校的毕业生有类似之处，例如："自身综合实力"都是影响较小的因素，"父亲或亲戚的建议""朋友或恋人的建议""家庭经济状况"的量表平均值都位列前三，"职业规划"与"就业压力"的影响基本都要高于"在读院校"和"自身综合实力"。

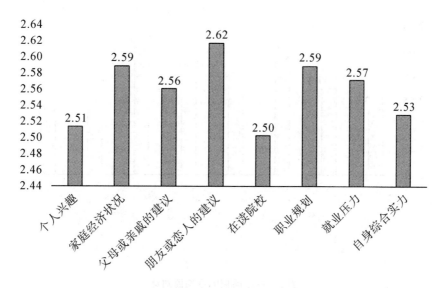

图3 211 或 985 高校的平均值对比

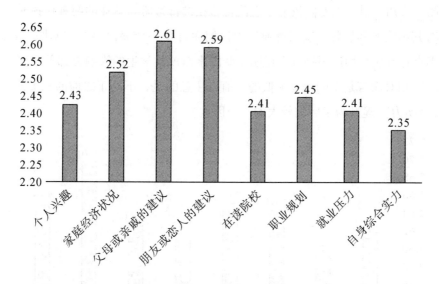

图4 普通高校的平均值对比

由图5可知，对于民办高校的学生而言，"职业规划"是他们在进行考研与就业的选择时影响最大的因素。从总体来看，与211 或985 高校和普通高校得到的数据相比较，其影响因素的影响力大小排列有一定变化，同时值得注意的是，"在读院校"对于该类型的调研对象的影响有明显的升高趋势。民办高校的研究对象所考虑的因素相较于前两种类型的研究对象来说，总体有增加的趋势，说明在进行考研与就业的两难抉择时，民办高校的学生考虑的因素会更多。

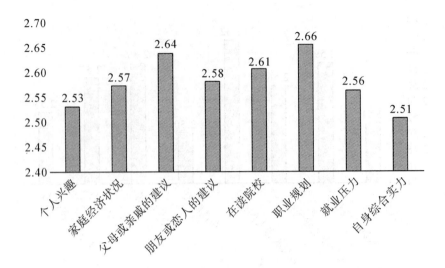

图 5　民办高校的平均值对比

由图 6 可知，对于大专院校的学生而言，在进行考研与就业的两难抉择时，"就业压力"对其影响尤其显著，说明就业压力他们而言是一个突出存在的问题。其他影响因素的李克特量表平均值很接近，说明这些因素对该类学生的影响力都差不多，"家庭经济状况"相对而言是影响程度最低的。值得注意的是，不同于之前的三类研究对象，"自身综合实力"提升为了影响较大的一个因素。

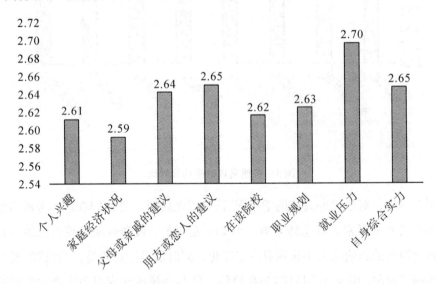

图 6　大专院校的平均值对比

深入探究上文的这几组数据，我们能获得以下结论：

（1）无论是就读于哪类学校的学生，"父亲或亲戚的建议"和"朋友或恋人的建议"对其选择的影响都会比较显著，说明学生们在做出本文研究的两难抉择时普遍会考虑他人的建议。

（2）将以上四组数据求平均值，211 或 985 高校、普通高校、民办高校、大专院校的平均值分别为 2.56、2.47、2.58、2.64。可以看到，民办高校与大专院校数据的平均值均高于前两组数据的平均值，说明后二者在做出考研与就业这一抉择时，考虑的影响因素总体从量上来讲要比前二者更多一些。

（3）从普通高校、民办高校和大专院校三组数据来看，"就业压力"因素的平均值从 2.41 上升到了 2.70，说明这后三类研究对象在做考研和就业的两难抉择时，"就业压力"对他们的影响程度有所上升。

3. 将研究对象按专业分类

在问卷调查中，我们将问卷的研究对象按照专业大致分为了文科类、理工科类、医学类、经管类、教育类和艺术类六大类。根据研究实际情况，本文只对经管类和教育类两类专业的数据做单独分析。

在 1 972 份有效问卷中，经管类学生填写的问卷数量占 22.01%，共计 434 份；教育类学生填写的问卷数量占比 14.86%，共计 293 份。

由图 7 可知，经管类学生的李克特量表平均值对比图与普通高校的李克特量表平均值对比图的分布较为一致，在进行考研与就业的两难选择时，这类型的研究对象也会将他人的建议作为一个较为重要的考虑因素，但对于"自身综合实力"则仍然考虑较少。

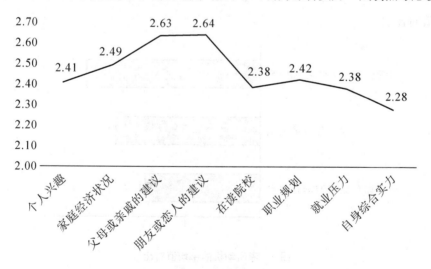

图 7　经管类专业的平均值对比

由图 8 可知，影响教育类专业学生最显著的因素是"父母或亲戚的建议"，"就业压力"和"职业规划"影响也较大。值得注意的是，教育类专业的学生在进行考研与就业的选择时，"自身综合实力"不再是最不显著的影响因素，取而代之的是"家庭经济状况"。

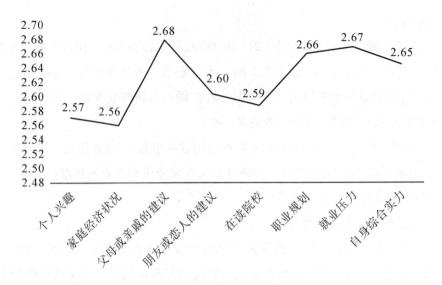

图8　教育类专业的平均值对比

4. 考研动机与就业动机

为了更好地掌握影响高校本科生进行考研或就业选择时考虑因素，本次调研问卷对考研与就业动机设计了专门的问题。在面临继续学业还是踏入社会两难的抉择时，本次问卷调查结果显示：选择考研的共有 922 份，选择就业的一共有 1 050 份。两种结果的选择人数相差并不大。现我们对两种结果深入展开调查。图 9、图 10 为两种选择的平均值对比图。

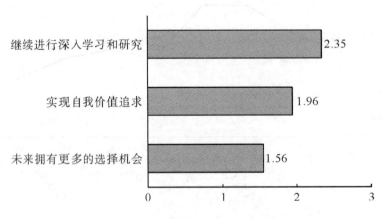

图9　考研动机的平均值对比

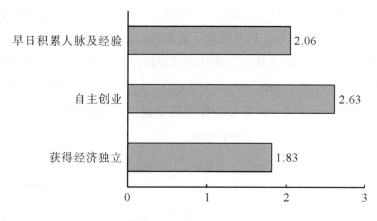

图10　就业动机的平均值对比

由图9和图10表明，高校本科生考研的动机中"继续进行深入学习和研究"对其影响最为显著，"未来拥有更多的选择机会"对其选择的影响相对较小；而就业动机中最为显著的则是"自主创业"，"获得经济独立"和"积累人脉及经验"相对次要，其中"获得经济独立"的影响最弱。"自主创业"成为就业动机的最显著因素，说明即便如今正处疫情期间，经济状况有所波动，但当代大学生仍然是敢拼敢闯的一代，拥有一定的创新能力和创业精神，同时也积极响应了国家"大众创业、万众创新"的双创政策，为中国未来经济的发展增添了一份活力。

无论是选择考研还是就业，研究对象都是想要提高自身的知识水平和能力，拥有更多的机会。"条条大路通罗马"，只要是适合自身的道路就是正确的道路，每一条都有可能通向光明的未来。

三、研究设计与数据分析

向俊丞（2020）认为，家庭情感支持度、家庭经济条件、学习能力、本科就业前景、院校支持度与考研初试结果存在相关关系。通过调研，我们初步掌握了研究对象个人兴趣、家庭经济状况、父母或亲戚的建议、朋友或恋人的建议、在读院校、职业规划、就业压力的数据信息，为了更加客观地反映出问卷调查的结果，从总体上来分析本科生考研与就业的情况，本文运用分析软件SPSS19.0对所搜集到的问卷进行深入探析。

（一）因子分析法

因子分析是指研究从变量群中提取共怀因子的统计技术。本文采用因子分析法进行研究分析。

本文设置的变量总共有 8 个，包括个人兴趣、家庭经济状况、父母或亲戚的建议、朋友或恋人的建议、在读院校、职业规划、就业压力，分别设为自变量 x_1、x_2、x_3、x_4、x_5、x_6、x_7、x_8。如果要运用因子分析对信息进行整理分析，就必须深入研究有效数据能不能适用于因子分析，通过表 1 得出：KMO 为 0.852，大于 0.6，达到适用因子分析的具体条件，体现出数据完全适用于因子分析探究数据通过 Bartlett 球形度检验（$p<0.05$），这表明探究的有效数据完全适用于因子分析。

表 1 KMO 和 Bartlett 的检验

KMO 值		0.852
Bartlett 球形度检验	近似卡方	3 597.655
	df	28
	p 值	0.000

从表 2 可知，共有 5 个因子从因子分析中提取出来，并且它们的特征平均都大于 0.9，而且占比 80.146% 的解释率为旋转后的累积方差。这五个因子解释了全部方差的 80% 以上，基本保留了原始数据的相关信息，因此可以作为参考信息进一步做因子分析。

表 2 方差解释率

因子编号	特征根			旋转前方差解释率			旋转后方差解释率		
	特征根	方差解释率/%	累积%	特征根	方差解释率/%	累积%	特征根	方差解释率/%	累积%
1	3.202	40.027	3.202	40.027	40.027	2.193	27.408	27.408	
2	1.003	12.542	52.57	1.003	12.542	52.57	1.1	13.753	41.161
3	0.966	9.573	62.142	0.766	9.573	62.142	1.059	13.24	54.401
4	0.955	9.435	71.577	0.755	9.435	71.577	1.057	13.211	67.612
5	0.986	8.569	80.146	0.686	8.569	80.146	1.003	12.534	80.146
6	0.668	8.355	88.501	—	—	—	—	—	—
7	0.611	7.636	96.137	—	—	—	—	—	—
8	0.309	3.863	100	—	—	—	—	—	—

对所提取出的这些因子展开恰当的具体背景解释时，以因子载荷阵对最大方差法展开旋转，进一步使因子载荷阵的实际架构更为简单，而且以载荷矩阵行列的元素平方值由 0 和 1 展开两极分化。从表 3 可以看出变量 x_1、x_5、x_6、x_8 在因子 1 上有较高载荷，所以因子 1 主要解释这 4 个变量，本文将其命名为个人因素。同理，将因子 2、因子 3、因子 4、因子 5 分别命名为家庭经济、朋友影响、社会就业压力和亲人建议。

表 3　旋转后因子载荷系数

名称	因子载荷系数					共同度（公因子方差）
	因子 1	因子 2	因子 3	因子 4	因子 5	
个人兴趣	0.684	0.324	0.303	0.314	-0.024	0.765
家庭经济状况	0.196	0.943	0.097	0.125	0.013	0.954
父母或亲戚的建议	0.027	0.013	0.02	0.003	0.998	0.996
朋友或恋人的建议	0.223	0.101	0.96	0.09	0.024	0.99
在读院校职业规划	0.729	0.07	0.094	0.183	-0.035	0.58
就业压力	0.261	0.128	0.092	0.933	0.005	0.964
自身综合实力	0.717	-0.024	0.11	0.172	0.046	0.559

（二）二元 Logistic 回归分析

本文通过上述研究得出影响考研与就业抉择的主要因素为家庭经济、朋友影响、社会就业压力和亲人建议。为了更好地获得因子影响的程度和大小，本文选择使用二元 Logistic 回归分析以更好地分析本科生关于考研就业选择困难的问题，并为本科生提出有效建议。

将因子分析法中提取出的亲人建议、社会就业压力、朋友影响家庭经济因素、个人因素共 5 项因子作为自变量，将考研和就业作为因变量进行二元 Logistic 回归分析（见表 4），模型公式为：

$$\ln(p/1-p) = 0.132 - 0.026 \times 亲人建议 + 0.061 \times 社会就业压力$$
$$- 0.05 \times 朋友影响 - 0.097 \times 家庭经济因素 + 0.185 \times 个人因素$$

其中 p 代表就业的概率，$1-p$ 代表考研的概率。

表 4 二元 Logit 回归分析结果汇总

因子	回归系数	标准误	Z 值	Wald χ^2	ρ 值	OR 值	OR 值95% CI
亲人建议	-0.026	0.045	-0.568	0.323	0.57	0.974	0.891~1.065
社会就业 压力	0.061	0.045	1.332	1.774	0.183	1.062	0.972~1.161
朋友影响	-0.051	0.045	-1.113	1.24	0.266	0.951	0.870~1.039
家庭经济	-0.097	0.045	-2.137	4.567	0.033	0.907	0.830~0.992
个人因素	0.185	0.046	4.039	16.311	0	1.203	1.100~1.316
截距	0.132	0.045	2.901	8.417	0.004	1.141	1.044~1.247

具体分析可知：亲人建议的回归系数值为-0.026，但是并没有呈现出显著性（$z=-0.568$，$p=0.570>0.05$），意味着亲人建议并不会对考研和就业产生影响关系。社会就业压力的回归系数值为 0.061，但是并没有呈现出显著性（$z=1.332$，$p=0.183>0.05$），意味着社会就业压力并不会对考研和就业产生影响关系。朋友影响的回归系数值为-0.051，但是并没有呈现出显著性（$z=-1.113$，$p=0.266>0.05$），意味着朋友影响并不会对考研和就业产生影响关系。家庭经济的回归系数为-0.097，而且通过的显著性检验（$z=-2.137$，$p=0.033<0.05$）。体现着对于就业及考研而言，家庭经济因素对这两者有着明显的负向作用。并且，0.907 为优势比（OR 值），体现着假设每增加一个单位的家庭经济要素，对考研和就业的改变（减少）幅度为 0.907 倍。

个人因素的回归系数为 0.185，而且表现出 0.01 程度的总体显著性（$z=4.039$，$p=0.000<0.01$），这体现着对于就业和考研而言，个人因素会对它们两者呈现出明显的正向作用关系。1.203 为优势比（OR 值），这体现着每增加一个单位的个人因素，对就业和考研的改变（增加）幅度是 1.203 倍。

Hosmer-Lemeshow 拟合度检验用于分析模型拟合优度情况，从表5可知：

此处模型检验的原定假设为：模型拟合值和观测值的吻合程度一致。这里 p 值大于 0.05（Chi=12.282，$p=0.139>0.05$），说明接受原定假设，即说明本次模型通过 HL 检验，模型拟合优度较好。

表 5 Hosmer-Lemeshow 拟合度检验

χ^2	自由度 df	p 值
12.282	8	0.139

总结分析可知：由因子分析法提取的 5 个主要因素中，个人因素对考研和就业产生显著的正向影响，家庭经济因素对考研和毕业就业产生显著的负向影响。但是亲人建议，社会就业压力和朋友影响并不会对考研和就业的选择产生影响。根据显著变量优势比的大小可知，显著变量影响力大小由强到弱的排列顺序为个人因素>家庭经济因素。

四、结论与建议

（一）结论

1. 学校层次越高，学生对考研与就业的选择越理性。学生在层次更高的学校学习，通常意味着更高的社会认可度，致使大家对名校的向往更加热切。同时，学校层次较高的学生不拘泥于单一的就业或考研，而是根据自己的实际需求做出选择；相反，学校层次一般的学生，需要借助考研，实现一个新的身份转化，以此提高未来的就业竞争力。

2. 专业不同，考研与就业的选择的主动性不同。理工科学生更多从技术积累和技术提高的原因选择读研，具有很强的考研主动性，而文史哲艺术音乐等专业的学生更多因为就业不理想或者职业规划不明晰被迫选择考研。

3. 地区不同，考研与就业选择的独立性不同。

4. 家庭不同，考研与就业选择的定位不同。

5. 性别不同，考研与就业选择的思路不同。

（二）建议

1. 学生需要评估自身实力

（1）正视自己的能力，量力而行。选择就业的同学更要注重评估自己的实力，找到自己的核心优势，找到更适合自己的工作。而要考研的同学，应该加强有关课程的学习，多阅读相关书籍，加强自身的学习能力或者提前准备，制订长期和短期的计划。

（2）拒绝盲目听从他人的建议。虽然能够听取他人的意见是一个非常好的优点，但是不能盲目听从，如何把握这个度，是本科生要认真考虑的问题。

2. 家庭给予建议的同时充分尊重孩子的选择

本文认为在家庭方面，家长们应加强与大学生的沟通，尽量多倾听其真实想法，注重引导而不是直接给孩子提出结论性的建议，无论学生最终是选择考研还是就业都应该充分尊重学生的选择。

3. 学校需要给予正确引导

（1）开设专业化、具有针对性的相关讲座。在对本科生进行考研与就业选择的指导时，学校需要根据本科生的专业进行分别培训。

（2）重视考研，积极营造良好的考研氛围。大学生考研不仅是对自身实力的巩固与增强，也是促进自身全面发展的机会，同时可以延缓就业，减小院校的就业压力，给予大学生更多的时间思考自己未来的职业道路，所以对于有能力报考并有意愿报考研究生的大学生，院校应给与更多的帮助和支持。

（3）支持就业，但不能因为提升就业率而忽略了就业质量。首先，各高校需要及时为学子们提供就业信息，搭建就业网络平台，方便学生浏览和查找相关的就业信息。其次，进一步强化和科研单位及相关企业的友好合作，从而增加就业机会。

4. 社会创造更多机会，给本科生自主选择的空间

（1）设立奖助学金，帮助贫困学生。校友及社会单位应当提高社会责任感，帮助各高校设立的奖助学金，为有意向考研但是迫于家庭经济压力的本科生给予一定的经济支持，避免科研和学术人才的流失。

（2）提供培训机会，耐心对待职场新人。企事业单位面对当前的就业形势，应该理解目前应届毕业生通常存在的关键性问题，例如实际操作能力较弱、相关职位的专业水平不高等。所以，企事业单位需要理解应届毕业生，并给予其多种类别的培训机会，意识到人才对于企业而言，是企业持续发展和进步的关键。

5. 国家需要保证信息的对称

（1）尽可能提供更多就业岗位。例如：进一步扩大公务员招录数额，尤其对应届毕业生的相关职位数量进行扩大，压实企事业单位的大学生就业工作职责、完善大学生就业长效促进体制，从而扩大应届毕业生的就业机会。

（2）国家鼓励自主创业。激励大学生参与创业，建立与时俱进的创业整体环境。此外为自主创业的高校学子提供税收优惠以及创业担保贷款和贴息。在场地申办、工商办照等程序上尽量缩减不必要的环节，进一步提升效率，为促进应届毕业生自谋职业、勇于创业提供便利。

参考文献

［1］郭刚. 浅析高校毕业生就业与考研两难选择和对策建议［J］. 成功（教育版），2011（7）：10-11.

［2］樊佳佳，牛雪娜，丰骁. 本科毕业生就业与考研行为选择的影响因素研究：以甘肃农业大学为例［J］. 甘肃科技，2018（3）：8-10.

［3］王煜姣. 本科毕业生就业与考研的经济学分析：以甘肃地区部分高校为例［J］. 发展，2010（10）：102-103.

［4］徐体高，胡效亚. 大学生考研与就业的理性思考［J］. 中国高教研究，2006（11）：63-64.

［5］洪玉华. 当代中国大学毕业生考研与就业的心理分析［J］. 科技信息（学术研究），2008（34）：447-449.

［6］王琦，许艳丽. 研究生就业问题分析与对策研究［J］. 社会工作与管理，2005，5（4）：4-7.

［7］程婉. 考研与就业选择的博弈分析［J］. 产业与科技论坛，2020，19（24）：81-82.

［8］杜文娜. 影响研究生就业的主观因素分析及对策［J］. 西北医学教育，2007（4）：641-643.

［9］吕冬诗，徐宝贵，张彬. 影响大学生考研动机的主要因素研究［J］. 出国与就业（就业版），2011.

［10］刘玲玲，毛素平. 如何引导大学毕业生正确选择考研与就业［J］. 科技信息，2008（35）：919-920.

［11］姬晓青，常太华. 浅谈考研与就业［J］. 中国电力教育，2006（4）：297-298.

［12］关司祺，贾小晨. 高校大学生就业的现状分析与对策研究［J］. 产业与科技论坛，2020，19（24）：281-282.

［13］倪晗，栾帅. 高校就业服务质量提升路径探索［J］. 科技风，2021（6）：167-168.

［14］黄憬怡. "考研热"视角下部分大学生就业观念探究及做法［J］. 就业与保障，2020（10）：48-49.

［15］程婉. 考研与就业选择的博弈分析［J］. 产业与科技论坛，2020，19（24）：80-81.

［16］杨慧. 本科生与研究生职业价值观比较研究：以华中科技大学为例［D］. 武汉：华中科技大学，2006.

［17］任娟娜. 职业生涯规划在大学生职业发展与就业指导中的运用［J］. 高教学刊，2019，103（7）：190-192.

［18］罗健文. 高职院校毕业生就业意愿实证研究：以清远职业技术学院外语经贸类学生为例［J］. 高教探索，2017（9）：100-106.

［19］陈龙山，袁乐平，曹丹. 大学生创业价值观的偏离与矫正：湖南省大学生创业价值观实证调查［J］. 高教探索，2017（1）：149-150.

　　[20] 肖珩, 冯鹤林. 影响考研动机的 Delta 灰色关联因子分析 [J]. 黄冈师范学院学报, 2020 (3): 26-30.

　　[21] 赵罡. 当前大学生择业动机探析 [J]. 职业圈, 2007 (6): 151-152.

　　[22] 韩新路. 女大学生就业观研究 [J]. 中华女子学院学报, 2011, 23 (3): 58-61.

少数民族相对贫困地区居民收入满意度调查

——以宁夏灵武市为例

王玉婕　安子涵　王宏康[①]

摘　要：中国共产党在新时期发展中高度重视解决贫困问题，不断与时俱进，促进脱贫攻坚与振兴农村的有效联系。我国完成脱贫攻坚任务，为乡村振兴打下了坚实基础，激发出地区自身活力，从根本上解决贫困问题。到 2020 年 1 月 17 日，贫困发生率下降到 0.33%，全面实现减少贫困目标，基本实现全面脱贫。课题小组通过问卷调查、实地采访等，深入了解宁夏灵武市脱贫现状，为灵武市摆脱贫困，实现振兴农村提供参考建议。

关键词：精准脱贫；乡村振兴；实地访谈

一、引言

党和人民披荆斩棘，栉风沐雨，发扬钉钉子精神，敢于啃硬骨，攻克一个又一个贫苦中坚，摆脱贫困，取得重大历史成果。自 2014 年实施精准扶贫战略以来，中国倾注全国力量脱贫。2012 年年底的贫困人口犹在 9 899 万人，到 2019 年年底骤降至 551 万人，连续 7 年的努力，我党终于完成数千万人的脱贫任务，贫困发生率由 10.2% 减少到 0.6%。2020 年受新冠疫情影响，脱贫工作受到一定的影响，但在党和国家的领导下，人们继续向贫困挑战，终于脱去了所有贫困县的帽子[5]。中国共产党始终把贫困问题放在重要位置，注重与时俱进，因此成功走出了一条中国特色的脱贫之路。

---

①　王玉婕，重庆工商大学经济学院，2019 级经济学专业本科生；安子涵，重庆工商大学金融学院，2019 级金融学专业本科生；王宏康，重庆工商大学经济学院，2019 级税收学专业本科生。

习近平总书记在党的十九大报告中首次提出了乡村振兴战略。总书记围绕乡村振兴战略提出了一系列有关"三农"发展的重要论述，进一步丰富和发展习近平新时代特色社会主义思想。从"三个全面"再到"五个振兴"到"三总一保障"[9]，新观点新理念的提出，体现了我党在实践中不断积累经验，总结农村发展规律的上进之心。我们要促进脱贫攻坚与乡村振兴有效衔接，打好乡村振兴的坚实基础，激发地区自身活力，根本解决贫困问题[4]。

宁夏回族自治区灵武市入选了"2020 中国最具幸福感的城市"，在中国县级市全面小康指数百强排名中排在第 93 位。调查显示，2020 年灵武市农村居民人均可支配收入为 17 312 元，增长 8%，同比增长 0.2 个百分点。灵武市村民可支配收入中工资收入小幅上涨、经营净收入有明显的增加、财产净收入持续增加、转移净收入稳步增加，但灵武市仍存在结构性就业矛盾，居民收入来源单一、增收限制大，三产业结构单一等问题。

脱贫摘帽不是终点，而是新生活的出发点。摆脱贫困和防止持续贫困同样重要。灵武市需要摆脱贫困，实现脱贫攻坚到乡村振兴的有效链接，从而激发农民的内生动力，刺激农村经济内在活力，为农民创收入，为生活谋发展。

二、调研设计与数据分析

（一）调研目的

本文的调研目的是分析宁夏回族自治区灵武市居民的收入满意度，整体把握当前扶贫工作成果。总结灵武市扶贫业绩和影响扶贫的问题，探索上一阶段灵武市扶贫的问题，为新时期灵武市乡村振兴提供可行建议，实现灵武市从扶贫攻坚到乡村振兴农村的返贫。

宁夏回族自治区灵武市作为少数民族贫困地区，研究该地区的脱贫攻坚和乡村振兴有效衔接，可以为宁夏其他地区乃至全国少数民族贫困地区提供参考。

（二）调研时间安排

本项目从确定调研主题、发放问卷调查以及实地调研到完成论文历时 8 月有余，具体见表 1。

表 1　调研时间安排

调查阶段	调查时间	调查内容
准备阶段	2020 年 7 月 7 日—2020 年 7 月 20 日	查阅文献资料
		进行小组讨论
		设计调查方案
实地调研阶段	2020 年 7 月 25 日—2020 年 8 月 10 日	跟随市统计局队伍走访灵武市各村
模型选取阶段	2020 年 8 月 28 日—2020 年 10 月 10 日	阅读资料
		学习模型、函数应用
		设计调查问卷最终稿
调查数据处理阶段	2020 年 10 月 17 日—2020 年 11 月 26 日	调查问卷的发放
		调查问卷收回
		数据处理
		数据质量评估
整理和总结	2020 年 12 月 15 日—2021 年 1 月 10 日	整理调查资料
		进行分析研究
		得出结论
		过程总结
收尾阶段	2021 年 1 月 25 日—2021 年 2 月 20 日	细节修改，完成报告

三、调研结果与数据分析

（一）灵武市乡村贫困地区居民收入满意度问卷调查结果

1. 问卷设计与调查

灵武市隶属于中国宁夏银川市。城镇人口 17.24 万人，乡村人口 12.37 万人，城镇化率 58.22%。2020 年灵武市农村居民人均可支配收入 17 312 元，同比增加 1 280 元，增长 8%，增幅同比增加 0.2 个百分点。灵武市共有脱贫攻坚任务自然村 14 个，2019年完成 3 个生态移民村（郝家桥镇泾灵北村、泾灵村，白土岗乡泾兴村）脱贫攻坚任务。到 2020 年 1 月 17 日，灵武市 14 个自然贫困村都实现了脱贫摘帽，档案记录的贫困人口 1 984 户共 8 563 人中实现脱贫的人数有 1 955 户共计 8 483 人，未实现脱贫 29户 80 人，监测户 39 户 151 人，周边户 221 人，灵武市贫困发生率已经下降至 0.33%，全面完成年度脱贫目标任务，基本实现全面脱贫。根据以上数据课题组将灵武市居民作为问卷调查的研究对象[9]。

结合前辈的调研结果及其论证分析，课题组将调查对象的基本情况（年龄、性别、岗位、月平均工资）作为调查问卷中的背景性影响因素；把收入水平、效率感知、生活状态、公平感知[4]4个方面共7个因素作为解释灵武市贫困地区居民收入满意度的指标，同时将工资收入满意度和政策补贴满意度两个直接指标作为解释指标[2]（详见表2）。

表2 调查问卷指标设定

<table>
<tr><td rowspan="2"></td><td colspan="3">指标类型</td></tr>
<tr><td>一级指标</td><td colspan="2">二级指标</td></tr>
<tr><td rowspan="13">指标特征</td><td rowspan="4">基础指标</td><td rowspan="4">基本情况</td><td colspan="2">性别</td></tr>
<tr><td colspan="2">年龄</td></tr>
<tr><td colspan="2">岗位</td></tr>
<tr><td colspan="2">月平均收入</td></tr>
<tr><td rowspan="3">影响指标</td><td>收入水平</td><td colspan="2">我的收入水平近几年不断提高（Q1）</td></tr>
<tr><td rowspan="2">生活状态</td><td colspan="2">目前的收入水平能够满足家庭基本的物质需求，达到小康生活的标准（Q2）</td></tr>
<tr><td colspan="2">我的生活水平近几年伴随着收入变化稳步提升（Q3）</td></tr>
<tr><td rowspan="6">重点指标</td><td rowspan="2">公平感知</td><td colspan="2">我的付出与回报很公平（Q4）</td></tr>
<tr><td colspan="2">目前的收入分配政策很合理（Q5）</td></tr>
<tr><td rowspan="2">效率感知</td><td colspan="2">工作人员积极落实政策，我是政策的受益者（Q6）</td></tr>
<tr><td colspan="2">优惠政策、扶贫政策等对我的收入有明显影响（Q7）</td></tr>
<tr><td rowspan="2">收入满意度</td><td colspan="2">对工资收入满意（Q8）</td></tr>
<tr><td colspan="2">对政策补助满意（Q9）</td></tr>
</table>

根据上述对于各影响因素的分析，课题组采用Likert五点量表测量法，结合导师意见，完成问卷的设计和发行。

2. 基本情况描述

本次调查于2021年10月至11月进行，共发放问卷1 012份。由于疫情和成本原因，本次的调查问卷课题组主要利用微信、微博、腾讯QQ等各大社交平台进行初步统计，同时向较为知名的问卷调查平台如credamo进行了问卷咨询并向信誉度高的问卷调查商家购买了部分问卷服务，以满足课题组对样本数量的总体需求。剔除数据不完整、逻辑失真等的无效样本后，得到有效样本共计1 007份，回收率为99.5%。

（二）收入满意度数据分析

1. 收入满意度现状分析

灵武市乡村贫困地区居民的工资收入、政策补助满意度得分的统计均值分别为
3.61、3.77（标准差分别为 1.130、1.114），两种满意度的平均得分都在 3 分以上，大
于平均分（平均分为 3 分），说明贫困人口在工资收入、政策补助满意度两个方面的收
入满意度属于中等偏高水平（见表 3）。

表 3　描述统计

		指标特征		
		N	均值	标准偏差
指标值	Q1	1007	3.87	0.99
	Q2	1007	3.77	1.00
	Q3	1007	3.89	1.04
	Q4	1007	3.82	1.08
	Q5	1007	3.87	1.03
	Q6	1007	3.76	1.10
	Q7	1007	3.52	1.30
	Q8	1007	3.61	1.13
	Q9	1007	3.77	1.11

从表 3 我们可以看到，统计均值按从大到小排序为：3.89＞3.87＝3.87＞3.82＞3.77
＝3.77＞3.76＞3.61＞3.52，其中居民对于"生活水平近几年伴随着收入变化稳步提升"
的统计值为 3.89，说明居民能够较明显地感受到收入增加对生活水平的直接影响；同
时居民对于收入分配政策的合理程度表示了较高的赞同，说明现行的收入政策能够较
好地兼顾效率与公平的问题，使得大多数居民能够满意；统计表中居民对于"优惠政
策、扶贫政策等对我的收入有明显影响"这一问题的均值为 3.52，为均值统计中的最
低值，而标准偏差为 1.30，为 9 个数据中的最大值，说明居民对于优惠扶贫政策的感
知度虽比较明显，但个体差异较大。综上所述，居民的收入满意度处在中等偏高水平，
对于具体政策的感知程度受年龄、职业等影响，虽个体差异较大，但仍处在均值之上。

2. 收入满意度指数分析

经过对统计结果的处理，课题组得出了工资收入、政策补贴两种满意度的样本数
据，通过运用主成分分析法，求出收入满意度的平均分，以此来分析灵武市贫困人口
可支配收入满意度的情况。

课题组进行主成分分析前先进行因子的统计检验，KMO＝0.904，Bartlett 球形度显著性检验为 0.000，明显小于（α＝0.05），因此拒绝原假设，本次实验数据适合该方法（见表4）。

表4　KMO 和巴特利检验

KMO 取样适切性量数		0.903 928 956
巴特利特球形度检验	近似卡方	594.422 629 4
	自由度	36
	显著性	0.000

在进行因子分析时，使用主成分分析法提取因子，经过迭代收敛，第一个主成分的方差贡献率达到89.485%，即第一个因子可以解释原来所有变量的主要信息，具有较强代表性（见表5）。

表5　总方差解释

成分分析值	初始特征值			提取载荷平方和			旋转载荷平方和		
	总计	方差百分比	累积/%	总计	方差百分比	累积/%	总计	方差百分比	累积/%
1	1.790	89.485	89.485	1.790	89.485	89.485	1.000	50.000	50.000
2	0.210	10.515	100.000	0.210	10.515	100.000	1.000	50.000	100.000

综上所述，课题组将工资收入满意度作为第一主成分，将政策补助满意度作为第二主成分。通过运算，得到收入满意度平均得分为 3.63 分，说明灵武市乡村贫困地区居民的收入满意度总体上处于中等偏高水平。

3. 收入满意度影响因素方差分析

经过前面的分析课题组总结了灵武市乡村贫困地区居民收入满意度的总体情况。下一步课题组通过单因素方差分析，找出收入水平、生活状态、公平感知、效率感知与收入满意度之间的关系[3]（见表6）。

表6　工资满意度单因素方差分析结果

FP 值	F 值	P 值
Q1	19.379	0.000
Q2	36.959	0.000
Q3	12.469	0.000
Q4	21.686	0.000

表6(续)

FP 值	F 值	P 值
Q5	34.457	0.000
Q6	17.994	0.000
Q7	12.199	0.000

根据方差分析结果可知，F 值按从大到小排序为：36.959>34.457>21.686>19.379>17.994>12.469>12.199 且其 P 值检验都等于0，因此，调查问卷中7个因素单独地变动都会引起收入满意度的较为显著变化，其中一级指标中的生活状态与公平感知对收入满意度的影响尤其显著。

四、灵武市乡村贫困地区居民收入满意度的案例研究

（一）典型案例

1. 灵武市特色产业

灵武市围绕贫困群众持续增收问题，基于"因地制宜强调特色，典型推进全村"的总体思路，大力发展以特色栽培、规模养殖、劳务产业等为中心的扶贫产业，充分利用物联网、5G 技术、直播平台等技术带动灵武市经济的快速增长，将扶贫由"输血"转为"造血"（见表7）。

表7 灵武市特色产业

产业种类	产品	创收方式
养殖业	牛羊养殖	政企合作；电商销售；龙头企业带动
种植业	灵武长枣	商超、电商、视频直播；"合作社+科技特派员+基地+农户"模式；订单农业
	大米	与科研院所对接，坚持创新；数字化生产；龙头企业带动；"龙头企业+订单+基地+农民+合作社"模式
	蜜瓜	与先进发达地区合作；举办"莎妃蜜瓜·甜蜜之约"乡村文化旅游节；休闲农业+乡村旅游模式
	蔬菜种植	订单农业；"3+1"发展模式；培育特色蔬菜品牌；"公司+市场+基地+农户"的生产经营体系

由表7可见，灵武市扶贫产业主要包括养殖业和种植业，产业扶贫模式多元化，扶贫产业发展与新技术有机结合，效果明显。

2. 全国脱贫攻坚先进个人——灵武市郝家桥镇党委书记谢刚

宁夏回族自治区灵武市郝家桥镇党委书记谢刚被推选为全国脱贫攻坚先进个人，于 2021 年 2 月 25 日在人民大会堂接受国家表彰。

谢刚同志肩负着全市 14 个贫困村和 2 404 户贫困群众如期脱贫的重任，自上任第一天开始，通过走村串户、熟悉政策，不仅快速了解了每个贫困户的真实情况，掌握了贫困群众所思所盼，并且因地制宜地提出实施贫困户安全饮水、安全住房、基本医疗、义务教育等民生保障工程，将扶贫产业发展壮大，集体经济规模扩大，不断提高农民收入。他还抓班子、强队伍，夯实基层组织示范引领脱贫攻坚工作，深入推行"网格化"和"积分制"管理，不断增强群众内生动力，他的身影留在全市 14 个贫困村、数千户贫困户中。在他的带领下，灵武市扶贫办全体干部成为扶贫一线的"拼命三郎"，成为一支敢打"硬仗"、能打"胜仗"的队伍，为全市脱贫攻坚取得优异成果奠定了坚实的基础。他坚持把信息和数据管理作为定向扶贫工作取得实效的重要抓手，率先在"开班讲学"中指导全市帮扶干部规范填写信息，亲自深入到贫困村、贫困户，一村一村指导工作，一户一户严格审核把关，保障了每阶段数据采集和信息录入任务高质量完成，从"精准"的根上夯实了全市脱贫攻坚基础。

2017 年，谢刚决定发展温棚。当时的群众对这个新鲜产业持怀疑态度。他亲自到移民群众家里来，阐述政策，呼吁发展，谈未来收益。在他真情劝说动员下，村干部和党员先行先试建成 34 栋高标准设施大拱棚。2018 年春季，每个棚收入最少 3 万元，个别棚收入高达 5 万元。群众看到村干部和党员们获得不菲收入后，积极投身建设。那一年，201 户移民申请建设温棚，2019 年 518 户申请建设温棚，2020 年年底，生态移民村温棚建设已超过 1 000 栋。生态移民村到户设施温棚产业从无到有、从小到大发展起来了。

3. 脱贫攻坚特色产业扶贫案例

（1）大力发展种植业

由灵武市蔬菜产业联合体、宁夏多家龙头企业、合作社和产销联合体为引领，建立"公司+市场+基地+农户"的生产经营体系，积极构建畅通稳定的销售渠道，以蔬菜全产业链融合为抓手，倾力打造设施农业尤其是蔬菜示范基地，大力拓宽外向型蔬菜销售生产市场，建设韭菜、香菜、西兰花、番茄等"供外"蔬菜基地，带动蔬菜产业转型升级。

禹永丽是灵武市白土岗乡泾兴村的一名少数民族生态移民。近年来，在国家政策的引领以及各扶贫干部的积极帮助下，他们家通过新的设施和温室，过上了更好的生活。禹永丽说："在老家的时候就是种田、打工、带孩子，但是打工照顾不上家和孩子。后来村上动员我们建大棚，一栋大棚建设下来要 20 多万元，但是我们只交 82 000 元，其余都是政府补贴。现在政策好，有了自己的事业和固定的收入，孩子也能照顾上。"禹永丽 2015 年从泾源县搬迁到灵武市，她说现在温棚有全程的技术指导，每到关键时期就有专业的技术人员上门进行专业的指导。"以前在老家种地都是老思想，到这边种大棚有专业技术员指导，带领我们种植。种好了他们还可以引导我们销售，现在确实很好，开阔了我们的视野，也改变了我们的生活，以前艰苦贫困的日子已经一去不返。"合作社带动和帮助了许多像禹永丽一样的移民村妇女过上了新生活。

"2020 年新设了 50 个温室设施。8 月份栽种的辣椒，一茬可以收入 2 万元到 3 万元；到了开春的时候种西瓜，又收入 2 万元；秋季再种一茬西红柿，就能再收入 3 万元到 4 万元，基本上一年一栋棚 8 万元的本钱就回来了，这就达到我们村上的小康水平了。"

在国家产业扶贫政策的引领下，泾兴村目前有 158 名像禹永丽这样的移民村妇女种在发展温棚，而这 158 名妇女的背后就是 158 个实现脱贫致富奔小康的家庭，她们正在用自己的辛勤劳动，让生活变得更加富裕、更加幸福美满。

（2）种植莎妃蜜瓜

夏能农业开发（深圳）有限公司（夏能公司）一直在为村民更专业的技术指导，分批把村民带到海南基地进行技术培训，赴琼学习期间，公司还会发放 120 元的补助，确保农民在学习技术时依旧能增收。通过这样"三加一"的扶贫产业带动模式，灵武市培养了大批产业工人，同时也是未来莎妃蜜瓜产业发展的内生动力和核心劳动资源。

2018 年夏能公司在灵武市泾灵村流转土地 818 亩，2019 年新增 264 亩，蜜瓜种植面积共计 1 083 亩，2020 年新流转土地 400 亩，流转土地近 1 500 亩，全部用来种植网纹蜜瓜。按照订单进行生产，产品不愁销路。到 2020 年，泾灵南北村 240 名移民投身于蜜瓜产业中，其中 180 户是少数民族建档立卡户，当前蜜瓜产业已经带动了 350 个泾灵村村民就业，人均收入都达到了 2 万元以上，为当地移民增加了一笔可观的收入。

夏能现代农业科技园运营总监李乐说："第一次来我们基地的时候，他们骑着自行车，走路。通过这三年的辛苦，他们赚钱了。买了电动三轮车，买了轿车。从过去的几间普通住宅，家里的装修也不算太多，到现在，家里的墙壁和地板都很干净整洁，基本的家具和设施也很齐全。思想方面的转变也很大，刚开始是比较保守的，不愿意交流，但是熟悉了以后，通过我们的引导，他们也愿意去钻研、去学习蜜瓜技术了，有时候还会提出一些有关种植技术方面的问题。"村民的生产自主性在不断提高，对生活的信心也在不断提升，他们对于未来的生活水平都有了较高的期待，也相信能通过他们自己的双手使生活变得更好。

（二）案例分析

根据以上案例及实地调研查阅资料，我们总结出影响灵武市居民收入的有利和不利因素。

1. 影响增收的有利因素

（1）政策性增资促进工资性收入持续增长。一是政府事业单位效能奖标准提高；二是新增平时考核奖，2020年行政事业单位职工新发放平时考核奖，每季度3 000元；三是发放创建文明城市奖。

（2）煤炭行业效益稳步提升促进职工增收。受能源行业稳定发展带动，宁东重化工基地煤企、化工企业基本未停工停产，因此在宁东重化工业基地的从业人员就业状态和收入情况受外部环境影响不大，依旧稳定且良好。

（3）就业服务配套制度的完善有助于促进就业率。灵武市就业局扎实做好"六稳""六保"工作。一是开展各类培训班；二是建立就业平台，深入开展线上就业服务活动；三是新增临时性公益性岗位301个，帮助675名城镇就业困难人员、档案卡等农村贫困劳动力等群体的就业。

2. 影响增收的不利因素

对本次实地调研的成果分析显示，灵武市的农村居民增收过程中居民收入满意度同比小幅增长。而收入增长不能带动收入满意度同幅增长的原因有以下几点：

（1）结构性失业矛盾依旧存在。新冠肺炎疫情对就业的冲击与原有的结构性失业矛盾交织迸发，致使就业压力增大。尤其是大龄低技能劳动力与市场需求不匹配现象突出，"有人没活干、有活没人干"的矛盾依旧严重。

（2）总体来说农民收入来源单一，增收制约影响大。农村居民收入中经营净收入占比超过一半。第三产业结构单一，农村第三产业包含小商贩的批发零售业和三轮车摩托车等简单代步工具为主的交通运输业，产业结构单一，现存规模较小，同时缺乏竞争力，经营环境和收益不容乐观。牛羊一旦价格波动过大或遭遇疫病，牧业收入将大受影响，对居民增收连带影响较大。

（3）农村产业前期生产成本高，产业发展见效慢。目前产业扶贫项目初期投资较大，温棚除了政府补贴外，移民自身投资也较多，目前第一批建成的温棚已到更换棚膜期，加上初期经营技术经验不足，效益虽然显现，但当前移民个人拥有温棚数量还是较少，自经营性收入虽然由负转正，但目前才开始发力，基数小、占可支配收入比重低，仍然处于发展初期，真正发挥促增收，提高收入满意度的作用仍需要时间。

面对这些限制居民收入满意度增长的因素，课题组提炼出来以下几个结论和建议。

五、结论与建议

（一）结论

经过对农村居民的走访，课题组了解到居民的工资性收入呈上涨趋势。农村居民人均工资性收入约为 7 600 元，与往年同期相比增长 2.8%，增收贡献率明显提高。就业方面，就业岗位不断增加，居民就业压力有所缓解，全年农村劳动力转移就业 2.3 万人，劳务收入达到更高水平。乡镇工作补贴标准提高，其中 1—4 月按 2019 年发放标准，月均补贴额 200～520 元；5 月份起执行新标准，月均补贴额提高至 640～1 680 元[6]。数据统计发现，当前灵武市农村居民人均经营净收入能达到 8 561 元，同比增长 12.5%，增收贡献率 74.2%，经营净收入仍是居民增收主力军。

由此可以得出以下结论：灵武市农村居民收入水平总体呈上升趋势；政策补贴对于灵武市农村居民增收效果显著；相对贫困地区居民对政府扶贫总体满意度高，少数民族群众对政府政策满意度普遍较高；总体来看灵武市相对贫困地区居民收入满意度有所提高。

（二）建议

1. 全面推进乡村振兴，构筑现代产业发展新体系

发挥产业优势，积极协调各方资金扶助新兴产业，构造复合型产业模式。马家滩、临港园区具有较为广阔的发展空间，可以成为工业高质量发展的主战场，促进灵武市传统产业转型升级，优势产业品牌效应持续扩大；聚焦绿色食品加工业，抓住"中国黄金奶源带"发展机遇，锚定打造"高端奶之乡"目标，推进肉牛养殖及牛肉加工业快速发展，吸引有牵引力的肉食加工企业；积极引进粮食深加工龙头企业，构建"产购储加销"一体化全产业链经营模式，实施金双禾优质大米保鲜等项目，增加优质化、多样化、个性化、定制化粮油产品供给，做大"中国十大好吃米饭"品牌优势。

2. 全面推进乡村振兴，维护和巩固脱贫效果

持续关注脱贫人群，防止返贫。实行移民致富行动，加强"3+1"产业发展模式，多渠道增加移民收入。提供就业岗位，促进稳定就业，积极培育劳务品牌，积极探索准确的就业服务活动，针对大龄劳动力，农民工等重点群体着力拓展新道路。摸清城乡居民不同类型收入情况，建立最低工资保障标准，增强贫困群体的基本生活保障力，稳定现有储蓄量，发掘收入增量。

3. 全面推进乡村振兴，引导居民进行自主创业

高速的经济发展离不开优质的环境。政府要坚持改善民营经济发展环境，完善促

进个体户发展的政策体系，为三产培育良好土壤；同时增强创业培训力度，引导居民理性创业，选择各方面都适合的方式进行创业，避免出现盲从现象。为各乡配备创业专家，对居民进行系统培训，使得居民创业合规合法，最大限度地规避风险。

4. 全面推进乡村振兴，加快农业农村现代化

围绕特色优势产业布局创新链，开展"智汇灵武、才俊兴业"行动，建设产业研究院和新型材料技术研发中心。建立自治区少数民族发展基金，落实企业科技创新后补助等政策。

参考文献

［1］吴珊珊，张晓晖. 基于贫困户满意度的莱州市精准扶贫效果研究［J］. 农业与技术，2020，40（16）：156-160.

［2］于井远，王金秀. 收入不平等与农户生活满意度：来自中国社会综合调查［J］. 农业经济与管理，2020（5）：78-89.

［3］孙瑞玲，崔维军. 高科技企业科技人员收入满意度研究：以江苏省为例［J］. 中国科技论坛，2010（5）：115-121.

［4］高妍蕊. 从"脱贫攻坚"到"乡村振兴"，"三农"工作迈入新阶段［J］. 中国发展观察，2021（1）：52-54，32.

［5］王国丽，罗以洪. 打赢脱贫攻坚战与实施乡村振兴战略衔接耦合机制研究［J］. 农业经济，2021（1）：35-37.

［6］汪三贵，冯紫曦. 脱贫攻坚与乡村振兴有机衔接：逻辑关系、内涵与重点内容［J］. 南京农业大学学报（社会科学版），2019，19（5）：8-14，154.

［7］张琦. 稳步推进脱贫攻坚与乡村振兴有效衔接［J］. 人民论坛，2019（1）：84-86.

成长环境对汉藏中学生问题行为的影响

肖　烨①

摘　要： 本文主要探究汉藏两族中学生问题行为与成长环境之间的关系，以期为社会各方面能够根据民族特性实施精准化的青少年问题行为政策提供一定参考。作者在查阅文献资料基础上，采用"长处和困难"量表（SDQ）测验简式版制作调查问卷。调查重庆市内4所中学的学生，总共发放问卷2 050份，回收调查问卷1 933份。本文包含研究背景、研究样本与研究工具、结果分析、分析与讨论、结论与建议五个部分。本文采用SPSS分析工具，对抽样学校汉藏中学生问题行为的状况及与其成长环境关系进行统计分析，研究影响汉藏中学生问题行为的原因。结果发现：生源地对汉藏族学生问题行为的作用不同；父母受教育程度对汉藏学生问题行为的作用不同；出生顺序对汉藏学生的问题行为有显著影响。

关键词： 汉藏中学生；问题行为；成长环境

一、研究背景

藏族是中国最具代表性的少数民族之一，而西藏内地班或西藏中学是国家促进西藏民族发展、增进民族团结和智力援藏的一项重要举措。自1985年实行以来，全国共20个省市开设了近30个西藏内地班或西藏中学，为西藏地区和国家培养了大量的人才。近年来，国家和社会对青少年心理卫生和健康日趋关注，然而，社会对藏族青少年的心理健康关注度依然较低，对汉藏中学生问题行为的研究较少，缺乏解决汉藏青少年问题的针对性策略和主张。在这样的背景下，对汉藏青少年问题行为的研究显得尤为重要。本文主要选取以藏族为主的少数民族中学和以汉族为主的中学为对象进行调查研究，希望探究汉藏学生问题行为的现状，试图根据民族特性寻找原因，并据此

---

① 肖烨，重庆工商大学会计学院，2020级ACCA项目班。

提出促进汉藏青少年心理健康的相关建议和意见。

关于问题行为影响因素的研究主要分为两类：①只关注单个因素，如问题行为与父母教养方式的关系、与亲子沟通的关系、与同伴的关系、与媒体暴力的关系。②同时考察多个因素，即同伴关系、兄弟姐妹关系、教养方式与严厉惩罚使用、亲子关系和家庭风格等多个因素联合考察[1]。本文主要就父母受教育程度、是否为班干部、生源地等进行研究。为了更好地从地域关系上进行比较，在调查过程中，本文选择了重庆市以藏族寄宿式学生为主的西藏中学，以汉族为主的重庆市观音桥中学、重庆两江新区竹林实验学校和大学城一中三所寄宿生为主的学校为研究对象，主要放调查问卷的方式研究汉藏中学生成长环境与问题行为之间的关系。

二、研究方法

1. 研究对象

学校一所为重庆市一所以藏族学生为主体的学校，为寄宿式学校，其余三所学校皆为以汉族学生为主的普通中学校，抽取被试学生以住读生为主。通过被抽试学校的差异性，我们希望探究对中学生的问题行为造成影响的相关因素。

2. 研究工具

本次问卷是在重庆工商大学的指导老师帮助下设计完成的，主要包括两个部分。第一部分为一般情况普查，主要内容为：生源地、父母婚姻状况、出生顺序、是否担任班干部及父母受教育情况。这样设计是缘于廖全明和刘宗发老师针对问题行为的研究报告[12]，报告显示在家庭因素中父母的文化程度和教养方式对于问题行为有明显影响，同时，学校对于教育的观点或方法也是一个影响因子。基于此，量表的第一部分为被试基本信息；第二部分为长处和困难量表。长处和困难问卷（SDQ）是由美国心理学家 Goodman R[4] 于 1997 年根据精神病诊断和统计手册-IV（DSM-IV）和精神与行为分类第 10 版（ICD-10）诊断标准专门设计和编制的。本次研究采用的是上海杜亚松等修订版本的中文版长处和困难问卷。SDQ 是一个简明的行为筛查问卷，一般用于评估儿童、中学生的行为和情绪问题，具有非常良好的信度和效度。该问卷共 25 个题目，由 5 个分量表组成，分别测量情绪症状、品行问题、多动、同伴交往问题和亲社会行为，前 4 个分量表即为问题行为量表，亲社会行为则是长处分量表。本文在采取了量表编制者 Goodman 的建议后，将困难量表分为内化问题量表和外化问题量表：内化情绪量表包括的是情绪症状和同伴交往问题，外化行为量表则涵盖了品行问题与多动问题。该量表为 3 分计分法，从 0（不符合）到 1（有点符合），再到 2（完全符合），要求被调查对象对每个项目进行评定。总分值越高则表明实验对象在该项上的问题越大。

3. 研究过程

课题于 2019 年 2 月至 2021 年 2 月期间，先后完成了对重庆市内一所藏族中学和三所普通中学的在校中学生进行调查，发放问卷 2 050 份，回收调查问卷 1 933 份，藏族学生回收问卷 966 份，汉族学生回收问卷 967 份。其中，有效问卷共 1 835 份，藏族中学有效问卷 935 份，汉族中学生有效问卷 900 份。

4. 数据处理和分析工具

采用 Excel 对数据进行整理汇总，采用 SPSS 对量表进行数据一致性检验、描述统计、单因素方差分析和独立样本 t 检验。

三、结果分析

（一）学校情况

1. 藏族学校学生及其父母情况（表 1 和表 2）

表 1　藏族学校学生调查情况

班干部		性别		生源地				
是	否	男	女	省会城市	地级市	县城	乡镇	农村
397	539	388	548	238	226	182	72	217

表 2　藏族学校学生父母调查情况

父亲				母亲				婚姻			
小学及以下	初中	高中或中专	大专及以上	小学及以下	初中	高中或中专	大专及以上	在婚	离婚	再婚	丧偶
302	138	162	334	390	104	145	297	795	62	39	39

2. 汉族学校学生及其父母情况（表 3 和表 4）

表 3　汉族学校学生调查情况

班干部		性别		生源地				
是	否	男	女	省会城市	地级市	县城	乡镇	农村
252	662	464	442	596	129	64	75	36

表4　汉族学校学生父母调查情况

父亲受教育程度				母亲受教育程度				婚姻状况			
小学	初中	高中或中专	大专及以上	小学	初中	高中或中专	大专及以上	在婚	离婚	再婚	丧偶
93	356	347	149	119	400	310	117	721	106	63	10

（二）问题行为与成长环境关系分析

1. 藏族中学生问题行为与成长环境关系及分析

（1）父母受教育程度

从表5、表6和表7可看出，母亲受教育程度对藏族中学生同伴交往影响显著（同伴交往方差齐性显著性，与情绪症状、品行问题和多动无显著关联）。由图1可看出，母亲受教育程度在大专及以上时，藏族中学生同伴交往问题更明显，当母亲的受教育水平处于高中或中专教育程度时藏族中学生同伴交往问题更轻微。并且，父母受教育程度与问题行为不是简单的正反比关系。

表5　藏族学校母亲受教育程度对中学生问题行为的影响的方差齐性检验

问题行为	母亲受教育程度	描述			ANOVA	方差齐性检验
		N	均值	标准差	显著性	显著性
情绪症状	小学	393	2.93	2.236	0.415	0.218
	初中	105	3.30	2.245		
	高中或中专	146	3.18	2.553		
	大专及以上	300	2.98	2.452		
	总数	944	3.03	2.358		
品行问题	小学	393	2.66	1.507	0.760	0.397
	初中	105	2.66	1.480		
	高中或中专	146	2.78	1.629		
	大专及以上	300	2.77	1.664		
	总数	944	2.71	1.573		
多动	小学	393	4.50	1.596	0.327	0.376
	初中	105	4.72	1.584		
	高中或中专	146	4.64	1.773		
	大专及以上	300	4.72	1.698		
	总数	944	4.62	1.656		

表5(续)

问题行为	母亲受教育程度	描述			ANOVA	方差齐性检验
		N	均值	标准差	显著性	显著性
同伴交往	小学	393	4.42	1.409	0.011	0.262
	初中	105	4.33	1.478		
	高中或中专	146	4.27	1.250		
	大专及以上	300	4.68	1.464		
	总数	944	4.47	1.418		

表6 藏族学校母亲受教育程度对中学生问题行为的影响的标准误差检验

因变量	母亲受教育程度		均值差（I-J）	标准误	显著性
同伴交往	小学	初中	0.089	0.155	0.566
		高中或中专	0.155	0.137	0.257
		大专及以上	−0.261*	0.108	0.016
	初中	小学	−0.089	0.155	0.566
		高中或中专	0.066	0.181	0.714
		大专及以上	−0.350*	0.160	0.029
	高中或中专	小学	−0.155	0.137	0.257
		初中	−0.066	0.181	0.714
		大专及以上	−0.416*	0.142	0.004
	大专及以上	小学	0.261*	0.108	0.016
		初中	0.350*	0.160	0.029
		高中或中专	0.416*	0.142	0.004

表7 藏族学校父亲受教育程度对中学生问题行为的影响的方差齐性检验

问题行为	父亲受教育程度	描述			ANOVA	方差齐性检验
		N	均值	标准差	显著性	显著性
情绪症状	小学	305	3.03	2.298	0.468	0.054
	初中	139	2.76	1.999		
	高中或中专	164	2.99	2.392		
	大专及以上	338	3.13	2.536		
	总数	946	3.02	2.362		

表7(续)

问题行为	父亲受教育程度	描述			ANOVA	方差齐性检验
		N	均值	标准差	显著性	显著性
品行问题	小学	305	2.59	1.513	0.344	0.809
	初中	139	2.76	1.492		
	高中或中专	164	2.65	1.600		
	大专及以上	338	2.80	1.630		
	总数	946	2.70	1.568		
多动	小学	305	4.49	1.588	0.231	0.536
	初中	139	4.47	1.612		
	高中或中专	164	4.72	1.760		
	大专及以上	338	4.70	1.669		
	总数	946	4.60	1.652		
同伴交往	小学	305	4.46	1.395	0.079	0.502
	初中	139	4.27	1.454		
	高中或中专	164	4.35	1.314		
	大专及以上	338	4.60	1.463		
	总数	946	4.46	1.418		

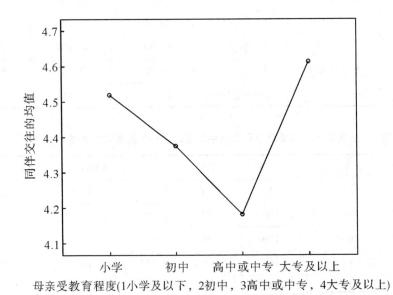

母亲受教育程度(1小学及以下，2初中，3高中或中专，4大专及以上)

图1 藏族学校学生同伴交往均值与母亲受教育程度关系

（2）出生顺序

从表8和表9可看出，兄弟姐妹中的出生顺序对藏族中学生情绪症状和多动影响显著（情绪症状方差齐性显著性，多动方差齐性显著性，与品行问题和同伴交往无显著关联）。由图2可看出，兄弟姐妹中的出生顺序位于家中长子的情绪症状问题更为显著，为独生子女状况其次，兄弟姐妹中的出生顺序排行第二的情绪症状问题更轻。在多动行为方面则是藏族独生子女存在的问题较大呈显著相关。总的来说，藏族多生子女问题行为较轻。

表8　藏族学校中学生出生顺序对问题行为的影响的方差齐性检验

问题行为	兄弟姐妹中我的出生顺序	描述			ANOVA	方差齐性检验
		N	均值	标准差	显著性	显著性
情绪症状	独生子女	299	3.09	2.355	0.039	0.164
	排行老大	325	3.21	2.435		
	排行老二	184	2.60	2.143		
	排行老三及以后	153	2.96	2.353		
	总数	961	3.02	2.350		
品行问题	独生子女	299	2.78	1.619	0.278	0.262
	排行老大	325	2.71	1.620		
	排行老二	184	2.52	1.452		
	排行老三及以后	153	2.80	1.493		
	总数	961	2.71	1.570		
多动	独生子女	299	4.81	1.670	0.048	0.716
	排行老大	325	4.51	1.653		
	排行老二	184	4.42	1.538		
	排行老三及以后	153	4.65	1.711		
	总数	961	4.61	1.650		
同伴交往	独生子女	299	4.58	1.521	0.431	0.672
	排行老大	325	4.46	1.332		
	排行老二	184	4.39	1.467		
	排行老三及以后	153	4.39	1.344		
	总数	961	4.47	1.421		

表 9 藏族学校中学生出生顺序对问题行为的影响的标准误差检验

因变量	出生顺序		均值差（I-J）	标准误	显著性
情绪症状	独生子女	排行老大	−0.113	0.188	0.549
		排行老二	0.496*	0.220	0.024
		排行老三及以后	0.133	0.233	0.569
	排行老大	独生子女	0.113	0.188	0.549
		排行老二	0.608*	0.216	0.005
		排行老三及以后	0.245	0.230	0.286
	排行老二	独生子女	−0.496*	0.220	0.024
		排行老大	−0.608*	0.216	0.005
		排行老三及以后	−0.363	0.256	0.157
	排行老三及以后	独生子女	−0.133	0.233	0.569
		排行老大	−0.245	0.230	0.286
		排行老二	0.363	0.256	0.157
多动	独生子女	排行老大	0.292*	0.132	0.027
		排行老二	0.388*	0.154	0.012
		排行老三及以后	0.159	0.164	0.332
	排行老大	独生子女	−0.292*	0.132	0.027
		排行老二	0.095	0.152	0.530
		排行老三及以后	−0.133	0.161	0.409
	排行老二	独生子女	−0.388*	0.154	0.012
		排行老大	−0.095	0.152	0.530
		排行老三及以后	−0.229	0.180	0.205
	排行老三及以后	独生子女	−0.159	0.164	0.332
		排行老大	0.133	0.161	0.409
		排行老二	0.229	0.180	0.205

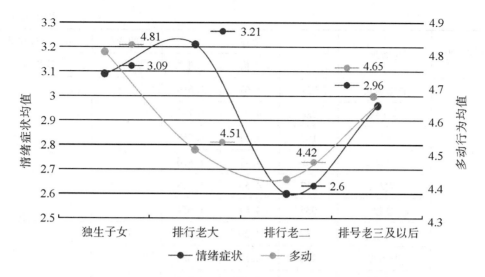

图2　藏族学校情绪症状、多动行为均值与中学生出生顺序关系

（3）生源地

从表10可以得出，生源地与问题行为的五个维度虽均有相关性，但相关性不显著。

表10　藏族学校生源地对中学生问题行为的影响的方差生检验

问题行为	生源地	描述			ANOVA	方差齐性检验
		N	均值	标准差	显著性	显著性
情绪症状	省会城市	237	2.97	2.376	0.833	0.291
	地市级	226	3.12	2.569		
	县城	182	3.01	2.316		
	乡镇	72	2.99	2.045		
	农村	217	3.00	2.268		
	总数	935	3.02	2.361		
品行问题	省会城市	237	2.68	1.549	0.805	0.715
	地市级	226	2.79	1.694		
	县城	182	2.62	1.462		
	乡镇	72	2.88	1.601		
	农村	217	2.71	1.562		
	总数	935	2.71	1.574		

表10(续)

问题行为	生源地	描述			ANOVA	方差齐性检验
		N	均值	标准差	显著性	显著性
多动	省会城市	237	4.67	1.619	0.557	0.647
	地市级	226	4.76	1.733		
	县城	182	4.51	1.558		
	乡镇	72	4.47	1.876		
	农村	217	4.53	1.613		
	总数	935	4.61	1.654		
同伴交往	省会城市	237	4.59	1.380	0.442	0.179
	地市级	226	4.51	1.354		
	县城	182	4.42	1.581		
	乡镇	72	4.32	1.197		
	农村	217	4.34	1.434		
	总数	935	4.46	1.415		

（4）是否担任班干部

从表11可看出，是否为班干部对藏族中学生情绪症状影响显著。

表11　藏族学校是否担任班干部对中学生问题行为的影响的 Levene 检验及 t 检验

问题行为	是否班干部	描述			假设类型	方差方程的 Levene 检验	均值方程的 t 检验	
		N	均值	标准差		Sig	t	Sig.（双侧）
情绪症状	是	402	2.81	2.26	假设方差相等	0.273	−2.162	0.031
	否	545	3.14	2.4	假设方差不等		−2.181	0.029
品行问题	是	402	2.66	1.49	假设方差相等	0.096	−0.806	0.421
	否	545	2.74	1.63	假设方差不等		−0.817	0.414
多动	是	402	4.65	1.605	假设方差相等	0.794	0.726	0.468
	否	545	4.57	1.678	假设方差不等		0.731	0.465
同伴交往	是	402	4.56	1.431	假设方差相等	0.658	1.431	0.153
	否	545	4.43	1.42	假设方差不等		1.429	0.153

2. 汉族中学生问题行为与成长环境关系及分析

（1）父母亲受教育程度

从表12、表13和表14可看出，父母亲受教育程度对汉族中学生情绪症状影响显著（情绪症状方差齐性显著性，与同伴交往，品行问题和多动无显著关联）。由图3可看出，父亲受教育程度在小学及以下其情绪症状问题更明显，在大专及以上其情绪症状问题其次，在初中程度其情绪症状问题较轻微。另外，母亲受教育程度对中学生问题行为影响较小。并且，父母受教育程度与问题行为不是简单的正反比关系。

表12　汉族学校父亲受教育程度对中学生问题行为的影响的方差齐性检验

问题行为	父亲受教育程度	描述			ANOVA	方差齐性检验
		N	均值	标准差	显著性	显著性
情绪症状	小学及以下	93	3.90	2.558	0.011	0.306
	初中	356	3.10	2.022		
	高中或中专	347	3.12	2.048		
	大专及以上	149	3.50	2.593		
	总数	945	3.25	2.198		
品行问题	小学及以下	93	3.57	2.209	0.447	0.239
	初中	356	3.39	1.905		
	高中或中专	347	3.25	1.851		
	大专及以上	149	3.30	1.944		
	总数	945	3.34	1.923		
多动	小学及以下	93	4.53	1.809	0.661	0.323
	初中	356	4.69	1.704		
	高中或中专	347	4.71	1.658		
	大专及以上	149	4.95	1.888		
	总数	945	4.72	1.729		
同伴交往	小学及以下	93	5.77	2.459	0.184	0.234
	初中	356	5.58	2.265		
	高中或中专	347	5.72	2.387		
	大专及以上	149	5.26	1.956		
	总数	945	5.60	2.288		

表13 汉族学校父亲受教育程度对中学生问题行为的影响标准误差检验

因变量	父亲受教育程度		均值差（I-J）	标准误	显著性
情绪症状	小学及以下	初中	0.799*	0.255	0.002
		高中或中专	0.782*	0.255	0.002
		大专及以上	0.407	0.289	0.160
	初中	小学及以下	−0.799*	0.255	0.002
		高中或中专	−0.017	0.165	0.917
		大专及以上	−0.393	0.213	0.066
	高中或中专	小学及以下	−0.782*	0.255	0.002
		初中	0.017	0.165	0.917
		大专及以上	−0.376	0.214	0.080
	大专及以上	小学及以下	−0.407	0.289	0.160
		初中	0.393	0.213	0.066
		高中或中专	0.376	0.214	0.080

表14 汉族学校母亲受教育程度对中学生问题行为的影响的方差齐性检验

问题行为	母亲受教育程度	描述			ANOVA	方差齐性检验
		N	均值	标准差	显著性	显著性
情绪症状	小学	119	3.37	2.490	0.417	0.063
	初中	400	3.25	2.108		
	高中或中专	310	3.01	1.980		
	大专及以上	117	3.73	2.548		
	总数	946	3.25	2.186		
品行问题	小学	119	3.39	1.958	0.421	0.118
	初中	400	3.35	1.948		
	高中或中专	310	3.25	1.833		
	大专及以上	117	3.49	1.937		
	总数	946	3.34	1.909		
多动	小学	119	4.63	1.631	0.964	0.037
	初中	400	4.79	1.785		
	高中或中专	310	4.55	1.544		
	大专及以上	117	4.99	1.985		
	总数	946	4.72	1.721		

表14(续)

问题行为	母亲受教育程度	描述			ANOVA	方差齐性检验
		N	均值	标准差	显著性	显著性
同伴交往	小学	119	5.80	2.212	0.261	0.086
	初中	400	5.63	2.417		
	高中或中专	310	5.50	2.245		
	大专及以上	117	5.60	1.935		
	总数	946	5.60	2.279		

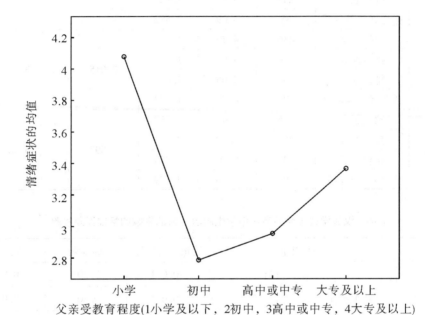

父亲受教育程度(1小学及以下，2初中，3高中或中专，4大专及以上)

图3　情绪症状均值与父亲受教育程度关系

（2）出生顺序

从表15和表16可看出，兄弟姐妹中的出生顺序对汉族中学生多动影响显著（多动方差齐性显著，与情绪症状、品行问题和同伴交往无显著关联）。由图4可看出，兄弟姐妹中排行老二的多动问题更为显著，独生子女的多动问题更轻，家中长子状况其次。总的来说，汉族独生子女问题较轻。

表15 汉族学校出生顺序对中学生问题行为的影响的方差齐性检验

| 问题行为 | 兄弟姐妹中我的出生顺序 | 描述 | | | ANOVA | 方差齐性检验 |
		N	均值	标准差	显著性	显著性
情绪症状	独生子女	436	3.26	2.260	0.469	0.103
	排行老大	250	3.18	2.033		
	排行老二	237	3.32	2.182		
	排行老三及以后	35	3.37	2.756		
品行问题	独生子女	436	3.25	1.881	0.774	0.705
	排行老大	250	3.28	1.855		
	排行老二	237	3.49	1.921		
	排行老三及以后	35	4.09	2.582		
多动	独生子女	436	4.76	1.827	0.015	0.773
	排行老大	250	4.65	1.624		
	排行老二	237	4.65	1.642		
	排行老三及以后	35	4.97	1.774		
同伴交往	独生子女	436	5.41	2.262	0.893	0.066
	排行老大	250	5.70	2.310		
	排行老二	237	5.70	2.239		
	排行老三及以后	35	6.40	2.379		

表16 汉族学校出生顺序对中学生问题行为的影响的标准误差检验

因变量	出生顺序		均值差（I-J）	标准误	显著性
多动	独生子女	排行老大	-0.041	0.201	0.837
		排行老二	-0.621	0.204	0.003
		排行老三	-0.374	0.455	0.411
	排行老大	独生子女	0.041	0.201	0.837
		排行老二	-0.580	0.222	0.009
		排行老三	-0.333	0.463	0.473
	排行老二	独生子女	0.621	0.204	0.003
		排行老大	0.580	0.222	0.009
		排行老三	0.246	0.465	0.596
	排行老三	独生子女	0.374	0.455	0.411
		排行老大	0.333	0.463	0.473
		排行老二	-0.246	0.465	0.596

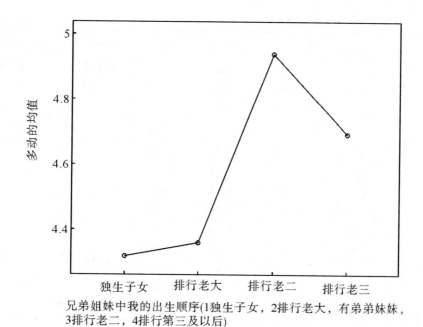

兄弟姐妹中我的出生顺序(1独生子女，2排行老大，有弟弟妹妹，
3排行老二，4排行第三及以后)

图4　多动均值与兄弟姐妹中我的出生顺序关系

（3）生源地

由表17、表18和图5可以得出，汉族学生生源地与品行问题和同伴交往有显著
关联。

表17　汉族学校生源地对中学生问题行为的影响的方差齐性检验

问题行为	生源地	描述			ANOVA	方差齐性检验
		N	均值	标准差	显著性	显著性
情绪症状	省会城市	596	3.30	2.135	0.813	0.056
	地市级	129	3.14	2.164		
	县城	64	3.09	2.076		
	乡镇	75	3.31	2.790		
	农村	36	3.56	2.478		
	总数	900	3.27	2.208		
品行问题	省会城市	596	3.47	1.882	0.001	0.025
	地市级	129	3.02	1.854		
	县城	64	3.20	2.176		
	乡镇	75	2.73	1.811		
	农村	36	4.08	2.568		
	总数	900	3.35	1.942		

表17(续)

问题行为	生源地	描述			ANOVA	方差齐性检验
		N	均值	标准差	显著性	显著性
多动	省会城市	596	4.71	1.648		
	地市级	129	4.57	1.672		
	县城	64	4.69	1.781	0.303	0.692
	乡镇	75	4.43	1.694		
	农村	36	5.11	2.011		
	总数	900	4.68	1.681		
同伴交往	省会城市	596	5.79	2.305		
	地市级	129	5.09	2.090		
	县城	64	5.97	2.085	0.001	0.057
	乡镇	75	4.61	2.117		
	农村	36	5.67	2.496		
	总数	900	5.60	2.281		

表18 汉族学校生源地对中学生问题行为的影响的标准误差检验

因变量	生源地		均值差（I-J）	标准误	显著性
品行问题	省会城市	地市级	0.459*	0.187	0.014
		县城	0.272	0.253	0.284
		乡镇	0.741*	0.236	0.002
		农村	−0.609	0.330	0.066
	地市级	省会城市	−0.459*	0.187	0.014
		县城	−0.188	0.294	0.524
		乡镇	0.282	0.280	0.313
		农村	−1.068*	0.363	0.003
	县城	省会城市	−0.272	0.253	0.284
		地市级	0.188	0.294	0.524
		乡镇	0.470	0.328	0.152
		农村	−0.880*	0.401	0.028
	乡镇	省会城市	−0.741*	0.236	0.002
		地市级	−0.282	0.280	0.313
		县城	−0.470	0.328	0.152
		农村	−1.350*	0.390	0.001
	农村	省会城市	0.609	0.330	0.066
		地市级	1.068*	0.363	0.003
		县城	0.880*	0.401	0.028
		乡镇	1.350*	0.390	0.001

表18(续)

因变量	生源地		均值差（I-J）	标准误	显著性
同伴交往	省会城市	地市级	0.694*	0.219	0.002
		县城	−0.182	0.296	0.540
		乡镇	1.174*	0.276	0.000
		农村	0.120	0.387	0.756
	地市级	省会城市	−0.694*	0.219	0.002
		县城	−0.876*	0.344	0.011
		乡镇	0.480	0.327	0.143
		农村	−0.574	0.425	0.177
	县城	省会城市	0.182	0.296	0.540
		地市级	0.876*	0.344	0.011
		乡镇	1.355*	0.383	0.000
		农村	0.302	0.469	0.520
	乡镇	省会城市	−1.174*	0.276	0.000
		地市级	−0.480	0.327	0.143
		县城	−1.355*	0.383	0.000
		农村	−1.053*	0.457	0.021
	农村	省会城市	−0.120	0.387	0.756
		地市级	0.574	0.425	0.177
		县城	−0.302	0.469	0.520
		乡镇	1.053*	0.457	0.021

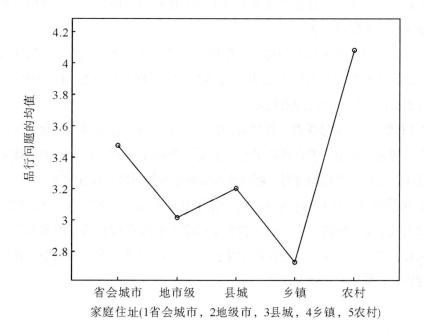

图5　品行问题均值与汉族学生生源地关系

（4）是否为班干部

从表 19 可看出，是否为班干部对汉族中学生的情绪症状影响显著，与品行问题多动和同伴交往无显著关联。

表 19　汉族中学是否为班干部对中学生问题行为的影响

问题行为	是否班干部	描述			假设类型	方差方程的 Levene 检验	均值方程的 t 检验	
		N	均值	标准差		Sig	t	Sig.（双侧）
情绪症状	是	252	3.21	2.168	假设方差相等	0.528	-0.466	0.642
	否	662	3.28	2.224	假设方差不等	—	-0.471	0.638
品行问题	是	252	3.65	1.897	假设方差相等	0.895	3.066	0.002
	否	662	3.22	1.914	假设方差不等	—	3.078	0.002
多动	是	252	4.98	1.937	假设方差相等	0.397	2.852	0.004
	否	662	4.62	1.642	假设方差不等	—	2.649	0.008
同伴交往	是	252	6.18	2.468	假设方差相等	0.002	4.807	0.000
	否	662	5.38	2.169	假设方差不等	—	4.537	0.000

（三）小结

综上分析，得出以下结论：

（1）汉藏中学生在担任班干部职务时出现利他行为和助人行为的可能性更高，而产生情绪症状的可能性更低。

（2）汉藏中学生生源地对问题行为作用有差异。藏族学生生源地对问题行为作用不显著；汉族学生生源地对问题行为中的品行问题、同伴交往作用极为显著，其中，生源地为农村的学生问题行为更显著。

（3）汉藏中学生父母受教育程度对问题行为作用有显著差异。藏族学生母亲受教育程度对同伴交往作用显著；汉族学生父亲受教育程度对问题行为中的情绪症状作用显著；其中，父母受教育程度对问题行为的影响不是简单的正反比关系。

（4）汉藏中学生出生顺序对问题行为作用有显著差异。藏族多子女家庭问题行为较轻，汉族独生子女问题行为较轻。在出生顺序上在家中排行第二的藏族学生情绪症状问题最轻，独生子女次之。而汉族学生排行第二的多动问题更为显著，独生子女的多动问题更轻，家中长子状况次之。

四、分析与讨论

1. 班干部对学生问题行为有积极影响

在是否为班干部的问题上，由上文得知，班干部们的情绪症状要比普通学生低一些，同时比普通学生有更多的适应性行为。有研究表明，良好的人际交往有利于自身情绪的调节控制。班干部由于职责原因需要与其他同学形成良好的关系。中学生在担任班干部后可能在某种程度上会鼓励他们在学校取得更多认同感，有利于他们增强自信心，在此过程中得到自我实现感，因而减少问题行为的发生。

2. 生源地对汉藏中学生问题行为作用不同

以前的研究结果表明，生源地会对汉藏青少年问题行为产生较大的作用，但本次研究发现汉藏中学生生源地对问题行为作用不同，汉族中学生生源地对问题行为作用显著，而藏族中学生生源地与问题行为无显著关联；其中，汉族中学生生源地为农村的学生问题行为高于城市。过往研究显示，西藏地区城乡差距较小，城乡一体化发展水平与城镇化水平基本吻合[13]，而非民族地区仍存在较明显的城乡差异。城乡差距在一定程度上会影响青少年心理健康状况，城乡差距小有利于促进青少年心理健康发展，从而减轻青少年问题行为产生。汉藏中学生生源地对问题行为的差异影响可能是汉藏地区城乡仍有明显差异。汉族地区城乡一体化发展还有待提高。

3. 父母受教育程度对汉藏中学生问题行为作用不同

在父母受教育程度的重要性上，汉藏两族呈现出了不同的结果。藏族中学生中父母的受教育程度有益的数据主要出现在母亲一方，其中接受高中或中专教育的母亲所养育的学生在同伴交往方向表现最好。而汉族学生的父亲受教育程度在小学及以下时汉族学生的情绪症状问题更明显，在大专及以上汉族中学生汉族学生的情绪症状问题次之，在初中程度汉族学生的情绪症状问题家庭结果较轻微。从一些新闻报道中我们可以得知，某些高知家庭父母的一些不恰当教养方式也会催发青少年问题行为的发生，从而可以推测，父母的受教育程度与问题行为之间并不是简单的正反比关系，这也解释了为什么很多高知家庭的孩子也会有些问题行为。除此之外，根据以往研究，藏族学生父母教养方式中，母亲比父亲更加重视对子女情感的培育，表现为理解和偏爱。理解和偏爱的教养方式对孩子的影响更大[9]，因此藏族母亲对孩子的行为影响较大是有可能的，但具体的原因可能需要以后进行抚养关系与问题行为的相关调查。

4. 出生顺序对汉藏中学生问题行为作用不同

从出生顺序上来看，汉藏两族出现了比较明显的差异，藏族学生在家里排行第二的无论是在多动还是在情绪症状方面都要优于其他顺序，而在汉族学生身上则是独生子女的情绪症状问题要小于其他顺序。藏族家庭中，多子女家庭利于减轻问题行为的发生，而在汉族家庭中，独生子女更有利于减少问题行为。原因可能是当前社会中，藏族家庭主要以多子女家庭为主，父母善于处理家庭各子女间的关系，可以在一定程度上降低情绪症状的发生；而汉族家庭仍多以独生子女为主，父母在二孩出生后容易偏袒幼者而忽略长子，并且一些父母对孩子关于兄弟姐妹认识的引导还不够，容易导致孩子问题行为的出现。据此可以推断，在推动二孩政策的时代背景下，多了一些兄弟姐妹后，学生问题行为将会进一步减少。

五、结论、建议、不足与展望

（一）结论

（1）生源地对汉藏中学生问题行为作用不同。生源地对藏族学生问题行为作用不显著，对汉族中学生作用显著。

（2）父母受教育程度对汉藏学生问题行为的影响存在显著差异性。藏族中学生问题行为受母亲教育程度影响更大，汉族中学生问题行为受父亲教育程度影响更大。但父母受教育程度与问题行为之间并不是简单的正反比关系。

（3）出生顺序对汉藏中学生问题行为的影响有显著差异性。汉族学生中是独生子女的问题行为较少，而藏族学生中多子女家庭的问题行为较少。

（二）建议

1. 家庭层面

（1）提供良好的家庭教育可以优化孩子的心灵。家庭教育是教育的起点和基石，父母是家庭教育的主体，对扣好孩子人生第一颗纽扣起着关键作用。父母提高自身素质，做到以身作则榜样示范，积极关注子女的身心健康，注重培养子女长处，强化个性培养，有利于减少问题行为的发生。

（2）平衡父母的关爱，公平善待每个孩子。孩子在家庭中的出生顺序不同，接受父母的关注程度，自身适应家庭、社会环境的反应也不同。现在国家鼓励生育二胎，大多家庭不止一个小孩，父母应公平对待每个孩子，尊重每个孩子的个性，建立和谐的亲子关系，这在一定程度上有利于减少青少年问题行为发生。

（2）学校层面

（1）健全教师评价体系，构建预防干预机制。学校应探索建立健全教师评价考核机制，不唯学历论，将心理健康指导技能纳入教师评价标准体系；成立并依托心理健康教育中心，建立宿舍、班级、年级、学校四级预警系统，定期开展问题行为调查，对学生群体进行分析评估，对可能出现或已经出现的个体问题行为进行及时预警、帮助和干预。

（2）健全学校管理模式，建立班干部定期轮换机制。建立班干部定期轮换机制，增强班级管理的生机与活力，通过择优推荐、自荐等方式选举班干部，鼓励更多学生担任班干部，让每一个学生都能体会到成就感、满足感，增强他们的责任心、自信心，引导他们提高自我认知能力，从而减少问题行为的发生。

（3）适度增加学校激励机制。本研究结果得出的是班干部对学生问题行为有显著影响的结论，可以启示学校酌情增设干部岗位，让学生们体会到成就感和满足感。

3. 国家与社会层面

（1）设立汉藏心理健康研究机构。在习近平新时代中国特色社会主义理论的指导下，设立汉藏心理健康研究机构，有利于促进汉藏间的融合、理解。

（2）正视民族特性，建立精准化的青少年问题行为引导机制。在对中学生进行教育时，把握学生的心理特征，建立精准化的沟通平台和问题行为引导机制，有针对性地开展青少年心理辅导或干预。

（三）不足与展望

本人因专业水平不足和时间有限，研究中还存在以下诸多不足：

（1）在调查过程中忽视了毕业班与其他年级之间可能存在的差异性。根据以往多数研究来看，不同年级问题行为的差异性，尤其是毕业班是较为明显的，把其他年级和毕业年级一起讨论可能使结果不具精确性。今后的研究将注重年龄段的分层。

（2）没有在横向调查的基础上，增添纵向随访调查，无法得出一批学生在成长过程中问题行为的发展变化情况。多维度的调查会使结果更加具体真实，未来的调查可以酌情尝试多维度调查。

参考文献

［1］刘建萍. 青少年问题行为相关研究综述［J］. 才智，2010（34）：180-181.

［2］李育辉，张建新. 中学生人格特质、主观应激与应对风格之间的关系［J］. 心理学报，2004，36（1）：71-77.

［3］陈胜男. 大学生职业妥协及其对情绪的影响［D］. 杭州：浙江理工大学，2010：78-80.

［4］VAN WIDENFELT BM, GOEDHART AW, TREFFERS PD, et al. Dutch version of the Strengths and Difficulties Questionnaire（SDQ）［J］. Eur Child Adolesc Psychiatry，2003，12（6）：281-9.

［5］MCCRAE RR, COSTA P T, JR DEL PILAR G H, et al. Cross－cultural assessment of the five-factor model：the revised NEO personality inventory ［J］. Journal of Cross-Cultural psychology, 1998, 29 (1)：171-188.

［6］KOKKO K, TOLVANEN A, PULKKINEN L. Associations between personality traits and psychological well－being across time in middle adulthood ［J］. Journal of Research in Personality, 2013, 47：748-756.

［7］罗杰, 戴晓阳. 中文形容词大五人格量表的初步编制Ⅰ：理论框架与测验信度 ［J］. 中国临床心理学杂志, 2015 (3)：5-9.

［8］谢晶晶, 王建琼. 参考群体和羊群行为：人格特质和他评效应的作用 ［J］. 南方金融, 2019 (2)：69-78.

［9］周鹏生. 小升初藏族学生父母教养方式的特征 ［J］. 民族论坛, 2015 (1)：86-89.

［10］安花花. 汉、回、藏初中生父母教养方式、应对方式对人际交往能力的影响 ［D］. 兰州：西北师范大学, 2011：56-58

［11］刘金平. 心理与行为研究入门指南 ［M］. 北京：科学出版社, 2015.

［12］廖全明, 刘宗发. 我国中小学学生的问题行为及其干预：目前国内关于学生问题行为研究的文献综述 ［J］. 太原师范学院学报（社会科学版）, 2004 (4)：125-128.

［13］李康兴, 王录仓, 李巍. 民族地区城乡一体化发展评价研究：以甘南藏族自治州为例 ［J］. 资源开发与市场, 2013 (1)：18-21.

［14］方瀚青, 冉苒. 内地藏汉初中生人格特质比较研究 ［J］. 江苏技术师范学院学报, 2010 (1)：61-65.

后　记

　　重庆工商大学经济学院以习近平新时代中国特色社会主义思想为指导，以政治建设为统领，以人才培养为核心，以学科建设为引领，以队伍建设为关键，以科研创新为驱动，大力推进人才培养模式等重点领域改革，落实立德树人根本任务，真抓实干，拼搏进取，努力构建现代大学治理体系。近年来，学院在高等教育新一轮发展中，以较快的发展速度，在人才培养、学科科研、社会服务、文化传承等方面，取得了一些可喜成绩。2021 年，学院获评重庆市首批新时代高校党建"双创"标杆院系，凸显了党建优势和治理效能。

　　近年来，学院围绕应用型、复合型、创新型的高素质人才培养，积极拓展学术研究引领，加强学术表达能力培养，强化科学研究技能，提高科研实力，凝聚科研成果，持续培育"经济论丛"科研学术平台，大力培养德才兼备的拔尖创新人才。2021 年，学院获批重庆市经济学拔尖人才培养示范基地。

　　呈现给读者的这本书是重庆市教委人文社会科学研究项目"以文化自信提升治理效能研究"（项目编号：20SKDJ009）的实践成果，是重庆市高等教育教学改革研究重大项目"高水平新文科高校建设的商工融合实践路径与探索"（项目编号：221024）的阶段性成果。在各位作者的共同努力下，在西南财经大学出版社的帮助下，本书历经多次修改、订正，终于正式出版。

　　本书的初衷是帮助经济学子扎根中国大地，推进文化自信自强，深入专业学习，提升科研能力，运用中国理论探究与解答中国实际问题，并促进不同专业领域师生之间的交流与成长。在这个沟通融合的过程中，我们感受到了老师、学生们对于科研的热情和写作的热爱。本书以科研论文的形式呈现，从理论的角度为社会经济发展贡献绵薄之力。

　　我们将继续秉承"敬道养正、励学修远"的院训精神，再接再厉，争创佳绩。重庆工商大学经济学院将坚定文化自信，强化中国特色的经济学人才培养，扎实推进学院治理体系和治理能力现代化，努力办好人民满意的教育。

　　本书能够完成，得到了重庆市教委宣教处、重庆市经济学拔尖人才培养示范基地的支持和指导，得到了重庆工商大学相关领导与相关部门的大力支持。在此，谨向他们致以最诚挚的感谢。

　　本书的顺利出版，得到了李国军副校长、李敬副校长、黄志亮教授、宋瑛教授、曾庆均教授、余兴厚教授、谢新教授、唐路元教授、黄潇教授、朱沙教授、韩健教授、李然博士、杨海丽博士、蒋兴红博士等领导、专家，以及张国培、林新竹、杨华俊、喻智成、张涛、文理、邓雪霜、陈璐等老师的辛苦付出和大力指导。在此，献上最诚挚的谢意。

　　在本书的出版过程中，得到了西南财大学出版社的大力支持，他们为本书的出版做了大量的工作。在此，特表示我们真诚的感谢。

　　在本书编写过程中，参考了同行专家、学者的有关著作、论文，吸取了他们的成果，谨致诚挚的谢意。

　　限于编者水平，书中难免有疏漏和不妥之处，恳请同行专家、学者和读者指正。

李自维

2023 年 10 月